"十三五"国家重点出版物出版规划项目

中国智能铁路核心技术之一——智能牵引供电系统丛书

高速铁路智能牵引供电系统

Smart Traction Power Supply System for High-speed Railway

高仕斌 等 ◎ 著

西南交通大学出版社
·成 都·

内容简介

本书从智能的概念出发，介绍了智能牵引供电系统的结构与功能，包含智能供变电设施、智能供电运行检修管理系统、智能供电调度系统和高速通信网络。按照智能牵引供电系统的功能结构，其核心内容包括：广域保护、自愈重构、故障预测、健康评估、供电调度，全书分章节全面论述了上述核心内涵的理论基础、实现方法与实施案例。

图书在版编目（CIP）数据

高速铁路智能牵引供电系统 / 高仕斌等著. —成都：西南交通大学出版社，2020.12
（中国智能铁路核心技术之一——智能牵引供电系统丛书）
"十三五"国家重点出版物出版规划项目
ISBN 978-7-5643-7748-9

Ⅰ. ①高… Ⅱ. ①高… Ⅲ. ①高速铁路 – 智能系统 – 牵引供电系统 Ⅳ. ①U238

中国版本图书馆 CIP 数据核字（2020）第 200084 号

"十三五"国家重点出版物出版规划项目
中国智能铁路核心技术之一——智能牵引供电系统丛书
Gaosu Tielu Zhineng Qianyin Gongdian Xitong
高速铁路智能牵引供电系统

高仕斌 等 / 著

出 版 人 / 王建琼
策划编辑 / 李芳芳　黄庆斌
责任编辑 / 李芳芳
封面设计 / 何东琳设计工作室

西南交通大学出版社出版发行
（四川省成都市金牛区二环路北一段 111 号西南交通大学创新大厦 21 楼　610031）
发行部电话：028-87600564　028-87600533
网址：http://www.xnjdcbs.com
印刷：四川玖艺呈现印刷有限公司

成品尺寸　185 mm × 240 mm
印张　23.25　　字数　413 千
版次　2020 年 12 月第 1 版　　印次　2020 年 12 月第 1 次
书号　ISBN 978-7-5643-7748-9
定价　128.00 元

图书如有印装质量问题　本社负责退换
版权所有　盗版必究　举报电话：028-87600562

前言

先进轨道交通装备是《中国制造 2025》的十大领域之一。《交通强国建设纲要》明确提出：到本世纪中叶，基础设施规模质量、技术装备、科技创新能力、智能化与绿色化水平位居世界前列。在中国人自主设计、自主建设的第一条铁路——京张铁路开通 110 周年之际，2019 年 12 月 30 日"智能京张高铁"的开通运营具有里程碑意义。

牵引供电系统是高速铁路的重要组成部分，其智能化在京津城际高速铁路 2008 年投入运行之后，就着力启动研究与试验。西南交通大学 2011 年主持了国家自然科学基金高铁联合基金重点项目——高速铁路电力牵引系统的安全性预测与控制、铁道部重点课题——智能牵引供电系统架构研究和重大课题——高速铁路供电设备综合检测监测系统技术研究；2013 年主持了中国铁路总公司重点课题——铁路牵引变电所智能化技术研究和山西中南部铁路通道重载综合试验——数字化牵引变电所试验；2015 年主持了中国铁路总公司重大课题——高速铁路接触网故障预测与健康管理研究。西南交通大学主持研制的数字化牵引变电所在成渝线资阳牵引变电所、广域保护测控系统在山西中南部通道王家庄牵引变电所进行了试验与试运行，6C 系统已在全路广泛应用，接触网故障预测与健康管理系统在广州供电段试验与试运行。随后，为了智能京张高铁建设储备技术，在京沈客运专线综合试验段的阜新北、黑山北牵引变电所及其之间的两条供电臂构成的"两所两臂"和供电调度主站全面实施了智能牵引供电系统。本书正是上述科研课题研究的成果总结。

本书是"十三五"国家重点出版物出版规划项目《中国智能铁路核心技术之一——智能牵引供电系统丛书》之一，重点总结了高速铁路智能牵引供电系统的基础理论研究和工程技术实践。

本书共分 6 章。第 1 章扼要介绍了智能的相关概念、国内外智能铁路研究进展和智能牵引供电系统的架构与功能。第 2 章全面介绍了智能一、二次设备，重点介绍了牵引变电所广域保护测控系统的广域保护、故障测距与故障类型判断原理和自愈重构逻辑。第 3 章介绍了接触网智能化，重点阐述了"车载检测为主、固定检测为辅"的高速铁路受电弓-接触网检测监测的技术原理与实现方法，尤其是基于立体机器视觉的动静态几何参数和零部件缺陷的检测监测。第 4 章介绍了高速铁路智能供电运行检修管理系统，重点阐述了接触网、牵引变电所故障预测与健康管理方法。第 5 章介绍了智能供电调度系统，重点阐述了供电调度主站划分为"远动监控区、辅助监控区和调度运行区"的功能与配置。第 6 章扼要介绍了京沈客运专线综合试验段智能牵引供电系统实施案例和智能牵引供电系统技术发展方向。

本书由高仕斌教授负责统稿工作，第 1 章由高仕斌撰写，第 2 章由高仕斌、韩正庆撰写；第 3 章由高仕斌、于龙、康高强撰写；第 4 章由高仕斌、于龙、林圣、陈奇志撰写；第 5 章由陈奇志、高仕斌撰写；第 6 章由高仕斌、韩正庆撰写。2020 年抗疫居家期间，高仕斌教授根据上述科研课题的研究报告和各位撰稿人提供的基础素材，结合近年来其指导的 20 多位博士、硕士研究生学位论文进行了整个书稿的撰写并最终定稿。

感谢提供基础素材的各位撰稿人；感谢上述 6 个科研课题的全体参研人员；感谢历届博士、硕士研究生提供的算法与案例；感谢为 6.2 节提供素材的宫衍圣、陈维荣、何正友、陈全芳、吴积钦、何晓琼教授和为本书撰写提供资料与指导的牵引供电专家和工程技术人员；感谢编辑出版本书的西南交通大学出版社及李芳芳编辑。

限于作者水平，书中疏漏之处在所难免，恳请读者指正为盼！

高仕斌

2020 年 5 月

目录 CONTENTS

第1章 绪 论 ·· 001

1.1 智 能 ·· 001
1.2 智能铁路 ·· 003
1.3 智能牵引供电系统 ····································· 010
本章小结 ·· 016
参考文献 ·· 017

第2章 智能牵引变电所 ································· 018

2.1 总体架构 ·· 018
2.2 智能一次设备 ··· 019
2.3 智能二次设备 ··· 037
本章小结 ·· 071
参考文献 ·· 072

第3章 接触网智能化 ···································· 073

3.1 概 述 ·· 073
3.2 全方位检测监测的设计思想 ························ 073
3.3 接触网检测监测方法 ································ 079
3.4 接触网检测监测系统 ································ 174
本章小结 ·· 188
参考文献 ·· 188

第 4 章　智能供电运行检修管理系统 192

4.1 牵引供电系统运行管理 192
4.2 智能供电运行检修管理系统 204
4.3 接触网故障预测与健康系统 216
4.4 牵引变电所故障预测与健康管理 268
本章小结 300
参考文献 300

第 5 章　智能供电调度系统 303

5.1 智能供电调度特征与架构 303
5.2 智能供电调度系统配置 306
5.3 智能供电调度系统功能 313
5.4 智能供电调度系统软件 327
5.5 智能牵引供电系统广域通信网络 334
本章小结 343
参考文献 343

第 6 章　智能牵引供电系统实施案例与发展 344

6.1 京沈高铁试验段实施案例 344
6.2 智能牵引供电系统技术发展 350
本章小结 364
参考文献 364

第 1 章 绪 论

人工智能与智能系统是人类社会发展与文明进步的必然结果。近年来，世界再次掀起"智能"浪潮，智能交通、智慧城市、智能电网等词汇屡见不鲜。在中国人自主设计与建设的京张铁路通车 110 周年之际，智能京张高铁也于 2019 年 12 月 30 日通车运营。作为高速铁路的重要组成部分——牵引供电系统也在不断向智能化纵深发展，本章简要介绍高速铁路智能牵引供电系统的技术特征、层级划分与主要功能。

1.1 智 能

智能是智力和能力的总称。思想家们一般认为智与能是两个相对独立的概念，但又往往把二者结合起来作为一个整体看待。

1. 人类智能

人类是万物之灵，应该是最具智能的。按照霍华德·加德纳多元智能理论的划分[1]，人类智能可以分成语言、逻辑、空间、肢体运作、音乐、人际和内省（自我认知、自然认知）等方面。

人类之所以成为万物之灵，是因为人类具有能够高度发展的智能，包括"智"和"能"两种成分。"智"主要是指人对事物的认识能力；"能"主要是指人的行动能力；人类的"智"和"能"是结合在一起不可分离的。人类的劳动、学习和语言交往等活动都是"智"和"能"的统一，是人类独有的智能活动。意向是人类智能的一个重要方面。人的活动是有目的的、自觉的活动，一刻也离不开自己意向的主导；思维是人类智能的核心。人类智能的特点主要是思想，思想的核心又是思维。人是一种思维的动物，没有思维就没有人类的智能。有了思维，人类才能形成各种较复杂的意向，从而主导着人的活动，表现出人类所特有的自觉能动性。有了思维，人类才能探索自然界的奥秘，发现自然现象背后的规律。有了

第 1 章　绪　论

思维，人类才能发明各种技术，突破自己认识器官和行动器官的限制，大大提高改造世界的能力。

按照霍华德·加德纳的理论，不难得出结论：
- "智"和"能"是有机统一体，是人类成为万物之灵的根本。
- 人是一种有思维的动物，没有思维就没有人类的智能。
- 人类的个体——人的智能是有局限的，但也是可以发展的。

2．人工智能

尼尔逊教授定义：人工智能是关于知识的学科——怎样表示知识、怎样获得知识并使用知识的科学[2]。温斯顿教授认为：人工智能就是研究如何使计算机去做过去只有人才能做的智能工作[3]。也就是说：人工智能是研究人类智能活动的规律，构造具有一定智能的人工系统；研究如何让计算机去完成以往需要人的智力才能胜任的工作，也就是研究如何应用计算机的软、硬件来模拟人类某些智能行为的基本理论、方法和技术。

人工智能一般分为四类，即机器"像人一样思考""像人一样行动""理性地思考"和"理性地行动"。这里"行动"应广义地理解为采取行动，或制定行动的决策，而不是肢体动作。

人工智能按智能程度又可分为弱人工智能、强人工智能和超人工智能。

弱人工智能是擅长于单个方面的人工智能，已经有比较成功的例证。

强人工智能是人类级别的人工智能，被认为是有知觉的、有自我意识的，机器的思考和推理就像人的思维一样。

超人工智能在几乎所有领域都比最聪明的人类大脑聪明很多，被认为机器产生了和人完全不一样的知觉和意识，使用和人完全不一样的推理方式。

事实上，人工智能既涉及科技发展，还涉及伦理道德。

3．智能机器

智能机器是能够在各类环境中自主地或交互地执行各种拟人任务的机器，具备形形色色的内部信息传感器和外部信息传感器，例如：视觉、听觉、触觉、嗅觉等[4]。除具有感受器外，还具有效应器。效应器作为作用于周围环境的手段，就是"筋肉"，或称自整步电动机，从而使手、脚、长鼻子、触角等动起来。

由此可知，智能机器人至少要具备三个要素：感觉、运动、思考。智能机器人是一个多种高新技术的集成体，它融合了机械、电子、传感器、计算机硬件、软件、人工智能等许多学科的知识，涉及当今许多前沿领域的技术。

4．智能系统

智能系统是指能产生人类智能行为的计算机系统。智能系统不仅可以自组织性与自适应性地在传统的诺依曼的计算机上运行，而且可以自组织性与自适应性地在新一代非诺依曼结构的计算机上运行[5]。

一个完备的智能系统至少应具备自动地获取和应用知识的能力、思维与推理的能力、问题求解的能力和自动学习的能力。

智能系统处理的对象不仅包括数据，还包括知识。表示、获取、存取和处理知识的能力是智能系统与传统系统的主要区别之一。因此，一个智能系统也是一个基于知识处理的系统，它需要：知识表示语言；知识组织工具；建立、维护与查询知识库的方法与环境；支持现存知识的重用。

智能系统处理的结果往往采用人工智能的问题求解模式来获得结果。它与传统的系统所采用的求解模式相比，有三个明显特征：其问题求解的算法往往是非确定型的或称启发式的；其问题的求解在很大程度上依赖知识；智能系统的问题往往具有指数型的计算复杂性。智能系统通常采用的问题求解方法大致分为搜索、推理和规划三类。

智能系统与传统系统的又一个重要区别在于：智能系统具有现场感应（环境适应）的能力。现场感应指它能与所处的现实世界的抽象——现场进行交互，并适应这种现场。这种交互包括感知、学习、推理、判断并做出相应的动作。这也就是通常人们所说的自组织性与自适应性。

1.2 智能铁路

1.2.1 国外智能铁路发展

近年来，德国、法国、英国和俄罗斯分别推出了数字化或智能铁路计划，欧盟提出的《以市场为导向的 Shift2Rail 科技创新项目》最有代表性。

Shift2Rail（简称 S2R）是第一个欧洲铁路行业的倡议。文献[6]对 S2R 有详细介绍，具体包括：

1.2.1.1　S2R 的提出背景

S2R 是在欧盟"Horizon 2020"计划下的研究和创新活动，从而为达成"同一欧洲铁路区"目标进行必要的技术储备。欧盟认识到，欧洲铁路制造工业在国际上的领导者地位受到了新进入者的挑战，特别是来自亚洲的挑战，希望通过加快将新的和先进的技术整合到创新的铁路产品中，寻求研究和创新以及市场驱动的解决方案，提升欧洲铁路工业的竞争力，并满足日益变化的欧盟国家实际运输的需要。

1．综合的挑战

过去几年，北欧、西欧和欧洲中部投资建设高速铁路，铁路运输市场运量得到增长，但还是没有赢过陆运和空运；欧洲东部和南部一些国家的铁路货运和客运在运输系统中的占比反而有所下降；整个欧洲，集装箱只有 10% 是通过铁路运输的。

过去几年铁路运输的增长表明，如果投资方向正确，铁路运输完全可以成为一个有吸引力的城市、区域和长距离的运输方案。

开拓铁路运输市场有助于降低温室气体排放、提升欧洲运输系统的总体环境性能；有助于欧洲铁路工业的竞争力，创造新的商业机会，从而提升国内生产总值（GDP）、增加就业机会、增强生产力、提升净出口额。

总之，欧洲运输系统中铁路的角色需要增强、欧洲工业的全球竞争力需要增强。

2．服务质量的挑战

根据客户调查结果，欧洲铁路服务质量堪忧。欧洲人对铁路服务满意率只有 58%，对铁路车站满意率只有 51%；19% 的欧洲人不选择列车出行。铁路还没有成为对用户友好的运输模式。

对于货运市场，可靠性、准时性缺失是客户不满意的源头。较低的铁路运输能力使得它也不是一个节省成本的选择。

3．成本的挑战

铁路运输还需要依赖公共资金的支持。2012 年，欧洲对铁路公共服务和基建方面的支持资金为 360 亿～380 亿欧元。

铁路系统单位输出的成本需要降低，成本的竞争力需要提升。

4．竞争力的挑战

2012年全球铁路市场的经济总量是1310亿欧元，欧洲铁路工业仍具有领先地位（占490亿欧元），但是已被亚洲超越，特别是中国、日本和韩国等国家在研究和创新方面的大量投入，极大地支持了铁路工业发展。

为了应对这些挑战，最好的办法是从现在开始，结合系统研究方法，通过创新来提升产品的品质和可靠性，从而降低产品的全生命周期成本。这也是S2R倡议被提出的初衷。

1.2.1.2　S2R的关键目标

2014年06月16日，欧盟理事会颁布了第642号S2R条例；2015年05月01日，在S2R条例的框架下，启动了"灯塔"项目，包括：创新的智能铁路（In2Rail）、S2R的信息技术（IT2Rail）、新一代铁路列车（Roll2Rail）和智慧铁路（SmartRail）4个研究项目。整个S2R正在实施和已经完成的项目有67个。从"灯塔"项目的研究与创新可以看出：智能与智慧铁路是其核心。

S2R的工作目标将围绕提升服务质量、降低系统成本、增强互用性和安全性、简化商业程序4个方面开展。到2030年，希望达成如下关键目标：

（1）将铁路服务的可靠性和准时性提升50%。

（2）将铁路运输系统的运力提升100%。

（3）将铁路运输的生命周期成本降低50%。

1.2.1.3　S2R的主要内容

S2R的主要研究与创新内容包括如下11个方面：

- 列车自动驾驶（Automated Train Operation）；
- 服务的流动性（Mobility as a Service）；
- 快速响应需求的物流（Logistics on Demand）；
- 从数据中获得更大价值（More Value from Data）；
- 能量应用优化（Optimum Energy Use）；
- 衔接合拍的服务（Service Timed to the Second）；

- 铁路低成本解决方案（Low Cost Railway Solutions）；
- 有保障的资产健康与有效利用（Guaranteed Asset Health and Availability）；
- 智能列车（Intelligent Trains）；
- 车站与智慧城市的流动性（Stations and Smart City Mobility）；
- 环境与社会可持续性（Environmental and Social Sustainability）。

例如，图 1-1 为铁路低成本解决方案，图 1-2 为智能列车解决方案。

图 1-1　铁路低成本解决方案

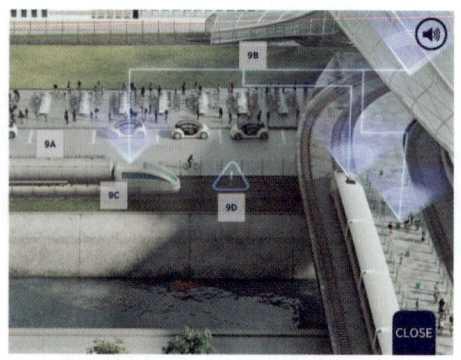
图 1-2　智能列车解决方案

S2R 的工作将围绕着五个创新计划开展，涵盖铁路系统中所有相关的结构和功能子系统，如图 1-3 所示。

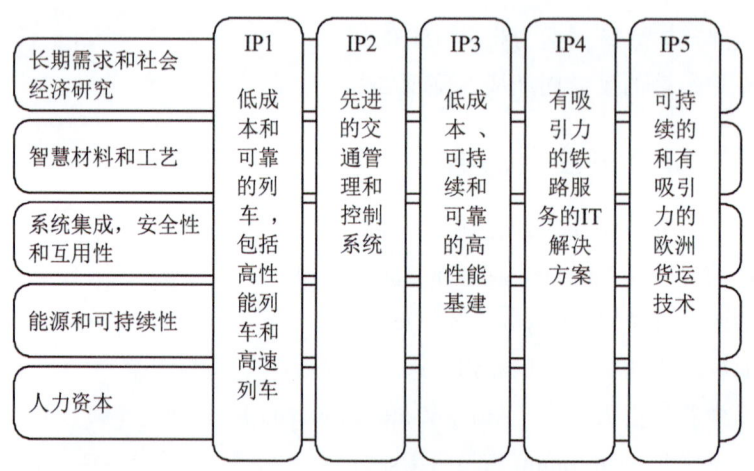

图 1-3　S2R 的五个创新计划

为了推进 S2R 研究和创新的实施，欧盟全面提供试验验证环境，覆盖高速铁路、区域客运铁路、城市或郊区客运铁路和货运铁路。例如，高速铁路和干线铁路既包括新型高速列车，又包括合适的基建设计、强大的交通控制和管理系统以及高效的供电系统的开发与验证。

1.2.2 我国智能铁路发展

我国智能铁路起步相对较晚，但推进速度和力度却极大。为了推进智能铁路建设，我国在京沈客运专线预留 160 km 左右的试验段，2019 年 03 月全面完成试验。京沈客运专线试验成功后，智能铁路在京张高铁推广应用。

关于智能铁路的概念、架构与工程实施，文献[7]有系统性的论述，本节扼要摘录如下。

1.2.2.1 智能铁路概念

智能铁路：广泛运用云计算、物联网、大数据、人工智能、机器人、5G 通信、北斗卫星导航、BIM 等新技术，通过对铁路移动装备、固定基础设施及相关内外部环境信息的全面感知、泛在互联、融合处理、主动学习、科学决策，高效综合利用铁路所有移动、固定、空间、时间、人力等资源，实现铁路建设、运输全过程、全生命周期的高度信息化、自动化、智能化，打造更加安全可靠、更加经济高效、更加温馨舒适、更加节能环保的新一代铁路运输系统。

智能铁路的内涵：文献[7]对工业化时代、信息化时代和智能化时代机器的内涵有形象化表述，即：工业化时代因能源驱动而使机器变得"四肢发达"；信息化时代因信息灵通而使机器变得"耳聪目明"；智能化时代因智能技术的应用使机器变得"头脑聪慧"。

从狭义上讲，智能铁路指通过各种智能化技术的应用，最大化模拟、延伸和扩展人类智能，将这种机制尽可能地移植给人造设备和系统，从而将人类从铁路运输生产组织等多复杂的思维、决策活动中解脱出来，实现整个运输过程的自动化、智能化、便捷化。

从广义上讲，智能铁路并不限于技术驱动，也体现在新思想、新理念的应用，凡

第1章 绪 论

是有助于提高铁路运输效率、提升安全保障能力、优化客户服务质量的技术,都可称之为智能铁路技术。

1.2.2.2 智能铁路架构与技术体系

1．技术架构

智能铁路是一个复杂的系统工程,为广大旅客、货主、运输管理者、综合交通及社会大众服务。其整体架构由智能感知层、智能传输层、数据资源层、智能决策层、智能应用层组成,包括智能建造、智能装备与智能运维,如图1-4所示。

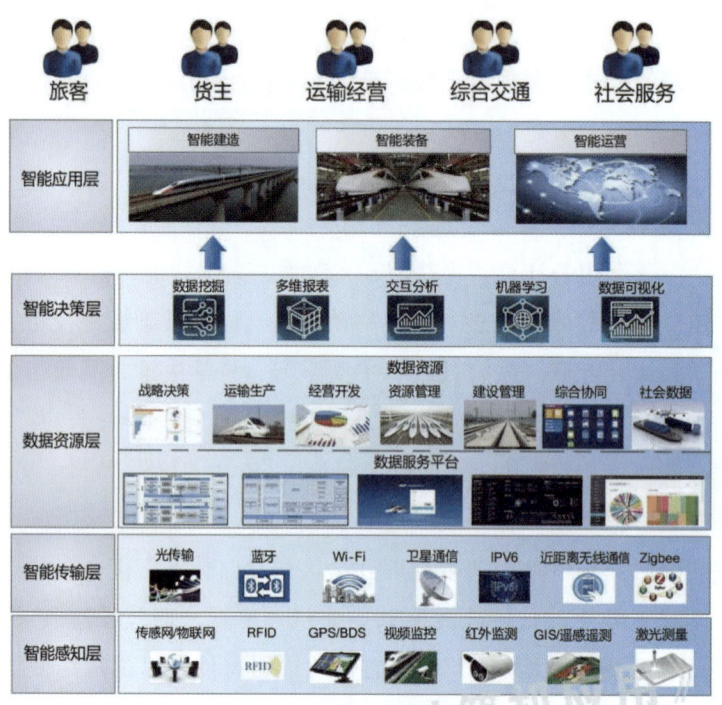

图1-4 智能铁路技术架构

2．技术体系

智能铁路技术体系如图1-5所示。

图 1-5 智能铁路技术体系

1.2.2.3 智能铁路建设

1. 京沈智能高铁试验

京沈客运专线辽宁试验段（沈阳西 K676+927—朝阳北 K422+752）高速综合试验的目的在于：掌握智能铁路新技术的功能和性能，为京张高铁建设创造基础条件，推动自主化 CTC-3 级列控系统、时速 350 km 的 16 辆长编组"复兴号"、智能牵引供电系统等新装备的应用；验证 CRTS Ⅲ 型板式无砟轨道结构、到发线有效长等技术优化后的实施效果；进一步提升我国高速铁路技术装备现代化水平，为制定或完善相关技术标准和"走出去"战略提供技术支撑。

智能牵引供电系统试验在阜新北—黑山北两牵引变电所之间进行，试验内容涵盖：智能供变电设施，包括一次设备智能化、牵引供电广域保护测控系统、智能辅助监控系统；智能供电运行检修管理系统，包括供变电设备故障预测与健康管理系统；智能供电调度系统，包括与 CTC 的互联互通与供电调度管理系统。

京沈客运专线辽宁试验段 2016 年 08 月 30 日牵引供电专业开始施工，2018 年 03 月 01 日开始试验，2018 年 12 月 29 日正式开通运营。

2．智能京张高铁建设

2016年04月，京张高铁全线开工。中国国家铁路集团有限公司（简称国铁集团）提出打造"精品工程、智能京张"的战略举措，京张高铁集我国高铁建设运营技术之大成，全面展示我国智能铁路创新发展的最新成果，是中国高铁从世界先进水平向世界领先水平迈进的标志性工程。

智能京张的技术创新主要体现在如下8个方面：

（1）在工程建设方面，全线采用了BIM技术。

（2）在动车组方面，以"复兴号"为基础，在智能化、安全舒适、绿色环保、综合节能等方面全面所级。

（3）在牵引供电方面，实现了智能供变电设施、智能供电调度、智能供电运行维修管理和高速通信网络构成的智能供电系统，实现故障诊断、故障预警、自愈重构与健康管理功能。

（4）在调度指挥方面，构建了基于人工智能的调度指挥系统，实现了智能动态调度、智能协同控制、智能换乘调度和智能故障诊断等功能。

（5）在旅客服务方面，全面完善了12306网站及自动服务设施，支持多国语言及国外银行卡支付；拓展票种形式，全面实现了电子客票、一证通行、刷脸进站及检票等。

（6）在车站方面，提供智能引导、自助服务设施，实现了基于非法侵入识别、人流聚集与扩散异常检测、环境监测与调节的车站运营智能感知。

（7）在运营维护方面，运用大数据、深度学习、故障预测与健康管理、增强现实等先进技术，实现了技术装备的全过程管理。

（8）在自然灾害防护方面，能够对风级、雨量、雪深的自然环境自动监测与报警，实现快速应急处置。

1.3 智能牵引供电系统

1.3.1 定 义

智能牵引供电系统的含义非常之广。一方面，在既有高铁技术体系下，牵引供电系统规模已经十分庞大，并形成了相对完备的技术体系，智能牵引供电系统建设的过程实际上是牵引供电系统智能化的过程。另一方面，突破既有高铁技术体系，依靠电力电子技术、大智云移链技术和材料技术的不断进步，建设全新的智能牵引供电系统。因此，智能牵引供电系统的建设过程必然是一个渐进的过程，本书侧重于牵引供电系统智能化。

智能牵引供电系统是运用现代先进的测量、传感、控制、通信、信息、人工智能等技术，以智能化牵引供电设施和高速双向通信网络为基础，以信息化、网络化、自动化、互动化为技术特征，具备全息感知、多维融合、重构自愈、智慧决策技术内涵，为铁路提供安全可靠、优质高效牵引动力的供电系统。

1.3.2 结构与特征

1.3.2.1 系统架构

1. 系统结构

在现有高速铁路技术体系下，智能牵引供电系统应涵盖牵引供电系统的各个方面，因此，从物理层面可以分为智能牵引供变电设施、智能供电调度系统、智能供电运行检修管理系统等部分[8]，如图1-6所示。

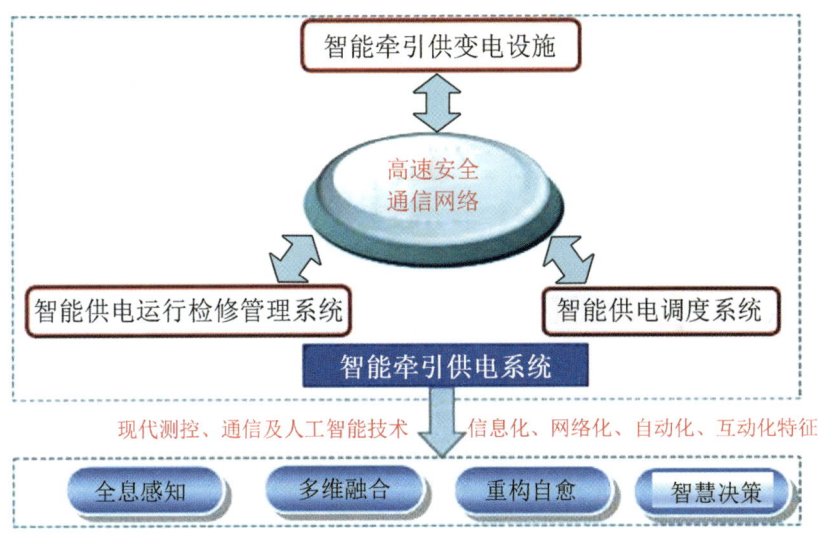

图1-6　智能牵引供电系统构成

智能牵引供变电设施为基于智能设备组成的供变电设施（包含：牵引变电所、分区所、开闭所、AT所和接触网开关控制站等）与接触网等，以全站信息数字化、通信平台网络化、信息共享标准化为基本要求，自动完成信息采集、测量、控制、保护、计量和设备在线监测等功能。

智能供电调度系统是对智能牵引供变电设施设备进行远程监视、测量、控制与调度作业管理的系统，同时实现源端维护、综合告警、辅助调度决策等高级功能。

智能供电运行检修管理系统是以牵引供电系统运行检修所需的各类基础数据、检测监测数据、运行维修数据等全寿命周期的过程数据的分析处理为基础，对智能供电设施进行运行管理、检测管理、维修管理和故障诊断、故障预测与健康评估等进行全寿命周期管理的系统。除实现供电设施运行检修管理外，还能实现牵引供电系统的故障诊断、故障预测、健康评估、应急指挥与维修决策等功能。

2．层级划分

智能牵引供电系统的层级按照现有铁路管理特点划分，分为中国国家铁路集团有限公司、铁路局集团有限公司（简称铁路局）、供电段、沿线设施四级，如图1-7所示。

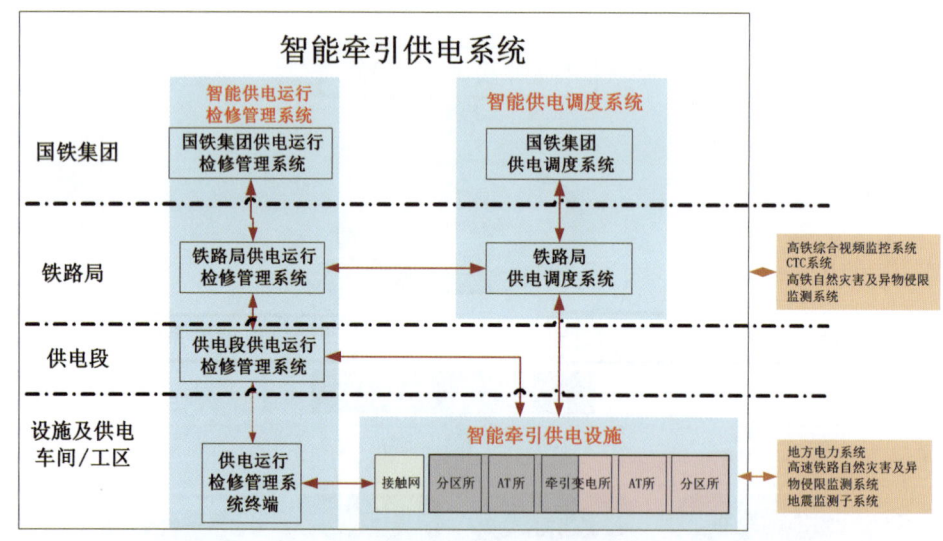

图1-7　智能牵引供电系统层级构架图

国铁集团级为监管层，设置国铁集团级智能供电调度系统和智能供电运行检修管理系统。供电调度和运行检修管理系统除日常的调度管理和运检修管理外，应侧重事故抢修的事故分析与抢修指挥，当某铁路局供电调度系统退出运行后应能为该局供电调度提供灾备。

铁路局级为控制与决策层，设置铁路局级智能供电调度系统和智能供电运行检修管理系统。供电调度系统接收牵引供电设施上传的实时运行监测信息，下发控制命令；供电运行检修管理系统接收供电段上传的运检修数据，下发各类计划至供电段。

供电段级为信息处理中心和指挥层，设置供电段级智能供电运行检修管理系统。接收牵引供电设施和车间/工区采集的信息，接收 6C 装置采集的接触网监测检测数据；下发各类计划至工区。

车间/工区级为信息采集和控制执行层，配置智能供电运行检修管理系统终端，采集牵引供电设施的基础数据、运行维修数据、试验检验数据和 6C 检测监测数据等，接收并执行供电段下达的各类计划；沿线智能牵引供电设施采集供变电设备的运行与监测参数，执行牵引供电调度的控制命令。

1.3.2.2 系统功能

智能牵引供电系统是集牵引变电所、分区所、AT 所、接触网的智能供电设施和智能供电调度系统与智能供电运行检修管理系统于一体的供电系统，以实现对牵引供电系统的自检、自判、自愈等功能，其与传统牵引供电系统的对比如表 1-1 所示。

表 1-1 智能与传统牵引供电系统比较表

序号	项目	传统牵引供电系统	智能牵引供电系统
（一）系统特点			
1	系统构成	牵引变电所、分区所、AT 所彼此相对独立	牵引变电所、分区所、AT 所等供变电设施，供电调度系统和供电运行检修管理系统于一体
2	设备构成	常规设备	在线监测的智能设备
3	传输媒介	电缆	光纤

续表 1-1

序号	项目	传统牵引供电系统	智能牵引供电系统
（二）基本功能			
4	控制功能	针对所内单一开关	顺序控制，可以控制供电范围内的一个间隔或多个间隔
3	保护功能	针对所内单一间隔保护	就地-站域-广域三级保护
4	开关设备闭锁	所内开关实现闭锁	供电范围内的牵引变电所、分区所、AT所和接触网开关均能实现安全闭锁
5	运行方式切换	所内设备的倒切，如电源倒切、变压器倒切、备用断路器倒切等	供电范围内故障后自愈重构，，牵引网故障时，快速隔离故障区段、恢复未故障区段供电
（三）高级功能			
6	状态监测	不能实现	主要供电设备实时监测，可视化展示设备状态
7	故障诊断	不能实现	牵引供电系统故障诊断，形成分析报告，供维修人员决策
8	故障预测	不能实现	主要供电设备故障趋势分析，形成分析报告，供维修人员决策
9	健康评估	不能实现	主要供电设备和牵引供电系统健康评估，形成分析报告，供维修人员决策
10	维修决策	不能实现	根据故障诊断、故障预测和健康评估，结合维修成本分析，制定维修策略
11	源端维护	不能实现	牵引变电所改造后，自动调整供电调度系统的数据库
12	信息化功能	只能提供电流、电压等电气量信息	提供全方位的信息，包括电气量、监测信息、故障分析报告等
（四）辅助功能			
13	辅助系统	视频、安防、自用电、照明等系统各自独立	采用综合一体化系统实现

按照表 1-1 分析，智能牵引供电系统各部分功能分可为基本功能、高级功能和辅助功能，如图 1-8 所示。

1.3 智能牵引供电系统

由于电力电子技术的发展,牵引供电系统的供变电设施可能会发生根本变化,例如,由于电力电子变压器、柔性自动过分相装置等的应用,智能牵引供电系统也将会发生变化,相应的其功能也会发生变化。智能供变电设施将不一定是以牵引所亭(含:牵引变电所、AT 所、分区所)为基本单元,而是以供电区段为对象,在该供电区段,通过电力电子装置实现电压、电流实时调整,以达到供电区段的功率配置时刻发生变化。智能供电调度系统应该能实时根据整个系统的情况优化调度各个供电区段的电力。有关该部分内容将在本书第 6 章介绍。

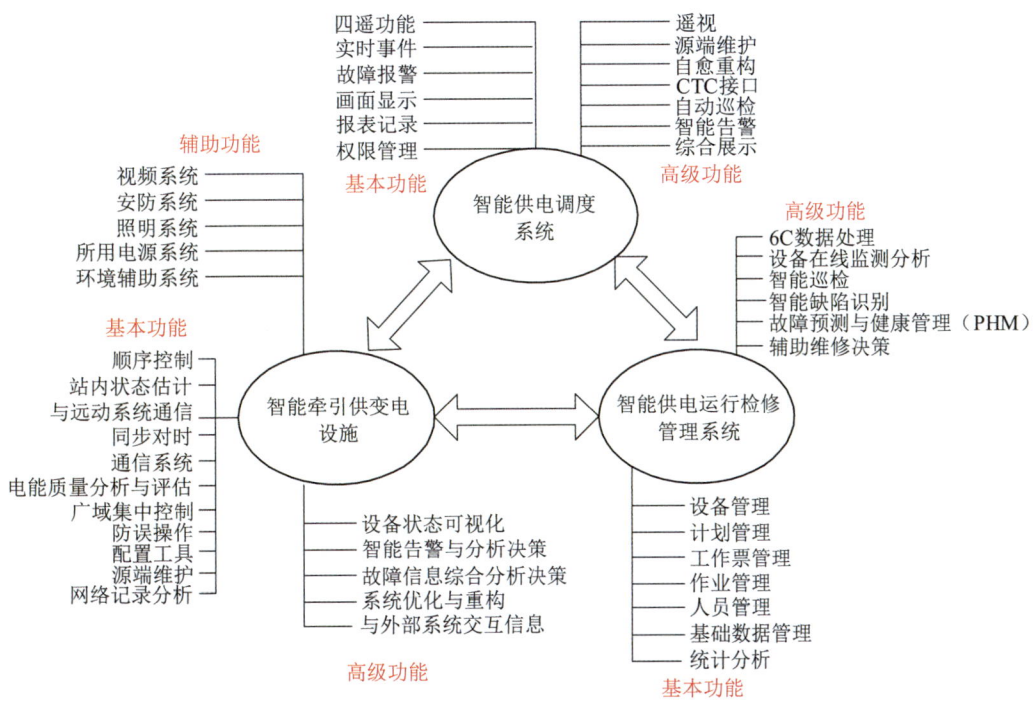

图 1-8 智能牵引供电系统功能图

1.3.2.3 技术特征

智能牵引供电系统将现代先进技术与传统牵引供电系统相结合,通过实时采集牵引供电系统各种数据信息,实现信息共享联动,故高速的通信网络是其实现的基础。因此,智能牵引供电系统具有如下特征。

第1章 绪 论

1．外在特征

牵引供电系统信息化：在牵引供变电设备上布置传感器，采集设备重要运行参数与状态参数，上传至供电段和供电调度系统，及时发现故障隐患、实现设备主动维修。

牵引供电系统网络化：通过通信通道将牵引变电所、分区所、AT所等供变电设施进行连接，形成供变电设施的网络化，实现信息的传输与共享。

牵引供电系统自动化：在信息化的基础上，提升牵引供电系统保护与测控技术、故障测距精度与自愈重构功能，提高牵引供电系统功能与性能。

牵引供电系统互动化：通过信息的实时共享与分析，实现牵引供电系统各个环节的互动，提高牵引供电系统运行效率与可靠性。

牵引供电系统高效化：通过电力电子技术的应用，丰富牵引供电设施的内涵，实现整个牵引供电系统的容量实时配置，提高牵引供电系统的经济性。

2．内在特征

全息感知：通过采集运行数据、设备在线监测数据、视频等环境监控监测数据等信息，使牵引供电系统感知全方位的信息。

多维融合：在对多维信息感知的基础上，实现自动化系统与信息化系统的融合，一次设备与二次设备的融合，多源异构数据的信息融合，现场测控网络、传感网络及传输网络的网络融合等多维度的信息和功能融合。

重构自愈：通过将牵引变电所、分区所、AT所等供变电设施的信息共享，实现分层闭锁、广域保护、自愈重构等功能，提高继电保护的准确性、快速性以及故障测距的准确性，从而提高供电可靠性。

智慧决策：通过采集牵引供电系统牵引变压器、GIS设备、断路器、互感器、避雷器、馈线电缆、接触网重要零部件等关键设备的运行数据，综合在线、离线、运检数据信息，实现故障预测与健康管理，并提出维修决策。

本章小结

本章从智能的概念出发，对人类智能、人工智能、智能机器、智能系统进行了简单介绍，在理论上，智能机器或智能系统可以集人类每一个"最聪明"个体的长处而无所不能，但理想很丰满、现实很残酷。人类一直在努力使智能机器或智能系统能够类人类，虽然智能机器或智能系统在某一方面可能已经超过了人类，但由于人工智能技术发展的制约，智能机器或智能系统类人类的路还很漫长。

本章概要性地介绍了欧盟 S2R 条例。S2R 是一个铁路研究与创新计划。从深层次上讲，若要该计划全面实施，智能一定是不可或缺的。欧盟之所以启动 S2R 条例，是因为欧洲铁路工业领先优势正在逐渐缩小，欧盟希望继续保持铁路工业领先地位而采取的技术手段。本章还介绍了我国智能高铁的扎实推进过程，从中可以看出：我国描绘的智能铁路蓝图是宏大的，推进的速度与取得的成效也是惊人的。最后，本章扼要介绍了智能牵引供电系统的一般架构、层级划分和功能特征，一是为后续章节铺路，二是也想说明"智能"是渐进的、更是发展的。

参考文献

[1] GARDNER H. 多元智能新视野[M]. 沈致隆, 译. 杭州：浙江人民出版社, 2017.
[2] NILSSON N J. 人工智能[M]. 郑扣根, 等, 译. 北京：机械工业出版社, 2003.
[3] WENSTON P H. 人工智能[M]. 3 版. 崔良沂, 等, 译. 北京：清华大学出版社, 2005.
[4] 倪建军, 史朋飞, 罗成名. 人工智能与机器人[M]. 北京：科学出版社, 2019.
[5] NEGNEVITSKY M. 人工智能——智能系统指南[M]. 3 版. 陈薇, 等, 译. 北京：机械工业出版社, 2012.
[6] 林鸿, 王林美, 魏艳萍. 关于欧盟 Shift2Rail 计划的研究[J]. 国外铁道车辆, 2019, 56（1）：11-16.
[7] 王同军. 智能铁路总体架构与发展展望[J]. 铁路计算机应用. 2018, 27（7）：1-8.
[8] 陈兴强, 王保国, 刘再民, 等. 智能牵引变电所及智能供电调度系统总体技术要求：Q/CR 721—2019[S]. 北京：中国铁道出版社, 2019.

第 2 章　智能牵引变电所

智能牵引供变电设施包含智能一次设备、广域保护测控系统和智能接触网。本章主要介绍牵引变压器、断路器、隔离开关等一次设备的智能化方法和牵引网广域保护测控系统的基本原理、系统构成。智能接触网将在本书第 3 章介绍。

2.1　总体架构

高速铁路牵引所亭的智能供变电设施由智能一次设备、智能二次设备（广域保护测控系统）构成，总体结构如图 2-1 所示。

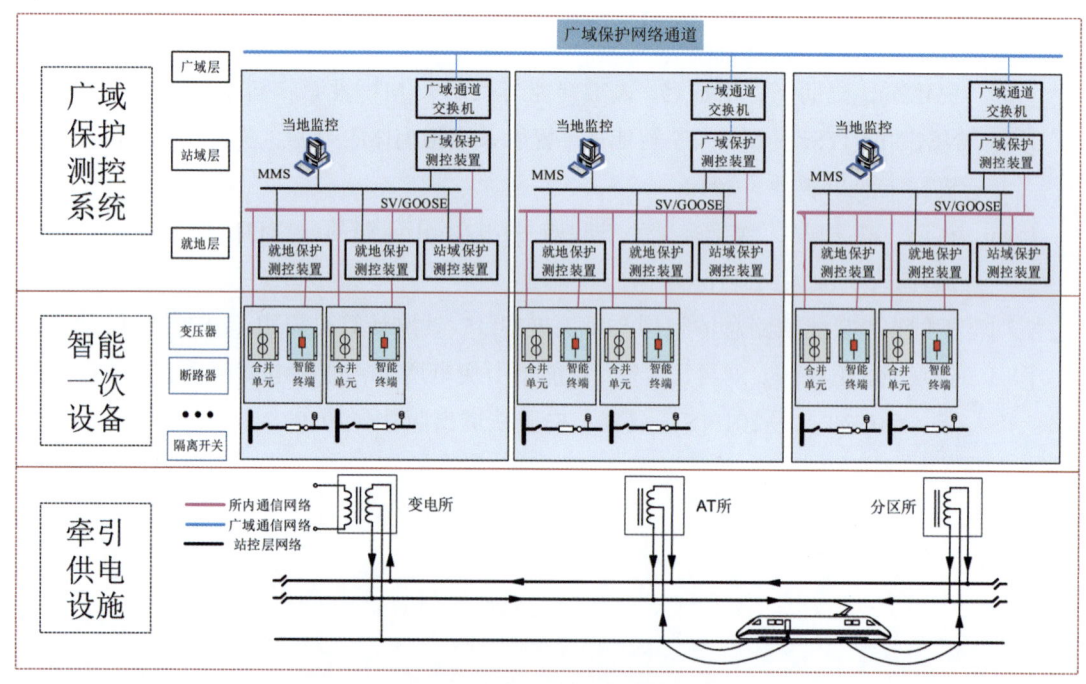

图 2-1　智能牵引供变电设施总体结构

智能一次设备通过一次设备智能化实现，在不影响一次设备可靠性的基础上，增设就地安装的监测单元和智能单元,将所获取的在线监测数据传输给辅助监控系统。智能供电运行检修管理系统从辅助监控系统获取在线监测数据,进行故障预测与健康管理。广域保护测控系统通过合并单元从智能一次设备获取电气量和开关量信息,接收智能供电调度系统的控制指令,实现整个供电臂的保护、测量与控制。

2.2 智能一次设备

2.2.1 概述

智能一次设备就是利用传感器、嵌入式处理器、数字通信等设备和技术,使运行状态可观测、可控制、可管理的一次设备[1]。

根据上述定义,智能一次设备具有如下特征:
- 状态可观测:设备运行状态的实时监测;
- 状态可控制:设备运行状态的实时控制;
- 状态可管理:设备运行状态的检修管理。
- 信息传输网络化:数据通过网络收集与整合,控制命令通过网络下达;
- 信息处理智能化:通过对数据的分析与挖掘,实现牵引供电系统运行优化;
- 信息运用互动化:观测、控制信息与供电调度决策、运行管理决策流程相结合。

智能一次设备有如下三种实现方式:① 一次设备本体(机构)+智能单元+监测单元;② 一次设备本体(机构)+智能组件(智能单元兼监测单元);③ 一次设备本体内嵌智能组件(智能单元和监测单元)。

图 2-2 是目前应用较为典型的智能一次设备基本结构。为了便于日常维护、功能升级、功能扩展,智能组件一般外置;传感器可外置,也可内嵌于一次设备中。传感器采集一次设备的实时信息;智能组件接收传感器采集的信息,对设备的运行状态就地做出判断,并通过光纤联网,实现牵引供电系统所有一次设备状态可观测、可控制和可管理。

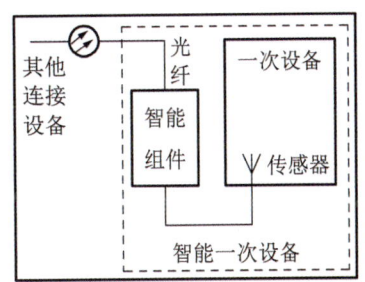

图 2-2 智能一次设备基本结构

智能一次设备功能包括信息收集、信息处理和信息互动 3 个部分，具体流程及示意图如图 2-3、图 2-4 所示。

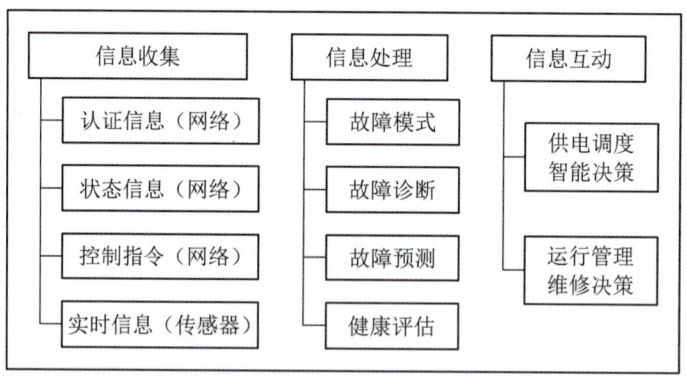

图 2-3　智能一次设备功能流程

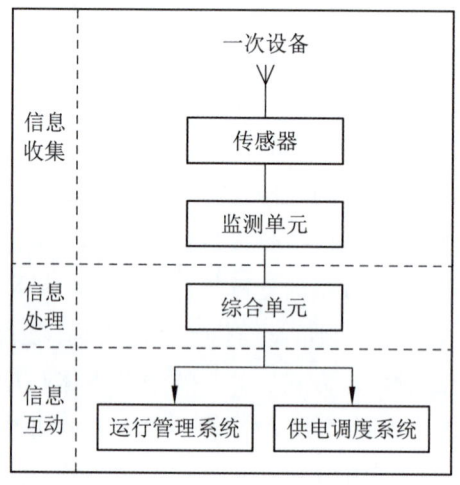

图 2-4　智能一次设备功能流程示意图

信息收集包括：观察、控制、管理者身份认证信息，设备运行状态信息和供电调度系统的控制指令，这些信息都是通过网络收集的；以及由传感器采集的一次设备实时信息。

信息处理一般包括：故障诊断（故障模式分析、故障位置定位）、故障预测和健康评估。在智能一次设备层面，以故障诊断为主，也能进行简单的故障预测与健康评估；故障预测与健康评估需要涉及更多的全寿命周期数据和相关联设备数据，同时考虑到经济性，一般在智能供电运行检修管理系统中实现。

信息互动：其一是与智能供电运行检修管理系统的互动，核心是维修决策；其二是与智能供电调度系统的互动，核心是自愈重构。

2.2.2 牵引变压器智能化

2.2.2.1 在线监测项目

对于电力变压器来说，在线监测内容包括：顶层油温、绕组热点温升、油中溶解气体色谱、局部放电、套管绝缘和铁心接地电流等。每一监测项目采取的在线监测方法也不同，例如，监测油中溶解气体色谱有复合膜、色谱柱、光声光谱等方法，监测局部放电有 Rogowski 线圈、阿基米德平面螺旋天线、超声波等方法[2]。

近年来，电力变压器主要故障占比大致为：绕组 65%，套管 10%，主绝缘 10%，分接开关 10%，铁心 5%。

牵引变压器的负荷具有冲击性特征，绕组热点温度变化相对电力变压器更频繁，超过规定限值的概率更大，且绕组热点温度直接影响牵引变压器的绝缘材料老化和使用寿命。

牵引变压器采用变压器油绝缘和散热，因冲击性负荷引起局部场强、过热使固体绝缘材料裂解成气体的速率加快而不断溶解在油中。油中溶解气体组分和含量可以反映变压器绝缘老化或故障程度。

电力变压器铁心两点或多点接地时，在铁心内部会产生环流，引起局部过热，威胁变压器可靠运行。

因此，为了保障牵引变压器安全可靠运行，需要对变压器绕组和铁心温度、变压器油中溶解气体、变压器铁心接地电流进行在线监测。

2.2.2.2 在线监测方法

1. 绕组和铁心温度

过去，通常采用"热模拟"方法间接测量变压器绕组温度，其测量准确度与模拟准确程度相关，且所测温度与线圈"热点"真实温度相比有时间滞后。

绕组热点温升主要由导线发热量、导线周围油温和油流速度等决定。导线发热主要由电阻损耗和涡流损耗引起,涡流损耗与漏磁场分布密切相关。图 2-5 为变压器漏磁场分布,绕组端部的漏磁弯曲引起较大的涡流损耗,产生较大的热量,同时考虑油温分布特性等因素,绕组热点在绕组的上部。图 2-6、图 2-7 分别是油流速度和绕组温度场分布图。

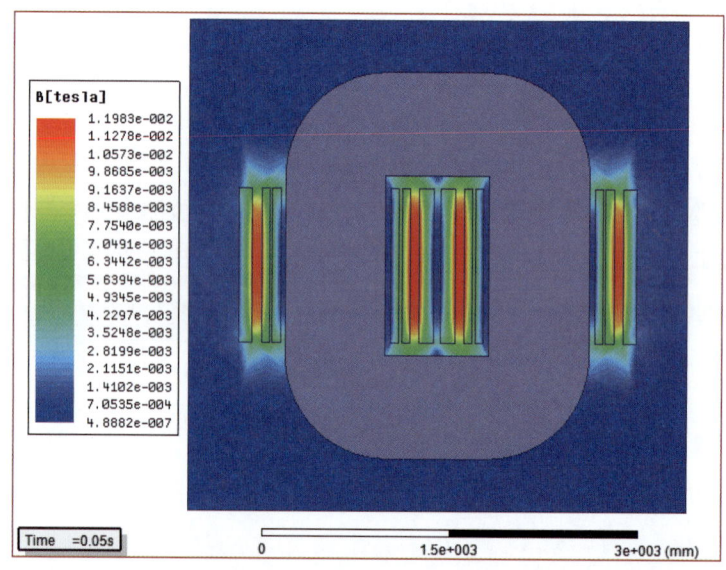

图 2-5　变压器漏磁场分布

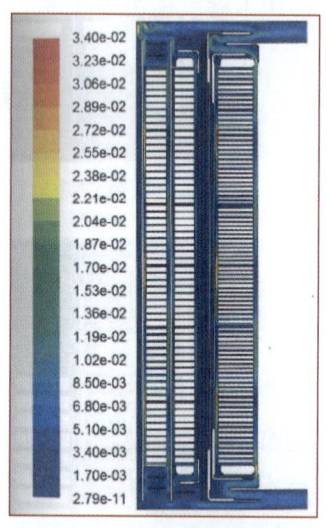

图 2-6　油流速度分布

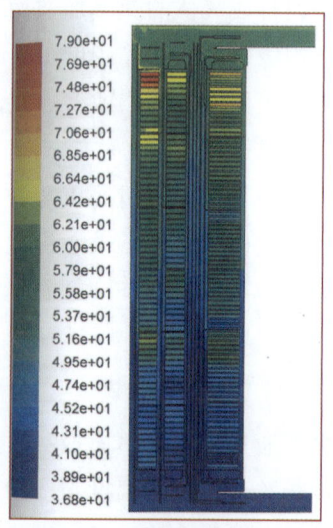

图 2-7　绕组温度场分布

目前,光纤测温主要有光纤光栅测温和荧光光纤测温两种方法。光纤光栅测温可以实现准分布式测温,适合长距离大区域场合,绝缘性能好,但传感器探头大、使用寿命短,且价格昂贵;荧光光纤测温除测量距离较短(通常在几十米范围内)外,其具有性能稳定、免标定、探头体积小、使用寿命长、绝缘性能好等优点。对于牵引变压器绕组测温,荧光光纤测温具有明显优势。

荧光光纤温度传感探针是基于稀土荧光物质的材料特性实现测温的。稀土荧光物质被特定波长光线照射后,被激发而产生可见光谱即荧光。停止照射后荧光逐渐消失,如图 2-8 所示,逐渐消失的荧光称为余辉。荧光余辉的衰变时间常数是温度的单值函数,通常温度越高,时间常数越小;时间常数与荧光的起始光强(温度)和背景光强无关。只要测得时间常数,就可以求出温度[3]。

荧光光纤测温的最大优点就是被测目标温度只取决于荧光材料的时间常数,而与系统的其他变量无关,例如,光源强度的变化、传输效率、耦合程度的变化等都不影响测量结果。

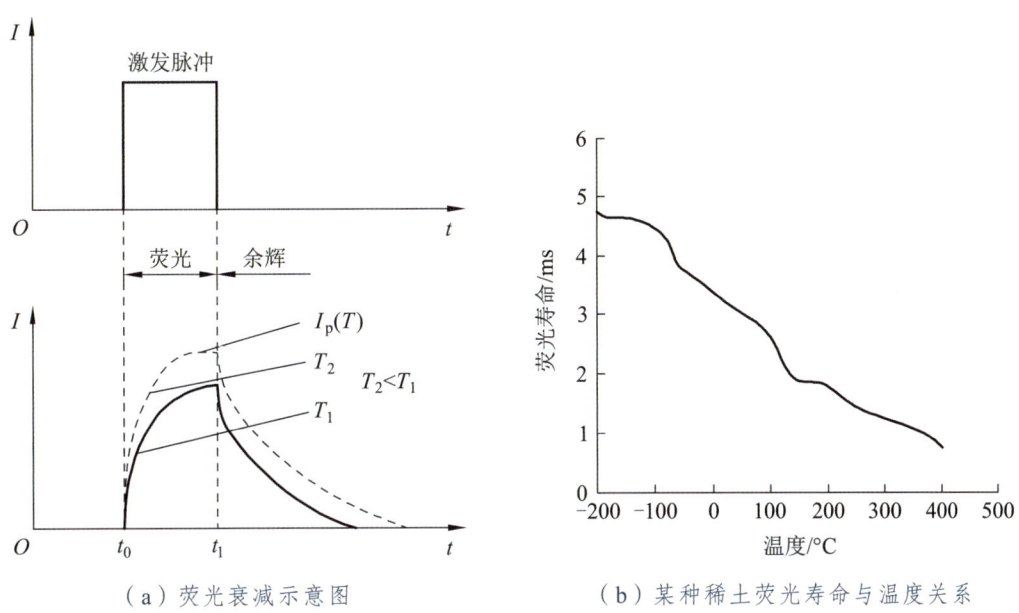

(a)荧光衰减示意图　　(b)某种稀土荧光寿命与温度关系

图 2-8　荧光测温原理

2. 油中溶解气体

变压器油中溶解气体的监测方法很多,本节主要介绍光声光谱技术在牵引变压器油中溶解气体监测中的应用。

在特定波长红外光的照射下,激发气体分子、激发态分子与基态分子相互碰撞;经过无辐射弛豫过程,光能转化为动能,加剧分子碰撞,造成气体温度升高。气体体积一定时,气体压力随温度升高而增大。对光源进行调制,分子动能随调制频率发生周期性变化,导致气体温度和压强也随之周期性变化,进而产生周期性变化的压力波。利用微音器感应周期性变化的压力波,并转换成周期性变化的电信号输出[4]。

基于光声光谱技术的变压器油中气体含量在线监测方法如图 2-9 所示。

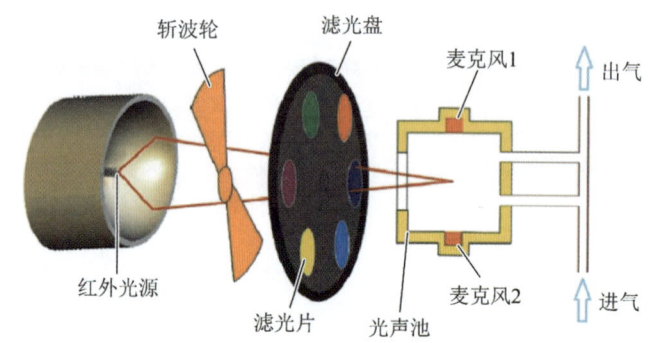

(a)光声光谱原理示意图

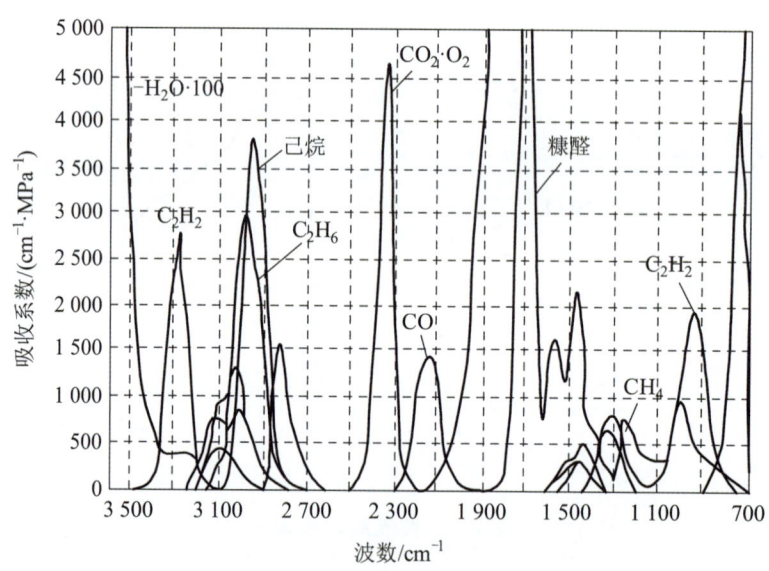

(b)故障气体分子红外吸收光谱图

图 2-9 变压器油光声光谱监测原理示意图

在图 2-9（a）中，红外光源包括红外谱带在内的宽带辐射光，通过抛物面反射镜将光源聚焦，形成入射光；入射光通过转动速率恒定的斩波轮后，其频率得到调制，将光源调制成交变信号。该信号由滤光盘上斩波轮实现分光，每一个滤光片允许透过一个窄带光谱，其中心频率分别与被检测的特征气体吸收频率相对应；进入光声池的入射光将光声池内待检测的气体激发，产生压力波（声音）信号；由安装在光声池内壁两侧的低频响应麦克风采集信号并进行分析计算得出气体浓度，如图 2-9（b）所示[4]。

采用波纹管真空脱气法和光声光谱油色谱监测法的牵引变压器油色谱监测具有如下优点：

- 装置可直接测量变压器油中溶解的 H_2、CO、CO_2、C_2H_2、C_2H_4、C_2H_6 等多种气体浓度。
- 现场装置通过定制法兰与变压器阀门连接，安装过程中变压器无须停电，安装简单快捷。
- 仅需少量样气就可进行监测。
- 在运行过程中，不需要频繁校准，可实现长期使用中的免维护。
- 监测精度高、重复性和再现性好。

3．铁心接地电流

由于铁心接地电流正常值很小，所以应选择高精度零磁通电流互感器，其二次侧具有双绕组，可根据电流大小自动选择大量程和小量程，同时配合信号放大电路的放大倍数，实现宽范围内的高精度测量。

监测组件安装于变压器本体，接地导体穿过互感器后接地即可实现电流测量。

2.2.2.3　在线监测智能组件

1．智能组件与传感器布置

牵引变压器智能组件由光纤测温单元（IED）、变压器油中溶解气体监测单元（IED）、变压器铁心接地电流监测单元和综合单元（主 IED）构成，以上 IED 共同构成智能组件，如图 2-10 所示。

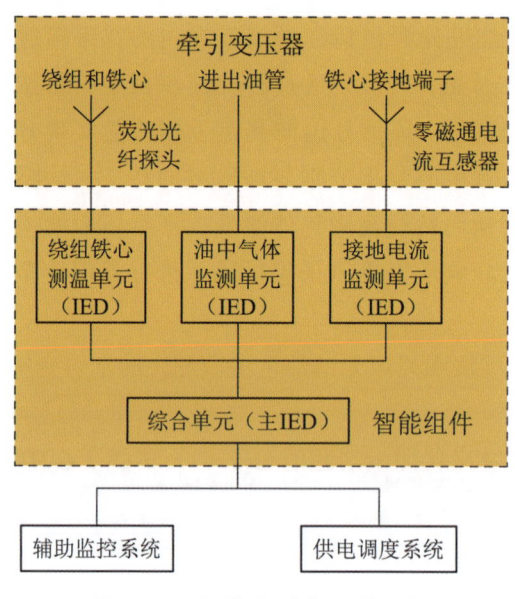

图 2-10 智能牵引变压器组成

- 光纤测温（IED）：绕组热点的具体位置通过有限元软件对绕组的流场和温度场进行仿真分析得到，从而确定光纤测温的布点位置。考虑测温可靠性，设计时采用光纤测温点冗余配置，分别布置在测量牵引变压器的高压侧、低压侧 T 座、低压侧 F 座绕组和铁心上，同时在相应位置上预留一根备用。将 4 根常用、4 根备用光纤分别连接到光纤法兰盘上，外部光纤引出 4 根常用光纤连接至光纤主机。当内部测量光纤有不良或者损坏时，将外部光纤切换至备用通道即可继续测量。
- 油中溶解气体监测（IED）：光声光谱测量单元安装于变压器智能组件柜内下侧，通过外部铜管与变压器的进出油口连接，这样便于进出油管安装和后期维护。
- 铁心接地电流监测（IED）：零磁通电流互感器输出信号通常比较微弱，设计时将传感、采集、通信等单元集成在一起，安装于牵引变压器本体，由智能组件柜供电。
- 综合单元（主）(IED)：接收各监测单元的实时监测数据，进行故障诊断（故障模式分析与故障定位），并将实时监测数据通过光纤网络按 IEC61850 标准输送到辅助监控系统和供电调度系统，辅助监控系统将实时监测数据传送到智能供电运行检修管理系统，进行故障预测与健康评估。

2. 智能组件柜

变压器智能组件柜采用机架式结构，各智能组件使用标准 19 in（1 in=2.54 cm）

插箱方式安装于柜内。智能组件柜布置图如图 2-11 所示。

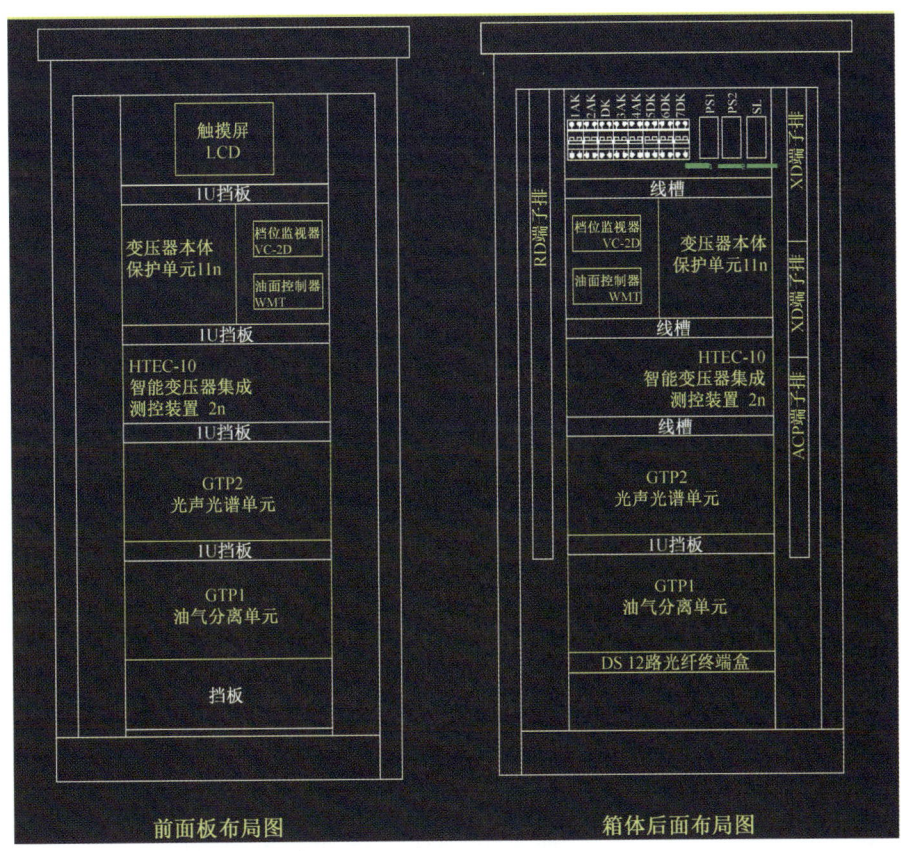

图 2-11　智能柜布置图

智能组件柜采用全不锈钢材料，结构设计新颖，具有防尘、防雨、防潮、防高温功能，可满足户外各种恶劣运行环境需要。

2.2.3　220 kV 智能断路器

2.2.3.1　在线监测项目

近年来，根据电力系统统计，断路器主要故障占比大致为：操作机构 65%，绝缘 5%，灭弧装置 2%，二次回路 12%，附件 14%，其他 2%。

断路器行程曲线反映断路器操作过程中触头运动的实际过程，如图 2-12（a）、(b)

所示。断路器动触头行程与灭弧、绝缘性能相关。其与分合闸线圈电流监测波形相结合，可以得到分合闸时间、分合闸速度[2]。

对于弹簧操作机构来说，储能电机电流波形可以反映储能时间、储能大小和弹簧强度等参数，进而评估其状态，如图 2-12（c）所示[2]。

操作线圈的分合闸电流波形与电磁铁运动过程相对应，可以反映电磁铁的状态，如图 2-12（d）、（e）所示[2]。

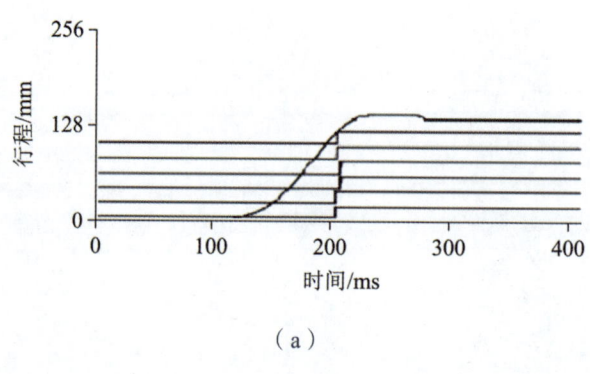

(a)

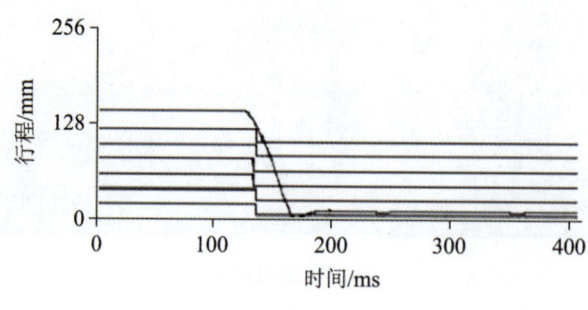

(b)

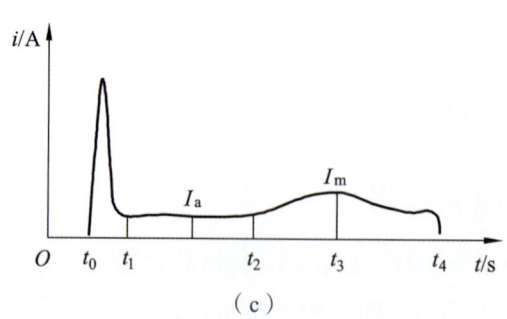

(c)

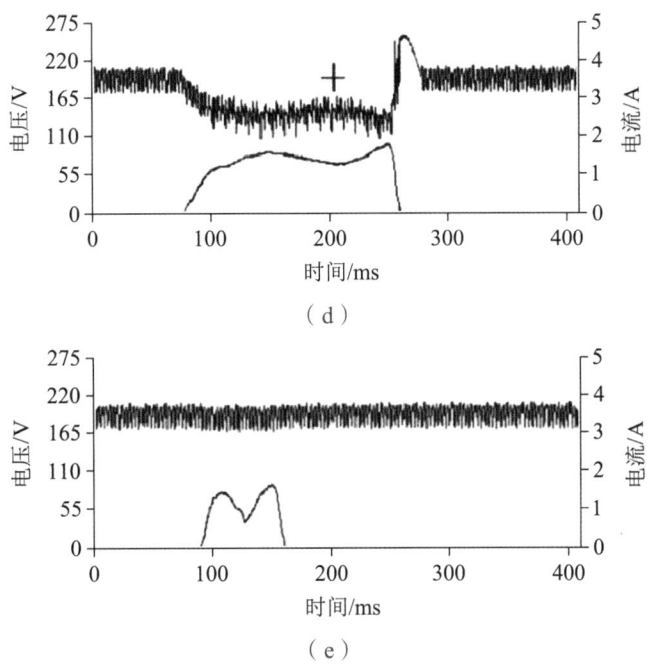

图 2-12　220 kV 断路器在线监测曲线

SF_6 气体密度、温度和微水含量反映 SF_6 断路器的气密性,可以间接反映 SF_6 气体的绝缘强度。

因此,220 kV 断路器在线监测内容包括:断路器行程曲线、操作机构电机电流、分合闸线圈电流、SF_6 气体密度和微水含量。

2.2.3.2　智能组件与监测传感器

1．智能组件

220 kV 断路器智能组件由操作机构特性监测单元(IED)、分合闸线圈电流监测单元(IED)、储能电机电流监测单元(IED)、SF_6 气体监测单元(IED)和综合单元(主 IED)构成;断路器分合可就地操作,也可远程控制,因此,智能组件还包括合并单元。以上各 IED 共同构成智能组件,如图 2-13 所示。

2．监测传感器

断路器行程曲线监测单元(IED):采用旋转光编码传感器,可以数字式输出。行程传感器布置在断路器机构箱内,如图 2-14 所示。

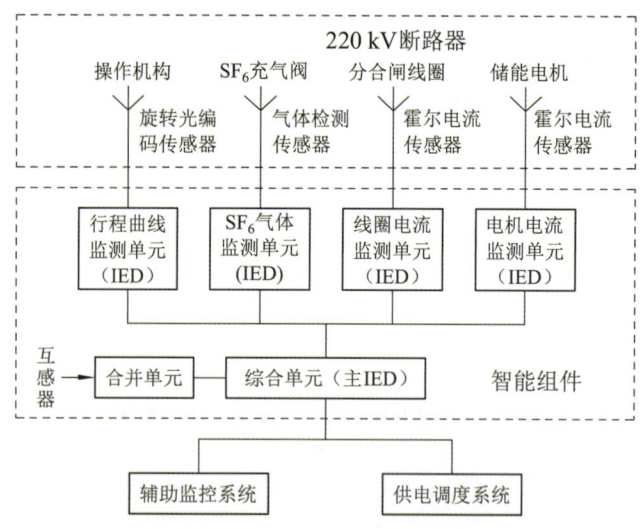

图 2-13　智能 220 kV 断路器组成

 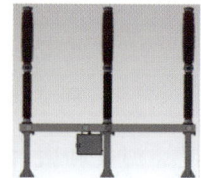

图 2-14　行程传感器及其布置

分合闸线圈电流监测单元（IED）、储能电机电流监测单元（IED）：无论是操作机构电机电流还是分合闸线圈电流在线监测，都可采用穿心式电流互感器或霍尔电流传感器进行在线监测。图 2-15 为 PCS-220SWA 霍尔电流传感器及其在智能组件柜内的布置。

SF_6 气体监测单元（IED）：SF_6 气体密度、温度和微水含量采用 PCS-220SFA 型 SF_6 气体检测传感器进行在线监测，传感器安装在充气阀座处，如图 2-16 所示。

 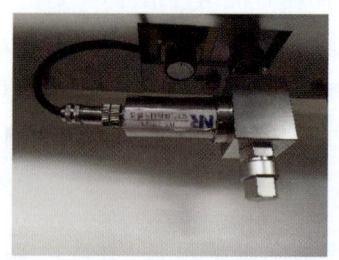

图 2-15　电流传感器及其布置　　图 2-16　SF_6 气体传感器及其布置

合并单元（IED）：用于对 220 kV 组合电器 GIS 互感器传输的电气量进行合并和同步处理，并将处理后的数字信号按照特定格式转发给间隔层设备使用。

综合单元（主 IED）：接收各监测单元的实时监测数据，进行故障诊断（故障模式分析与故障定位），并将实时监测数据通过光纤网络按 IEC61850 标准输送到辅助监控系统和供电调度系统；接收供电调度系统的断路器分合闸操作命令，通过合并单元执行断路器分合闸操作；辅助监控系统将实时监测数据传送到智能供电运行检修管理系统，进行故障预测与健康评估。

2.2.4　27.5 kV 或 2×27.5 kV 智能 GIS 开关柜

2.2.4.1　在线监测项目

27.5 kV 或 2×27.5 kV 智能 GIS 开关柜主要监测内容包括：操作机构特性、分合闸电流、储能电机工作状态和避雷器全电流、放电次数以及 GIS 开关柜基本状态信息。同时，为了实现断路器及其所属隔离开关分合闸控制，该智能 GIS 开关柜还设有合并单元和控制单元。

2.2.4.2　智能组件与监测传感器

1. 智能组件

27.5 kV 或 2×27.5 kV 智能 GIS 的智能组件配置如表 2-1 所示。

表 2-1　27.5 kV GIS 开关柜智能组件配置

项　目	主要内容
测量单元（IED）	基本状态信息采集
控制单元（IED）	分合闸控制
监测单元（IED）	操作机构特性监测
监测单元（IED）	储能电机工作状态监测
监测单元（IED）	避雷器全电流监测
监测单元（IED）	避雷器放电次数监测
综合单元（主 IED）	收集监测信息并上传

测量单元（IED）：27.5 kV 或 2×27.5 kV 智能 GIS 测量单元的基本状态信息采集内容如表 2-2 所示。

表 2-2　27.5 kV 或 2×27.5 kV GIS 基本状态信息采集内容

序号	测量参量
1	就地/远方操作指示信号
2	断路器合位置信号
3	断路器分位置信号
4	断路器操作次数
5	断路器未储能报警信号
6	三工位—隔离开关合位信号
7	三工位—中间位信号
8	三工位—接地开关合信号
9	三工位操作次数
10	三工位电机堵转、延时故障报警
11	气室 SF_6 高气压报警信号
12	气室 SF_6 低气压报警信号
13	直流电源失电报警信号
14	交流电源失电报警信号
15	就地/远方操作指示信号

控制单元（IED）：对断路器间隔（包括其所属的隔离开关、接地开关）所有开关的分、合闸操作。支持所属断路器间隔各开关设备的网络化控制；控制应满足所属各开关设备的逻辑闭锁和保护闭锁要求。还支持宿主断路器间隔各开关设备的顺序控制，即接收一个完整操作的一系列指令，控制单元自动按照规定的时序和逻辑闭锁要求逐一完成各指令所规定的操作。

监测单元（IED）：监测内容包括操作机构特性、避雷器工作特性和储能电机工作状态。

操作机构特性包括机械特性、分合闸线圈电流波形和分合闸时间监测；避雷器工作特性包括避雷器全电流和放电次数监测；储能电机工作状态包括储能电机电流、电压、工作时间监测。

综合单元（主 IED）：通过站内通信网络接收全部监测单元（IED）和兼有监测功能的控制单元 IED 的监测数据；通过对监测数据进行评估，将评估结果报送供电调度系统，接收供电调度的断路器及其所属隔离开关的分合闸指令；通过对监测信息的处理，将所有监测数据和处理后形成的格式化信息报送到辅助监控系统，以服务于状态检修，并通过辅助监控系统将其传送至智能供电运行检修管理系统，进行故障预测、健康评估与维修决策。

2. 监测传感器

断路器操作机构机械特性监测：采用 0～50 mm 量程的 KTM-50MM 微型拉杆式直线位移传感器，并联安装在操动机构上，实现对断路器相关机械特性的监测，如图 2-17 所示；按照合闸前 6 mm、分闸后 12 mm 的方法计算分合闸速度，可获得位移时间曲线、分合闸位移和速度等参数。

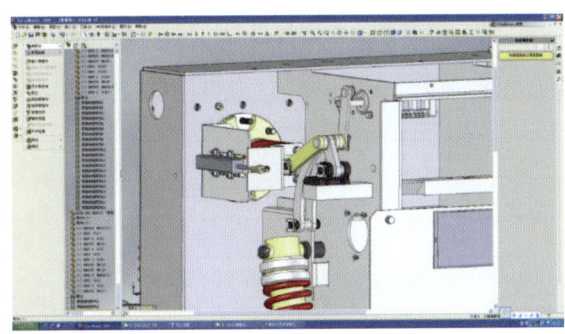

图 2-17 位移传感器三维安装图

分合闸线圈电流监测：采用内置霍尔电流传感器监测分合闸线圈电流。

断路器开合状态与动作次数监测：每次分合闸动作后，通过接入无源触点（开关量），实现断路器操作次数计数与开合状态监测。

避雷器工作特性监测：考虑到安装测量装置后应对避雷器动作残压无影响，因此，采用一次穿心式电流互感器测量避雷器接地回路电流，实现泄漏电流、放电次数监测。

SF_6 气体监测：通过 SF_6 密度控制器实现，可获取 SF_6 的密度、压力、温度。

储能电机电压、电流监测：采用内置霍尔电流传感器监测储能电机回路电流；采用采样电阻监测储能电机电压；储能电机的单次工作时间通过判断储能电机回路电流大小实现，大于一定电流值开始计时，小于一定电流值则停止计时；储能电机的累计工作时间通过累加储能电机的单次工作时间实现。

27.5 kV 或 2×27.5 kV 智能 GIS 开关柜不设置单独的智能组件柜，各智能 IED 就地安装在 27.5 kV 或 2×27.5 kV 智能 GIS 开关柜的仪表室内，仪表室内配置加热器，以满足智能组件运行对环境温度和湿度的要求。

2.2.5　220 kV 智能隔离开关

220 kV 智能隔离开关包括本体智能化和操作机构智能化，其原理是将隔离开关与智能测控单元有机结合，实现隔离开关及其操作机构工作状态的监测与诊断。

2.2.5.1　在线监测项目

隔离开关本体与操动机构常规监测量如表 2-3 所示。

表 2-3　隔离开关本体与操动机构常规监测量

序号	测量参数
1	就地操作指示信号
1	远方操作指示信号
2	合位置信号（机构）
3	分位置信号（机构）
4	合位置信号（开关本体）
5	分位置信号（开关本体）
6	操作次数
7	储能电机过流过时报警信号
8	操作机构失电报警信号

隔离开关本体与操动机构的工作特性监测量如表 2-4 所示。

表 2-4　隔离开关本体与操动机构的工作特性监测量

序号	监测项目	技术要求
1	绝缘子污秽放电	测量范围：5～100 mA；不确定度：≤5%
2	分合闸电机电流波形	允许不确定度：5%、50 ms
3	分合闸时间	允许测量不确定度：50 ms
4	开关触头运行温度	温度监测范围：−40～125 ℃；不确定度：≤2%

2.2.5.2 智能组件与监测传感器

1. 智能组件

为了提高可靠性,将智能隔离开关的智能组件按照功能划分成如下单元:

监测单元:监测隔离开关本体的触头温度、泄漏电流,采集与处理分合位置信息,并向网络通信与控制单元传输实时监测信息。

控制单元:采用微控制芯片(MCU)进行控制和与控制有关的信息采集。控制包括电机正反转控制和机构箱内加热器控制,既可就地电动控制,又可通过电缆远动控制或网络通信控制;监测内容包括操作机构分合位置信号,电机回路电压、电流波形,操作机构箱内温湿度,操作机构告警信号和电机告警信号。

综合单元(网络通信与控制单元):采用STM32F407处理器,安装在操作机构箱内,通过ZigBee与隔离开关本体监测单元、RS-485串口与操作机构控制单元通信,收集在线监测信息;通过光纤网络实现与供电调度系统和辅助监控系统(IEC61850)通信,接收控制命令,传输实时数据。

调试与检修终端:通过UART/USB接口,与控制单元连接,实现调试与检修时的人机交互,掌握隔离开关的运行状态与故障信息,查看各种监测信息的历史数据。

智能组件与隔离开关一起实现了隔离开关智能化。隔离开关智能组件的组合结构如图2-18所示。

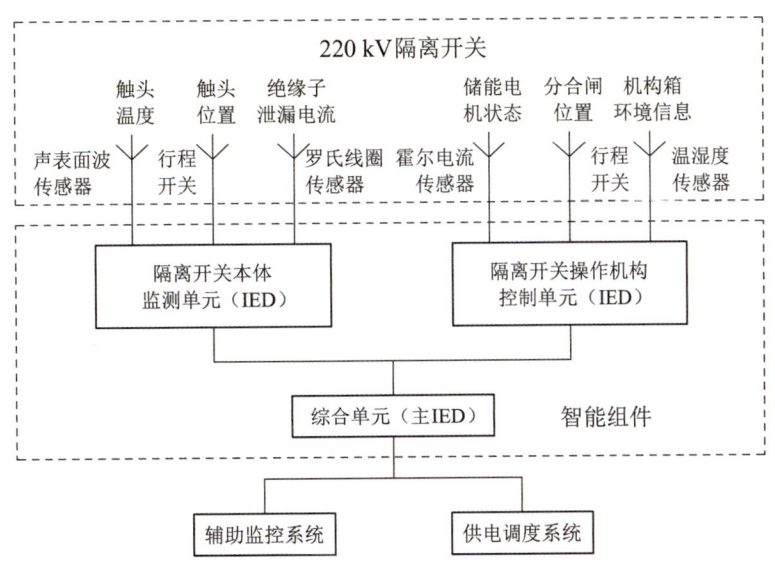

图2-18 隔离开关智能组件的组合结构

2. 监测传感器

触头温度监测：采用声表面波（SAW）测温传感器[5]，安装在隔离开关刀闸触头上。声表面波测温传感器无须供电电源，传感器与采集器之间信息通过无线传输。

绝缘子污秽放电监测：通过环绕在绝缘子下方的罗氏线圈电流传感器来监测泄漏电流的变化，以反映绝缘子表面污秽的积聚和润湿程度，表征绝缘子接近污闪的程度。

隔离开关分合位置监测：通过行程开关监测，行程开关安装在绝缘子传动轴处于分闸与合闸的位置。对于三极隔离开关，每极都安装一对行程开关。

电机电流波形监测：通过霍尔电流传感器来监测电机电流，并传入控制单元，与电压值共同分析、计算电机扭矩，以判断电机的工作状态。

3. 隔离开关本体监测单元布置

图 2-19 为隔离开关本体监测传感器安装位置示意图。

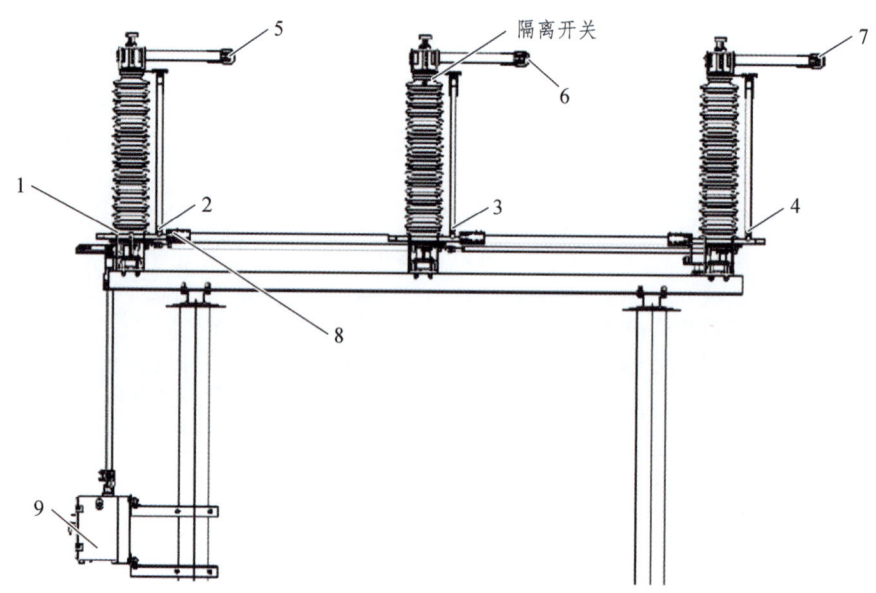

1—泄漏电流传感器；2~4—行程开关；5~7—温度传感器；8—监测单元；9—操作机构。

图 2-19　隔离开关监测传感器安装位置示意图

监测单元包括：STC15 系列处理器，用来记录温度、泄漏电流传感器和行程开关的在线监测数据；无线传输模块，实现 STC 处理器与布置在操作机构中的综合单元通信，采用 ZigBee 无线通信方式；温度采集器，与温度传感器共同实现触头温度的采集，并将采集回来的温度传输到 STC 处理器;供电模块,采用太阳能电池供电,为泄漏电流传感器、STC 处理器和无线传输模块供电。

智能一次设备还包括电压互感器、电流互感器、避雷器等设备,限于篇幅,此处不再赘述。

2.3 智能二次设备

2.3.1 牵引网保护与故障测距

2.3.1.1 就地-站域-广域三级馈线保护

我国高速铁路采用如图 2-20 所示的全并联 2×25 kV AT 牵引供电系统。

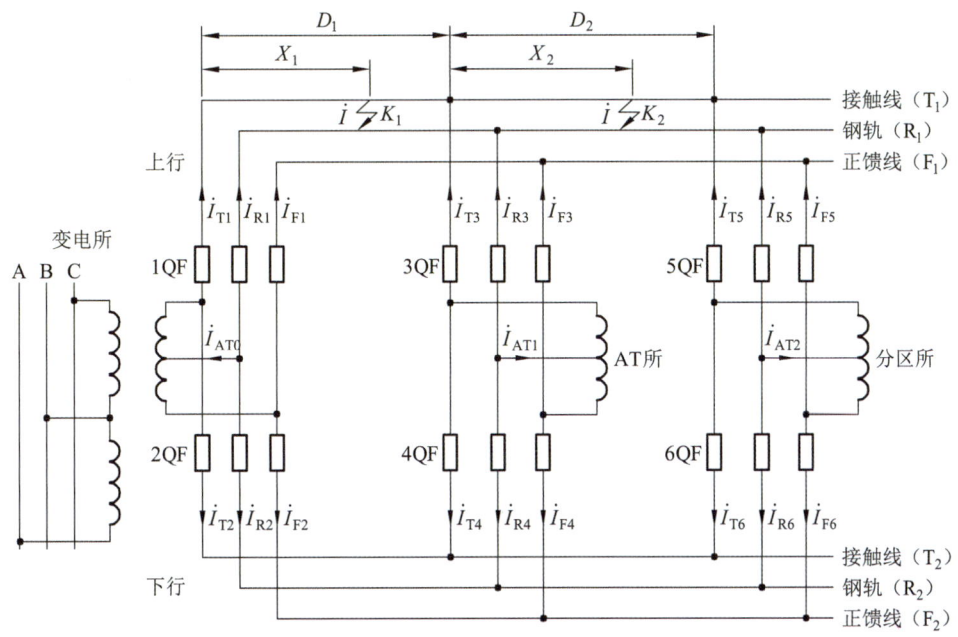

图 2-20 全并联 AT 牵引供电系统

通过智能一次设备,与合并单元、智能组件通信,一个保护设备可以接收牵引所亭(指牵引变电所、AT 所或分区所)所有的采样数据、开关设备的状态信息,能够控制所有的智能一次设备。牵引所亭内部所有装置之间都可以通过 GOOSE 进行快速信息交换完成保护功能,牵引所亭之间也可以通过网络进行信息快速交换。因此,基于高速的、可互联的数据交互网络使构建就地(设备级)、站域(牵引所亭级)和广域(供电臂级)三级保护架构以突破传统的间隔化就地保护成为可能。牵引供电系统就地-站域-广域三级保护架构如图 2-21 所示。

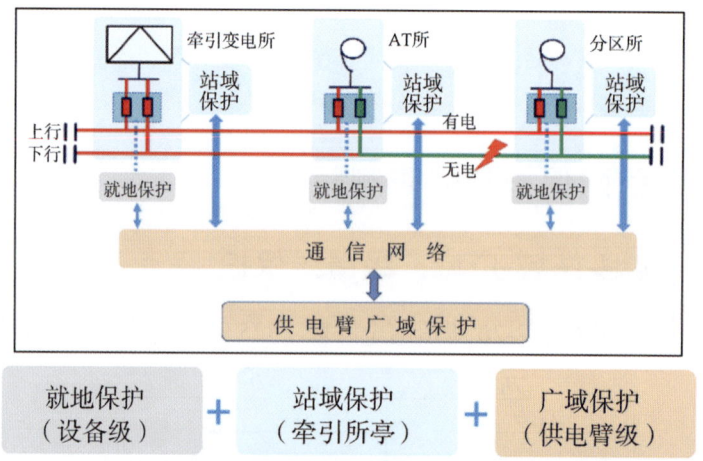

图 2-21　牵引供电系统就地-站域-广域三级保护架构

事实上,就地-站域-广域三级保护架构是一个逻辑概念。这是因为,本质上,整个继电保护系统并没有增加物理硬件,而是在设备级配备就地保护装置的基础上,借助高速数据交互网络,利用整个供电臂信息,增加配置变电所级的站域保护和供电臂级的广域保护功能,以提高牵引供电系统继电保护的可靠性、速动性、选择性和灵敏性。

就继电保护而言,与传统的牵引供电系统相比,智能牵引供电系统采用的广域保护测控技术具有以下新的功能特点。

1. 就地保护

对于图 2-20 的全并联 2×25 kV AT 牵引供电系统,牵引变电所、AT 所、分区所馈线保护协同配合,实现故障隔离,保护配置如表 2-5 所示。

表 2-5　牵引网保护配置

位　　置	保护配置
牵引变电所	距离 I 段、电流速断、低压起动过电流、电流增量、重合闸
AT 所	失压保护、检有压重合闸
分区所	失压保护、检有压重合闸

文献[6]、[7]详细介绍了上述保护的保护原理与整定计算，在此不再赘述。

2．站域保护

目前，高速铁路的牵引变压器进行了双重化保护配置，其他间隔并未设置双重化保护。一旦有保护装置出现故障，只能依靠上级保护装置跳闸切除故障。如牵引网馈线保护装置故障，则只能依靠牵引变压器低压侧保护元件跳闸切除故障，切除故障时间变长，设备烧损时间变长，影响设备寿命，且上下行都停电，扩大了停电范围，可见保护功能的全冗余有很强的实际应用价值。

若牵引所亭的所有保护都采用1对1冗余配置，将成倍增加保护装置、屏柜以及二次电缆数量，二次接线也会更加复杂，实用意义不大。广域保护测控系统的牵引所亭内GOOSE与SV光纤网络，为全所保护冗余提供了新的思路，即将保护集中化配置，接入所内GOOSE与SV网络，构建一个保护功能集中化配置、采样与IO分布式布置的站域保护，如图2-22所示。

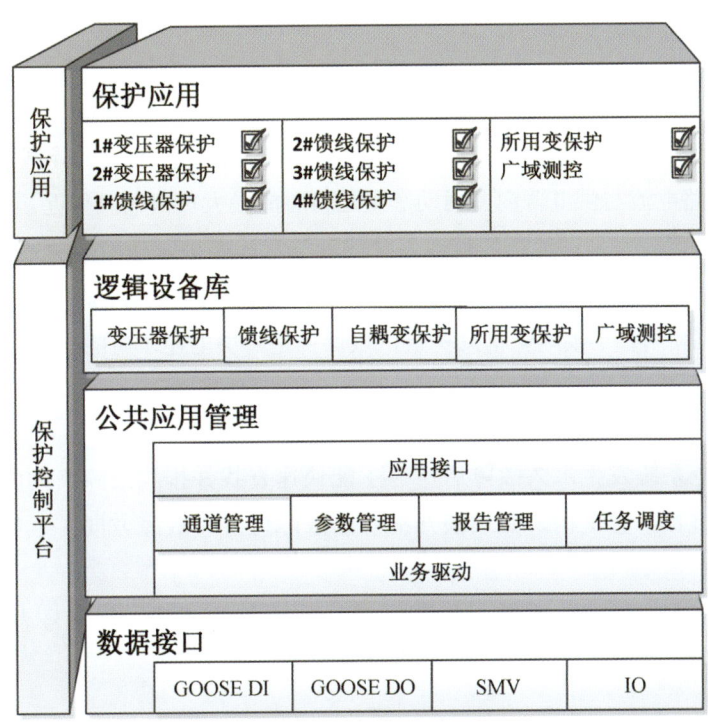

图2-22 站域保护结构图

第 2 章　智能牵引变电所

数据接口：标准的 GOOSE 输入输出、SMV 输入接口，用于接入牵引所亭内 GOOSE 及 SV 网络，预留本地 IO 输入接口。

公共应用管理：包括通道管理、参数管理、报告管理以及任务调度等项目，实现采样同步与计算、录波、开入开出处理、跳闸管理、用户及系统参数整定、故障报告及 SOE 处理、多保护模块的调度等功能，为上层提供应用接口。

逻辑设备库：以间隔为单位，提供完整的保护功能，集成各间隔的保护算法及保护元件，一个逻辑设备就是一个虚拟的保护装置，能实现该间隔的所有保护功能。按间隔进行划分可包含变压器保护、馈线保护、自耦变保护及所用变保护等逻辑设备。

保护应用：根据实际应用进行工程化配置，加载保护逻辑设备库中的逻辑设备，实例化保护应用，实现对间隔保护功能的冗余。

将多个逻辑保护设备集成在一个物理设备中，各逻辑设备在功能上相互独立，充分利用所内 GOOSE 与 SV 网络的高速、互通的特性，实现 1 备多的站域保护，作为就地保护的功能冗余，具有较强的实用意义。

3. 广域保护

由于高速铁路牵引供电系统短路电流较大，尤其是牵引网近端（牵引变电所出口处）短路电流可能超万安，若馈线保护不能快速切除故障，将会熔断接触导线；牵引网末端（分区所处）短路电流与供电臂内多列动车组运行时的最大负荷电流相近，难以有效区分短路故障与正常负荷。采用传统的就地保护或者与就地保护原理相同的站域保护，难免存在馈线保护动作的可靠性、速动性、选择性、灵敏性之间彼此矛盾的情况，借助高速数据交互网络、利用整个供电臂信息构造广域保护是解决上述矛盾的有效办法。

2.3.1.2　牵引网故障测距与故障类型判断

当牵引供电系统发生永久故障后，为了能快速查找并排除故障，同时为了保持供电的连续性而进行自愈重构，必须获知准确的故障位置、故障方向（上行或下行）和故障类型。

为了给出通用表达式，本节中各参数与图 2-20 保持一致，但符号表示与图 2-20 稍有差异，例如，图 2-20 中的 i_{T1} 在本节中表示为 $i_{T.1}$。

1. 定　义

定义 1：AT 中性点吸上电流为自耦变压器（AT）中性点处流入自耦变压器的电流。

我国高速铁路牵引变电所不设 AT,实际上,Vx 接线牵引变压器可等效为一台单相双绕组变压器和一台虚拟 AT 的组合,认为该等效 AT 为 AT_0;AT 所、分区所处 AT 分别表示为 AT_1 和 AT_2。

根据上述定义,AT_0 的中性点电流为

$$\dot{I}_{\mathrm{AT} \cdot 0} = (\dot{I}_{\mathrm{T} \cdot 1} + \dot{I}_{\mathrm{F} \cdot 1}) + (\dot{I}_{\mathrm{T} \cdot 2} + \dot{I}_{\mathrm{F} \cdot 2}) \tag{2-1}$$

AT_k 处的中性点电流为

$$\dot{I}_{\mathrm{AT} \cdot k} = (\dot{I}_{\mathrm{T} \cdot 2k+1} + \dot{I}_{\mathrm{F} \cdot 2k+1}) + (\dot{I}_{\mathrm{T} \cdot 2k+2} + \dot{I}_{\mathrm{F} \cdot 2k+2}) \quad k=1,2 \tag{2-2}$$

式中,$\dot{I}_{\mathrm{T} \cdot 2k+1}$、$\dot{I}_{\mathrm{F} \cdot 2k+1}$ 为 AT_k 处流过上行接触线(T)、正馈线(F)电流(A);$\dot{I}_{\mathrm{T} \cdot 2k+2}$、$\dot{I}_{\mathrm{T} \cdot 2k+2}$ 为 AT_k 处流过下行接触线(T)、正馈线(F)电流(A)。

定义 2:馈线电流为馈线出口处上行(或下行)接触线(T)电流与正馈线(F)电流之差。

根据上述定义,AT_k 处的上、下行馈线电流为

$$\left. \begin{array}{l} \dot{I}_{\mathrm{L} \cdot 1} = \dot{I}_{\mathrm{T} \cdot 1} - \dot{I}_{\mathrm{F} \cdot 1} \\ \dot{I}_{\mathrm{L} \cdot 2} = \dot{I}_{\mathrm{T} \cdot 2} - \dot{I}_{\mathrm{F} \cdot 2} \end{array} \right\} \tag{2-3}$$

由于 AT 所上、下行馈线出口未设电流互感器,若故障发生在第二个 AT 段,则 AT_1 处的上、下行馈线电流可以通过式(2-4)计算得到

$$\left. \begin{array}{l} \dot{I}_{\mathrm{L} \cdot 3} = (\dot{I}_{\mathrm{T} \cdot 1} - \dot{I}_{\mathrm{F} \cdot 1}) + (\dot{I}_{\mathrm{T} \cdot 3} - \dot{I}_{\mathrm{F} \cdot 3}) \\ \dot{I}_{\mathrm{L} \cdot 4} = (\dot{I}_{\mathrm{T} \cdot 2} - \dot{I}_{\mathrm{F} \cdot 2}) + (\dot{I}_{\mathrm{T} \cdot 4} - \dot{I}_{\mathrm{F} \cdot 4}) \end{array} \right\} \tag{2-4}$$

式中,$\dot{I}_{\mathrm{T} \cdot 2k+1}$、$\dot{I}_{\mathrm{F} \cdot 2k+1}$ 分别为 AT_k 处上行 T、F 线电流(A);$\dot{I}_{\mathrm{T} \cdot 2k+2}$、$\dot{I}_{\mathrm{F} \cdot 2k+2}$ 分别为 AT_k 处下行 T、F 线电流(A);$k=0,1$。

定义 3:横联线电流为上行流向下行的馈线电流。

根据上述定义,AT_0 处的横联线电流为

$$\dot{I}_{\mathrm{HL} \cdot 0} = \left[(\dot{I}_{\mathrm{T} \cdot 1} - \dot{I}_{\mathrm{F} \cdot 1}) - (\dot{I}_{\mathrm{T} \cdot 2} - \dot{I}_{\mathrm{F} \cdot 2}) \right] / 2 \tag{2-5}$$

AT_k 处的横联线电流为

$$\dot{I}_{\mathrm{HL} \cdot k} = \left[(\dot{I}_{\mathrm{T} \cdot 2k+1} - \dot{I}_{\mathrm{F} \cdot 2k+1}) - (\dot{I}_{\mathrm{T} \cdot 2k+2} - \dot{I}_{\mathrm{F} \cdot 2k+2}) \right] / 2 \quad k=1,2 \tag{2-6}$$

式中,$\dot{I}_{\mathrm{HL} \cdot k}$ 为 AT_k 处横联线电流;$\dot{I}_{\mathrm{T} \cdot 2k+1}$、$\dot{I}_{\mathrm{T} \cdot 2k+2}$ 分别为 AT_k 处上、下行接触线(T)电流(A);$\dot{I}_{\mathrm{F} \cdot 2k+1}$、$\dot{I}_{\mathrm{F} \cdot 2k+2}$ 分别为 AT_k 处上、下行正馈线(F)电流(A);$k=1,2$。

2. 牵引网故障测距

全并联 AT 牵引网的故障测距原理有 AT 中性点吸上电流比、上下行电流比和横联线电流比测距原理。

(1) AT 中性点吸上电流比故障测距原理。

通过全并联 AT 牵引网的故障分析可知，无论图 2-20 所示的牵引网任何位置发生 T-R（含 T 线对地）、F-R（含 F 线对地）故障，式（2-7）恒成立，因此，AT 中性点吸上电流比故障测距原理为[8]

$$x = \left| \frac{\dot{I}_{AT \cdot k+1}}{\dot{I}_{AT \cdot k} + \dot{I}_{AT \cdot k+1}} \right| D \quad k = 0, 1 \tag{2-7}$$

式中，x 为故障点到 AT_k 的距离（km）；D 为故障 AT 段长度（km）；$\dot{I}_{AT \cdot k}$ 为 AT_k 中性点吸上电流（A）；$\dot{I}_{AT \cdot k+1}$ 为 AT_{k+1} 中性点吸上电流（A）；$k = 0, 1$。

为了实现整个供电臂任何位置发生故障都能进行测距，需要在每个 AT 的中性点装设电流互感器。由于我国高铁牵引变电所不设 AT，AT 中性点电流可按式（2-1）计算；当接触线（T）与正馈线（F）发生故障时，由于 AT 被旁路，AT 中性点吸上电流比原理不再适用；AT 在 AT 所或分区所并联接入上、下行线路，AT 中性点吸上电流比故障测距原理无法识别故障发生在上行还是下行。

在应用式（2-7）求取故障点距离时，首先要判别故障在哪个 AT 段。就图 2-20 而言，可以首先找出 3 个 AT 中性点吸上电流 $\left|\dot{I}_{AT \cdot 0}\right|$、$\left|\dot{I}_{AT \cdot 1}\right|$ 和 $\left|\dot{I}_{AT \cdot 2}\right|$ 的最大值（假设为 $\left|\dot{I}_{AT \cdot 1}\right|$），则次大值（假设 $\left|\dot{I}_{AT \cdot 0}\right| > \left|\dot{I}_{AT \cdot 2}\right|$）即为另一个用于计算的 AT 吸上电流（$\left|\dot{I}_{AT \cdot 0}\right|$），并确认故障发生在第一 AT 段。

需要特别强调的是：当故障发生在不同位置时，AT 中性点吸上电流大小不同，有时较小，尽管 AT 所和分区所的 AT 中性点吸上电流可以通过式（2-2）计算，但为了保证故障测距精度，应该在 AT 所和分区所安装 AT 中性点吸上电流互感器。

以在牵引变电所的故障测距装置上实现故障测距功能为例，AT 中性点吸上电流比故障测距的计算流程如算法 2-1 所示。

算法 2-1　AT 中性点吸上电流比故障测距算法

1: For *k*=1 to 3 do
　　Location start Flag（*k*）=1 otherwise
　　● 故障测距同步启动确认
End For
2: For *k*=1 to 3 do

> **Fault Current Sampling and Receiving**
> - 故障电流采集或接收
>
> End For
>
> 3: For the $\dot{I}_{AT\cdot 0}$ Calculation do
> - 按式（2-1）计算牵引变电所虚拟 AT 的中性点吸上电流
>
> 4: If $I_{\max} = \max(|\dot{I}_{AT\cdot 0}|, |\dot{I}_{AT\cdot 1}|, |\dot{I}_{AT\cdot 3}|)$, $I_{\min} = \min(|\dot{I}_{AT\cdot 0}|, |\dot{I}_{AT\cdot 1}|, |\dot{I}_{AT\cdot 3}|)$, then
> I_{mid} = Another One
> - 比较 AT 中性点吸上电流大小，确认故障 AT 段
>
> 5: For the fault Location calculation do
> - 按照式（2-6）计算故障距离

（2）上下行电流比故障测距原理。

通过全并联 AT 牵引网的故障分析可知，无论图 2-20 所示的牵引网任何位置发生 T-F、T-R、F-R 故障，式（2-8）恒成立，因此，上下行电流比故障测距原理为[9]

$$x = 2\left|\frac{\dot{I}_{L\cdot 2k+2}}{\dot{I}_{L\cdot 2k+1} + \dot{I}_{L\cdot 2k+2}}\right|D, \quad k = 0,1 \tag{2-8}$$

式中，x 为故障点到 AT_k 的距离（km）；D 为故障 AT 段长度（km）；$\dot{I}_{L\cdot 2k+1}$ 为 AT_k 处上行（或下行）馈线电流（A）；$\dot{I}_{L\cdot 2k+2}$ 为 AT_k 处下行（或上行）馈线电流（A）；$k = 0, 1$。

若牵引变电所、AT 所和分区所馈出的接触线（T）、正馈线（F）都装设有电流互感器，则 $\dot{I}_{L\cdot 2k+1}$ 和 $\dot{I}_{L\cdot 2k+2}$ 很容易在牵引变电所、AT 所或分区所同步采集，无须借助故障测距通道进行同步。实际上，AT 所馈出的接触线（T）、正馈线（F）并未装设电流互感器，所以仍需借助故障测距通道进行变电所和 AT 所的电流同步。通过比较上下电流的大小，利用上下行电流比故障测距原理容易判断故障发生在上行还是下行。

（3）横联线电流比故障测距原理。

通过全并联 AT 牵引网的故障分析可知，无论图 2-20 所示的牵引网任何位置发生 T-F、T-R、F-R 故障，式（2-9）恒成立，因此，横联线电流比故障测距原理为[10]

$$x = \left|\frac{\dot{I}_{HL\cdot k+1}}{\dot{I}_{HL\cdot k} + \dot{I}_{HL\cdot k+1}}\right|D, \quad k = 0,1 \tag{2-9}$$

式中，x 为故障点到 AT_k 的距离（km）；D 为故障 AT 段长度（km）；$\dot{I}_{HL\cdot k}$ 为 AT_k 处的横联线电流（A）；$\dot{I}_{HL\cdot k+1}$ 为 AT_{k+1} 处的横联线电流（A）；$k = 0, 1$。

在应用式（2-6）求取故障点距离时，首先要判别故障区段，即故障在哪个 AT 段。就图 2-20 而言，可以首先找出 3 个横联线电流 $|\dot{I}_{HL\cdot 0}|$、$|\dot{I}_{HL\cdot 1}|$ 和 $|\dot{I}_{HL\cdot 2}|$ 的最大值（假设为 $|\dot{I}_{HL\cdot 1}|$），则最大值旁的次大值（假设 $|\dot{I}_{HL\cdot 0}| > |\dot{I}_{HL\cdot 2}|$）即为另一个用于计算的横联线电流（$|\dot{I}_{HL\cdot 0}|$），并确认故障发生在第一 AT 段。

以在牵引变电所的故障测距装置上实现故障测距功能为例，横联线电流比故障测距的计算流程如算法 2-2 所示。

算法 2-2　横联线电流比故障测距算法

1: For k=1 to 3 do
　　Location start Flag（k）=1 otherwise
　　● 故障测距同步启动确认
End For
2: For k=1 to 3 do
　　Fault Current Sampling and Receiving
　　● 故障电流采集或接收
End For
3: For the $\dot{I}_{HL\cdot 0}$ Calculation do
　　● 按式（2-1）计算牵引变电所处的横联线电流
4: If I_{max} = max(| $\dot{I}_{HL\cdot 0}$ |,| $\dot{I}_{HL\cdot 1}$ |,| $\dot{I}_{HL\cdot 3}$ |), I_{min} = min(| $\dot{I}_{HL\cdot 0}$ |,| $\dot{I}_{HL\cdot 1}$ |,| $\dot{I}_{HL\cdot 3}$ |), then
　　I_{mid} = Another One
　　● 比较横联线电流大小，确认故障 AT 段
5: For the fault Location calculation do
　　● 按照式（2-9）计算故障距离

需要特别强调的是：当故障发生在不同位置时，横联线电流大小不同，有时较小，尽管 AT 所和分区所的横联线电流可以通过式（2-6）计算，但为了保证故障测距精度，应该在 AT 所和分区所的接触网（T）和正馈线（F）的横联线上安装电流互感器。

在上述三种故障测距原理应用过程中，牵引网阻抗参数不均匀、AT 漏抗等因素或多或少地影响故障测距精度，应根据实际线路条件进行调整。

3. 故障测距起动元件

根据 AT 中性点吸上电流比和横联线电流比故障测距原理，若故障前牵引网运行在正常模式，需要同时用到牵引变电所、AT 所或 AT 所、分区所的故障后现场采集电流，若故障前牵引网运行在 AT 所解列模式，则需要同时用到牵引变电所、分区所的故障后现场采集电流才能完成故障测距。牵引变电所、AT 所、分区所在空间距离上相差较远，不能在同一个采集装置中完成各处电流采集任务，所以在进行故障距离计算时，需要将牵引变电所、AT 所、分区所三处所采集的电流数据汇总并进行同步处理，使故障电流为同一时刻的采集量。

（1）牵引变电所馈线保护动作信号起动。

当牵引网发生短路故障时，牵引变电所馈线保护动作跳开馈线断路器切除故障。因此，可以将馈线保护装置动作信号作为故障测距的起动信号，采集馈线保护发出动作信号到断路器分闸这段时间内的电流。在牵引变电所，故障测距装置可直接接入馈线保护的动作信号起动故障数据采集；在 AT 所和分区所，故障测距装置通过光纤通道接收牵引变电所馈线保护的动作信号同步起动故障数据采集。

（2）牵引网低电压起动。

当牵引网发生短路故障时，牵引变电所、AT 所、分区所处的电压陡降。因此，牵引变电所、AT 所和分区所三处的故障测距装置采用低电压元件可实现同步起动。为了保证精确同步，牵引变电所、AT 所和分区所三处的低电压元件的算法应该一致。为避免 PT 断线导致故障测距功能误起动，可采用低压有流判据实现故障测距装置的同步起动。当系统检测到低电压但线路中有电流时，低电压检测元件才有效。

4. 牵引网故障类型判断

故障类型判断对于故障点查找和自愈重构十分重要，尤其是在故障后自愈重构过程中：若发生 T-F、T-R 故障，故障所在方向的 AT 段只能退出运行；当发生 F-R 故障时，故障所在方向的 AT 段可以转化成直供方式运行。

以图 2-20 为例，发生 T-F 故障时，无论故障在牵引网的任何位置，AT 都被旁路，因此，AT 中性点吸上电流很小，可以按式（2-10）进行判断。

$$\max(I_{AT\text{-}0}, I_{AT\text{-}1}, I_{AT\text{-}2}) \geqslant I_{set} \tag{2-10}$$

式中，I_{set} 为整定值，该值很小，一般整定为 5A（实际值）。

当不满足式（2-10）时，判断为 T-F 故障，继续判断故障是发生在上行还是下行。

若 $I_{\text{HL·0}} = \max(I_{\text{HL·0}}, I_{\text{HL·1}}, I_{\text{HL·2}})$ 且 $|\dot{I}_{\text{T·1}} - \dot{I}_{\text{F·1}}| > |\dot{I}_{\text{T·2}} - \dot{I}_{\text{F·2}}|$，则故障发生在上行方向，否则故障发生在下行方向。

若 $I_{\text{HL·1}} = \max(I_{\text{HL·0}}, I_{\text{HL·1}}, I_{\text{HL·2}})$ 且 $150° < \arg(\dot{U}_{\text{TF}}, \dot{I}_{\text{T·3}} - \dot{I}_{\text{F·3}}) \leqslant 330°$，则故障发生在上行方向，否则故障发生在下行方向。

若 $I_{\text{HL·2}} = \max(I_{\text{HL·0}}, I_{\text{HL·1}}, I_{\text{HL·2}})$ 且 $150° < \arg(\dot{U}_{\text{TF}}, \dot{I}_{\text{T·5}} - \dot{I}_{\text{F·5}}) \leqslant 330°$，则故障发生在上行方向，否则故障发生在下行方向。

当满足式（2-8）时，故障可能为 T-R 或 F-R 故障，继续判断故障形式和故障发生在上行方向还是下行方向。

若 $\begin{cases} I_{\text{HL·}k} = \max(I_{\text{HL·0}}, I_{\text{HL·1}}, I_{\text{HL·2}}) \\ I_{\text{T·}2k+1} = \max(I_{\text{T·}2k+1}, I_{\text{T·}2k+2}, I_{\text{F·}2k+1}, I_{\text{F·}2k+2}) \end{cases}$ $k = 0,1,2$，则故障形式为 T-R 故障，且故障发生在上行方向。

若 $\begin{cases} I_{\text{HL·}k} = \max(I_{\text{HL·0}}, I_{\text{HL·1}}, I_{\text{HL·2}}) \\ I_{\text{T·}2k+2} = \max(I_{\text{T·}2k+1}, I_{\text{T·}2k+2}, I_{\text{F·}2k+1}, I_{\text{F·}2k+2}) \end{cases}$ $k = 0,1,2$，则故障形式为 T-R 故障，且故障发生在下行方向。

若 $\begin{cases} I_{\text{HL·}k} = \max(I_{\text{HL·0}}, I_{\text{HL·1}}, I_{\text{HL·2}}) \\ I_{\text{F·}2k+1} = \max(I_{\text{T·}2k+1}, I_{\text{T·}2k+2}, I_{\text{F·}2k+1}, I_{\text{F·}2k+2}) \end{cases}$ $k = 0,1,2$，则故障形式为 F-R 故障，且故障发生在上行方向。

若 $\begin{cases} I_{\text{HL·}k} = \max(I_{\text{HL·0}}, I_{\text{HL·1}}, I_{\text{HL·2}}) \\ I_{\text{F·}2k+2} = \max(I_{\text{T·}2k+1}, I_{\text{T·}2k+2}, I_{\text{F·}2k+1}, I_{\text{F·}2k+2}) \end{cases}$ $k = 0,1,2$，则故障形式为 F-R 故障，且故障发生在下行方向。

牵引网故障类型判断流程如算法 2-3 所示。

算法 2-3　牵引网故障类型判断算法

1: Define F1=1(T-R Fault), F2=1(T-R Fault),F3=1(F-R Fault), F4= (Fault on Up-line),F5=1(Fault on Down-line)
- 定义故障类型与故障方向标志

2: If $\max(I_{\text{AT·0}}, I_{\text{AT·1}}, I_{\text{AT·2}}) < I_{\text{set}}$ then F3=1; Otherwise F3=0
- 判断故障是否为 T-F 故障

3: For k=0 to 2 do
　If $I_{\text{HL·}k} = \max(I_{\text{HL·0}}, I_{\text{HL·1}}, I_{\text{HL·2}})$, then $F_{\max·k} = 1$

End For

　　If $F_{\max \cdot 0}=1$ and $|\dot{I}_{T \cdot 1}-\dot{I}_{F \cdot 1}|>|\dot{I}_{T \cdot 2}-\dot{I}_{F \cdot 2}|$, then F4=1; Otherwise F5=1

　　For k=1 to 2 do

　　　　If $F_{\max \cdot k}=1$ and $150°<\arg(U_{TF}, I_{T \cdot 2k+1}-I_{F \cdot 2k+1})\leqslant 330°$ then

　　　　F4=1; Otherwise F5=1

　　End For

- 判断 T-F 故障方向

4: For k=0 to 2 do

　　If F3=0 and $F_{\max \cdot k}=1$ and $I_{T \cdot 2k+1}=\max(I_{T \cdot 2k+1}, I_{T \cdot 2k+2}, I_{F \cdot 2k+1}, I_{F \cdot 2k+2})$,
　　Then F2=1 and F4=1

　　If F3=0 and $F_{\max \cdot k}=1$ and $I_{T \cdot 2k+2}=\max(I_{T \cdot 2k+1}, I_{T \cdot 2k+2}, I_{F \cdot 2k+1}, I_{F \cdot 2k+2})$,
　　Then F2=1 and F5=1

- 判断 T-R 故障与故障方向

　　If F3=0 and $F_{\max \cdot k}=1$ and $I_{F \cdot 2k+1}=\max(I_{T \cdot 2k+1}, I_{T \cdot 2k+2}, I_{F \cdot 2k+1}, I_{F \cdot 2k+2})$,
　　Then F3=1 and F4=1

　　If F3=0 and $F_{\max \cdot k}=1$ and $I_{F \cdot 2k+2}=\max(I_{T \cdot 2k+1}, I_{T \cdot 2k+2}, I_{F \cdot 2k+1}, I_{F \cdot 2k+2})$,
　　Then F3=1 and F5=1

End for

- 判断 F-R 故障与故障方向

2.3.2　牵引网广域保护

通过对全并联 AT 供电方式下故障电流分布特征进行分析，将牵引变电所、AT 所、分区所的馈线保护作为一个整体来考虑，文献[11,12]提出了基于电流和阻抗特征的高速铁路牵引网广域保护原理，以满足保护的速动性和选择性。

2.3.2.1　全并联 AT 网故障分析

全并联 AT 供电牵引网故障可能发生在上行或下行供电臂上，以图 2-20 的上行供电臂在牵引变电所与 AT 所之间、AT 所与分区所之间的 K_1 和 K_2 点发生 T-R 故障为例。由于牵引网的对称性，上行供电臂其他类型的故障和下行供电臂各种类型的故障都与之类似。

在 AT 供电系统中，短路电流为接触线电流与正馈线电流之差，即各保护测得的短路电流为 $\dot{I}_i = \dot{I}_{Ti} - \dot{I}_{Fi}$（$i = 1, 2, \cdots, 6$）。结合图 2.20，推导不同位置故障的短路电流表达式。

经过一系列推导，当故障发生在 K_1 处时，式（2-11）成立。

$$\left.\begin{aligned}\dot{I}_1 &= \frac{2D_1 - X_1}{2D_1}\dot{I} \\ \dot{I}_2 &= \dot{I}_3 = -\dot{I}_4 = \frac{X_1}{2D_1}\dot{I}\end{aligned}\right\} \qquad (2\text{-}11)$$

式中，D_1 为牵引变电所至 AT 所距离；X_1 为故障点至牵引变电所距离。

从式（2-11）可以看出，当牵引变电所与 AT 所之间发生故障时，牵引变电所上下行电流大小不同、方向相同，并且 X_1 越小、故障越靠近变电所时，电流大小区别越明显；AT 所上下行电流大小相同但是方向不同，并且 X_1 越大、故障越靠近 AT 所时电流越大。

当故障发生在 K_2 处时，式（2-12）成立。

$$\left.\begin{aligned}\dot{I}_1 &= \dot{I}_2 = \frac{1}{2}\dot{I} \\ \dot{I}_3 &= -\dot{I}_4 = \frac{D_2 - X_2}{2D_2}\dot{I} \\ \dot{I}_5 &= -\dot{I}_6 = \frac{X_2}{2D_2}\dot{I}\end{aligned}\right\} \qquad (2\text{-}12)$$

式中，D_2 为 AT 所至分区所距离；X_2 为故障点至 AT 所距离。

从式（2-12）可以看出，当 AT 所与分区所之间发生故障时，牵引变电所上下行电流大小相同，仅靠牵引变电所电流无法区分故障发生在上行供电臂还是下行供电臂，但 AT 所和分区所的电流方向可以指示故障供电臂。此外，当 X_2 越小、故障越靠近 AT 所时，流经 AT 所的电流越大；当 X_2 越大、故障越靠近分区所时，流经分区所的电流越大。

因此，各处电流的不同特征是牵引网广域电流保护原理的理论基础，牵引变电所、AT 所、分区所各处保护测得的电流大小或方向能够用于识别靠近它们的故障。

在 AT 牵引供电系统中，测量阻抗按式（2-13）进行计算。

$$Z_i = \frac{\dot{U}_s}{\dot{I}_{Ti} - \dot{I}_{Fi}} \tag{2-13}$$

式中，$\dot{U}_s$ 为母线对地电压，s 分别为牵引变电所、AT 所或分区所；$\dot{I}_{Ti}$、$\dot{I}_{Fi}$ 分别为接触线电流和正馈线电流，i 表示保护 1~6（对应图 2-20 的断路器 1QF~6QF）处测得的值；电流正方向为母线流向线路。

当故障发生在 K_2 处时，各个保护的测量阻抗为

$$\left.\begin{aligned} Z_1 &= Z_2 = \frac{1}{4}Z_A D_1 + 2X_2\left[(Z_B+Z_C) - X_2\frac{Z_D(Z_B+Z_C)+Z_C(Z_B+2Z_C)}{2D_2(Z_C+Z_D)}\right] \\ Z_3 &= -Z_4 = \frac{2D_2 X_2}{D_2 - X_2}\left[(Z_B+Z_C) - X_2\frac{Z_D(Z_B+Z_C)+Z_C(Z_B+2Z_C)}{2D_2(Z_C+Z_D)}\right] \\ Z_5 &= -Z_6 = (D_2 - X_2)\left[\frac{Z_D(Z_B+Z_C)}{Z_C+Z_D} + \frac{Z_C(Z_B+2Z_C)}{Z_C+Z_D}\right] \end{aligned}\right\} \tag{2-14}$$

式中，$Z_A = Z_T + Z_F - 2Z_{TF}$，$Z_B = (Z_F + Z_{TR} - Z_{FR} - Z_{TF})/2$，$Z_C = Z_R + (Z_F + Z_{TF} - Z_{TR} - 3Z_{FR})/2$，$Z_D = (Z_T - Z_F)/4 + (Z_{FR} - Z_{TR})/2$。其中，$Z_T$、$Z_R$、$Z_F$ 分别为接触线（T）、钢轨（R）和正馈线（F）的单位自阻抗（Ω/km）；Z_{TR}、Z_{FR}、Z_{TF} 分别为接触线与钢轨、正馈线与钢轨和接触线与正馈线之间的单位互阻抗（Ω/km）。

从式（2-14）可以看出，当 AT 所至分区所发生故障时，牵引变电所保护 1 和 2 的测量阻抗相同，仅靠牵引变电所的阻抗信息无法判别故障供电臂，这也是既有保护方案选择性差的主要原因。与之相比，AT 所保护 3 和保护 4 的测量阻抗大小相同但方向相反，分区所同样如此。因此，就地保护在 AT 所和分区所可以通过测量阻抗实现保护的选择性。

当故障发生在 K_1 处时，各处保护的测量阻抗为

$$\left.\begin{aligned} Z_1 &= \frac{2D_1 X_1}{2D_1 - X_1}\left[(Z_B+Z_C) - X_1\frac{Z_D(Z_B+Z_C)+Z_C(Z_B+2Z_C)}{2D_1(Z_C+Z_D)}\right] \\ Z_2 &= 2D_1\left[(Z_B+Z_C) - X_1\frac{Z_D(Z_B+Z_C)+Z_C(Z_B+2Z_C)}{2D_1(Z_C+Z_D)}\right] \\ Z_3 &= -Z_4 = (D_1 - X_1)\left[\frac{Z_D(Z_B+Z_C)}{Z_C+Z_D} + \frac{Z_C(Z_B+2Z_C)}{Z_C+Z_D}\right] \\ Z_5 &= -Z_6 = (D_1 - X_1)\left[\frac{Z_D(Z_B+Z_C)}{k(Z_C+Z_D)} + \frac{Z_C(Z_B+2Z_C)}{k(Z_C+Z_D)}\right] \end{aligned}\right\} \tag{2-15}$$

式中，X_1 为故障点到牵引变电所的距离；k 为分流系数，大小由 AT 所、分区所并联接线的阻抗和 AT 所到分区所的牵引网阻抗确定。

从式（2-15）可以看出，当牵引变电所至 AT 所之间上行供电臂发生短路故障时，变电所保护 1 和保护 2 的测量阻抗大小不同，并且 X_1 越小、故障越靠近变电所时保护 1 的测量阻抗越小，而保护 2 的测量阻抗越大。因此，就地保护可以通过测量阻抗区分故障供电臂。同时，AT 所和分区所处测量阻抗大小相同但方向不同。式（2-14）和（2-15）所揭示的特征可以为基于阻抗特征的牵引网广域保护方案提供理论基础。

2.3.2.2 基于电流特征的牵引网广域保护

由式（2-11）可以看出牵引变电所上下行电流比满足式（2-16）的关系。

$$\left.\begin{array}{l} k_1 = \dfrac{\dot{I}_1}{\dot{I}_1 + \dot{I}_2} = \dfrac{2D_1 - X_1}{2D_1} > \dfrac{1}{2} \\ k_2 = \dfrac{\dot{I}_2}{\dot{I}_1 + \dot{I}_2} = \dfrac{X_1}{2D_1} < \dfrac{1}{2} \end{array}\right\} \qquad (2\text{-}16)$$

式中，k_1，k_2 分别为保护 1 和保护 2 测得的上下行电流比。

由式（2-16）可以得到图 2-23 所示曲线。图 2-23 中，"◆" 所标曲线为 k_1 得到的电流比值，✱ 所标曲线为 k_2 得到的电流比值。

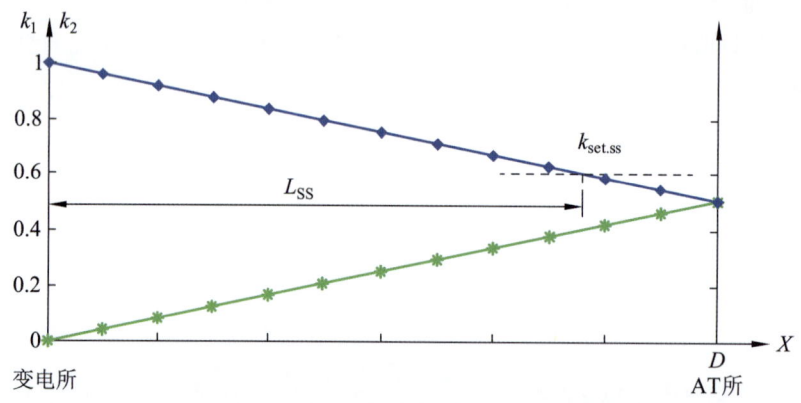

图 2-23　变电所至 AT 所之间故障时上下行电流比示意图

可以按式（2-17）判据区分故障发生在上行线路还是下行线路：

$$k_i > k_{\text{set.ss}} = k_{\text{rel}} \times 0.5 \tag{2-17}$$

式中，k_i 为牵引变电所保护 1 或 2 测得的电流比；$k_{\text{set.ss}}$ 为电流比整定值；k_{rel} 为可靠系数，考虑互感器误差等因素，一般取 1.2。

上下行电流比仅反映电流分配关系，当供电臂有动车组运行时，式（2-17）也将满足。为避免牵引变电所保护在负荷时误动，还需躲过最大负荷电流，即

$$I_i > I_{\text{set.ss}} = k_{\text{rel}} I_{\text{f max.ss}} \tag{2-18}$$

式中，I_i 为牵引变电所保护 1 或 2 测得的短路电流；k_{rel} 取 1.2；$I_{\text{f max.ss}}$ 为供电臂正常运行时最大负荷电流。式（2-17）和（2-18）同时满足则牵引变电所相应馈线的电流比保护跳闸。

由式（2-17）可以看出，牵引变电所馈线电流比保护仅能保护牵引变电所至 AT 所之间线路的 80% 左右，无法对靠近 AT 所的故障进行保护。因此，需要在 AT 所加装其他保护判据。根据式（2-11）和（2-12），电流方向可以区分故障发生在哪条供电臂，同时需要根据电流大小区分故障电流和负荷电流，因此可以得到 AT 所的方向过电流保护动作方程为

$$\left. \begin{array}{l} I_i > I_{\text{set.AT}} = k_{\text{rel}} I_{\text{f.max}} \\ \varphi_{\text{sen}} + 90° > \arg \dfrac{\dot{U}_{\text{AT}}}{\dot{I}_i} = \varphi_{\text{set.AT}} > \varphi_{\text{sen}} - 90° \end{array} \right\} \tag{2-19}$$

式中，I_i 为 AT 所保护 3 或 4 测得的短路电流；$I_{\text{set.AT}}$ 为电流整定值；$\dot{U}_{\text{AT}}$ 为 AT 所母线电压；φ_{sen} 为灵敏角，对牵引网一般取 70° 左右；k_{rel} 为可靠系数，一般取 1.2；$I_{\text{f.max}}$ 为线路正常运行时的最大负荷电流。

由式（2-12）可以看出，式（2-19）能保护 AT 所至分区所之间的部分线路，但不能保护靠近分区所的故障。根据式（2-12），可以在分区所配置类似方向过电流保护，动作方程为

$$\left. \begin{array}{l} I_i > I_{\text{set.sp}} = k_{\text{rel}} I_{\text{f.max}} \\ \varphi_{\text{sen}} + 90° > \arg \dfrac{\dot{U}_{\text{sp}}}{\dot{I}_i} = \varphi_{\text{set.sp}} > \varphi_{\text{sen}} - 90° \end{array} \right\} \tag{2-20}$$

式中，I_i 为分区所处保护 5 或 6 测得的短路电流；$I_{set.sp}$ 为分区所方向过电流保护的整定值；$\dot{U}_{sp}$ 为分区所母线电压；φ_{sen} 为灵敏角，对牵引网一般取 70° 左右；k_{rel} 为可靠系数，一般取 1.2；$I_{f.max}$ 为线路正常运行时最大负荷电流。

根据式（2-11）、（2-12）可以得到 AT 所和分区所保护测量电流随短路点变化曲线，如图 2-24 所示。图 2-24 中"◆"所标为 AT 所处测得的短路电流，"＊"所标为分区所处测得的短路电流。此外，图 2-24 中还给出了由式（2-19）和（2-20）得到的电流定值和保护范围示意，其中 $I_{set.AT}$ 为 AT 所方向过电流保护的电流定值，L_{AT} 为 AT 所方向过电流保护的保护范围，$I_{set.sp}$ 为分区所方向过电流保护的电流定值，L_{sp} 为分区所方向过电流保护的保护范围。

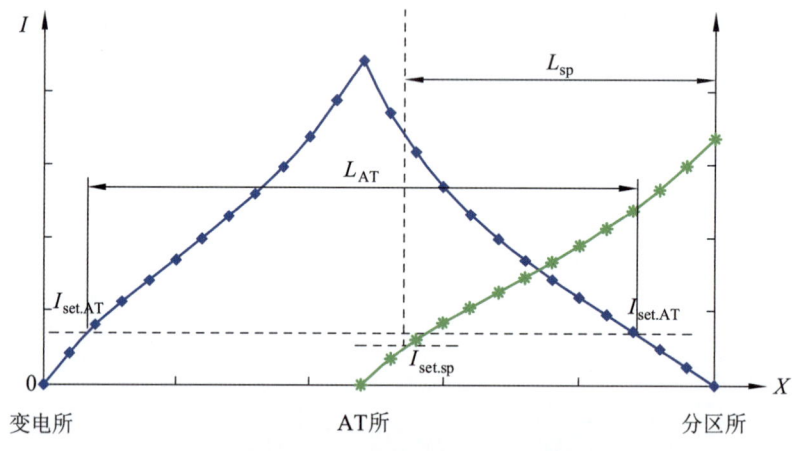

图 2-24　AT 所和分区所短路电流与保护范围示意图

由图 2-23 和图 2-24 可以看出，当上行供电臂故障时，与其相关的保护 1、3 和 5 中至少有一个能够动作，但是完全隔离故障需要断路器 1QF、3QF 和 5QF 都跳闸，所以还要配置联跳逻辑。即当某个保护动作的同时向同一供电臂上的其他保护发出联跳信号，使整个供电臂断路器跳闸，则隔离故障。但是，当牵引变电所保护 1 先跳开 1QF 后，如果 3QF 或 5QF 还没有跳开，此时保护 2 测得的电流可能满足式（2-17）和（2-18）。因此，牵引变电所的保护 1 和保护 2 还应配置闭锁逻辑信号，在发出跳闸信号的同时向对侧发送闭锁信号，使对侧电流比判据闭锁 0.1～0.2 s。

高速铁路全并联 AT 供电牵引网示意图及其完整保护方案如图 2-25 所示，其中保护 1、3、5 及其联跳与闭锁逻辑构成了上行供电臂的广域电流保护，保护 2、4、6 及其联跳与闭锁逻辑构成了下行供电臂的广域电流保护[11]。

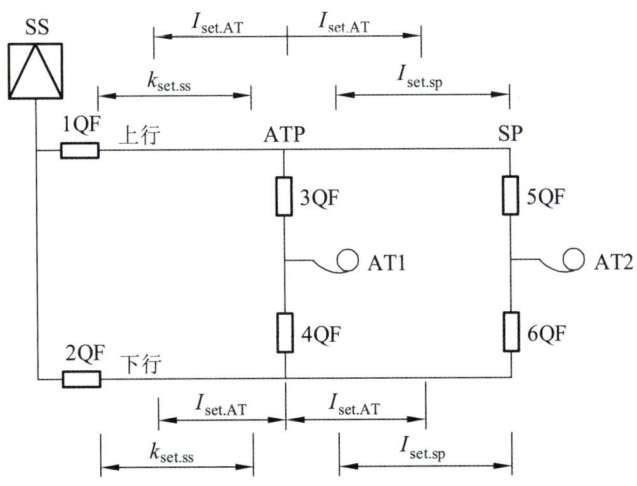

图 2-25 供电臂联跳保护及各元件保护范围示意图

2.3.2.3 基于阻抗特征的牵引网广域保护

距离保护反映的是故障点至保护安装处的距离(阻抗值),同时不受系统运行方式影响,灵敏度较高,因此在牵引网保护中一般采用基于多边形动作特性的距离保护作为主保护。由于多边形动作特性本身具有方向性,只有当测量阻抗在第一象限时,保护才能动作。因此,本节根据联跳逻辑,提出了一种基于阻抗特征的牵引网广域保护[12]。

长期的应用实践表明,多边形距离保护动作特性能够很好地满足牵引网保护的需要,具有躲过渡电阻的能力和明确的方向区分性。因此,距离保护动作特性继续沿用多边形特性。该动作特性电抗定值按保护范围确定,电阻定值按躲过最小负荷电阻整定以区分负荷与故障。

基于阻抗特征的牵引网阻抗保护思想为:在保护 1~6 设置距离 I 段,并将保护 1、3、5 通过联跳命令构成上行供电臂整体保护,同时将 2、4、6 用联跳命令构成下行供电臂整体保护:当任一保护检出故障时,跳开所对应的所内断路器,并向同一供电臂的其他保护发送联跳命令;任一保护收到同一供电臂的联跳命令后,立刻跳开所对应的断路器,实现供电臂的快速保护。

为了说明保护范围,图 2-26 给出了由式(2-14)、(2-15)得到的各保护的测量电抗与保护范围示意图。图中,"○"为保护 1 的测量电抗,"*"为保护 2 的测量电抗,"△"为保护 3 的测量电抗,"▽"为保护 4 的测量电抗,"+"为保护 5 的测量电抗,"×"

为保护 6 的测量电抗，$X_{set.ss}$ 为保护 1、2 电抗边的整定值，$X_{set.AT}$ 为保护 3、4 电抗边的整定值，$X_{set.sp}$ 为保护 5、6 电抗边的整定值。由式（2-14）可知，当牵引变电所与 AT 所之间发生短路故障时，分区所流过的电流很小、测量阻抗很大，不会导致距离保护动作。因此，为使示意图简明清晰，图 2-26（a）中没有给出保护 5、6 的测量电抗。当 AT 所与分区所之间发生短路故障时，变电所保护 1、2 测得的电抗大于 AT 所母线短路时的电抗，即一定大于保护 1、2 的电抗整定值，不会导致牵引变电所距离保护动作。因此，图 2-26（b）中也没有给出保护 1、2 的测量电抗。

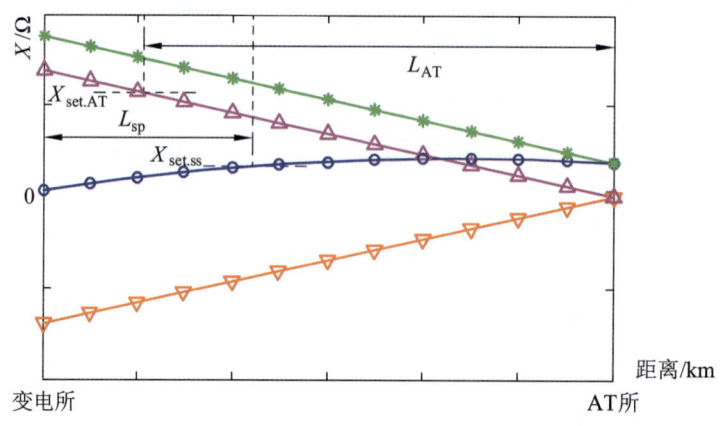

（a）变电所与 AT 所之间故障

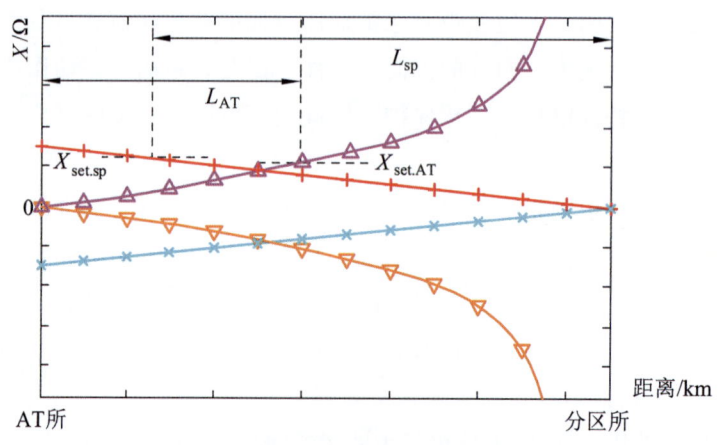

（b）AT 所与分区所之间故障

图 2-26　各保护测量电抗与保护范围示意图

从图 2-26（a）可以看出：当牵引变电所至 AT 所之间上行供电臂故障时，保护 1 的测量电抗小于或等于保护 2 的测量电抗，当保护 1 和 2 都按照小于末端最小短路电抗整定时，如图 2-26 中的 $X_{\text{set.ss}}$ 所示，保护 2 对上行故障可靠不动作，保护 1 能保护变电所至 AT 所的一部分线路；同时，由于测量阻抗为负，保护 4 可靠不动作，当保护 3 按照 AT 所至牵引变电所的最大线路电抗整定时，如图 2-26 中的 $X_{\text{set.AT}}$ 所示，保护 3 可以保护 AT 所至牵引变电所的一部分线路，因此保护 1 和 3 共同实现上行供电臂变电所至 AT 所全部范围的保护。同理，由图 2-26（b）可以看出：当 AT 所至分区所之间上行供电臂故障时，保护 4 和 6 由于测量电抗为负可靠不动作，保护 3 依然可以保护 AT 所至分区所的一部分；当按照躲过分区所至 AT 所的最大线路电抗整定时，如图 2-26 中的整定值 $X_{\text{set.sp}}$ 所示，保护 5 可以保护分区所至 AT 所的一部分，因此保护 3 和 5 共同实现上行供电臂 AT 所至分区所全部范围的保护。

由图 2-26 及上面的分析可以看出，当上行供电臂故障时，保护 1、3 和 5 中至少有一个能够动作，同时动作的保护向同一供电臂上的其他保护发出联跳信号，使整个供电臂断路器跳闸，实现故障隔离。

由于上下行供电臂的对称性，当下行供电臂发生故障时，上行供电臂的保护 1、3 和 5 不动作，下行供电臂的保护 2、4 和 6 至少有一个动作并联跳其他下行供电臂的保护。所以在提出的保护原理中，只有故障供电臂上的相关保护装置能启动跳闸程序并准确跳闸，而非故障供电臂的相关保护装置不会启动。

牵引网广域阻抗保护考虑了各处短路阻抗的特征，下面给出各保护整定值的计算公式。

1. 牵引变电所保护 1 和 2 的整定值

为了保证保护只反应牵引变电所至 AT 所之间的故障，其电抗边的整定应按躲过变电所至 AT 所末端发生各种故障类型下测得的最小电抗来整定：

$$X_{\text{set.ss}} = K_1 X_{\text{min.ss}} \tag{2-21}$$

式中，K_1 为可靠系数，一般取 0.85；$X_{\text{min.ss}}$ 为变电所至 AT 所末端发生各种故障类型下测得的最小电抗。

电阻边按躲过最小负荷阻抗整定：

$$R_{\text{set.ss}} = \frac{U_{\text{min.ss}}}{K_2 I_{\text{Lmax.ss}}} \left(\cos\varphi_L - \frac{\sin\varphi_L}{\tan\varphi_{\text{line}}} \right) \tag{2-22}$$

式中，$R_{set.ss}$ 为保护 1、2 电阻边的整定值；K_2 为可靠系数，一般取 1.2；$U_{min.ss}$ 为变电所处最低母线电压；$I_{Lmax.ss}$ 为变电所处最大负荷电流；φ_L 为负荷阻抗角；φ_{line} 为线路阻抗角。

2．AT 所保护 3 和 4 的整定值

电抗边按照躲过最大线路电抗整定：

$$X_{set.AT} = K_3 X_{max.AT} \qquad (2\text{-}23)$$

式中，K_3 为可靠系数，一般取 1.5；$X_{max.AT}$ 为牵引变电所—AT 所或 AT 所—分区所之间各种故障类型下 AT 所处测得的最大电抗。

电阻边按躲过负荷阻抗整定：

$$R_{set.AT} = \frac{U_{min.AT}}{K_4 I_{Lmax.AT}} \left(\cos\varphi_L - \frac{\sin\varphi_L}{\tan\varphi_{line}} \right) \qquad (2\text{-}24)$$

式中，$R_{set.AT}$ 为保护 3、4 电阻边的整定值；K_4 为可靠系数，一般取 1.2；$U_{min.AT}$ 为 AT 所处最低母线电压；$I_{Lmax.AT}$ 为 AT 所处最大负荷电流；φ_L 为负荷角；φ_{line} 为线路阻抗角。

3．分区所保护 5 和 6 的整定值

电抗边按照躲过最大线路电抗整定：

$$X_{set.sp} = K_5 X_{max.sp} \qquad (2\text{-}25)$$

式中，K_5 为可靠系数，一般取 1.5；$X_{max.sp}$ 为各种故障类型下分区所处最大电抗。

电阻边按躲过负荷阻抗整定：

$$R_{set.sp} = \frac{U_{min.sp}}{K_6 I_{Lmax.sp}} \left(\cos\varphi_L - \frac{\sin\varphi_L}{\tan\varphi_{line}} \right) \qquad (2\text{-}26)$$

式中，$R_{set.sp}$ 为保护 5、6 电阻边的整定值；K_6 为可靠系数，一般取 1.2；$U_{min.sp}$ 为分区所处最低母线电压；$I_{Lmax.sp}$ 为分区所处最大负荷电流；φ_L 为负荷角；φ_{line} 为线路阻抗角。

2.3.3　牵引供电系统自愈重构

对于高速铁路牵引供电系统来说，保证供电可靠性是第一位的，因此，一般不考

虑优化重构，主要考虑故障重构。自愈重构技术是指通过改变牵引供电系统拓扑结构来提高其可靠性，最大限度地保证牵引供电系统局部故障而不影响或减少影响电能供给。显然，自愈重构技术是提高牵引供电系统安全性和经济性的重要手段。

自愈重构功能由牵引变电所、AT 所、分区所的广域保护测控装置独立或协同完成。

2.3.3.1 牵引变电所自愈重构

牵引变电所自愈重构的目的在于当某一路外部电源进线失电或某一台牵引变压器故障后，牵引变电所能迅速切换到另一路外部电源进线或另一台牵引变压器，保证牵引变电所连续供电。

高速铁路牵引变电所主接线一般如图 2-27 所示，包括分支接线和线路变压器组接线两种方式。

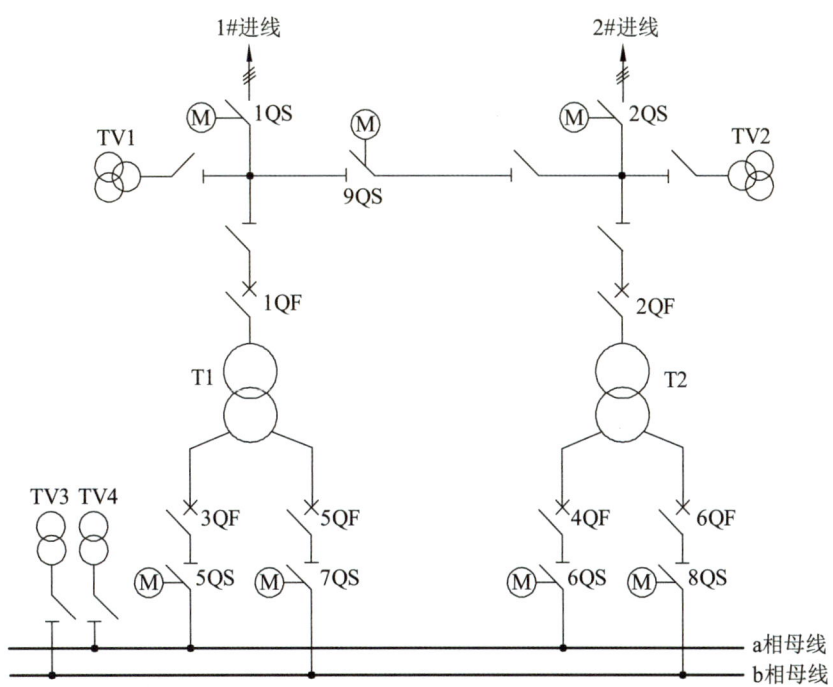

（a）高铁变电所分支接线主接线图

第 2 章 智能牵引变电所

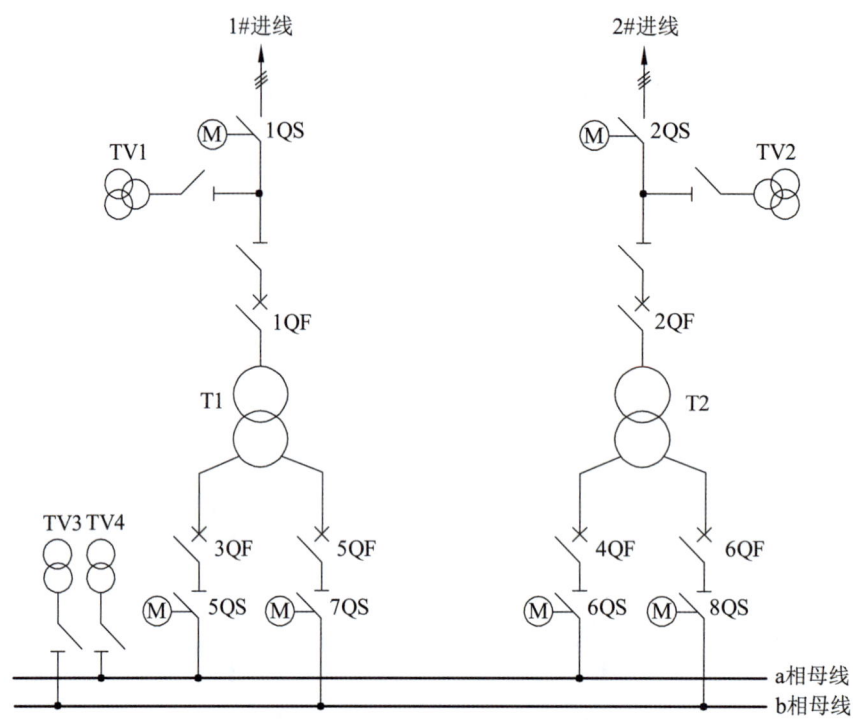

(b) 高铁变电所线路变压器组主接线图

图 2-27 牵引变电所主接线示意图

在图 2-27 中，TV1 和 TV2 为高压侧电压互感器，用于检测高压侧进线电压。TV3 和 TV4 为低压侧电压互感器，用于检测低压侧 a 相、b 相电压。在正常运行时，图 2-27 中的手动隔离开关均处于合位。

为了提高牵引供电系统的可靠性，牵引变电所的进线和主变均采用 100% 固定备用方式。即，牵引变电所设置两路进线和两台牵引主变压器，正常运行时只有一路进线和一台变压器运行，另一路进线和另一台变压器处于备用状态。当运行的进线或变压器故障时，保护装置首先将故障进线或牵引变压器切除，然后通过信号触发备用电源自投装置的备自投功能，快速将备用进线或牵引变压器投入运行。

主变自投装置应考虑如下因素：

① 主变自投采用保护装置起动方式。当牵引变压器发生故障时，牵引变压器保护装置中差动保护、非电量保护动作将故障牵引变压器切除，然后通过信号起动备用电源自投装置中的牵引变压器自投功能。这种起动方式既能区别故障的性质，又能保证

在牵引变压器外部故障时自投装置不会误动作。

② 只有在备用牵引变压器正常且牵引变压器断路器处于分闸状态时,才允许备用电源自投装置将备用牵引变压器投入运行。

③ 备用牵引变压器的自动投入时间应尽量短,但断路器和隔离开关的动作顺序应严格遵照"断路器先分后合,隔离开关先合后分"的原则。

④ 当牵引变压器检修时,应将备用电源自投功能撤除。

当进线失压后,主变保护装置应将运行区域变压器退出,因此,在主变保护装置中设失压保护,对于如图2-27所示的牵引变电所主接线,主变失压判据如式(2-27)所示。

$$\left.\begin{array}{l}\max(U_{AB},\ U_{BC},\ U_{CA}) < U_{dz}\\ \max(U_a,\ U_b) < U_{dz}\end{array}\right\} \quad (2\text{-}27)$$

式中,U_{dz} 为进线失压整定值,一般按额定电压的 50%~60% 整定;U_{AB}、U_{BC}、U_{CA} 为通过电压互感器 TV1(或 TV2)检测到的主变高压侧线电压;U_a、U_b 分别为通过电压互感器 TV3、TV4 检测到的主变低压侧 a 相和 b 相电压。为了防止进线失压的误判,主要保护装置应带一定的延时,其时限与电力系统线路重合闸时限相配合,即应大于电力系统线路重合闸时间。

进线备自投功能需要检测备用进线是否有正常工作电压。对于如图 2-27 所示的两种牵引变电所主接线,进线有压判据为

$$U \geqslant U_{dz} \quad (2\text{-}28)$$

高速铁路区域牵引变电所通过 TV1 或 TV2 检测到的电压判断是否有压,式(2-28)中 U 取 $\max(U_{AB},\ U_{BC},\ U_{CA})$;$U_{dz}$ 为进线有压整定值,一般按额定电压的 80% 整定。

如图 2-27(a)所示分支主接线牵引变电所正常运行时,进线隔离开关 1QS 和 2QS 中只有一台合闸,同时牵引主变压器 T1 和 T2 中只有一台运行,所以有两种直列运行方式和两种交叉供电方式。对于 2-27(b)所示的高速铁路线路变压器组接线牵引变电所,牵引主变压器 T1 和 T2 中只有一台运行,同时同侧隔离开关合闸,所以有两种直列运行方式。为了后面叙述方便,将四种运行方式定义如下。

运行方式 1:定义为 1#进线带 T1 主变运行。在图 2-27 两种接线方式中,1QS、1QF、3QF、5QF、5QS 和 7QS 处在合位;2QS、2QF、4QF、6QF 处于分位;图 2-27(a)中的跨条隔离开关 9QS 处于分位。

运行方式 2:定义为 1#进线带 T2 主变运行。在图 2-27(a)中,1QS、9QS、2QF、

4QF、6QF、6QS 和 8QS 处于合位；2QS、1QF、3QF 和 5QF 处于分位。图 2-27（b）无该运行方式。

运行方式 3：定义为 2#进线带 T1 主变运行。在图 2-27（a）中，2QS、9QS、1QF、3QF、5QF、5QS 和 7QS 处在合位；1QS、2QF、4QF 和 6QF 处于分位。图 2-27（b）无该运行方式。

运行方式 4：定义为 2#进线带 T2 主变运行。在图 2-27 两种接线方式中，2QS、2QF、4QF、6QF、6QS 和 8QS 处在合位；1QS、1QF、3QF 和 5QF 处于分位；图 2-27（a）中的跨条隔离开关 9QS 处于分位。

如图 2-27（a）所示的分支接线牵引变电所，共有四种运行方式，下面对运行方式 1 和运行方式 2 条件下的进行自投及主变自投流程进行讨论，运行方式 3 和运行方式 4 下的自投与之相似。

1．进线自动投入

（1）1#进线失压，运行方式 1 自投至 2#进线供电的运行方式 3 或运行方式 4：

运行方式 1 对应于 1#进线带 T1 主变运行，当 1#进线失压时，应该切换到 2#进线。如果允许交叉供电运行方式，则转换为 2#进线带 T1 主变运行，即运行方式 3；如果不允许交叉供电运行方式，则转换为 2#进线带 T2 主变运行，即运行方式 4。因此，1#进线失压，运行方式 1 自投至 2#进线供电的运行方式 3 或运行方式 4 的流程如下：

① 确认 T1 主变高低压侧开关 1QF、3QF、5QF、5QS 和 7QS 是否处于分位，如果不在分位，则分 1QF、3QF、5QF、5QS 和 7QS，分闸成功则继续，否则结束。

② 分 1#进线隔离开关 1QS，如果分闸成功则继续，否则结束。

③ 合 2#进线隔离开关 2QS，如果合闸成功则继续，否则结束。

④ 检测 2#进线是否有压（通过 TV2），如果 2#进线有压则继续，否则结束。

⑤ 如果允许交叉供电运行方式则继续，否则执行⑨。

⑥ 合跨条隔离开关 9QS，合闸成功则继续，否则结束。

⑦ 合 T1 变高压侧断路器 1QF，合闸成功则继续，否则结束。

⑧ 合 T1 变低压侧开关 5QS、7QS、3QF、5QF，自投结束。

⑨ 合 T2 变高压侧断路器 2QF，合闸成功则继续，否则结束。

⑩ 合 T2 变低压侧开关 6QS、8QS、4QF、6QF，自投结束。

1#进线失压，运行方式 1 自投至 2#进线供电的运行方式 3 或运行方式 4 的流程框图如图 2-28 所示。

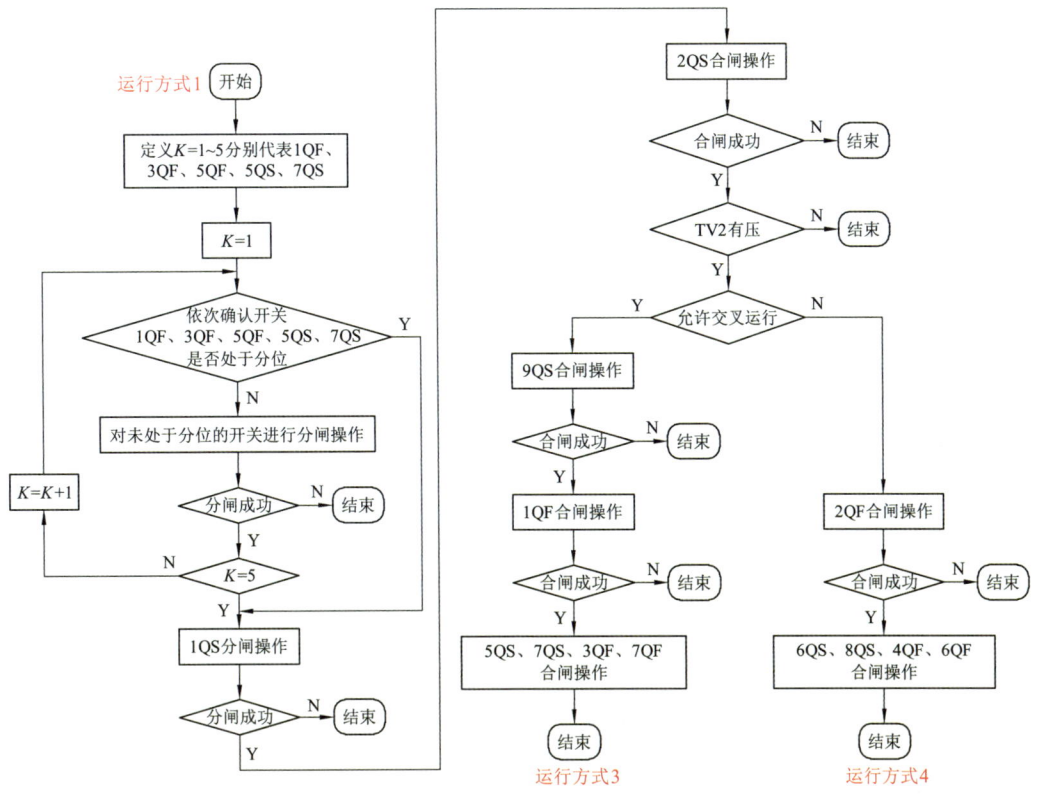

图 2-28　运行方式 1 自投至运行方式 3 或 4 流程框图

（2）1#进线失压，运行方式 2 切换至运行方式 4 的 2#进线自投：

运行方式 2 对应于 1#进线带 T2 主变运行，当 1#进线失压时，应该切换到 2#进线，则转换为 2#进线带 T2 主变运行，即运行方式 4。因此，1#进线失压，运行方式 2 自投至 2#进线供电的运行方式 4 的流程如下：

① 确认 T2 主变高低压侧开关 2QF、4QF、6QF、6QS 和 8QS 是否处于分位，如果不在分位，则分 2QF、4QF、6QF、6QS 和 8QS，分闸成功则继续，否则结束。

② 分跨条隔离开关 9QS，分闸成功则继续，否则结束。

③ 分 1#进线隔离开关 1QS，如果分闸成功则继续，否则结束。

④ 检测 2#进线是否有压（通过 TV2），如果 2#进线有压，则合 2#进线隔离开关 2QS，合闸成功则继续，否则结束。

⑤ 合 T2 变高压侧断路器 2QF，合闸成功则继续，否则结束。

⑥ 合 T2 变低压侧开关 6QS、8QS、4QF、6QF，自投结束。

1#进线失压,运行方式 2 自投至 2#进线供电的运行方式 4 的流程框图如图 2-29 所示。

第 2 章 智能牵引变电所

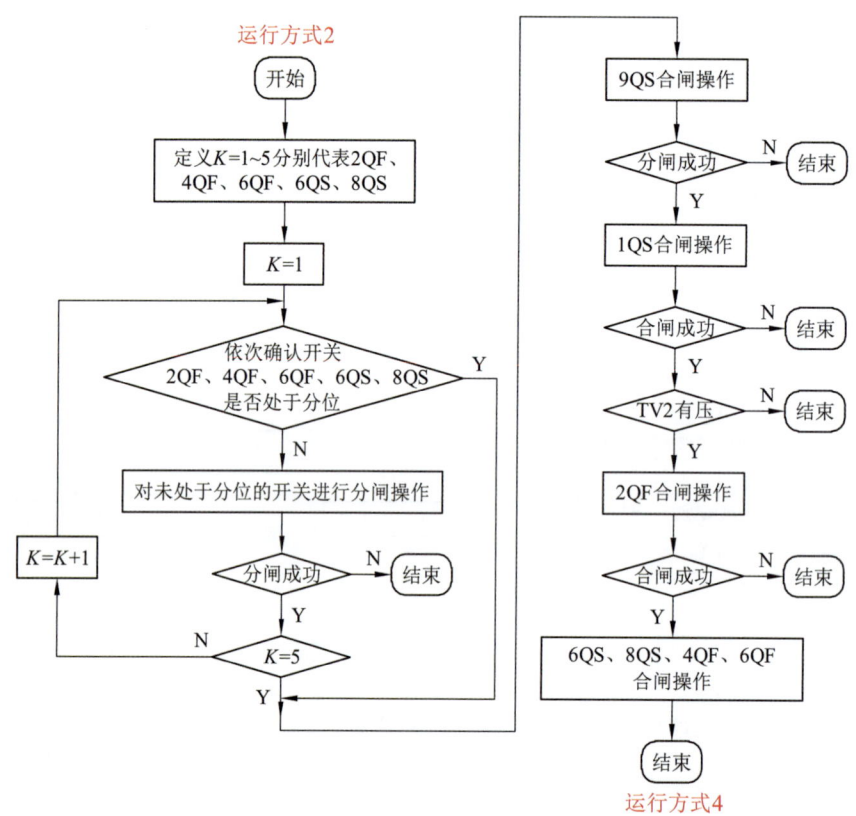

图 2-29 运行方式 2 自投至运行方式 4 流程框图

2．备用牵引变压器自动投入

（1）T1 主变故障，运行方式 1 自投至 T2 供电的运行方式 2 或运行方式 4：

运行方式 1 对应于 1#进线带 T1 主变运行，当 T1 主变故障时，应该切换到 T2 主变。如果允许交叉供电运行方式，则转换为 1#进线带 T2 主变运行，即运行方式 2；如果不允许交叉供电运行方式，则转换为 2#进线带 T2 主变运行，即运行方式 4。因此，T1 主变故障，运行方式 1 自投至 T2 供电的运行方式 2 或运行方式 4 的流程如下：

① 确认 T1 主变高低压侧开关 1QF、3QF、5QF、5QS 和 7QS 是否处于分位，如果不在分位，则分 1QF、3QF、5QF、5QS 和 7QS，分闸成功则继续，否则结束。

② 如果允许交叉供电运行方式则继续，否则执行⑥。

③ 合跨条隔离开关 9QS，合闸成功则继续，否则结束。

④ 合 T2 变高压侧断路器 2QF，合闸成功则继续，否则结束。

⑤ 合 T2 变低压侧开关 6QS、8QS、4QF、6QF，自投结束。

⑥ 分 1#进线隔离开关 1QS，如果分闸成功则继续，否则结束。
⑦ 合 2#进线隔离开关 2QS，如果分闸成功则继续，否则结束。
⑧ 检测 2#进线是否有压（通过 TV2），如果 2#进线有压则继续，否则结束。
⑨ 合 T2 变高压侧断路器 2QF，合闸成功则继续，否则结束。
⑩ 合 T2 变低压侧开关 6QS、8QS、4QF、6QF，自投结束。

T1 主变故障，运行方式 1 自投至 T2 供电的运行方式 2 或运行方式 4 流程框图如图 2-30 所示。

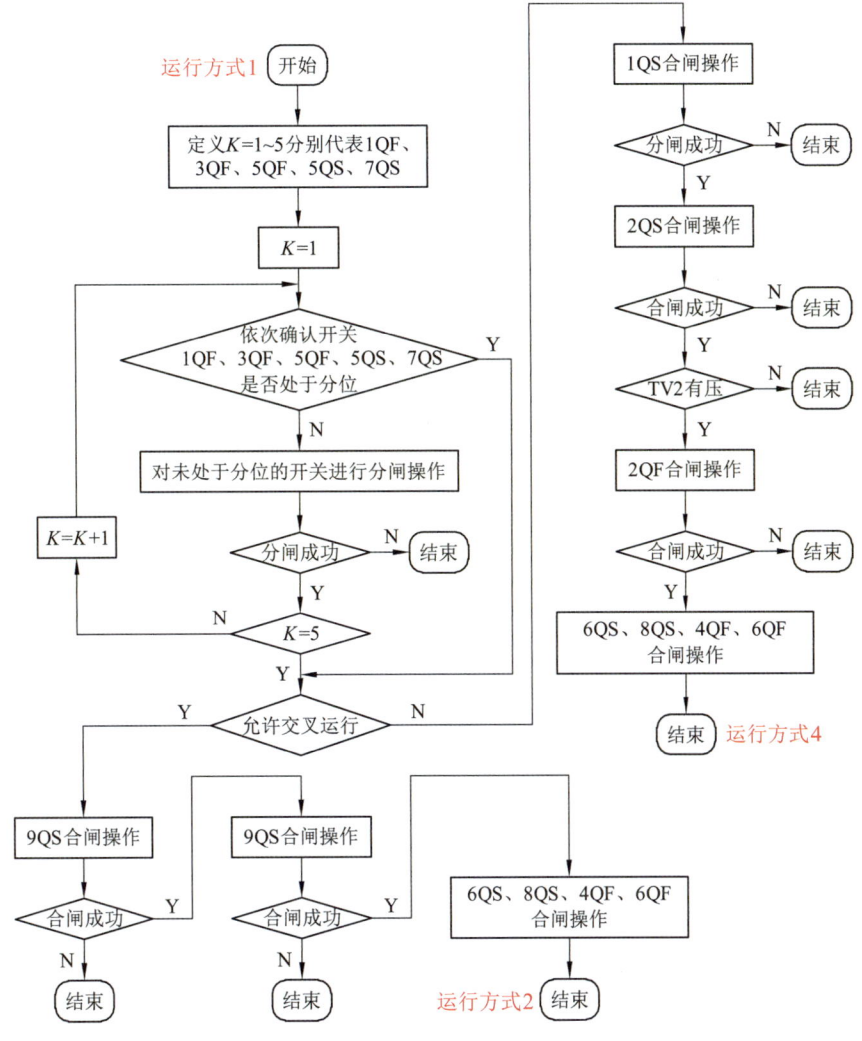

图 2-30　运行方式 1 自投至运行方式 2 或 4 流程框图

(2) T2 主变故障，运行方式 2 自投至 T1 供电的运行方式 1：

运行方式 2 对应于 1#进线带 T2 主变运行，当 T2 主变故障时，应该切换到 T1 主变运行，则转换为 1#进线带 T1 主变运行，即运行方式 1。因此，T2 主变故障，运行方式 2 自投至 T1 供电的运行方式 1 的流程如下：

① 确认 T2 主变高低压侧开关 2QF、4QF、6QF、6QS 和 8QS 是否处于分位，如果不在分位，则分 2QF、4QF、6QF、6QS 和 8QS，分闸成功则继续，否则结束。

② 分跨条隔离开关 9QS，分闸成功则继续，否则结束。

③ 合 T1 变高压侧断路器 1QF，合闸成功则继续，否则结束。

④ 合 T1 变低压侧开关 5QS、7QS、3QF 和 5QF，自投结束。

T2 主变故障，运行方式 2 自投至 T1 供电的运行方式 1 的流程框图如图 2-31 所示。

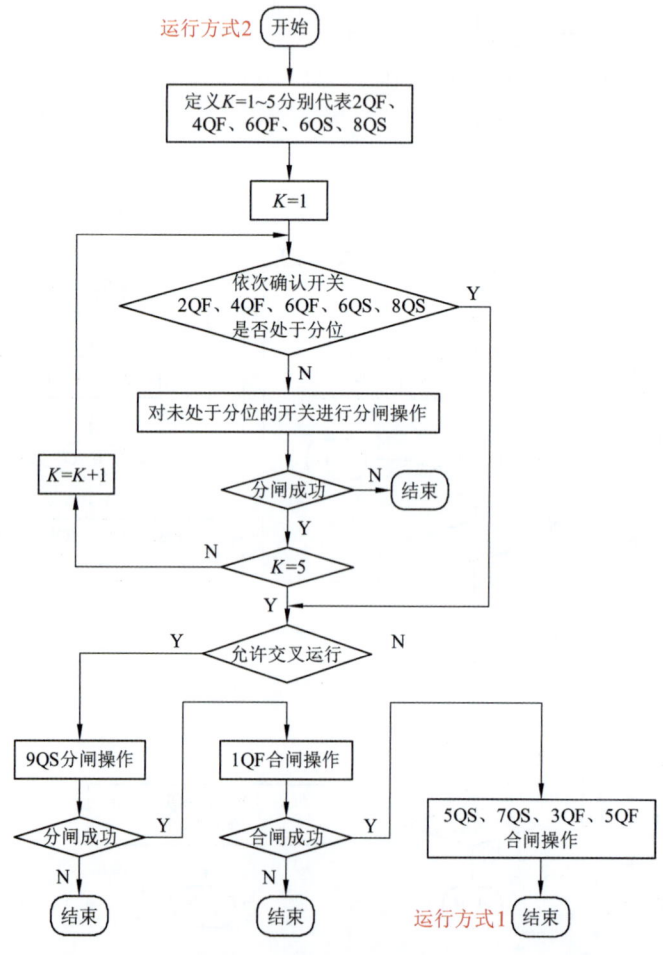

图 2-31 运行方式 2 自投至运行方式 1 流程框图

图2-27（b）所示的线路牵引变压器组接线牵引变电所，有运行方式 1 和运行方式 4 两种直列运行方式，且进线自投与主变自投流程相同。下面对运行方式 1 条件下的进线自投与主变自投流程进行讨论，运行方式 4 条件下的自投与之相似。

运行方式 1 对应于 1#进线带 T1 主变运行，当 1#进线失压时应切换到 2#进线，T1 主变故障时应切换到 T2 主变，转换为 2#进线带 T2 主变运行，即运行方式 4。因此，运行方式 1 下的进线或主变自投流程如下：

① 确认 T1 主变高低压侧开关 1QF、3QF、5QF、5QS 和 7QS 是否处于分位，如果不在分位，则分 1QF、3QF、5QF、5QS 和 7QS，分闸成功则继续，否则结束。

② 分 1#进线隔离开关 1QS，如果分闸成功则继续，否则结束。

③ 合 2#进线隔离开关 2QS，如果合闸成功则继续，否则结束。

④ 检测 2#进线是否有压（通过 TV2），如果 2#进线有压则继续，否则结束。

⑤ 合 T2 变高压侧断路器 2QF，合闸成功则继续，否则结束。

⑥ 合 T2 变低压侧开关 6QS、8QS、4QF、6QF，自投结束。

运行方式 1 条件下的进线或主变自投流程框图如图 2-32 所示。

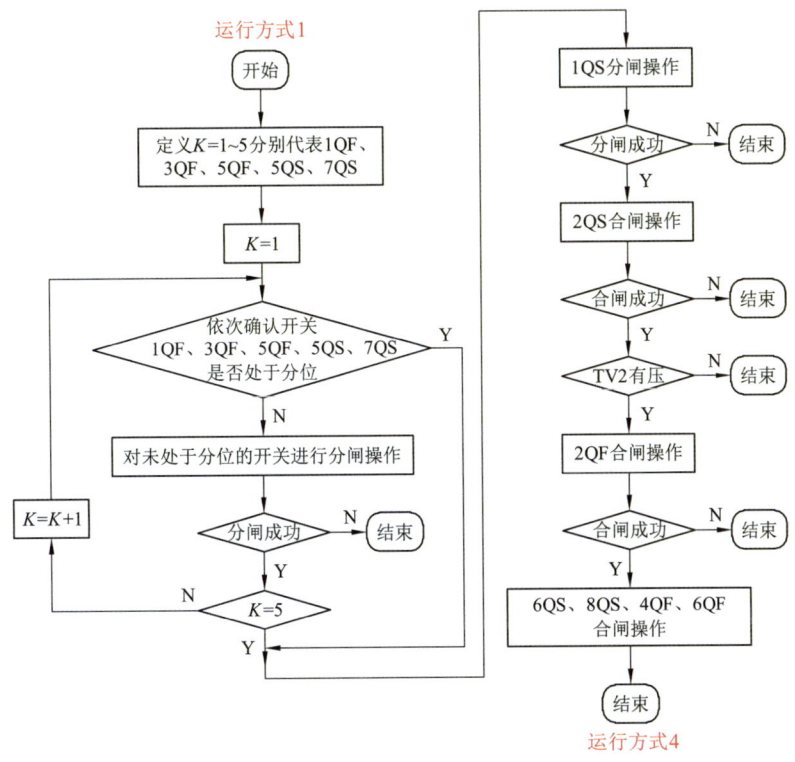

图 2-32　运行方式 1 条件下的进线或主变自投流程框图

2.3.3.2　AT 所自愈重构

高速铁路上下行牵引网通过两台断路器 1QF、2QF 在 AT 所实现并联，正常运行时，隔离开关 1QS 处于合位。自耦变压器与母线的连接方式有两种：断路器连接方式，如图 2-33（a）所示；隔离开关连接方式，如图 2-33（b）所示。

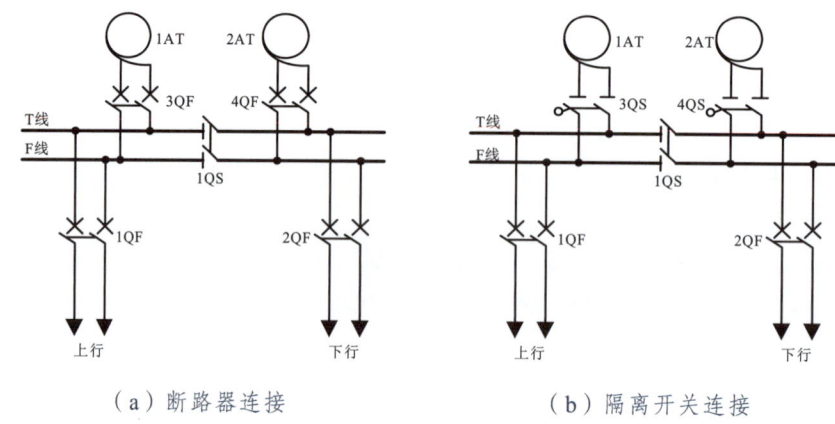

（a）断路器连接　　　　　　　　（b）隔离开关连接

图 2-33　AT 所主接线示意图

自耦变压器采用 100% 固定备用方式，即设置两台自耦变压器，如图 2-33 中的 1AT、2AT：一台运行，另一台备用，当运行自耦变压器发生故障时，应将其退出，同时投入备用自耦变压器。

对于每一台自耦变压器配置一套 AT 保护测控装置，完成对自耦变压器的保护，同时由两套 AT 保护测控装置配合实现 AT 自投功能。

1. 断路器连接方式下的 AT 自动投入

如图 2-33（a）所示，假设 1AT 处于运行状态，2AT 处于备用状态，当 1AT 发生故障时，AT 自投流程如下：

① 1AT 保护测控装置检测到故障后，将断路器 3QF 断开，同时向 2AT 保护测控装置发出"起动 AT 自投"信号。该信号可以是接点信号（通过电缆连接），也可以通过通信的方式进行传送。

② 2AT 保护测控装置收到"起动 AT 自投"信号后，确认其断路器 4QF 处于分位，若在分位则继续，否则结束。

③ AT 保护测控装置合断路器 4QF，自投结束。

2. 隔离开关连接方式下的 AT 自动投入

如图 2-33（b）所示，假设 1AT 处于运行状态，2AT 处于备用状态，当 1AT 发生故障时，AT 自投流程如下：

① 1AT 保护测控装置检测到故障后，首先分上下行并联断路器 1QF 和 2QF，确认 1QF 和 2QF 处于分位后，分隔离开关 3QS，同时向 2AT 保护测控装置发出"起动 AT 自投"信号。该信号可以是接点信号（通过电缆连接），也可以通过通信的方式进行传送。

② 2AT 保护测控装置收到"起动 AT 自投"信号后，确认其隔离开关 3QS 处于分位，若在分位则继续，否则结束。

③ 2AT 保护测控装置先合隔离开关 3QS，再合上下行并联断路器 1QF 和 3QF，自投结束。

2.3.3.3 牵引网故障后的自愈重构

牵引网自愈重构的目的在于快速分离永久性故障区段，最大可能恢复非故障区段的供电。自愈重构的原则为：① 尽可能按最小停电区间隔离故障；② 重构后的运行方式尽可能满足再次故障的测距原理的适应性；③ 在重构过程中，对于断路器和隔离开关的分合闸，每成功倒闸一步之后方可执行下一步倒闸操作，若执行失败则重构失败。

以图 2-34 的京沈客专试验段牵引供电系统单侧供电臂为例，说明牵引供电系统的故障重构方案。图 2-34 中牵引变电所、AT 所、分区所内的馈线断路器、接触网上下行联络隔离开关、接触网分段/分相隔离开关均为单控双极开关，上网隔离开关为双控双极开关，牵引变电所右侧供电臂划分为 L11、L12、L21、L22 四个区间，故障类型分为 T-R 故障、F-R 故障与 T-F 故障，根据 AT 供电系统的性质，T-R 故障和 T-F 故障的重构逻辑应该相同。

1. 案例 1——牵引变电所馈线断路器失灵后牵引网自愈重构

当供电臂发生故障，如果某台馈线断路器失灵，则广域保护测控系统进行断路器失灵后的牵引网供电重构，通过隔离开关将失灵断路器隔离，再通过健全断路器同时带上、下行供电臂。

第 2 章 智能牵引变电所

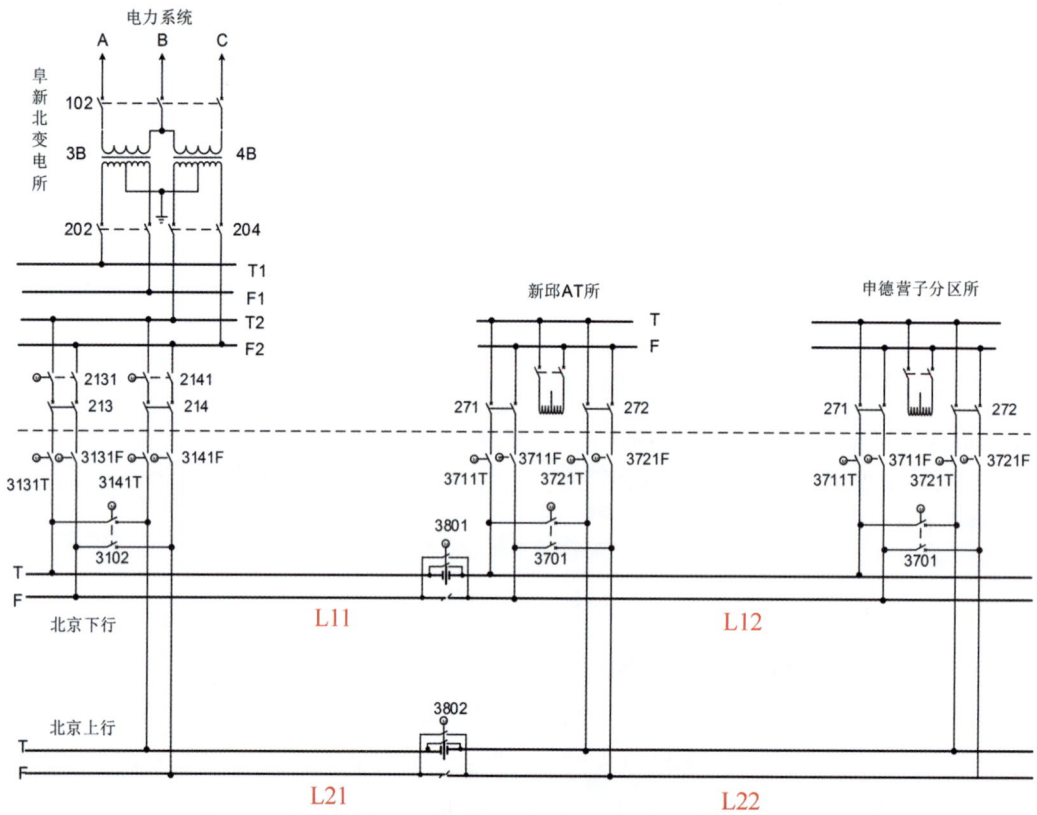

图 2-34 京沈试验段供电臂示意图

例如：图 2-34 中北京下行供电臂故障且 213 断路器失灵，自愈重构流程如下：

① 失灵保护跳开 204 断路器。

② 确认牵引变电所 204、AT 所 271、分区所 271 位置为分位。

③ 依次分牵引变电所 2131、3131T、3131F 隔离开关。

④ 切换牵引变电所馈线 214 定值区。

⑤ 依次合牵引变电所 204、214 断路器，AT 所 271、272 断路器，分区所 271、272 断路器。

至此，整个供电臂保持完好。

若合 AT 所或分区所 271 断路器时供电臂保护跳闸，说明牵引网故障为永久性的，转入供电臂自愈重构流程（见下面案例 2）。

2. 案例 2——上下行供电臂连续供电的牵引网自愈重构

当馈线发生永久性故障重合闸失败后，广域保护测控系统根据测距装置的故障点信息，启动供电臂自愈重构，如果没有收到测距装置故障信息，则不启动自愈重构。

例如，L11 区段 F-R 发生永久性故障，自愈重构流程如下：

① 确认牵引变电所 213，AT 所 271、分区所 271 位置为分位。

② 分牵引变电所 3131F 上网隔离开关。

③ 合牵引变电所 213 断路器。

成功后，下行供电臂重构为直供运行方式，上行供电臂为 AT 供电运行方式。除自愈重构时间外，能够保持整个供电臂的连续供电。

若广域保护测控系统配备有直供方式故障测距原理，自愈重构可以继续：

④ 分 AT 所网上隔离开关 3801。

⑤ 切换牵引变电所广域保护测控系统的故障测距装置到直供方式，并下载整定值。

⑥ 合分区所 271 断路器、AT 所 271 断路器。

成功后，牵引变电所与 AT 所之间的下行供电臂重构为直供运行方式，上行供电臂为 AT 供电方式；AT 所与分区所之间的上下行供电臂都为 AT 供电方式。除自愈重构时间外，能够保持整个供电臂的连续供电，且供电能力损失不大。

3. 案例 3——上下行供电臂局部失电的牵引网自愈重构

例如：L12 区段 T-R 发生永久性故障，由于全并联 AT 牵引网发生 T-R 故障时，在故障区段接触线无法向动车组受电弓提供取流回路。因此，其自愈重构逻辑如下：

① 确认牵引变电所 213、AT 所 271、分区所 271 位置为分位。

② 分 AT 所网上隔离开关 3801。

③ 合牵引变电所 213 断路器。

成功后，牵引变电所与 AT 所之间的上行供电臂重构成直供方式，下行供电臂失电；牵引变电所与分区所之间的整个下行供电臂运行于 AT 供电运行方式。

根据图 2-34，如果在 AT 所与分区所之间的 AT 所出口的上下行牵引网上增设电动隔离开关 3803 和 3804，则自愈重构逻辑为：

① 确认牵引变电所 213，AT 所 271、分区所 271 位置为分位。

② 分 AT 所网上隔离开关 3803。

③ 合牵引变电所 213 断路器、AT 所 271 断路器。

成功后，牵引变电所与 AT 所之间的上行供电臂重构成 AT 供电方式，且在 AT 所实现上下行并联，AT 所与分区所之间上行供电臂失电；牵引变电所与分区所之间的整个下行供电臂运行于 AT 供电运行方式。

增设 AT 所出口网上隔离开关 3803 和 3804 后的故障后自愈重构供电方式的供电能力要强于未增设 3803 和 3804 的情况。

理论上，牵引供电系统自愈重构只要电气上是连通的且能够满足动车组工作电压要求，重构后的网络结构就成立。但是，在实际应用中，在制定重构逻辑时，应注意如下几点：

① 重构逻辑对运行安全的影响。例如，案例 2 中分网上隔离开关 3801 就应充分考虑分段绝缘器两端的电压差，以免动车组通过时产生强烈电弧而烧损分段绝缘器。

② 重构逻辑对供电能力的影响。例如，案例 2 中分网上隔离开关 3801 后形成重构方案的供电能力与不分 3801 之前的重构方案比较，进行末端网压检算。

③ 重构逻辑与系统结构的匹配。每条高铁线路的牵引供电系统的结构略有差异，在构建自愈重构逻辑时一定要与系统结构相匹配。

④ 重构逻辑与供电调度的交互。与供电调度配合，充分利用供电区间的网上隔离开关，重新划分供电单元，缩小停电范围；若自愈重构后的牵引供电系统结构发生了变化，必须将这种变化上传调度中心。

2.3.4 智能牵引变电所运用模式

对于新建的高速铁路牵引变电所，应该按照图 2-35 所示的运用模式进行设计。图 2-35 中，可以直接采用电子式电流互感器（ECT）和电子式电压互感器（EPT），也可以采用传统的电磁式电压、电流互感器，就地电子化后经过合并单元将电压、电流瞬时值传送到 SV 网络。智能一次设备也可以选择性配置，若未能采用智能隔离开关，则需配置智能组件，以利于通过 GOOSE 网络对开关设备进行操作。

对于改造的高速铁路牵引变电所，如果场地条件允许，也可以按照图 2-35 的运用模式进行设计。若场地不允许，可以仅选择电压、电流互感器就地电子化或安装隔离开关智能组件。

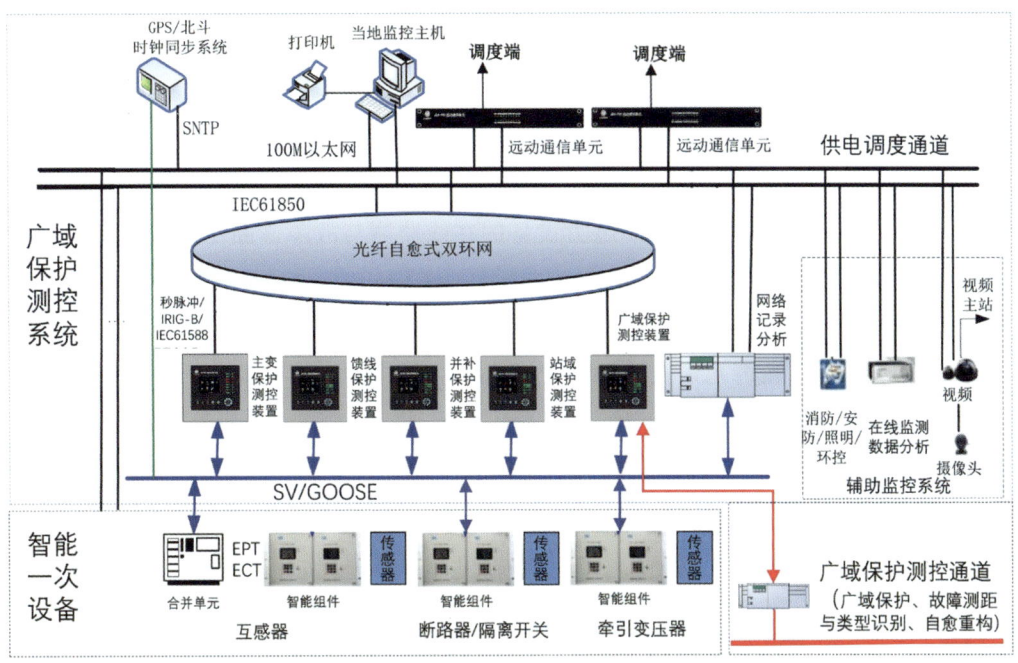

图 2-35　新建高速铁路智能牵引变电所运用模式

对于改造的普速铁路牵引变电所，交流电量的采集和断路器的开合控制方式都维持不变，只需对牵引变电所广域保护测控系统的网络通信按照 IEC61850 标准进行应用软件的扩展与更新，也能实现站域保护、整个供电臂广域保护和故障后牵引变电所与供电臂的自愈重构功能。

本章小结

本章首先介绍了牵引变压器、220 kV 断路器、27.5 kV 高压组合电器 GIS 和 220 kV 隔离开关等一次设备智能化，牵引变电所广域保护测控系统是二次设备智能化的核心，在讨论就地-站域-广域保护的层次架构基础上，重点介绍了全并联 AT 牵引供电系统故障测距原理和广域电流保护、广域阻抗保护原理；为了保证高速铁路供电系统的安全可靠供电，讨论了牵引变电所和供电臂故障后的自愈重构逻辑。智能一次设备和广域保护测控系统构成了智能牵引变电所，并在京沈客专综合试验段和智能京张高铁成功实施。

参考文献

[1] 刘有为,吴立远,邓彦国,等. 高压设备智能化技术导则:Q/GDW Z410—2010[S]. 北京:中国电力出版社,2010.

[2] 高胜友,王昌长,李福祺. 电力设备的在线监测与故障诊断[M]. 2版. 北京:清华大学出版社,2018.

[3] 贾丹平,伞宏力,赵立民. 荧光光纤温度测量技术[M]. 北京:科学出版社,2015.

[4] 贺绍鹏. 基于光声光谱技术的电力变压器故障检测系统研究[D]. 上海:上海交通大学,2010.

[5] 王文,薛蓄峰,邵秀婷,等. 基于反射型延迟线结构的无线无源声表面波测温系统[J]. 声学学报,2014,39(4):473-478.

[6] 韩正庆,陈小川,刘再民,等. 牵引供电系统继电保护配置及整定计算技术导则:Q/CR 687—2018[S]. 北京:中国铁道出版社,2018.

[7] 高仕斌,陈维荣,陈小川. 客运专线牵引供电自动化[M]. 成都:西南交通大学出版社,2010.

[8] 高仕斌,贺威俊. AT供电牵引网微机故障测距系统的研究[J]. 铁道学报,1990,12(4):23-35.

[9] 高仕斌,王伟,陈小川,等. AT供电牵引网新型微机故障测距原理与应用[J]. 铁道学报,1993,15(4):19-27.

[10] 王继芳,高仕斌. 全并联AT供电牵引网短路故障分析[J]. 电气化铁道,2005(4):20-23.

[11] 刘淑萍,韩正庆,高仕斌. 基于电流特征的高速铁路供电臂联跳保护方案[J]. 中国电机工程学报,2014,34(25):4437-4442.

[12] 刘淑萍,韩正庆,高仕斌. 基于阻抗特征的高速铁路供电臂联跳保护方案[J]. 西南交通大学学报,2015,50(2):226-232.

第 3 章　接触网智能化

高速铁路受电弓-接触网系统（简称弓网）是动车组获取电能的唯一途径。由于接触网沿高速铁路沿线固定架设，接触网智能化难度很大。本章在简要介绍接触网表征参数和接触网零部件技术状态的基础上，重点介绍了基于立体视觉的接触网表征参数检测方法和基于深度学习的接触网零部件缺陷检测方法；最后，简要介绍了在高速铁路广泛应用的弓网检测监测系统。

3.1 概　述

由于列车高速运行时弓网相互作用加剧，强烈振动导致的接触网动静态几何参数畸变、零部件"松脱断裂"、受电弓滑板裂纹，以及频繁拉弧引发的接触导线与受电弓滑板灼伤，直接影响弓网受流性能，甚至引发弓网烧损与接触网垮塌，严重危及高铁安全运营。

基于分布式光纤传感技术，以光纤复合导线（含接触线、承力索和附加导线）的内部光纤为传感器，搭建具有智能感知的接触网，可以称为智能接触网。

通过分布式光纤传感技术，能够实时监测光纤复合导线的应力、应变、振动和温度等技术参数，进而诊断光纤复合导线的功能与性能的达成能力；同时能对雷击、断线、覆冰、舞动等故障状态进行实时诊断，识别出故障位置。

虽然分布式光纤传感技术与接触网导线制备技术都很成熟，将两者结合起来制备出光纤复合导线也不存在困难，但用于工程实际还有一段路要走。因此，本节所讨论的智能接触网是通过全方位检测监测接触网的表征参数和零部件技术状态，实时准确地评估接触网及其零部件的服役性能，本质上是接触网智能化。

3.2 全方位检测监测的设计思想

如何通过有效的检测监测手段，提前发现各类弓网故障，杜绝事故发生，避免供电中断与运输瘫痪，对于保障高速铁路运行安全意义重大。

接触网是沿线铺设的架空机械载流系统，由各种线索、支持装置、定位装置及相应的零部件构成。动车组高速运行时，受电弓-接触网本质上构成了一对滑动载流摩擦副，其运行品质主要是通过接触网表征参数和零部件及其设备的技术状态来描述的[1]。

定义1：接触网表征参数——接触网几何（如导高、拉出值）、接触线平顺性（如硬点、高差）、弓网受流（如燃弧、接触压力）等能够描述弓网运行状态的参数。

定义2：零部件及其设备技术状态——接触网在服役过程中，零部件及其设备所表现出来的、能够通过技术手段诊断识别的形态，这种形态可能是二态的，也可能是多态的。

定义3：接触网异常参数——检测监测的接触网表征参数与真实的、设计的或理论上的正确值之间的差异。

定义4：接触网故障——接触网零部件及其设备不能完成机械荷重、允许温升、载流量、规定电气作用等要求的功能状态。

定义5：接触网缺陷——接触网异常参数与接触网故障的总称。

接触网检测监测用于快速发现接触网缺陷，对接触网维修提供依据，因此，必须对检测监测出来的接触网缺陷划分不同的等级。

3.2.1 接触网表征参数

接触网表征参数通常分为三类：几何参数、电气参数和机械参数。

3.2.1.1 几何参数

1. 静态几何参数

静态几何参数是表征接触线位置以及其他重要部件相对于轨平面的关系（如定位器坡度），或者由于时间推移而导致的零部件尺寸形变（如平腕臂变形）等的参数。静态几何参数包括：

——接触线高度 H_s（简称导高）；

——拉出值 S_s；

——接触线磨耗 W。

静态几何参数一般在静态条件下采用非接触式检测。

2. 动态几何参数

动态几何参数是指弓网高速滑动接触时，接触线与受电弓基座或滑板的相对位置。

——动态接触线高度 H_d，指动态条件下接触线相对于轨平面的高度

$$H_d = H_s + \Delta H \tag{3-1}$$

式中，H_s 是静态接触线高度；ΔH 是动态条件下受电弓对接触线的抬升量。

——动态接触线横向偏移 S_d，指接触线和受电弓滑板端侧接触点与滑板中点之间的距离：

$$S_d = S_s \pm \Delta S \pm \Delta L \tag{3-2}$$

式中，S_s 是静态条件下测量的接触线横向偏移；ΔS 是动态条件下受电弓对接触线造成的水平位移量；ΔL 是列车运行过程中滑板中心相对于轨道中心的水平位移量。

接触线受扰动向轨道外侧轻微偏移时，ΔS 取正号，受电弓水平摆动与接触线偏移方向相反时，ΔL 取正号；反之 ΔL 取负号；接触线受扰动向轨道内侧轻微偏移时，ΔS 取负号，受电弓水平摆动与接触线偏移方向相反时，ΔL 取负号，反之 ΔL 取正号。

与接触网静态几何参数相比，弓网动态几何参数可以实时描述列车高速运行时接触线与受电弓滑板的相互位置关系，及时预警距离变化引起的弓网事故隐患。

接触线弛度、高差和锚段关节处两线间距等几何参数可通过导高或拉出值计算获取。由于弓网动态几何参数中的 ΔH、ΔS、ΔL 受列车运行工况的影响较大，接触线高差和两线间距原则上应采用静态几何参数进行估计。

3.2.1.2 电气参数

电气参数是表征弓网运行过程中产生的电气现象的参数。

——弓网燃弧：一般情况下，最大燃弧持续时间、燃弧率和燃弧次数等参数通常被用于表征燃弧，其中燃弧率为

$$NQ = \frac{\sum t_{arc}}{t_{total}} \times 100\% \tag{3-3}$$

式中，$\sum t_{arc}$ 表示持续时间超过 5 ms 的燃弧的累计持续时间；t_{total} 表示测量时牵引电流超过 30% 额定电流时的累计时间。

——接触网"热点"：零部件连接松动或氧化而导致接触电阻增加，接触网载流时接触电阻增加的地方温升大而形成热点。

3.2.1.3 机械参数

弓网接触力是保证接触线与受电弓滑板良好接触的先决条件。弓网接触力 F_c 是由弓网空气动力 F_a、惯性力 F_i 以及受电弓抬升力 F_s 三者叠加构成的,即

$$F_c = F_a + F_i + F_s \tag{3-4}$$

为了更好地评估弓网受流质量,通常选用弓网接触力的平均值以及标准差两个参数作为判别弓网是否良好接触的依据。

3.2.1.4 表征参数限值

《高速铁路接触网运行检修规则》明确定义了接触网几何、机械、电气各参数的标准值、警示值和限界值,将参数异常划分为两级缺陷,这些规定的阈值是判别所检测的接触网表征参数异常程度的重要依据。表 3-1 给出了高速铁路接触网部分表征参数的参考限制。

表 3-1 高速铁路接触网系统表征参数的参考限值

项目			一级缺陷	二级缺陷
弓网几何	接触线拉出值 S/mm		$S \geq 550$	$450 \leq S < 500$
			$500 \leq S < 550$	
	接触线高度 H/mm		1. $H \geq 6600$ 2. $H<$该区段允许的最低值	1. 标准值$+100 \leq H$ $<$标准值$+150$
			1. $6500 \leq H < 6600$ 2. $H \geq$标准值$+150$ 3. $H<$标准值-100	2. 标准值$-100 \leq H$ $<$标准值-50
接触线平顺性参数	硬点 A_v /(m/s²)	200~250 km/h	$A_v \geq 588$	$490 \leq A_v < 588$
		300~350 km/h	$A_v \geq 686$	$588 \leq A_v < 686$
	一跨内高差 $2A$/mm		$2A \geq 150$	$100 \leq 2A < 150$
弓网受流参数	弓网接触力 F/N	最大接触力 F_{max} 200~250 km/h	$F_{max} \geq 250$	$200 \leq F_{max} < 250$
		300~350 km/h	$F_{max} \geq 300$	$250 \leq F_{max} < 300$
		最小接触力 F_{min}	$F_{min} < 20$	$20 \leq F_{min} < 40$
	燃弧	最大燃弧持续时间 T_{max}/ms	$T_{max} \geq 100$	$50 \leq T_{max} < 100$
		燃弧率 μ	$\mu \geq 5\%$	$1\% \leq \mu < 5\%$
		燃弧次数 n/次	$n \geq 6$	$4 \leq n < 6$
	接触线抬升量 ΔH/mm		$\Delta H \geq 120$	$80 \leq \Delta H < 120$

3.2.2 接触网零部件及其设备技术状态

接触网是由众多的机械零部件及其设备组合构成的，这些零部件及其设备的技术状态直接关乎高速铁路接触网的运行安全。实践证明，在长期的弓网振动冲击下，机械失效是接触网零部件及其设备故障的主要形式，例如裂纹、松脱、磨损、缺失、变形、断股（丝）、移位等。接触网零部件及其设备的技术状态往往是二态取值，即正常和故障两种状态。

以图 3-1 所示的支持装置为例，需检测监测的零部件的主要技术状态包括：

（1）腕臂底座、旋转平双耳是否破裂，腕臂底座螺帽是否缺失、松动，底座与旋转平双耳连接处销钉穿向是否正确，开口销是否缺失、未掰开，旋转平双耳与棒式绝缘子连接处螺栓销是否缺螺帽、开口销。

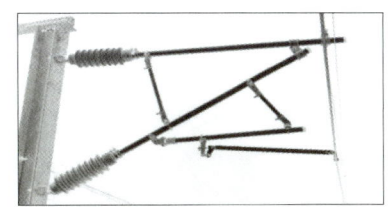

图 3-1 接触网支持装置

（2）棒式绝缘子是否脏污、破损，有无放电痕迹；铁模压板是否破损、螺帽是否齐全，穿钉是否安装正确，有无螺帽、开口销，开口销是否掰开。

（3）腕臂、腕臂支撑有无弯曲变形，是否按规定安装管帽。

（4）套管座、套筒双耳及套管单耳有无破裂，螺帽有无缺失、松动，有无开口销、开口角度是否到位。

（5）承力索座吊线钩开口是否正确。

（6）支撑装置上面是否存在多余零部件、异物等长期运行有脱落可能性造成打击列车等安全隐患。

《高速铁路接触网运行检修规则》明确定义了各种接触网零部件及其设备技术状态正常与否的判别标准，这些故障可能不会引起接触网跳闸、弓网事故或其他不可接受后果的零部件及设备故障，但是却会导致接触网整体可靠性下降，事故隐患增加。

3.2.3 全方位检测监测的顶层设计

接触网属于固定设施，沿高速铁路线路绵延 10 多万千米露天架设。若采用在线式检测监测成本极高。因此，在进行高速铁路弓网检测监测系统顶层设计时，提出了

第 3 章　接触网智能化

"以移动式检测监测为主,以固定式检测监测为辅"的设计思想,实现高铁弓网全天候、全方位的检测监测[2]。

所谓以移动式检测监测为主,就是尽可能利用动车组、高速检测车、接触网作业车作为检测监测装备的搭载载体,通过载体的移动实现接触网表征参数和弓网零部件技术状态的检测监测。

所谓以固定式检测监测为辅,就是在接触网的特殊断面安装固定式检测监测设备对移动装备无法覆盖的重要的弓网服役状态的检测监测。

高速铁路弓网检测监测系统的总体架构如图 3-2 所示。图 3-2 中,高速弓网综合检测装置(1C)以高速综合检测车为载体;接触网安全状态巡检装置(2C)和车载接触网运行状态检测装置(3C)以动车组为载体;接触网悬挂状态检测监测装置(4C)为专门的接触网检测车,以工程作业车为载体;受电弓滑板监测装置(5C)、接触网及供电设备地面监测装置(6C)为地面固定式安装的检测监测设备;1C～6C 检测监测装备对数据进行实时诊断并传输至 6C 数据处理中心,6C 数据处理中心对检测监测数据进行综合诊断评估,提出接触网维修建议。

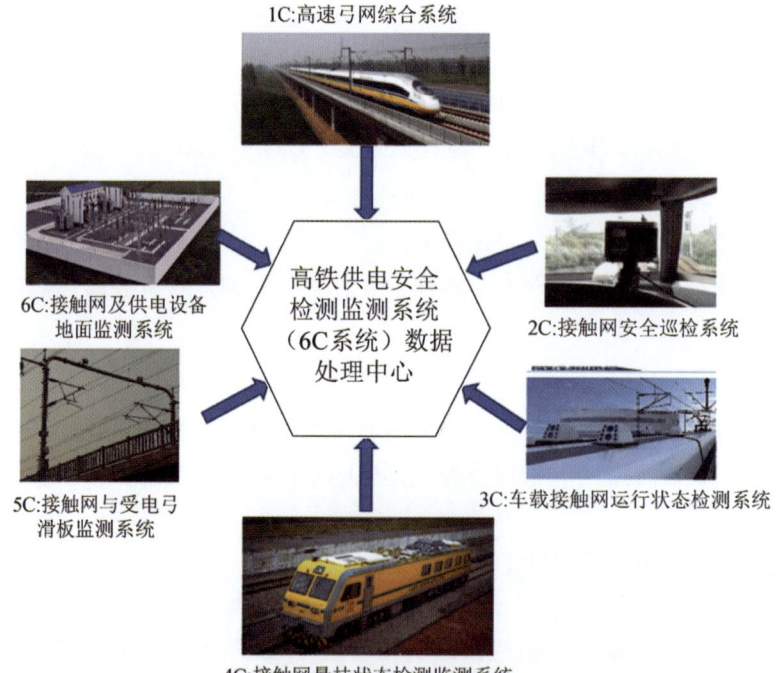

图 3-2　高速铁路弓网检测监测系统总体架构

3.3 接触网检测监测方法

接触网检测监测是使用传感器将反映接触网表征参数和零部件技术状态的各种物理量，诸如光、热、机械力等各种能量形式的信息测量出来，然后通过信息（包括信号、图像等）处理等方法，计算所需的参数值或判别在役零部件的技术状态。

3.3.1 接触网表征参数检测方法

3.3.1.1 几何参数检测方法

1. 立体视觉测量方法

立体视觉测量方法[3]首先要进行三维空间点到二维图像点的投影。假设摄像机世界坐标系中存在目标上的点 $P_w = (x_w, y_w, z_w)^T$ 通过镜头投影中心投影到图像平面上的点 $p = (c, r)^T$。为了完成投影，应将 P_w 转换到摄像机坐标系中。从世界坐标系到摄像机坐标系的变换属于刚性变换，令 P_w 在摄像机坐标系中的坐标为 $P_c = (x_c, y_c, z_c)^T$，P_c 与 P_w 之间的关系为

$$P_c = RP_w + T \tag{3-5}$$

式中，$T = (t_x, t_y, t_z)^T$ 为平移向量，R 为 3×3 的旋转矩阵，可以采用旋转轴表示法、欧拉角表示法、四元数表示法。若采用齐次坐标，则式（3-5）表示为

$$\begin{bmatrix} x_c \\ y_c \\ z_c \\ 1 \end{bmatrix} = \begin{bmatrix} R & T \\ 0^T & 1 \end{bmatrix} \begin{bmatrix} x_w \\ y_w \\ z_w \\ 1 \end{bmatrix} = M \begin{bmatrix} x_w \\ y_w \\ z_w \\ 1 \end{bmatrix} \tag{3-6}$$

式中，M 为 4×4 的矩阵，由摄像机相对于世界坐标系的方位决定，称为摄像机外部参数矩阵。

模型 1：针孔摄像机模型。

将摄像机坐标系中的 P_c 投影到成像平面坐标系中，可以表示为

$$\begin{bmatrix} u \\ v \end{bmatrix} = \frac{f}{z_c} \begin{bmatrix} x_c \\ y_c \end{bmatrix} \tag{3-7}$$

式中，f 表示摄像机主距。若采用齐次坐标系，则式（3-7）可表示为

$$s\begin{bmatrix}u\\v\\1\end{bmatrix}=\begin{bmatrix}f&0&0&0\\0&f&0&0\\0&0&1&0\end{bmatrix}\begin{bmatrix}x_c\\y_c\\z_c\\1\end{bmatrix} \quad (3\text{-}8)$$

将点 $p=(u,v)^T$ 从成像平面坐标系转换到图像坐标系中，用齐次坐标表示为

$$\begin{bmatrix}c\\r\\1\end{bmatrix}=\begin{bmatrix}\dfrac{1}{s_x}&0&c_x\\0&\dfrac{1}{s_y}&c_y\\0&0&1\end{bmatrix}\begin{bmatrix}u\\v\\1\end{bmatrix} \quad (3\text{-}9)$$

式中，$(c,r)^T$ 表示以像素为单位的图像坐标系坐标；s_x 和 s_y 表示数字传感器上水平和垂直方向上相邻像素之间的距离；$(c_x,c_y)^T$ 是图像主点。若考虑摄像机镜头存在径向畸变，受到镜头畸变影响而偏移的实际像平面 $(\tilde{c},\tilde{r})^T$ 变为 $(c,r)^T$，即

$$\begin{bmatrix}c\\r\end{bmatrix}=\begin{bmatrix}\tilde{c}+(\tilde{c}-c_x)k\bar{r}^2\\\tilde{r}+(\tilde{r}-c_y)k\bar{r}^2\end{bmatrix},\quad \bar{r}^2=(\tilde{c}-c_x)^2+(\tilde{r}-c_y)^2 \quad (3\text{-}10)$$

式中，k 表示畸变系数；(c_x,c_y,k,f,s_x,s_y) 被称为摄像机的内参数。综上所述，如果内外参数已知，对任意空间点 $P_w=(x_w,y_w,z_w)^T$ 都可求 $(\tilde{c},\tilde{r})^T$。反过来，如果已知图像点的像素坐标 $(\tilde{c},\tilde{r})^T$，不能唯一确定 $P_w=(x_w,y_w,z_w)^T$。

模型2：线阵摄像机模型。

从三维空间点到二维图像点投影，可以建立世界坐标系中 $P_w=(x_w,y_w,z_w)^T$ 与图像坐标系中 $(c,r)^T$ 的关系为

$$s\begin{bmatrix}c\\r\\1\end{bmatrix}=\boldsymbol{M}\begin{bmatrix}x_w\\y_w\\z_w\\1\end{bmatrix}=\begin{bmatrix}m_{11}&m_{12}&m_{13}&m_{14}\\m_{21}&m_{22}&m_{23}&m_{24}\\m_{31}&m_{32}&m_{33}&m_{34}\end{bmatrix}\begin{bmatrix}x_w\\y_w\\z_w\\1\end{bmatrix} \quad (3\text{-}11)$$

式中，$\boldsymbol{M}$ 为投影矩阵。对于线阵摄像机，在图像坐标系中取 $r=0$ 并假设模型建立在世界坐标系 $z_w=0$ 的平面上，因此，式（3-11）变为

$$s\begin{bmatrix}c\\1\end{bmatrix}=\begin{bmatrix}m_{11}&m_{12}&m_{14}\\m_{31}&m_{32}&m_{34}\end{bmatrix}\begin{bmatrix}x_w\\y_w\\1\end{bmatrix} \quad (3\text{-}12)$$

考虑到摄像机径向畸变，则

$$c = \tilde{c} + k(\tilde{c} - c_x)^3 \tag{3-13}$$

由式（3-12），可得

$$m_{11}x_w + m_{12}y_w + m_{14} - (m_{31}x_w + m_{32}y_w + m_{34})\left[\tilde{c} + k(\tilde{c} - c_x)^3\right] = 0 \tag{3-14}$$

式（3-14）称为线阵摄像机模型。

模型 3：双目线阵摄像机测量模型。

根据式（3-14），即使投影矩阵参数和畸变参数已知，也无法利用单线阵摄像机的图像坐标 $\tilde{c}$ 计算出 $(x_w, y_w)^T$ 的唯一解。根据三角原理，建立双目线阵摄像机测量模型，如图 3-3 所示。

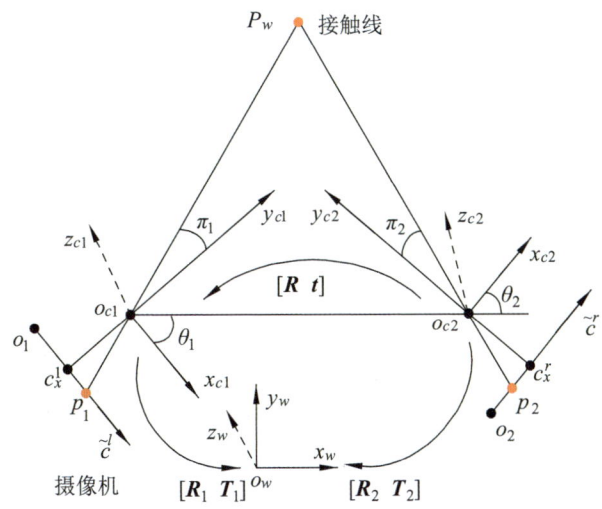

图 3-3　双目线阵摄像机测量模型

图 3-3 中，$p_1 = (\tilde{c}^l, 0)$、$p_2 = (\tilde{c}^r, 0)$ 分别表示左右线阵摄像机的图像坐标。

双目线阵摄像机测量模型的标定就是确定投影矩阵参数 $m_{11}^{l(r)}, m_{12}^{l(r)}, m_{14}^{l(r)}, m_{31}^{l(r)}$，$m_{32}^{l(r)}, m_{34}^{l(r)}$ 和畸变参数 $k^{l(r)}$，从而建立 $(x_{wi}, y_{wi})^T$ 和 $(\tilde{c}_i^r, \tilde{c}_i^l)(i=1,\cdots,n)$ 一一映射的对应关系。根据式（3-14），有

$$\left.\begin{array}{l}f_i^l = m_{11}^l x_{wi} + m_{12}^l y_{wi} + m_{14}^l - (m_{31}^l x_{wi} + m_{32}^l y_{wi} + m_{34}^l)\left[\tilde{c}_i^l + k^l(\tilde{c}_i^l - c_x^l)^3\right] = 0 \\ f_i^r = m_{11}^r x_{wi} + m_{12}^r y_{wi} + m_{14}^r - (m_{31}^r x_{wi} + m_{32}^r y_{wi} + m_{34}^r)\left[\tilde{c}_i^r + k^r(\tilde{c}_i^r - c_x^r)^3\right] = 0\end{array}\right\} \tag{3-15}$$

通常，可以在图像中提取相对于摄像机位置已知的靶标上的特征点来获取 n 个对

应的 $(x_{wi}, y_{wi})^T$ 和 $(\tilde{c}_i^r, \tilde{c}_i^l)(i=1,\cdots,n)$。通过最小化式（3-16）的目标函数来获得投影矩阵参数和畸变参数的极大似然估计

$$J(para) = \sum_{i=1}^{n} \left\| f_i^l \right\|^2 + \left\| f_i^r \right\|^2 \tag{3-16}$$

式中，$para = (m_{11}^{l(r)}, m_{12}^{l(r)}, m_{14}^{l(r)}, m_{31}^{l(r)}, m_{32}^{l(r)}, m_{34}^{l(r)}, k^{l(r)})$。

采用非线性最小二乘算法，如 Levenberg-Marquardt 算法求解式（3-16）。

在实际测量过程中，根据已经标定好的双目线阵摄像机模型，通过从图像中提取的 $(\tilde{c}^r, \tilde{c}^l)$ 计算 $(x_{wi}, y_{wi})^T$，即

$$\left. \begin{aligned} x_w &= \frac{(m_{14} - m_{34}c^r)(m_{12} - m_{32}c^l) - (m_{14} - m_{34}c^l)(m_{12} - m_{32}c^r)}{(m_{11} - m_{31}c^r)(m_{12} - m_{32}c^l) - (m_{11} - m_{31}c^l)(m_{12} - m_{32}c^r)} \\ y_w &= \frac{(m_{14} - m_{34}c^r)(m_{11} - m_{31}c^l) - (m_{14} - m_{34}c^l)(m_{11} - m_{31}c^r)}{(m_{12} - m_{32}c^r)(m_{11} - m_{31}c^l) - (m_{12} - m_{32}c^l)(m_{11} - m_{31}c^r)} \end{aligned} \right\} \tag{3-17}$$

式中，$c^{r(l)} = \tilde{c}^{r(l)} + k^{r(l)}(\tilde{c}^{r(l)} - c_x^{r(l)})^3$。

2．基于立体视觉的几何参数检测方法

接触网动态几何参数检测通常采用基于双目线阵摄像机的立体视觉测量方法进行测量[4]，如图 3-4 所示。

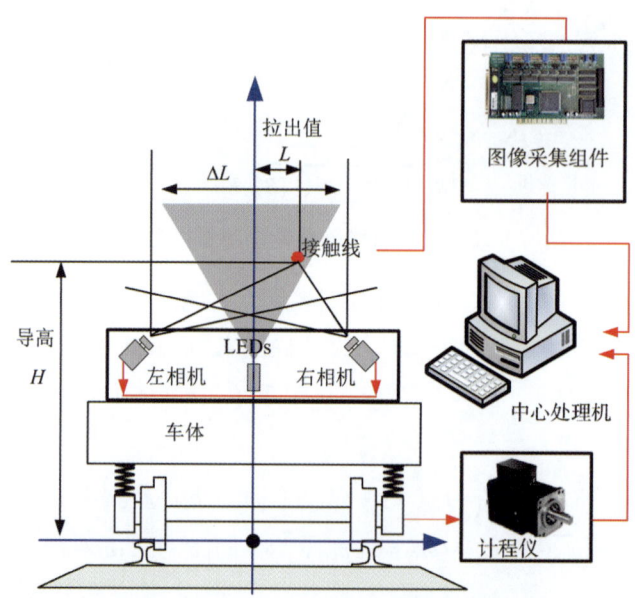

图 3-4　接触网几何参数动态测量示意图

动态接触线高度和横向偏移分别为 H 和 L，视觉传感器水平方向和垂直方向测量范围为 ΔH 和 ΔL。左右两台摄像机公共视角同时覆盖弓网几何波动范围。检测流程如下：

步骤 1：图像获取。

两台摄像机分别从不同角度，获取接触线图像。

步骤 2：接触网几何参数测量。

由于两台摄像机拍摄角度不同，接触线目标在两台摄像机中所成图像会产生视差，将两台摄像机图像视差与两台摄像机内外部参数相结合，基于三角测量原理，由式（3-17）即可实现接触网几何参数测量。

步骤 3：视觉距离修正。

步骤 2 得到的弓网几何并不是真正意义上的弓网几何，这是因为受安装位置限制，双目线阵摄像机的扫描平面一般处于受电弓前方或后方，此时检测的是扫描平面与接触线交汇处的动态导高和动态接触线横向偏移，而扫描平面距弓网几何参数断面的纵向距离就是检测装置距受电弓滑板的安装距离。

一般来讲，该距离不会很大（弓网几何参数检测设备都会安装在受电弓附近），可以认为两个断面的动态导高近似相等，同时由于接触线不会在水平方向上发生较大的弯曲，若动态接触线横向偏移发生缺陷，则在扫描平面测出的横向偏移也会出现超限现象。在实际检测过程中，1C 装置配有弓网视频监视设备，当弓网几何参数检测设备检测的弓网几何超限时，可以通过同步采集的弓网视频辅助判断弓网几何关系。

步骤 4：车体振动误差修正。

接触网几何参数检测是以高速综合检车或作业车为载体的，车体振动会带来较大误差，步骤 3 所得结构再按式（3-15）进行修正。

3.3.1.2 电气参数——弓网燃弧检测方法

弓网燃弧检测通常安装在列车顶部的中线上，处于受电弓的正前方或后方，其探测器的视场范围应该能够覆盖整个受电弓滑板的动态包络线。弓网燃弧检测工作原理是：通过探测燃弧发生时光谱中 220～225 nm 或 323～329 nm 的紫外光，利用紫外光电传感器将其转化为电信号，再对电信号进行处理得到燃弧参数，其原理如图 3-5 所示[4]。

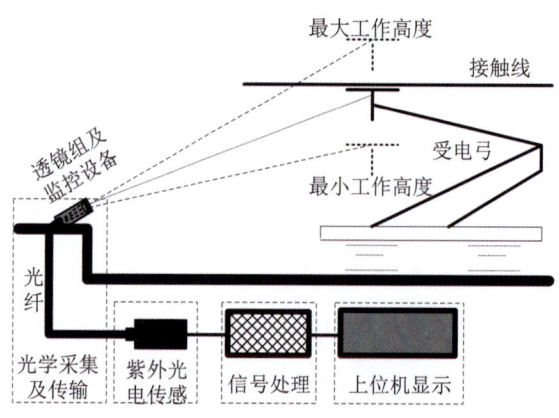

图 3-5　弓网燃弧检测原理示意图

紫外光电传感器的性能要求：① 根据 EN50317 的要求，探测器应能对持续时间不低于 0.1 ms 的燃弧进行探测；② 需标定并明确探测器的最小功率密度 E_m，因为燃弧持续时间是在给定 E_m 的条件下测量的持续时间，不同探测器的 E_m 不同，则所测的弓网持续时间不同。E_m 物理含义是探测器对弓网燃弧辐射的特定波段紫外光，在预先设定的测量距离下，所能感受到的最小辐射照度，单位为 μW/cm²，可以采用式（3-18）定义：

$$E_m = \frac{P}{A} \tag{3-18}$$

式中，A 表示探测器接收端面面积；P 表示探测器能够接收到的最小功率。

为了获得最小功率密度，采用替代法标定燃弧探测器光谱响应度 $R_d(\lambda)$。替代法标定是假设待标定的燃弧探测器与标定探测器接收到的辐射通量是一致的，其原理如图 3-6 所示。

根据图 3-6，燃弧探测器光谱响应度为

$$R_d(\lambda) = \frac{I_d - I_{db}}{I_s - I_{sd}} R_s(\lambda) \tag{3-19}$$

式中，I_d 表示燃弧探测器输出电流；I_s 表示标准探测器输出电流；I_{sd} 表示标准探测器暗电压；$R_s(x)$ 表示标准探测器光谱响应度。

由式（3-19），通过实验，可以标定出燃弧探测器的光谱响应度。

探测器的输出电流为

$$I_d = \int_{\lambda_1}^{\lambda_2} \phi(\lambda) R_d(\lambda) d\lambda \tag{3-20}$$

3.3 接触网检测监测方法

由于弓网燃弧辐射的紫外光波段较短,工程上可以假设该波段光谱响应度近似不变,因此式(3-20)可以写成

$$I_d = \int_{\lambda_1}^{\lambda_2} \phi(\lambda) R_d(\lambda) d\lambda \approx \int_{\lambda_1}^{\lambda_2} R_d(\lambda) d\lambda \int_{\lambda_1}^{\lambda_2} \phi(\lambda) d\lambda \tag{3-21}$$

当燃弧探测器的输出电流等于暗电流($I_d = I_{db}$)时,即为燃弧探测器能够接收到的最小功率,且令 $\int_{\lambda_1}^{\lambda_2} R_d(\lambda) d\lambda = S$,由式(3-21)可得

$$E_m = \frac{P}{A} = \frac{\int_{\lambda_1}^{\lambda_2} \phi(\lambda) d\lambda}{A} = \frac{I_{db}}{SA} \tag{3-22}$$

式中,S 表示探测器的灵敏度,单位为 mA/μW。

由式(3-22),通过实验,可以标定出燃弧探测器的最小功率密度。

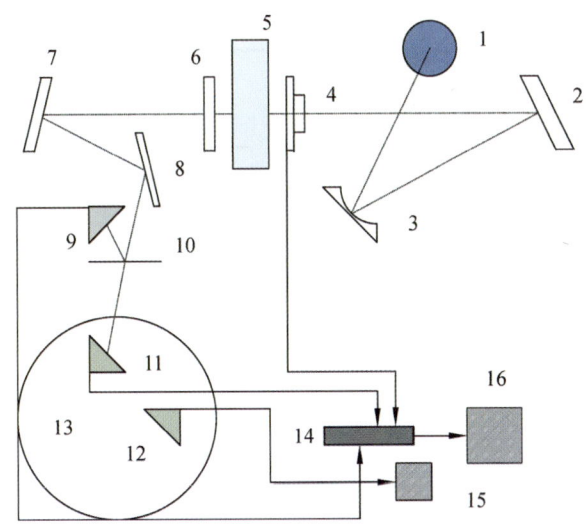

1—氙灯;2、6、7、8—反射镜;3—凹面镜;4—光学斩波器;5—单色仪;9—标准探测器;10—分束器;11—监测探测器;12—燃弧检测装置光学系统;13—光转向系统;14—锁相放大器;15—燃弧检测装置 PC 机;16—PC 机。

图 3-6 基于替代法的弓网燃弧探测器最小功率密度标定

3.3.1.3 机械参数——弓网接触力检测方法

弓网接触力检测一般采用接触式检测设备,需要对受电弓滑板的托架进行特殊设计,以便安装压力传感器,从而测量接触线与受电弓滑板的接触内力。

压力传感器的性能要求:① 由于弓网接触点在滑板上不断移动,接触线在滑板任

何位置时,对滑板的力均能传递至传感器上;② 接触线与滑板接触不良时,将产生燃弧并形成强烈的电磁辐射,传感器应具有很强的抗电磁干扰能力;③ 压力传感器的安装尽量不改变受电弓弓头结构,不应影响受电弓的动力学特性。

目前,用于弓网接触力测量的压力传感器有电子式压力传感器和光纤光栅式压力传感器。

电子式压力传感器通常安装在受电弓滑板的端部,它的工作原理是[4, 5]:当接触线与受电弓滑板接触后,传感器将压力信号转化为电压信号,并通过屏蔽电缆将信号传送至安装在受电弓底座平台上的信号处理箱,经放大、滤波、整形和 V/F 变换,变成适合光纤传输的频率信号,再经过光信号发射机和光缆传送至车内的低压侧;低压侧设有光信号接收机、F/V 变换器和整形电路,将信号复原,然后再送至数据处理设备。其检测原理如图 3-7 所示。

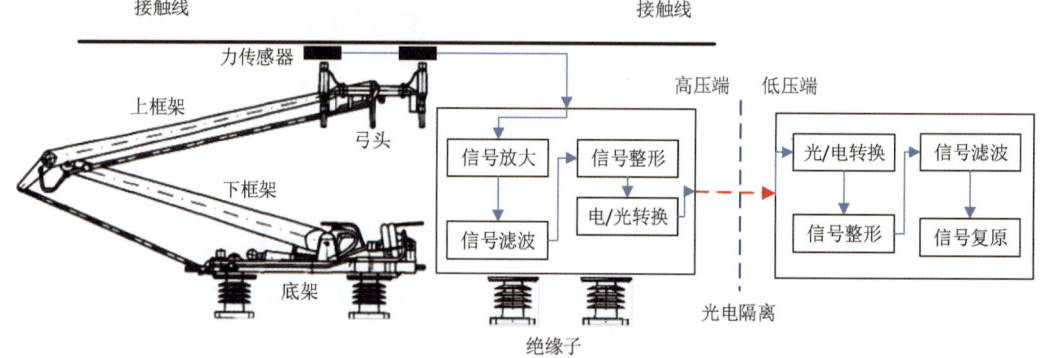

图 3-7 弓网接触力检测原理

在检测数据处理时,需要特别注意两点:其一,要对受电弓滑板惯性力进行修正,这是因为,在移动的物体上测量重力的传感器接触面表面会形成剪切力;其二,要对空气动力引起的滑板抬升进行修正,这是因为,测量接触力的传感器设置在滑板下方,接触力传感器是检测不出滑板对接触线空气抬升的作用力和滑板对接触线向下的作用力的。

根据图 3-7 测量得到的接触力表达式为

$$\left.\begin{array}{l}F_{dyn} = F_Z + F_R + F_{aero} \\ F_Z = F_{Z1} + F_{Z2} + F_{Z3} + F_{Z4} \\ F_R = \dfrac{m_s}{2}(a_{Z1} + a_{Z2} + a_{Z3} + a_{Z4})\end{array}\right\} \quad (3-23)$$

式中,F_{dyn} 为接触力(N);F_Z 为受电弓滑板惯性力的修正项(N);F_{areo} 为空气动力引起滑板抬升的修正项（N），需要通过实验获得；$F_{Z1} \sim F_{Z4}$ 分别为图 3-7 中受电弓两副滑板下侧安装的接触力传感器测得的接触力（N）；m_s 为滑板与加速度传感器的质量和（kg）；$a_{Z1} \sim a_{Z4}$ 为安装于接触力传感器相同位置的加速度传感测得的加速度（m/s²）。

光纤光栅式压力传感器是直接利用光纤材料的光折射效应，将光纤光栅粘贴在受电弓滑板与托架之间。其原理是：当光纤光栅受到弓网接触力而发生形变时，光纤周期和有效折射率都将发生变化，光源发出的宽带光经形变的光纤光栅反射，从而引起反射光波长的偏移，通过光谱仪测量反射光的光谱，便可推算所测弓网接触力。

3.3.2 接触网零部件技术状态检测方法

接触网零部件技术状态（缺陷）检测采用基于图像分析的检测方法，也就是利用图像处理、机器学习等方法理解图像，从而识别出图像中接触网零部件异常的技术状态。接触网零部件的缺陷检测包括目标检测和缺陷识别。对于接触网缺陷的检测方法有很多，本节主要以文献[6]为基础，介绍基于深度学习的接触网零部件缺陷检测方法。

3.3.2.1 基于深度卷积神经网络的目标检测

由于接触网零部件众多、结构复杂、尺寸差异大，在目标检测时，构建两级接触网零部件定位深度卷积神经网络：第一级检测出尺寸较大的零部件，第二级检测出尺寸较小的零部件。

1. 深度卷积神经网络架构

针对不同的任务，卷积神经网络有不同的架构，包括层数、层的种类和不同层之间的连接方式等。图 3-8 给出了一个典型的深度卷积神经网络 LeNet-5[7]，由卷积层、池化层和全连接层组成。该网络输入图像为 32×32 的灰度图像，输出为 10 维的向量。

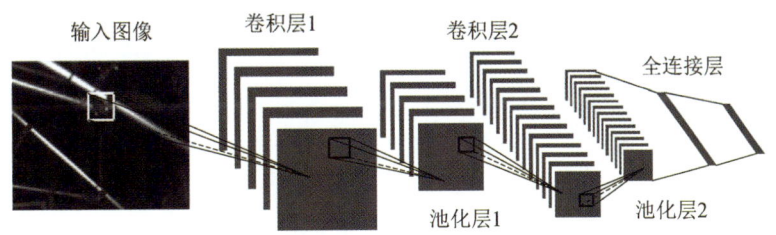

图 3-8　LeNet-5 的基本结构

(1)全连接层。

神经网络由多层神经元组成,这些神经元连接为有向无环图,某些神经元的输出可以作为其他神经元的输入,但不允许使用循环。传统的神经网络一般仅由全连接层构成,其中两个相邻层之间的神经元完全成对连接,但单层内的神经元不共享任何连接,如图3-9所示。

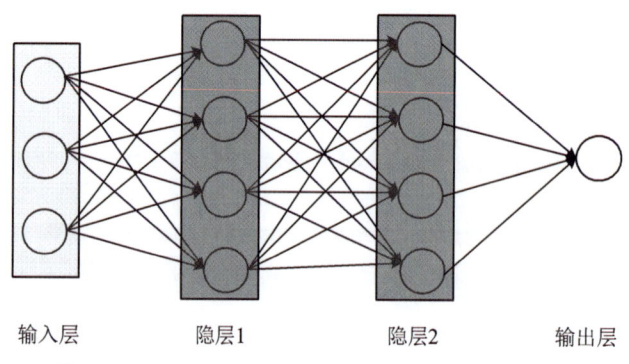

图3-9 传统神经网络的基本结构

这个3层神经网络具有9个神经元,具有 3×4+4×4+4×1=32 个连接权重参数和4+4+1=9个偏置参数,总共具有32+9=41个参数需要训练。神经网络的前向计算可由矩阵相乘来描述。例如,输入一个3×1的向量x,第一层的连接权重和偏置参数可以分别由4×3的矩阵W_1和4×1的向量b_1表示,则第一层的输出可由式(3-24)确定:

$$y_1 = \sigma(W_1 x + b_1) \tag{3-24}$$

类似地,第二、三层的输出为

$$y_2 = \sigma(W_2 y_1 + b_2) \tag{3-25}$$

$$y_3 = W_3 y_2 + b_3 \tag{3-26}$$

式中,σ为神经元的激活函数;W_2和b_2分别是第二层的连接权重和偏置参数;W_3、b_3分别是输出层的连接权重和偏置参数。

全连接层可由矩阵相乘、偏置偏移和激活函数来描述。

(2)卷积层。

卷积神经网络(Convolutional Neural Networks,CNN)是一种特殊的神经网络,由多种类型的层堆叠而成,更适用于处理具有网格状拓扑结构的数据。例如,时间序列和图像都具有这种结构,时间序列可以看作具有固定时间间隔的一维网格,而图像则可以看作像素的二维网格。具体地,卷积神经网络是指那些使用了卷积运算代替普通的矩阵相乘运算的神经网络。

卷积运算由输入信号 x 和核函数 K 共同确定,一维和二维离散卷积可分别表示为

$$y(i) = \sum_m x(i-m)K(m) \tag{3-27}$$

$$y(i,j) = \sum_m \sum_n x(i-m, j-n)K(m,n) \tag{3-28}$$

相对于全连接神经网络,卷积神经网络采用卷积核参数共享和稀疏连接的策略,可使神经网络的参数大大减少,如图 3-10 所示。

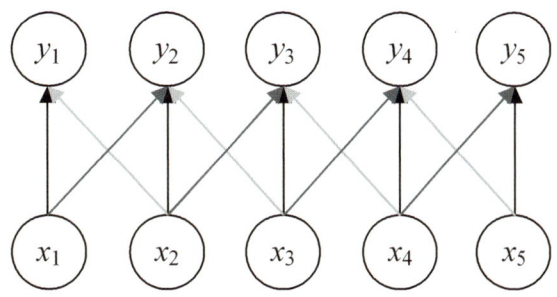

图 3-10　一维卷积运算示意图

在全连接神经网络中,每个神经元与所有的上层输入相连,而在卷积神经网络中,每个神经元只与其附近的上层神经元连接。另外,卷积神经网络还采用参数共享的策略,如图 3-10 所示,所有相同颜色的连接参数是相同的。图 3-10 中的一维卷积神经网络可以表示为输入 x 与一个 3×1 核函数的卷积。

如果输入数据是二维的,卷积核的维度为 2×2,卷积滑动步长为 1,则卷积运算过程可由图 3-11 表示。

如果用多个核对输入进行处理就可以得到多层特征,如图 3-12 所示。

如果采用 n 个核,则可得到 n 层特征,而这些特征构成三维张量,其维度为 $w \times h \times n$。经过卷积运算后,特征数据为三维张量,下一层网络的卷积核的维度也应为三维,例如为 $2 \times 2 \times n$。同理,卷积神经网络还可以推广到高维的情况。

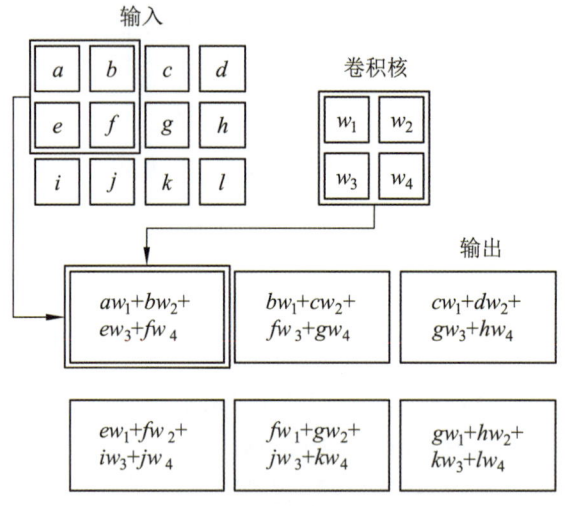

图 3-11 二维卷积运算示意图

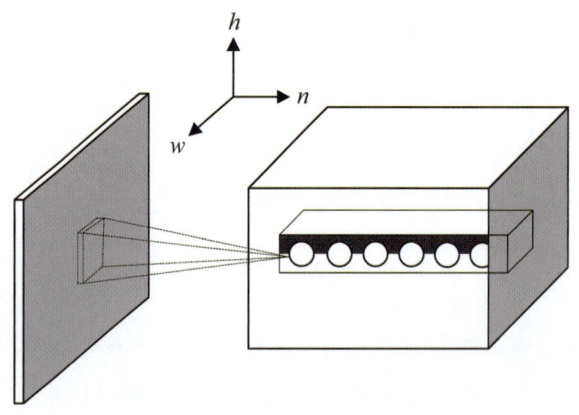

图 3-12 三维卷积运算示意图

卷积层可由式（3-29）描述：

$$y = \sigma(x * W + b) \quad (3-29)$$

式中，x 为输入；σ 为神经元的激活函数；W 为卷积核；b 为偏置参数；*为卷积运算。

（3）激活函数。

在多层神经网络中，上一层的输出要经过一个非线性的激活函数变换后，再输入下一层。如果没有激活函数，则整个网络只能表达线性运算，这极大地限制了网络的表达能力。常用的激活函数有 Sigmoid、Tanh、ReLU 等，其中 ReLU 激活函数在深度卷积神经网络中最为常用[8]。

ReLU 激活函数为

$$\sigma(x) = \max(0, x) \tag{3-30}$$

Leaky ReLU 激活函数为

$$\sigma(x) = \max(\alpha x, x), \text{ normally } \alpha=0.01 \tag{3-31}$$

（4）池化层。

池化层用卷积网络输出某一区域的总体统计量代替该区域的输出。以二维最大值池化为例，如图 3-13 所示，它用区域中的最大值来代替该区域的输出。其他常用的池化函数还有平均值池化、L2 范数池化以及加权平均池化等。

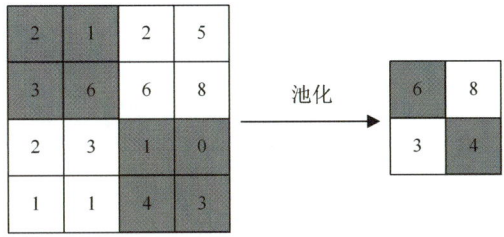

图 3-13 池化运算示意图

由于池化函数用某一区域的总体统计量代替该区域的输出，它能够使深度神经网络获得局部平移不变性。当只关心某个特征是否出现，而不关心其具体位置时，局部平移不变性非常有用，例如在图像分类时。此外，池化能够提高网络的计算效率。如图 3-13 所示，池化前特征参数为 16 个，池化后特征参数仅为 4 个。

2．深度卷积神经网络训练

（1）损失函数。

一旦卷积神经网络架构完成，给定输入 x，则有相应的预测输出 $\hat{y}$。要衡量预测输出 $\hat{y}$ 与真实值 y 的符合程度，则需定义相应的损失函数。常用的损失函数有交叉熵、均方误差、平均绝对值误差、Huber 损失[9]等。

交叉熵损失函数为

$$L(y, \hat{y}) = -\sum_{i=1}^{N} y_i \log(\hat{y}_i) \tag{3-32}$$

均方误差损失函数为

$$L(y, \hat{y}) = \frac{1}{N}(y - \hat{y})^2 \tag{3-33}$$

平均绝对值误差损失函数为

$$L(y, \hat{y}) = \frac{1}{N}|y - \hat{y}| \tag{3-34}$$

Huber 损失函数为

$$L_\delta(y, \hat{y}) = \begin{cases} \frac{1}{2}(y - \hat{y})^2 & \text{if } |y - \hat{y}| < \delta \\ \delta|y - \hat{y}| - \frac{1}{2}\delta^2 & \text{otherwise} \end{cases} \tag{3-35}$$

根据不同的任务，可设计不同的损失函数，来衡量网络决策的合理性。当构建了卷积神经网络的架构并定义了相应的损失函数后，给定训练集 $X = \{x^{(n)}\}$ 和相应的标签 $Y = \{y^{(n)}\}$，通过最小化损失函数

$$L(Y, \hat{Y}) = \sum_n L(y_n, \hat{y}_n) \tag{3-36}$$

即可获得最优的网络参数。

（2）后向传播。

最小化损失函数的过程，也即是卷积神经网络的训练过程，一般通过梯度下降算法来实现。梯度下降算法涉及前向传播、后向传播和权重更新三个过程。前向传播是根据输入 x 和现有网络参数计算出输出 $\hat{y}$ 的过程。后向传播是根据损失函数 $L(y, \hat{y})$，采用链式求导法则计算 $L(y, \hat{y})$ 的梯度的过程。权重更新是根据梯度更新模型参数的过程。以一个简单的神经网络为例，网络拥有 $w_1 \sim w_6$ 共 6 个参数，如图 3-14 所示。

根据链式求导法则可得

$$\frac{\partial L(y, \hat{y})}{\partial w_5} = \frac{\partial L(y, \hat{y})}{\partial \hat{y}} \frac{\partial \hat{y}}{\partial w_5} \tag{3-37}$$

$$\frac{\partial L(y, \hat{y})}{\partial \hat{y}_1} = \frac{\partial L(y, \hat{y})}{\partial \hat{y}} \frac{\partial \hat{y}}{\partial \hat{y}_1} \tag{3-38}$$

$$\frac{\partial L(y, \hat{y})}{\partial w_1} = \frac{\partial L(y, \hat{y})}{\partial \hat{y}_1} \frac{\partial \hat{y}_1}{\partial w_1} \tag{3-39}$$

3.3 接触网检测监测方法

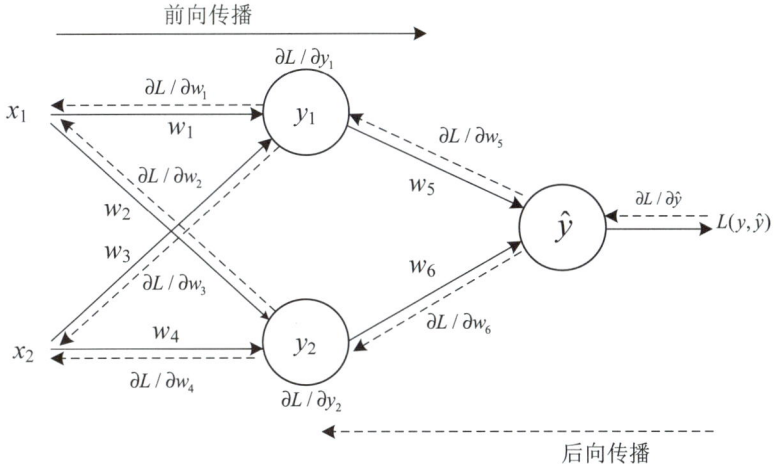

图 3-14　后向传播运算示意图

类似地，也可以求得损失函数对其他网络参数的偏导，记为

$$\nabla_W L = \left(\frac{\partial L}{\partial w_1}, \frac{\partial L}{\partial w_2}, \cdots, \frac{\partial L}{\partial w_6} \right) \tag{3-40}$$

则网络参数可按式（3-41）进行更新

$$W^{(t+1)} = W^{(t)} - \eta \nabla_{W^{(t)}} L \tag{3-41}$$

式中，$W^{(t)}$ 为当前参数；$W^{(t+1)}$ 为更新后的参数；η 为学习率（Learning Rate）。

随机梯度下降，如式（3-36）所示，总体损失函数是每个样本损失函数之和，因此

$$\nabla_W L = \sum_n \nabla_W L(y_n, \hat{y}_n) \tag{3-42}$$

随着训练集样本容量的增加，梯度计算所需的计算开销也会增大。在深度神经网络训练过程中，不但网络深而且样本量大，这个问题变得尤为突出。随机梯度下降算法能够有效克服这一问题，它在每次更新过程中，从训练集中随机抽出一个小批量的样本集 $\mathbb{B} = \{x^{(1)}, x^{(2)}, \cdots, x^{(m)}\}$，然后用小样本集去计算梯度：

$$\nabla_W L_{\mathbb{B}} = \sum_m \nabla_W L(y_m, \hat{y}_m) \tag{3-43}$$

并用其更新网络参数

$$W^{(t+1)} = W^{(t)} - \eta \nabla_{W^{(t)}} L_{\mathbb{B}} \tag{3-44}$$

卷积神经网络的训练步骤如下：

Step1：初始化神经网络的参数；

Step2：对训练集进行小批量采样；

Step3：在小批量样本上按式（3-43）计算损失函数的梯度；

Step4：用式（3-44）更新网络参数；

Step5：重复步骤 Step2～Step4，直至训练结束。

学习率的设置对深度卷积神经网络的训练影响较大。目前常用的学习率设置方法有随迭代次数增加逐步减小学习率的方法和自适应学习率方法，如 RMSProp、Adam 和 AdaGrad 等。

3．基于深度卷积神经网络的接触网零部件定位

目标零部件定位的目的是确定支撑装置图像中是否存在给定类别的零部件对象，并确定每个零部件的大小及其空间位置，这些信息共同构成结构化的数据。深度卷积网络不但能够自动学习特征，而且能够处理结构化的张量数据，目前在目标检测领域得到了广泛应用。

基于深度学习的目标检测算法主要有两种：一种是基于区域候选的目标检测算法，另一种是基于回归方法的目标检测算法。

（1）基于区域候选的目标检测。

基于区域候选的目标检测算法：首先确定可能存在目标物体的候选区域（Region Proposals），然后根据候选区域的位置和大小从特征图上提取该区域的特征，最后基于该区域的特征对目标的类别和边界框进行预测。基于区域候选的目标检测算法有：Faster R-CNN、R-FCN、RetinaNet 等。下面介绍最为典型的 Faster R-CNN，其架构如图 3-15 所示。

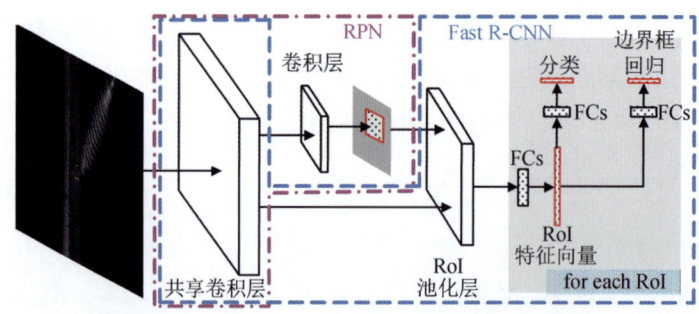

图 3-15　基于 Faster R-CNN 的目标检测架构

Faster R-CNN 由 RPN 网络和 Fast R-CNN 共同组成,这两个网络共享卷积层。Faster R-CNN 通过共享卷积层提取图像特征,首先采用 RPN 网络进行区域候选,生成 RoI,然后由 RoI 池化层从大小不一的 RoI 中提取固定长度的特征向量,最后通过全连接层对目标坐标和类别进行预测。其中,RPN 为全卷积网络,如图 3-16 所示。

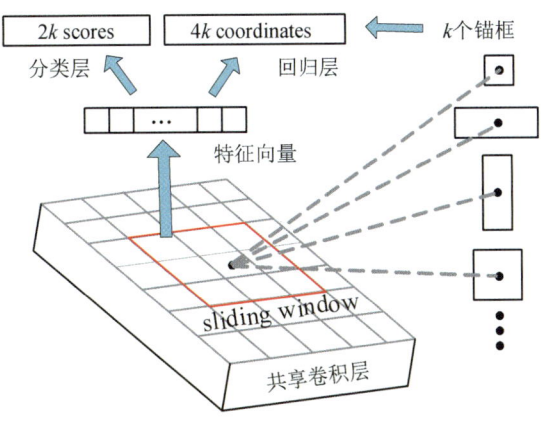

图 3-16 RPN 网络结构

RPN 通过一个 $n \times n$(一般 $n=3$)窗口在共享卷积层的特征图上滑动,将每个窗口内的卷积特征分别馈送至分类层和回归层,分别计算当前区域存在被检目标的概率和该目标的边界框坐标。为了实现检测的平移不变性和多尺度性,RPN 网络设计了锚定机制,即在每个滑动窗口的位置,产生尺度和长宽比不同的 k 个锚框,同时计算输出 k 个锚框中存在被检目标的概率和该目标的边界框坐标。

Faster R-CNN 的损失函数包括两部分,即 RPN 网络损失函数和 Fast R-CNN 网络损失函数。其中,RPN 网络损失函数为

$$L(\{p_i\},\{t_i\}) = \frac{1}{N_{\text{cls}}} \sum_i L_{\text{cls}}(p_i, p_i^*) + \lambda \frac{1}{N_{\text{reg}}} \sum_i p_i^* L_{\text{reg}}(t_i, t_i^*) \qquad (3\text{-}45)$$

式中,p_i 和 p_i^* 分别是锚框中包含待检目标概率的预测值和真实值,锚框包含待检目标时 $p_i^* = 1$,否则 $p_i^* = 0$;t_i 是边界框坐标向量的预测值,t_i^* 是与边界框坐标向量的真实值;λ 是平衡权重;N_{cls} 和 N_{reg} 分别是分类损失项和回归损失项的归一化参数。其中,分类损失 L_{cls} 和坐标回归损失 L_{reg} 分别为

$$L_{\text{cls}} = -[(1-p_i^*)\log(1-p_i) + p_i^* \log p_i] \qquad (3\text{-}46)$$

$$L_{\text{reg}}(t_i, t_i^*) = \begin{cases} 0.5(t_i - t_i^*)^2 & \text{if } |t_i - t_i^*| < 1 \\ |t_i - t_i^*| - 0.5 & \text{otherwise} \end{cases} \quad (3\text{-}47)$$

另外，Fast R-CNN 网络损失函数为

$$L(p, u, t^u, v) = L_{\text{cls1}}(p, u) + \lambda[u \geq 1]L_{\text{loc}}(t^u, v) \quad (3\text{-}48)$$

式中，$p = (p_0, \dots, p_K)$ 是候选区域属于各类别的离散概率分布的预测值；K 是待识别目标类别数；u 是推荐区域所属的真实类别；t^u 是目标坐标向量的预测值，v 是目标坐标向量的真实值；λ 是平衡权重；L_{cls1} 和 L_{loc} 分别是目标分类损失和目标边框坐标回归损失：

$$L_{\text{cls1}}(p, u) = -\log p_u \quad (3\text{-}49)$$

$$L_{\text{loc}}(t^u, v) = \begin{cases} 0.5(t_i^u - v_i)^2 & \text{if } |t_i^u - v_i| < 1 \\ |t_i^u - v_i| - 0.5 & \text{otherwise} \end{cases} \quad (3\text{-}50)$$

（2）基于回归方法的目标检测。

基于回归方法的目标检测算法使用深度网络对目标坐标和类别进行直接预测。常用的基于回归方法的目标检测算法有：YOLO、YOLOv2、YOLOv3、SSD 等。下面介绍最为典型的 YOLO，其架构如图 3-17 所示。

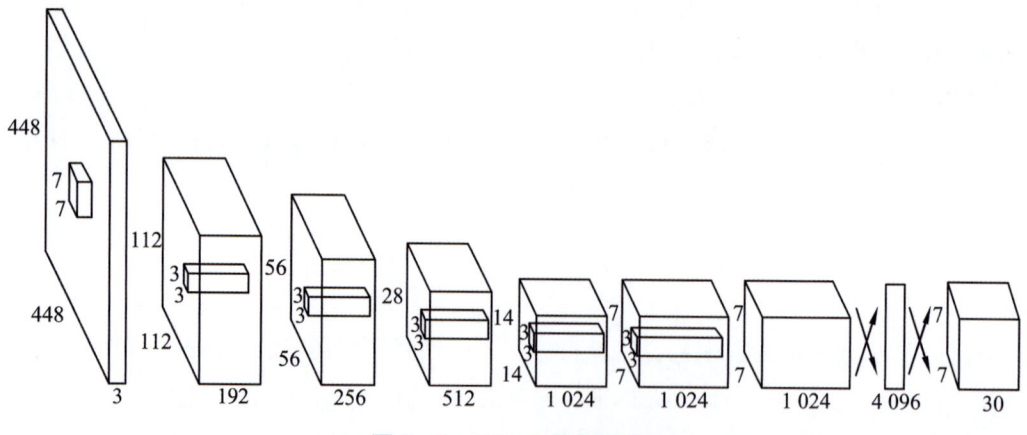

图 3-17　YOLO 网络结构

YOLO 使用深度网络将输入图像直接映射为 $S \times S \times [B(4+1)+C]$ 维的张量。在输出张量中，共有 $S \times S$ 个向量，这些向量的维度由每个向量预测的边界框数目 B 和目标种类

数目 C 共同确定。其中，每个目标框坐标向量的维度为 4，目标框中有无被检目标的置信度的维度为 1。以 $S=7$ 为例，YOLO 网络的损失函数为

$$Loss = \lambda_{coord}\sum_{i=0}^{49}\sum_{j=0}^{B}\left[(x_{ij}-\hat{x}_{ij})^2+(y_{ij}-\hat{y}_{ij})^2\right] + \lambda_{coord}\sum_{i=0}^{49}\sum_{j=0}^{B}\left[(\sqrt{w_{ij}}-\sqrt{\hat{w}_{ij}})^2+(\sqrt{h_{ij}}-\sqrt{\hat{h}_{ij}})^2\right] + \lambda_{obj}\sum_{i=0}^{49}\sum_{j=0}^{B}(C_{ij}-\hat{C}_{ij})^2 + \sum_{i=0}^{49}\sum_{c\in classes}[p_i(c)-\hat{p}_i(c)]^2$$

（3-51）

式中，λ_{coord} 和 λ_{obj} 为平衡权重；(x_{ij},y_{ij}) 和 $(\hat{x}_{ij},\hat{y}_{ij})$ 分别为被检目标中心坐标的预测值和实际值；w_{ij} 和 $\hat{w}_{ij}$ 分别为被检目标宽度的预测值和实际值；h_{ij} 和 $\hat{h}_{ij}$ 分别为被检目标高度的预测值和实际值；C_{ij} 和 $\hat{C}_{ij}$ 分别为输出边框内有无被检目标值的信度的预测值和实际值；$p_i(c)$ 和 $\hat{p}_i(c)$ 分别为输出边框内被检目标种类的预测值和实际值。

4. 基于级联网络的目标检测

接触网的缺陷零部件往往是关键零部件中的较小部件（如螺母、销钉等），直接对这些小部件进行定位难度大、可靠性差。为此，本节采用级联方式对缺陷零部件进行定位：首先定位关键零部件（包含易损部件的零部件），在此基础上再定位关键零部件中的易损零部件。这两步定位均由深度卷积神经网络来实现，由此构成级联网络，提高小零部件的定位可靠性。

5. 实验验证

（1）关键零部件定位。

为了评估不同定位网络的性能，在接触网图像数据集上对不同的定位网络进行了测试，数据集包含约 18 000 幅接触网图像，分辨率为 4 920×3 280 像素。实验环境如下：Ubuntu 16.04，Python 2.7，深度学习框架 Tensorflow，Intel Core i7-7600 和具有 8 GB 内存的 GTX 1070 GPU。

实验中将接触网图像数据集随机分为两个部分：12 000 张图像构成训练集，6 000 张图像构成测试集。选定绝缘子、旋转双耳、定位线夹、承力索支座、定位器支座、套管双耳 6 种关键零部件进行定位实验。这些零部件在接触网支撑装置中起着重要作用，其损坏风险也较高。

比较了 SSD、YOLOv2、Faster R-CNN 几种深度学习目标检测方法在接触网零部

件定位中的性能，具有代表性的关键部件定位结果如图 3-18 所示。

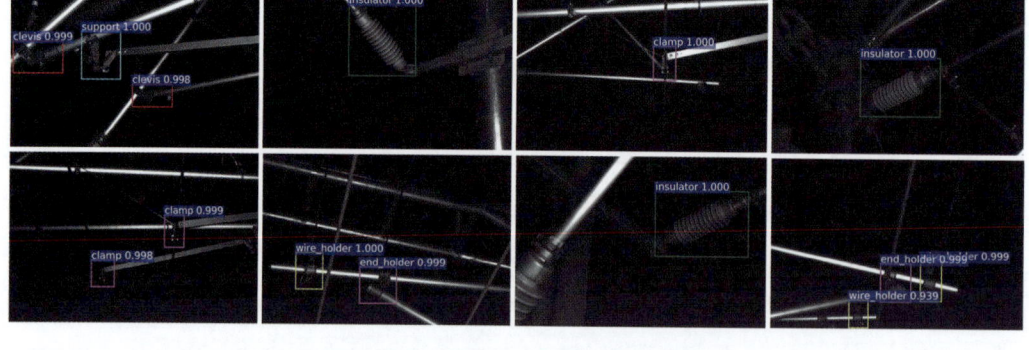

图 3-18　具有代表性的关键部件定位结果

为了进行公平的比较，所有这些算法都使用相同的训练数据集和标签。训练后，将交并比（Intersection of Union, IoU）阈值设置为 0.7，并使用平均精度（mean Average Precision, mAP）来评估目标检测算法。表 3-2 总结了关键零部件的定位结果。

表 3-2　不同方法的关键零部件定位结果对比

定位方法	mAP/%					
	绝缘子	旋转双耳	定位线夹	承力索支座	定位器支座	套管双耳
Faster R-CNN ZF	99.5	99.4	99.2	98.9	98.7	99.3
Faster R-CNN VGG16	99.8	99.6	99.5	99.4	99.4	99.6
YOLO	98.8	97.6	98.9	98.5	98.9	98.4
SSD	99.0	98.6	98.4	98.8	98.3	99.3
YOLOv2	99.2	99.5	99.1	98.9	99.5	99.4

从表 3-2 可以发现，基于深度卷积神经网络的目标检测方法在接触网零部件定位中表现良好。与其他列出的方法相比，Faster R-CNN VGG16 除了定位器支座外的所有零部件定位结果都优于其他方法，在定位器支座定位方面也具有与 YOLOv2 相当的 mAP。

（2）开口销钉级联定位。

实验中采用 Faster R-CNN VGG16 构建级联定位网络。为了验证级联定位的可行性，从接触网图像库中选取旋转双耳图像 4 000 张，从中随机分出 2 000 张作为训练集、2 000 张作为测试集，进行旋转双耳和开口销钉定位实验。

具有代表性的定位结果如图 3-19 所示,开口销钉方向、形状不同和开口销钉缺失时,基于 Faster R-CNN 的级联定位均能实现开口销钉的有效定位。

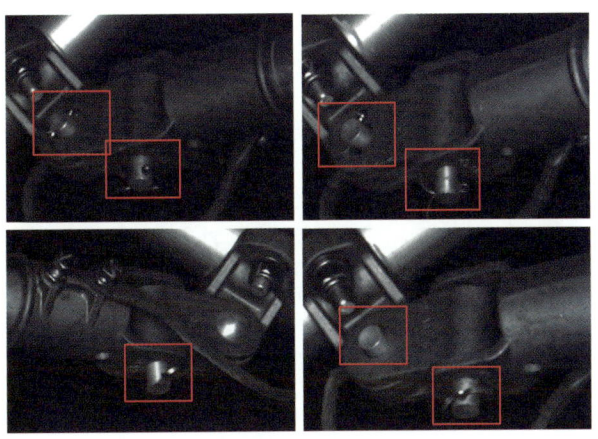

图 3-19　具有代表性的开口销定位结果

为了进一步验证基于 Faster R-CNN 的定位算法的性能,将该算法分别与线性 SVM 结合 HOG 特征和线性 SVM 结合 SIFT 特征的多尺度滑动窗口定位方法进行了对比实验。实验中,将 IoU 阈值设置为 0.7,使用 mAP 来评估目标检测算法。三种方法的定位结果如表 3-3 所示。

表 3-3　不同方法的旋转双耳和开口销钉定位结果对比

定位方法	mAP/%	
	旋转双耳	开口销钉
SVM+SIFT	68.3	74.6
SVM+HOG	72.1	83.4
Faster R-CNN	99.6	98.8

基于 Faster R-CNN 的定位算法,对旋转双耳整体定位成功率达到了 99.6%,开口销钉的定位成功率为 98.8%;相比于 SVM+HOG 和 SVM+SIFT 方法,其在定位成功率上有大幅度提升。

关键零部件的定位是缺陷检测的前提。在复杂环境下,深度卷积神经网络不但能提取图像的多层特征,而且直接能将输入图像转化为结构化的输出,极大地推动了目标检测技术的发展。本节首先介绍了深度卷积神经网络的架构和训练方法。在此基础上，分析了两种基于深度卷积神经网络的目标识别框架。最后，在接触网图像数据集上对不同的定位网络进行了测试。实验结果表明，基于深度卷积神经网络的目标检测方法在接触网零部件定位中的表现良好，其中 Faster R-CNN VGG16 的综合性能最优。此外，针对开口销钉类较小零部件，级联定位方式具有更强的适应性和稳定性。

3.3.2.2　基于深度集成学习的接触网零部件缺陷检测

实际上，接触网零部件的缺陷样本并不是足够多，因此，本节主要讨论缺陷样本有限的接触网零部件缺陷检测问题。采用迁移学习和集成学习策略，通过多个预训练的深度卷积神经网络提取图像的多种特征，再根据这些特征训练多个遵循结构化风险最小原则的支持向量机分类器，最后将这些分类器集成在一起，以提高小样本情况下分类器的泛化能力。下面以开口销钉类较小零部件为例，讨论基于深度集成分类的销钉缺失检测[10]。

1. 图像特征提取

特征是对事物的表达和描述，有效的特征描述是计算机完成各种任务的基础。实践证明，深度卷积神经网络的习得特征，具有更强的表达能力和更好的适应性。

深度卷积神经网络，通过不同类型层的有机组合，能够学习图像的多层特征，从原始图像中逐渐提取更加抽象的结构化特征。深度特征的提取有赖于卷积神经网络的结构设计，目前最具代表性的深度卷积网络结构有 AlexNet、VGGNet、GoogLeNet 和 ResNet 等。

AlexNet：由卷积层、池化层和全连接层组成，主要包含 5 个卷积层和 2 个全连接层。Alexnet 在第一、二层分别使用 11×11、5×5 的卷积核，其余卷积层采用 3×3 的卷积核。为了加快运算速度，Alexnet 采用了 GPU 加速；为了防止过拟合，Alexnet 采用了数据增强和 Dropout 技术。CaffeNet 是在 Caffe 框架下对 Alexnet 的改进，通过添加归一化处理而使特征提取能力更强。

VGGNet：由卷积层、池化层和全连接层组成。VGGNet 采用了 3×3 的小卷积核，同时加深了网络的深度（达到了 19 层），这使得其性能得到了明显提升。VGGNet 不仅在图像分类中获得了很好的结果，而且其习得特征具有很好的可迁移性，已成功应用于目标识别、图像分割等任务。

GoogLeNet：提升深度卷积网络性能的两个有效途径是增加网络的深度（层数）

和宽度（每层的神经元数），但这会增加网络的参数，增加训练和预测的计算量。为了克服这一问题，GoogLeNet 提出了 Inception 卷积结构，该结构将不同尺度的卷积和池化操作堆叠在一起形成一个模块，在增加网络宽度的同时，提高了网络的尺度适应性，如图 3-20 所示。为了进一步减少网络参数，又在 Inception 中引入了 1×1 卷积，先用 1×1 卷积控制特征的层数，然后再执行 3×3 和 5×5 卷积操作。这样可以在保证输出特征结构不变的情况下，有效减少卷积参数。

将一系列 Inception 模块堆叠在一起，即可形成 GoogLeNet。为了克服梯度消失的问题，GoogLeNet 还添加了辅助损失函数。

ResNet：理论上，深度卷积神网络的深度越深，其表达能力越强。但是，网络的加深会带来梯度消失的问题，这会造成网络性能的退化。为了克服这一问题，ResNet 提出了"残差模块"，如图 3-21 所示。"残差模块"通过引入恒等映射，增加了一条网络后向传播的通道，能够有效克服梯度消失的问题。

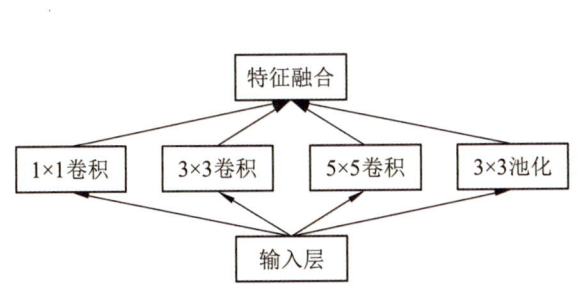

图 3-20　Inception 模块的基本结构

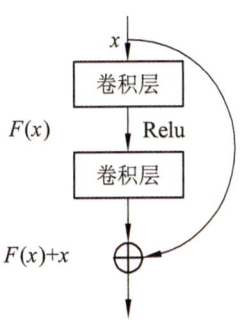

图 3-21　残差模块的基本结构

将一系列残差模块堆叠在一起，即可形成 ResNet。目前，基于残差模块，可以实现上千层卷积神经网络的训练。

2．迁移学习

一般的机器学习方法能够有效工作的前提是训练和测试数据来自相同的数据分布。但是，在实际应用中数据分布并不一定是不变的，或者在目标任务上只具有很少的标签信息。迁移学习的目标是系统将先前任务中学习的知识和技能应用于新任务，旨在从一个或多个源任务中提取知识，并将其应用于目标任务[11]。

（1）基本方法。

图 3-22 显示了普通机器学习和迁移学习之间的差异。普通的机器学习技术尝试独

立地学习每个任务，而迁移学习技术则尝试将源任务中学到的知识转移到目标任务。

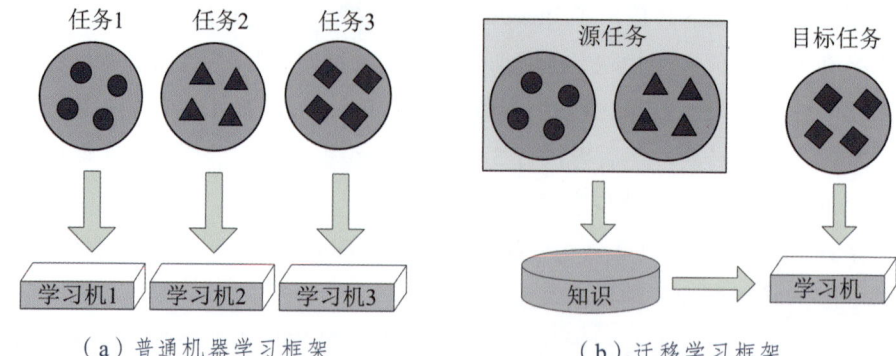

(a) 普通机器学习框架　　　　　　(b) 迁移学习框架

图 3-22　迁移学习与普通机器学习的对比

迁移学习中涉及两个重要概念：域和任务。域 $D=\{\chi, P(X)\}$ 由两部分构成：χ 为特征空间，$P(X)$ 为概率分布，其中 $X=\{x_1, x_2, \cdots x_n\} \in \chi$。任务 $T=\{y, f(\cdot)\}$ 由两部分构成：y 为标签空间，$f(\cdot)$ 为目标预测函数。迁移学习可以定义为：给定源域 DS 和学习任务 TS，目标域 DT 和学习任务 TT，迁移学习旨在利用 DS 和 TS 中的知识来帮助改进 DT 中目标预测功能 $f_T(\cdot)$ 的学习，其中 DS≠DT 或 TS≠TT。

在现实世界中，有许多迁移学习的例子。例如，人们发现学习认识苹果有助于认识梨；类似地，学习弹奏电子琴可以促进学习钢琴。人们可以智能地应用以前学到的知识来更快或更有效地解决新问题，从而推动了迁移学习的研究。事实证明，迁移学习对于许多现实世界中的应用都是有效的。特别是在目标域中几乎没有或只有很少带标签的训练数据，而源域中有充足的带标签的训练数据的情况下，它可以利用从源域中学到的知识来提升模型在目标域中的性能。实现迁移学习的方法主要有以下几种。

基于实例的迁移学习：在源域与目标域的数据分布不同时，源域中仍有可能有部分数据仍可以重用于目标任务。例如当源域和目标域数据使用相同的特征和标签，但是两个域中数据的分布不同时，可以通过对源域数据重采样使其接近目标域的数据分布，从而有效利用源域的数据及标签信息。

基于特征的迁移学习：通过将源域和目标域的数据映射到特征空间中，使得在该空间中，目标域的特征与源域的特征具有近似的数据分布，从而可以有效利用源域的数据及标签信息。

基于参数的迁移学习：它的基本假设是相关任务的每个相关模型应共享一些参数。

这样就可以首先在源域上训练模型，然后将其（一部分）参数直接应用于目标域。

基于关系的迁移学习：当数据之间不是相互独立的，而是存在某种关系时，例如社会网络数据，将从源域数据中学习到的关系迁移至目标域。一般通过统计关系学习技术来实现。

（2）基于深度卷积神经网络的迁移学习。

目前深度学习方法已在各个领域得到了广泛应用，并取得了很好的效果。但深度神经网的训练需要大量的数据，而这在很多实际应用中是不具备的。因此，使用深度神经网络进行迁移学习得到了越来越多的关注[12]，如图3-23所示。

深度卷积神经网络能够提取图像的多层特征，并根据不同任务产生结构化的输出。实践证明，即使训练数据集、网络结构和损失函数不同，在深度网络的低层都会提取类似Gabor滤波器的特征，而在高层则会提取与任务相关的抽象特征。因此，低层特征具有良好的通用性，而高层特征则更多地与具体任务相关。来自康奈尔大学的Jason Yosinski

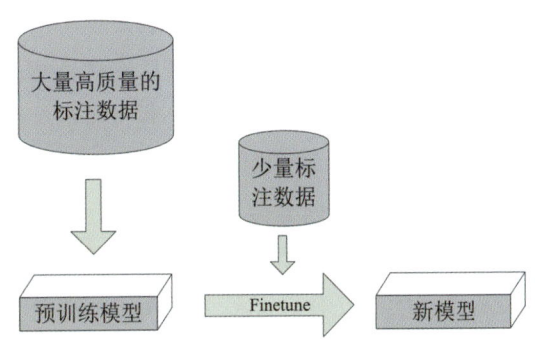

图3-23 基于深度卷积神经网络的迁移学习

等人对深度神经网络的可迁移性进行了研究，结果表明：参数迁移能够提高模型的泛化能力，即使在数据集比较大的情况下也是如此[13]。

目前，基于深度神经网络的迁移学习方法主要有：直接将深度网络作为特征提取器，然后与其他机器学习模型结合解决具体问题；采用在大数据集上训练得到的网络参数初始化自己的网络，并根据自己的任务对网络进行微调（Finetune），微调的层数根据现有的数据量确定。

另一种迁移学习方法是基于生成式对抗网络GAN的迁移学习，它通过对抗训练以寻找适用于源域和目标域的可迁移特征。

3．集成学习

集成学习针对同一个任务训练多个模型，然后把它们结合起来使用[14]，集成模型通常比单个模型要准确得多。常用的集成学习方法有以Adaboost为代表的串行集成方法、以Bagging为代表的并行集成方法和Stacking集成方法。集成学习的一般框架如

图 3-24 所示。

构建集成学习机一般通过两个步骤来实现：训练个体学习机，然后将它们集成在一起。为了获得性能良好的集成学习机，通常认为个体学习机应尽可能准确，并且应尽可能多样化。实践证明，集成学习机通常比最佳的个体学习机表现更好。

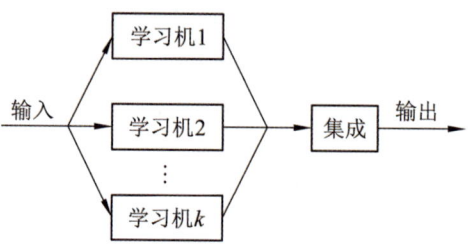

图 3-24　基本的集成学习框架

（1）集成学习作用。

集成学习机之所以能够提升个体学习机的性能，主要有以下三个方面的原因：

从统计学角度看，机器学习过程是根据训练数据，在假设空间中寻找最优假设的过程。通常情况下，假设空间太大，而训练数据有限，则可能存在多个不同的假设在训练集上取得相同的准确性。如果学习算法只选择了这些假设之一，则存在被选择的假设无法在未来数据上做出很好的预测的风险。如图 3-25（a）所示，集成学习通过组合多个假设，从而降低选择错误假设的风险。

从计算的角度看，许多学习算法都涉及非凸优化以及参数搜索，模型参数可能会陷入局部最优状态。在这种情况下，即使有足够的训练数据，也很难找到全局最优假设。通过不同的初始化参数，进行最优假设的搜索，然后将这些假设集成起来，可以为全局最优假设提供更好的近似。如图 3-25（b）所示，通过组合不同假设，可以降低选择错误的局部最优的风险。

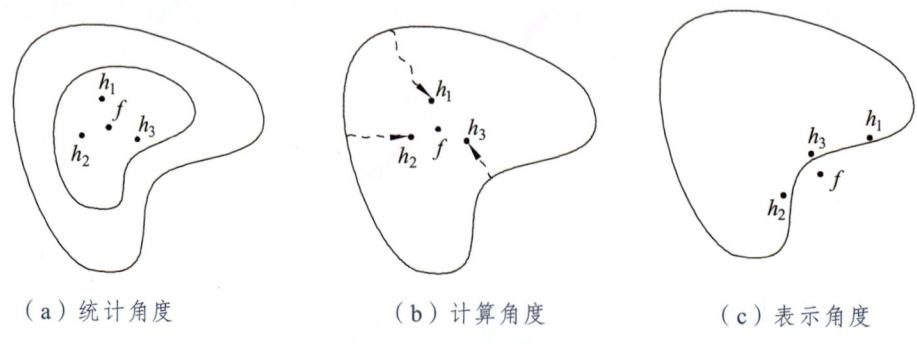

h_i—个体假设；f—真实未知假设。

图 3-25　集成学习机提升个体学习机性能示意图

从表示的角度看，在许多机器学习任务中，真实的未知假设无法用假设空间中的任何单一假设来表示。如图 3-25（c）所示，通过组合多个假设，可能会扩大其表征空间，使得学习算法可能更准确地逼近真实未知假设。

这三方面的因素是导致机器学习失效的主要原因，统计和计算问题会导致大的预测方差，而表示问题会导致大的预测偏差。因此，通过模型集成，可以减少机器学习模型的预测方差和偏差。

（2）集成学习的误差分析。

多样性在集成学习中发挥着至关重要的作用。要从集成学习中受益，各个个体学习机必须有所不同。如果将若干个相同的个体学习机组合起来，则整体性能不会有任何提升。集成学习的成功有赖于在个体学习机自身的性能和彼此之间的多样性之间的良好权衡。集成学习的泛化误差与个体学习机的多样性相关。这可以由两种著名的误差分解方法证明：误差-分歧分解法和偏差-方差分解法[15]。

误差-分歧分解法：假设采用 T 个个体学习机 $h_1, h_2, \cdots, h_T$，以加权平均构成集成学习机 H，去逼近函数 $f: R^d \mapsto R$，即

$$H = \sum_{i=1}^{T} w_i h_i \tag{3-52}$$

其中，$w_i \geq 0$，$\sum_i w_i = 1$。

给定样本数据 x，个体学习机 h_i 的分歧定义为

$$A(h_i|x) = [h_i(x) - H(x)]^2 \tag{3-53}$$

集成学习机的分歧定义为

$$\overline{A}(H|x) = \sum_{i=1}^{T} w_i A(h_i|x) = \sum_{i=1}^{T} w_i [h_i(x) - H(x)]^2 \tag{3-54}$$

分歧能够度量集成学习机中的不同个体学习机之间的决策一致性程度。若用均方误差来衡量学习机的性能，则个体学习机 h_i 和集成学习机 H 的预测误差可以表示为

$$err(h_i|x) = [h_i(x) - f(x)]^2 \tag{3-55}$$

$$err(H|x) = [H(x) - f(x)]^2 \tag{3-56}$$

易得

$$\overline{A}(H|x) = \sum_{i=1}^{T} w_i err(h_i|x) - err(H|x) = \overline{err(h_i|x)} - err(H|x) \tag{3-57}$$

式（3-53）对于任意一个样本 x 都成立，假设样本 x 服从分布 $p(x)$，则有

$$\overline{A}(h) = \sum_{i=1}^{T} w_i \int A(h_i|x)p(x)\mathrm{d}x = \sum_{i=1}^{T} w_i \int err(h_i|x)p(x)\mathrm{d}x - \int err(H|x)p(x)\mathrm{d}x$$
$$= \overline{err}(h) - err(H) \tag{3-58}$$

因此有

$$err(H) = \overline{err}(h) - \overline{A}(h) \tag{3-59}$$

在式（3-59）的右边：第一项 $\overline{err}(h)$ 是个体学习机的加权平均误差，取决于个体学习机的泛化能力；第二项 $\overline{A}(h)$ 是个体学习机的加权平均分歧，取决于个体学习机的多样性程度。由此可见，个体学习机自身的泛化能力越强，不同个体学习机之间差异性越大，构成的集成学习机预测误差越小，泛化能力越强。误差-分歧分解法只建立了回归问题的分析模型，无法描述分类问题。

偏差-方差分解法：将集成学习机的泛化误差分解为三部分偏差（Bias）、方差（Variance）和协方差（Covariance）。为不失一般性，对不同的个体学习机采用相同的集成权重，则有

$$err(H) = \overline{bias}(H)^2 + \frac{1}{T}\overline{var}(H) + \left(1 - \frac{1}{T}\right)\overline{covar}(H) \tag{3-60}$$

$$\overline{bias}(H) = \frac{1}{T}\sum_{i=1}^{T}[E(h_i) - f] \tag{3-61}$$

$$\overline{var}(H) = \frac{1}{T}\sum_{i=1}^{T} E[h_i - E(h_i)]^2 \tag{3-62}$$

$$\overline{covar}(H) = \frac{1}{T(T-1)}\sum_{i=1}^{T}\sum_{\substack{j=1\\j\neq i}}^{T} E[h_i - E(h_i)]E[h_j - E(h_j)] \tag{3-63}$$

式中，f 为真实值。

由式（3-60）可知，当 T 较大时，集成学习机的泛化误差与个体学习机的协方差息息相关，这表明集成学习的多样性至关重要。

可进一步建立误差-分歧分解法和偏差-方差分解法的联系。为不失一般性，对不同的个体学习机采用相同的集成权重，联合式（3-59）和式（3-60）可得

$$\overline{err}(h) - \overline{A}(h) = \overline{bias}(H)^2 + \frac{1}{T}\overline{var}(H) + \left(1 - \frac{1}{T}\right)\overline{covar}(H) \tag{3-64}$$

分解可得

$$\overline{err}(h) = \overline{bias}(H)^2 + \overline{var}(H) \quad (3\text{-}65)$$

$$\overline{A}(h) = \left(1 - \frac{1}{T}\right)[\overline{var}(H) - \overline{covar}(H)] \quad (3\text{-}66)$$

由式（3-65）和（3-66）可知，方差在偏差和分歧中都有出现，这表明很难在不影响偏差的情况下，使分歧最大化。这就意味着建立具有多样性的集成学习机是一个具有挑战性的问题。

（3）多样性的集成学习。

如前所述，多样性对集成学习机的泛化能力有着至关重要的影响。因此，如何保证个体学习机的多样性是集成学习中的一个关键问题。目前，个体学习机的多样性一般依靠启发式的方法产生，主要思想是在学习过程中注入随机性。一般可以通过控制输入输出数据、学习参数和学习机的结构获得。

控制数据：这种方法主要是通过控制输入数据的采样过程和输出的特征表示来获得多样性。输入数据的控制主要是通过对训练集进行重采样，例如 Bootstrap 采样，以获得多个训练集，进而在不同的训练集上训练不同个体学习机。输出的特征表示控制，主要是通过对同一任务使用不同的输出表示来训练不同的个体学习机。例如，Output Smearing 方法将多分类问题转换为多元回归以构建不同的个体学习机。

控制学习参数：这种方法主要通过对不同的个体学习机使用不同的参数设置来控制个体学习机的多样化。例如，不同的个体神经网络采用不同的初始权重，不同的个体决策树采用不同的拆分策略。此外，在深度卷积神经网络中有很多超参数，也可以用来控制个体学习机的多样性。

控制学习机的结构：这种方法通过采用不同结构的个体学习机来保证集成学习的多样性。例如在不同的个体支持向量机中采用不同的核函数，将不同类型的个体学习机集成在一起，将不同架构的深度神经网络作为个体学习机等。

这几种方法在实际应用中可以一起使用，来控制集成学习的多样性。

4．经验风险与结构风险

机器学习的决策风险由经验风险和结构风险共同决定。

给定训练集 $X_T = \{(x_1, y_1), (x_2, y_2), \cdots, (x_N, y_N)\}$，模型 $f(X)$ 关于训练集的平均损失称为经验风险，给定损失函数 L，则有

$$R_{\text{emp}} = \frac{1}{N}\sum_{i=1}^{N} L[y_i, f(x_i)] \tag{3-67}$$

当训练样本充足时，经验风险 R_{emp} 能够很好地逼近实际的决策风险。但是当样本比较少时，经验风险 R_{emp} 并不能很好地逼近实际的决策风险，往往会发生过拟合现象。如图 3-26 所示，随着模型复杂度的提高，其在训练集上的表现越来越好，即经验风险逐步降低。但当模型过于复杂时，其在测试集上的误差反而会逐渐增大，也即发生了过拟合。

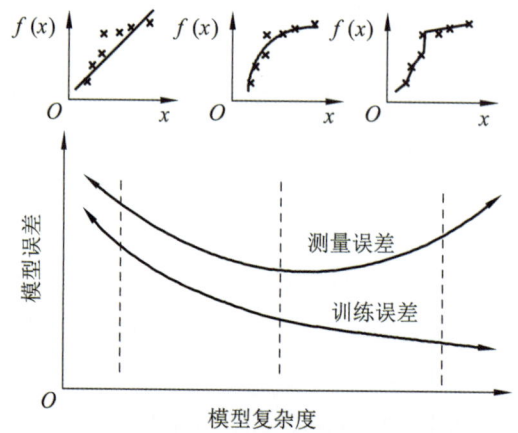

图 3-26　模型复杂度与模型风险之间的关系

为了克服这一问题，必须适当地限制模型的表达能力，也就是要考虑模型的结构风险。

（1）结构风险最小准则。

在机器学习过程中，要遵循结构风险最小的原则，尤其是在样本量比较少时。

模型的结构风险与其表达能力相关，模型的表达能力可由 VC 维（Vapnik Chervonenkis dimension）来度量[16]。如果函集 F 最多能将包含 h 个样本的集合 $s=\{s_1,s_2,\cdots,s_h\}$，以 2^h 种不同的方式分为两部分，则函集 F 的 VC 维为 h。例如，在二维平面中，线性分类器（函数集）的 VC 维为 3，如图 3-27 所示，当样本集包含 3 个样本时，线性分类器能够实现 2^3 种不同的划分，即 $(\phi;s_1,s_2,s_3)$，$(s_1;s_2,s_3)$，$(s_2;s_1,s_3)$，$(s_3;s_1,s_2)$，$(s_2,s_3;s_1)$，$(s_1,s_3;s_2)$，$(s_1,s_2;s_3)$，$(s_1,s_2,s_3;\phi)$。但是当样本集包含 4 个样本时，线性分类器无法实现 2^4 种不同的划分，如图 3-27 所示，无法实现划分 $(s_2,s_4;s_1,s_3)$。

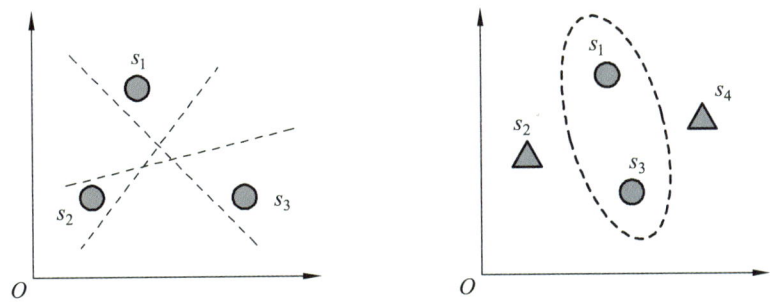

图 3-27 二维平面中线性分类器的 VC 维

机器学习的泛化误差上界由置信风险和经验风险共同确定，其中置信风险由训练集的样本量和模型的 VC 维共同确定。置信风险随样本量的增加而降低，随 VC 维的增加而升高。具体地，泛化误差上界由式（3-68）表述

$$R(w) \leqslant R_{\text{emp}}(w) + \theta\left(\frac{n}{h}\right) \tag{3-68}$$

$$\theta\left(\frac{n}{h}\right) = B\sqrt{\frac{h[\ln(2n/h)+1] - \ln(\eta/4)}{n}} \tag{3-69}$$

式中，$R_{\text{emp}}(w)$ 为经验风险；θ 为置信风险；n 为训练集中的样本数；B 为学习模型函数的上界。

样本量 n 的提高有助于置信风险 θ 的改善。在样本量一定的情况下，如果 VC 维 h 提高，则经验风险 $R_{\text{emp}}(w)$ 会减小，但是也会造成置信风险 θ 提高。反之，如果 VC 维 h 降低会使置信风险 θ 降低，但是也会造成经验风险 $R_{\text{emp}}(w)$ 提高。因此，要取得良好的泛化性能，要综合考虑经验风险和结构风险。

为此，Vapnik 等人提出了结构风险最小准则（Structural Risk Minimization, SRM），实现方式如下：首先构建一系列具有嵌套关系的函数集 $F_1 \subset F_2 \subset F_3 \cdots \subset F_k$，这些函数集的复杂度和 VC 维逐渐升高，$h_1 < h_2 < h_3 \cdots < h_k$。针对每一个函数集，根据经验风险最小能确定最优的模型参数，但它们的经验和置信风险上界会随 VC 维的变化而单调变化，如图 3-28 所示。因此，能够在所构建的函数集中找到最优的函数集，即最优的模型假设，使得实际风险最小。

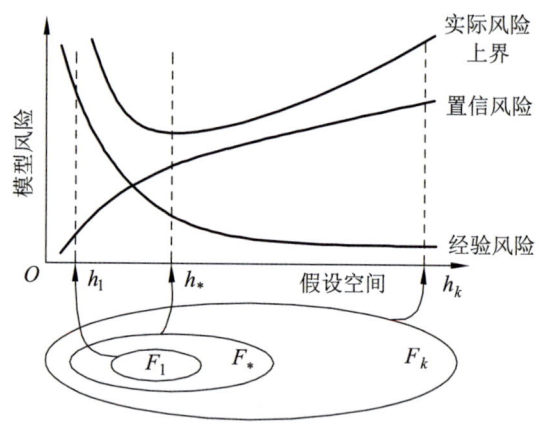

图 3-28　结构风险最小化示意图

结构风险最小准则的思想如下：为给定学习任务提供可接受的模型假设，然后找到最优模型使得经验风险式（3-67）最小。结构风险最小准则可以等效为如下最优化求解问题：

$$\min_{f\in F}\frac{1}{n}\sum_{i=1}^{n}L[y_i,f(x_i)]+\lambda J(f) \tag{3-70}$$

其中，L 为经验风险；J 为正则化损失；λ 为权重。

（2）支持向量机。

支持向量机通过核函数的方法将数据映射到高维特征空间，然后以间隔最大化为目标，在高维空间中寻找最优的分离超平面。由于采用了核函数技术，支持向量机实质上是非线性分类器。而间隔最大化可以转化为凸二次规划问题（Convex Quadratic Programming），支持向量机的学习实质上是凸二次规划的最优化问题[17]。支持向量机通过构建超平面使经验风险最小化，同时通过分类间隔的最大化控制结构风险。支持向量机是一种符合结构风险最小准则的机器学习方法。实践证明，它在小样本情况下具有良好的性能。

考虑线性二分类问题，给定训练集 $X_T=\{(x_1,y_1),(x_2,y_2),\cdots,(x_N,y_N)\}$，$x_i\in R^n$，$y_i\in\{+1,-1\}$。学习目标是寻找最优的分离超平面：

$$\omega\cdot x+b=0 \tag{3-71}$$

将特征空间分为两部分：一部分为正类 $y_i=+1$，另一部分为负类 $y_i=-1$，同时使得分类间隔最大化。超平面由 ω、b 两个参数确定。

如果样本 (x_i, y_i) 能够被超平面 $\omega \cdot x + b = 0$ 正确地分类，则它距超平面的几何距离表示为

$$d_i = y_i \left(\frac{w}{\|\omega\|} x_i + \frac{b}{\|\omega\|} \right) \quad (3\text{-}72)$$

支持向量机的基本思想是寻找最优的分离超平面，不但能够正确地对训练数据分类，而且使得最难分类的数据距超平面的几何距离最大化。因此，支持向量机的学习可以描述为如下优化问题：

$$\begin{aligned} &\max_{\omega, b} d \\ &\text{s.t.} \quad y_i(\omega_i \cdot x_i + b) \geq d \|\omega\|, \quad i = 1, \cdots, N \end{aligned} \quad (3\text{-}73)$$

等价于求解如下凸二次规划问题

$$\begin{aligned} &\min_{\omega, b} \|\omega\| \\ &\text{s.t.} \quad y_i(\omega_i \cdot x_i + b) - 1 \geq 0, \quad i = 1, \cdots, N \end{aligned} \quad (3\text{-}74)$$

引进拉格朗日乘子 $\alpha_i > 0$，可构建该优化问题的拉格朗日方程

$$L(\omega, b, \alpha) = \frac{1}{2} \|\omega\|^2 - \sum_{i=1}^{N} \alpha_i y_i (\omega_i \cdot x_i + b) + \sum_{i=1}^{N} \alpha_i \quad (3\text{-}75)$$

由于经过核函数映射后特征 x 的维度一般都很高，所以将上述优化问题转化为其对偶问题进行求解，可以使其计算复杂度大为降低。式（3-75）的对偶问题为

$$\begin{aligned} &\min_{\alpha} \frac{1}{2} \sum_{i=1}^{N} \sum_{j=1}^{N} \alpha_i \alpha_j y_i y_j (x_i \cdot x_j) - \sum_{i=1}^{N} \alpha_i \\ &\text{s.t.} \quad \sum_{i=1}^{N} \alpha_i y_i = 0 \\ &\quad \sum_{i=1}^{N} \alpha_i \geq 0, \quad i = 1, \cdots, N \end{aligned} \quad (3\text{-}76)$$

上述凸二次规划问题有唯一解 $(\omega^*, b^*, \alpha^*)$，且 α^* 中不为 0 的分量一般很少。对应于 $\alpha_i^* > 0$ 的样本，称为支持向量。由此可见，最优超平面由少数支持向量确定，而非由全部的训练样本确定，这也是支持向量机在小样本情况下具有良好泛化性能的原因。

5．基于深度集成分类的销钉缺失检测

销钉、螺母等零部件是接触网中尺寸较小的零部件，首先采用本书 3.3.1 节的级联 Faster R-CNN 网络进行定位。定位完成之后，再通过深度集成分类器进行缺陷识别。本节提出的基于深度集成分类的接触网络零部件缺陷检测框架，如图 3-29 所示[10]。

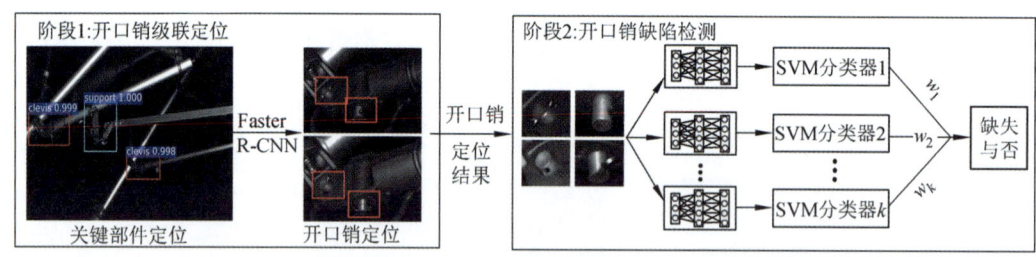

图 3-29　基于深度集成分类的接触网络零部件缺陷检测框架

（1）深度集成分类器架构。

由于接触网图像中故障样本相对较少，在分类器的训练过程中，很容易发生过拟合。因此，采用分类的方法进行缺陷识别，要特别注意防范过拟合风险。为了防止过拟合，本节首先采用迁移学习的策略提取多种图像特征，然后通过多个支持向量机构成集成学习机，进行缺陷检测：

首先，采用迁移学习策略，预先在 ImageNet 上训练深度网络模型，将其作为接触网数据集的特征提取器。通过不同的卷积神经网络，提取接触网图像的不同特征，可以从不同的方面对图像进行综合分析，进而得到更加可靠的检测结果。

其次，由于支持向量机是一种符合结构风险最小准则的机器学习方法，实践证明它在小样本情况下具有良好的性能。因此，本节使用深度卷积网络提取的特征，训练支持向量机来进行缺陷检测。

最后，根据不同深度卷积网络提取的不同特征，分别训练支持向量机分类器，然后按一定的规则将这些弱分类器的结果进行融合，构成集成学习机进行缺陷检测。集成学习作为防范过拟合的有效方法，在诸多领域得到了广泛应用。

集成分类器由多个线性 SVM 弱分类器通过加权投票构成，如图 3-30 所示，其中，每个弱分类器的加权投票系数，是根据线性 SVM 弱分类器在验证集的表现计算产生的，为可靠性高的弱分类器赋予更高的权值，从而提高集成分类器的可靠性。

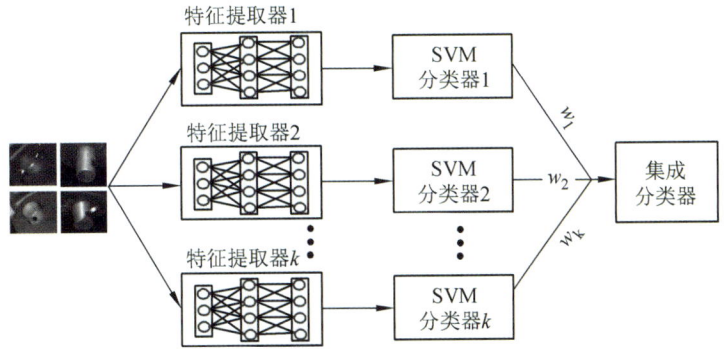

图 3-30 深度集成分类器的基本架构

（2）深度集成分类器的训练和预测过程。

集成分类器的训练过程：首先，将数据集分为三部分：训练集 TR、验证集 V 和测试集 TE。TR 用于训练弱分类器，V 用于计算线性 SVM 弱分类器的投票系数，TE 用于评价分类器的性能。

其次，利用 k 个深度卷积网络，分别提取 TR、V 和 TE 的特征，并生成相应的特征训练集 FTR、特征验证集 FV 和特征测试集 FTE。

然后，根据特征训练集 FTR 中的每类特征，分别再训练线性 SVM 分类器。

最后，根据训练得到的线性 SVM 弱分类器 M_j 在特征验证集 FV 上的表现，计算 M_j 的投票权重 w_j：

$$w_j = \frac{F_1^j}{\sum_{j=1}^{K} F_1^j} \tag{3-77}$$

$$F_1 = \frac{2TP}{2TP + FN + FP} \tag{3-78}$$

$$P = \frac{TP}{TP + FP} \tag{3-79}$$

$$R = \frac{TP}{TP + FN} \tag{3-80}$$

式中，P 为精确率；R 为召回率；TP 为故障样本被预测为故障样本的数目；TN 为正常样本被预测为正常样本的数目；FP 为正常样本被预测为故障样本的数目；FN 为故障样本被预测为正常样本的数目。

集成分类器的预测过程：针对每个测试样本，根据线性 SVM 弱分类器 M_j 给出的预测结果 L_j 和该弱分类器的投票权重 w_j，进行加权投票给出分类预测结果 CL_i：

$$CL_i = \begin{cases} 1 & \sum_{j=1}^{k} L_j \times w_j \geqslant 0.5 \\ 0 & \text{otherwise} \end{cases} \quad (3-81)$$

式中，k 是弱分类器数，它等于深度特征种类数。根据集成分类器的预测结果 CL_i，即可判定开口销钉是否缺失。

6．实验验证

实验环境如下：Ubuntu 16.04，Python 2.7，深度学习框架 Tensorflow，Intel Core i7-7600 和具有 8 GB 内存的 GTX 1070 GPU。

通过 3.3.1 节的级联定位方式，对开口销钉进行定位，获得上、下开口销钉图像各 2 136、2 245 张（其中包含上、下开口销钉缺失图像各 265、236 张）用于开口销钉缺失检测实验。采用交叉验证的方法来验证故障检测方法的有效性，分别对上、下开口销钉各进行 3 次故障检测实验，用 3 次预测结果的平均值来衡量检测方法的性能。在 3 次验证实验中，训练集、验证集和测试集分别占总数据集的 1/2、1/6 和 1/3。

在实际检测过程中，期望检测结果同时具有较低的漏检率和合理的误检率，也即要求分类器具有较高的召回率和 F_1 得分，因此，采用这两项指标来综合评价分类器的性能。在实验中，提取图像的 HOG 和 SIFT 两种手工特征，利用 VGG16、CaffeNet、GoogleNet 和 ResNet50 提取图像的四种深度特征，其中深度特征为深度网络的第一个全连接层提取的特征向量。然后利用这些特征，分别训练单分类器和集成分类器用于故障检测。不同检测方法对上、下开口销钉缺失故障的检测结果如表 3-4 所示。

表 3-4　不同方法的缺陷识别结果对比

检测方法	平均准确率		平均召回率		平均 F_1 得分	
	上开口销钉	下开口销钉	上开口销钉	下开口销钉	上开口销钉	下开口销钉
SVM+HOG	0.85	0.88	0.82	0.85	0.83	0.86
SVM+SIFT	0.88	0.89	0.81	0.86	0.84	0.87
SVM+VGG16	0.94	0.95	0.92	0.94	0.92	0.94
SVM+CaffeNet	0.93	0.94	0.93	0.92	0.93	0.93
SVM+GoogleNet	0.91	0.92	0.90	0.90	0.91	0.91
SVM+ResNet50	0.92	0.93	0.91	0.91	0.92	0.92
Ensemble Classifier	0.97	0.98	0.95	0.97	0.96	0.97

从表 3-4 可以看出，在上开口销钉缺失检测中，基于手工特征的分类器，最高召回率为 0.82，最高 F_1 得分为 0.84；基于深度特征的单个分类器，最低召回率为 0.90，最低 F_1 得分为 0.91；集成分类器的召回率为 0.95，F_1 得分为 0.96。在下开口销钉缺失检测中，基于手工特征的分类器，最高召回率为 0.86，最高 F_1 得分为 0.87；基于深度特征的单个分类器，最低召回率为 0.90，最低 F_1 得分为 0.91；集成分类器的召回率为 0.97，F_1 得分为 0.97。在两种开口销钉缺失的检测过程中，集成分类器都取得了较高的召回率和 F_1 得分。

虽然 ImageNet 数据集与接触网数据集差别很大，预训练深度网络模型仍能有效地提取接触网图像的特征，用于开口销钉缺失故障检测。利用不同的深度网络提取图像的不同特征，并将多个弱分类器进行集成，能够有效提高分类器的召回率和 F_1 得分。因此，基于图像深度特征和集成学习的识别方法能够有效识别旋转双耳开口销钉缺失故障。

3.3.2.3　基于深度无监督学习的接触网零部件缺陷检测

在实际应用中，有些接触网零部件（如绝缘子、腕臂等）缺陷样本数量极少，不足以训练鲁棒的分类器。这类接触网零部件缺陷检测可被视为异常检测问题，可以通过不需要缺陷样本训练的无监督学习方法来解决[18]。本节提出的基于深度无监督学习的接触网零部件缺陷检测方法将深度分类器和深度降噪自动编码器集成在同一个深度多任务体系结构中，不需要缺陷样本进行训练就可以完成绝缘子的分割和缺陷检测任务[19]。

1．自动编码机

（1）浅层自动编码机。

基本的自动编码机是仅具有隐藏层的神经网络，经过训练后可以以尽可能小的误差来重建其输入。一般情况下隐藏层特征的维度低于输入数据的维度。

浅层自动编码机的基本结构如图 3-31 所示，由编码器 $h = f(x)$ 和解码器 $y = g(h)$ 组成，其中 h 是描述输入 x 的低维特征的隐藏层。

自动编码机通过梯度下降算法进行训

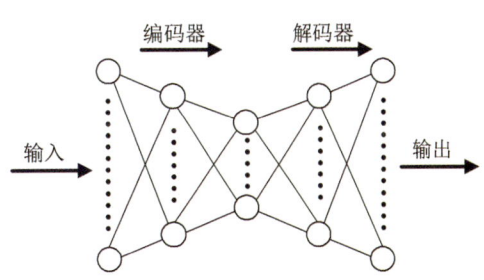

图 3-31　浅层自动编码机的基本结构

练，以最小化损失目标函数 $L(x,g(f(x)))$ 来惩罚输出 y 与输入 x 的不一致性，例如，可以选择式（3-8）所示的均方误差作为损失目标函数。

$$L(x,g(f(x))) = \frac{1}{N}\sum_{i=1}^{N}\|x_i - g(f(x_i))\|^2 \tag{3-82}$$

式中，N 是训练集中的样本数。

由于自动编码机网络由编码器和解码器两个神经网络构成，因此自动编码机的参数可表示为

$$W = \{w_e, b_e, w_d, b_d\} \tag{3-83}$$

式中，$\{w_e, \boldsymbol{b}_e\}$ 为编码器的权重和偏置矩阵；$\{w_d, \boldsymbol{b}_d\}$ 为解码器的权重和偏置矩阵。

自动编码机的学习目标是使输出与输入尽可能保持一致，这有可能使其仅仅学到恒等映射，而学不到有用的低维特征表达，无法反映真实的数据分布。为此，学者们提出通过在损失函数中加入反映先验知识的正则化项，使得自动编码机除了能够"复制"输入以外，还具有其他的特性。这类自动编码机称为正则自动编码机，主要有稀疏自动编码机和去噪自动编码等。

稀疏自动编码机：目标是学习输入数据的稀疏特征，通过在目标函数中加隐藏层（特征层）加入稀疏惩罚项 $\Omega(h)$ 来实现这一目标。

从概率的角度理解，输入 x 和特征 h 的联合分布可以表示为

$$p(x,h) = p(h)p(x|h) \tag{3-84}$$

式中，$p(h)$ 为特征的先验分布；$p(x|h)$ 为条件概率分布。

自动编码机的训练可以通过最大化如下损失函数来实现

$$\log p(x,h) = \log p(h) + \log p(x|h) \tag{3-85}$$

通过对 h 的分布施加不同的先验约束，即可实现不同的稀疏自动编码机。例如，对 h 施加 Laplace 先验：

$$p(h_i) = \frac{\lambda}{2}e^{-\lambda|h_i|} \tag{3-86}$$

则有

$$\Omega(h) = \lambda\sum_{i}|h_i| \tag{3-87}$$

$$-\log p(h) = \sum_{i}\left(\lambda|h_i| - \log\frac{\lambda}{2}\right) = \Omega(h) + \text{const} \tag{3-88}$$

因此，对 h 施加 Laplace 先验，等价于在损失函数中增加绝对值惩罚项。类似地，可以构建其他类型的稀疏自动编码机。

去噪自动编码机：在输入数据中叠加噪声，而仍然以未加噪声的原始输出为目标，从而改变了损失函数。以均方误差损失函数为例，去噪自编码的损失函数为

$$L(x, g(f(\tilde{x}))) = \frac{1}{N} \sum_{i=1}^{N} \| x_i - g(f(\tilde{x}_i)) \|^2 \qquad (3\text{-}89)$$

其中，$\tilde{x}$ 是通过在 x 中添加某种形式的噪声而获得的。去噪自动编码机的计算图如图 3-32 所示。

条件概率 $C(\tilde{x}|x)$ 表示加噪过程，不同类型和强度的噪声对去噪自编码机的性能有着重要影响。去噪自编码机的训练过程如下：

首先，从训练集中采样获得训练样本 x；

其次，依据 $C(\tilde{x}|x)$ 对 x 添加噪声获得 $\tilde{x}$；

最后，以 $(x, \tilde{x})$ 为训练样本，以损失函数式（3-89）对自动编码机进行训练。

（2）深度自动编码机。

由于自动编码机是由编码器和解码器两个神经网络构成，因此，两者都能通过深度化提高其表达能力。

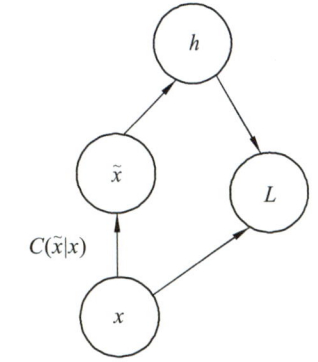

图 3-32 去噪自动编码机的计算图

深度卷积自动编码机：由于拥有一个隐层且隐层单元有足够多的神经网络能够逼近任意函数，因此，深层编码器能够建立输入到特征的任意映射。同样，深层解码器也能建立特征到输出的任意映射。另外，将卷积层引入深度自动编码机，能大大减少网络参数，提高训练效率。典型的深度卷积自动编码机的基本结构如图 3-33 所示。

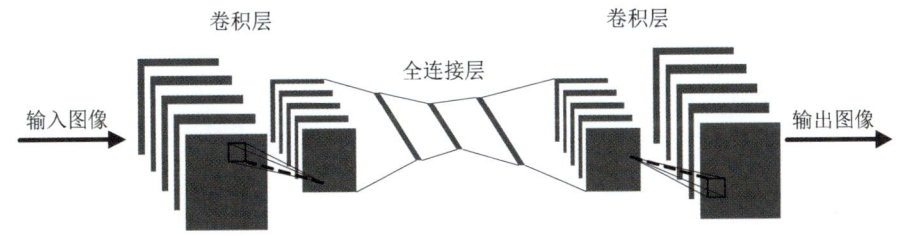

图 3-33 深度卷积自动编码机的基本结构

深度卷积编码机的编码器部分由卷积层、池化层和全连接层组成，解码器部分由全连接层、反卷积层（转置卷积层）和上采样层组成。反卷积是一种特殊的正向卷积，它首先按照一定的规则对输入数据进行 0 填充，用于扩大输入数据的尺寸，然后再执行正常的卷积运算。需要注意的是，反卷积并不是实现了卷积的逆运算，它只是用卷积的方式恢复了数据在卷积之前的尺寸。

深度卷积自编码机的损失函数与浅层自动编码机的损失函数相同，如式（3-82）所示。与浅层自动编码机类似，通过在损失函数中添加正则化项，也可训练相应的深度正则自动编码机。除此之外，将生成式对抗网络与自动编码机结合，可以构成对抗自动编码机。

深度对抗自动编码机：作为一种新颖的深度无监督学习框架，生成式对抗网络 GAN 的基本思想是在生成器和鉴别器之间建立零和博弈。通常，博弈双方都是由深度神经网络实现。如图 3-34 所示，生成器 G 和鉴别器 D 是两个分别以 $\theta^{(G)}$ 和 $\theta^{(D)}$ 为参数的深度神经网络。

生成器 G 以随机低维向量 z 作为输入，生成高维目标样本 $\hat{x}$，它类似于自动编码机中的解码器。鉴别器 D 是一个分类器，用来区

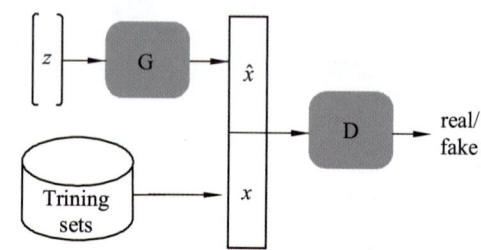

图 3-34　生成式对抗网络的运算图

分生成样本 $\hat{x}$ 和真实样本 x。生成器 G 不断更新参数以生成更加趋于"真实"的样本，鉴别器 D 尽量把 G 生成的样本与真实的样本分别开来。经过多次博弈，生成器 G 就能生成足以"以假乱真"的样本，鉴别器 D 难以判定 G 生成的样本是不是真实的。

在训练过程中，生成器 G 和鉴别器 D 作为两个参与者进行零和博弈，每个参与者的损失函数同时取决于两个参与者的参数。给定一个生成器，鉴别器的交叉熵损失函数可以表示为：

$$L^{(D)}(\theta^{(D)},\theta^{(G)}) = -\frac{1}{2}E_{x\sim p_{data}(x)}\log D(x) - \frac{1}{2}E_{h\sim p_z(z)}\log(1-D(G(z))) \quad (3\text{-}90)$$

式中，$p_{data}(x)$ 和 $p_z(z)$ 分别为训练样本 x 和低维向量 z 的分布。由于在零和博弈中，博弈双方的费用总和始终为零，因此生成器的损失函数为

$$L^{(G)}(\theta^{(D)},\theta^{(G)}) = -L^{(D)}(\theta^{(D)},\theta^{(G)}) \quad (3\text{-}91)$$

因此，对抗生成网络的训练可以表述为式（3-92）的最小最大化问题：

$$\theta^{(G)*} = \arg\min_{\theta^{(G)}}\max_{\theta^{(D)}} L^{(G)}(\theta^{(G)},\theta^{(D)}) \quad (3\text{-}92)$$

由此可见，深度对抗生成网络是采用鉴别器的分类损失来度量数据 $\hat{x}$ 和 x 之间的

相似性，是一种基于学习的度量方式，有别于以欧式距离为代表的传统度量方式。

将深度卷积自动编码机 CAE 与 GAN 相结合，可以构成对抗性自动编码器，如图 3-35 所示。它可以结合传统度量方式和分类损失，提高自动编码机的重建精度。

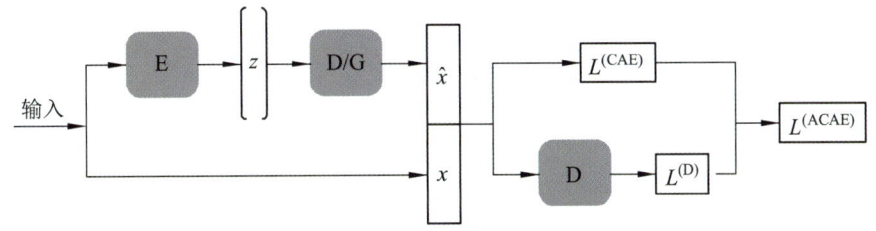

图 3-35　对抗自动编码机的运算图

其中，自动编码机 CAE 的解码器 D 和 GAN 的生成器 G 共用一个深度神经网络，同时在 CAE 的损失中加入分类损失，然后进行联合训练，最终形成一个对抗自编码机。其训练损失函数为：

$$L^{(ACAE)} = L^{(CAE)} + \lambda L^{(D)} \tag{3-93}$$

式中，λ 为权重系数。

2．多任务学习

多任务学习是一种通过使用相关任务的训练样本中包含的信息来促进当前学习任务的机器学习方法[20]。它适用于神经网络、决策树和 K 近邻等多种机器学习架构。多任务学习的基本结构如图 3-36 所示。

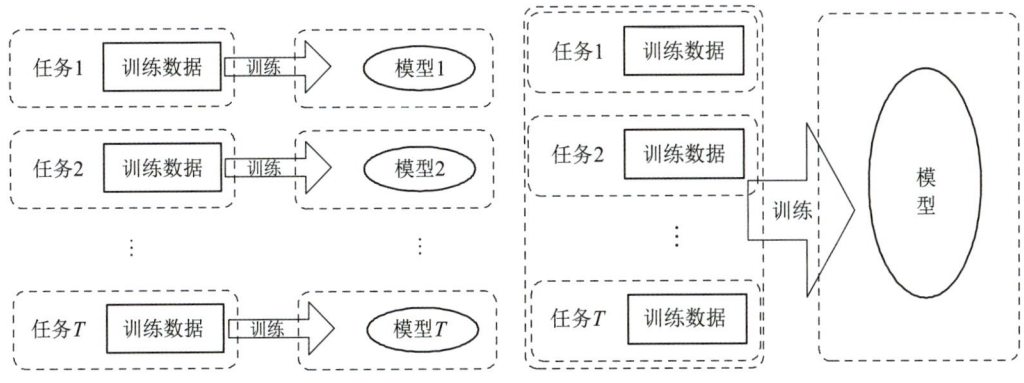

图 3-36　多任务学习的基本结构

第 3 章　接触网智能化

多任务学习通过同时学习多个相关任务，得到共享的特征表示，从而使相关学习彼此促进，取得比单独学习更好的泛化性能。例如，在通过图像来学习一个物体的概念时，人们要学习物体的形状、材质、边缘和反光特性等。如果单独地学习每种特性，则每个模型对物体的认识都不够深刻。相比之下，如果能够训练一个模型识别物体的多种特征，则模型很有可能存在更好的泛化性能。

对于神经网络来说，多任务学习能够起作用有如下原因：

（1）在多任务学习中，有可能有不相关的学习任务，这些任务彼此可视为噪声，而训练过程加噪，可以改善模型的泛化性能。

（2）单任务学习时，基于梯度下降的优化算法有可能陷入局部极小值。在多任务学习中，优化算法的目标是使多个任务达到总体最优，有助于克服局部极小值问题。

（3）多任务学习通过特征共享，实际上减小了模型的容量，降低了过拟合风险，从而取得更好的泛化性能。

（4）在多任务学习中，如果不同学习任务是相关的，则不同任务之间能够学习共同的特征表示，这不仅有利于后向传播训练，也有利于提高特征的表达能力，从而提高泛化性能。

3. 基于深度去噪自编码机的绝缘子缺陷检测

在绝缘子缺陷检测过程中，完成绝缘子定位后，需要通过图像分割以确定绝缘子的边界。本节设计了一种深度分类器（Deep Material Classifier，DMC）来对绝缘子进行分割，以及深度降噪自动编码机（Deep Denoising Autoencoder，DDAE）进行绝缘子表面缺陷检测。为了进一步提高 DDAE 的性能，采用多任务学习（Multi-task Learning，MTL）的策略，将 DDAE 和 DMC 集成在一个深度体系结构中，并进行了联合训练。

（1）绝缘子缺陷检测框架。

本节提出的绝缘子表面缺陷检测包含两个主要模块：关键零部件定位和绝缘子表面缺陷识别。缺陷检测的流程如图 3-37 所示。

根据 3.3.1，采用 Faster R-CNN 网络对绝缘子进行目标检测，完成定位后，背景的影响就会大大降低。但是，绝缘子缺陷识别仍然存在：① 缺陷样本的数量不足以训练鲁棒的分类器；② 缺陷的复杂性使得学者无法构建解析的数学模型，对其进行描述；③ 绝缘子的灰度值与背景中其他支撑装置设备的灰度值相似。

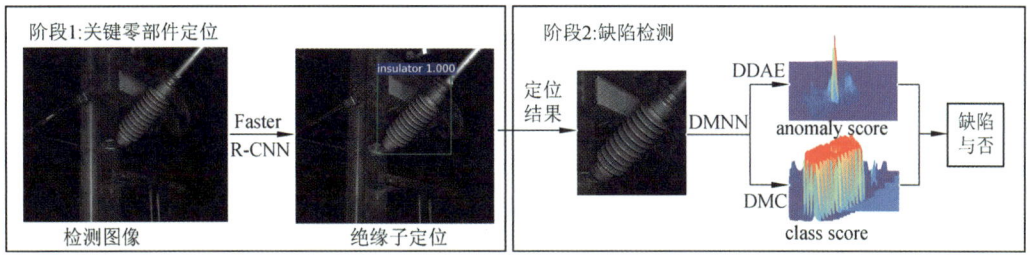

图 3-37 基于深度去噪自编码机的绝缘子缺陷检测流程

为了解决这些问题,文献[6]提出了由 DMC 和 DDAE 组成的深度多任务网络(Deep Multi-task Neural Network,DMNN),以滑动窗口的方式识别绝缘子缺陷。当 DMNN 在图像上滑动时,DMC 和 DDAE 分别给出绝缘子的分类得分和异常得分。然后,通过分析这些得分来识别绝缘子的缺陷状态。

(2)多任务深度卷积神经网络。

绝缘子表面缺陷检测的多任务卷积神经网络 DMNN 如图 3-38 所示,由共享卷积层的 DMC 和 DDAE 组成。DMNN 的详细参数如表 3-5 所示。

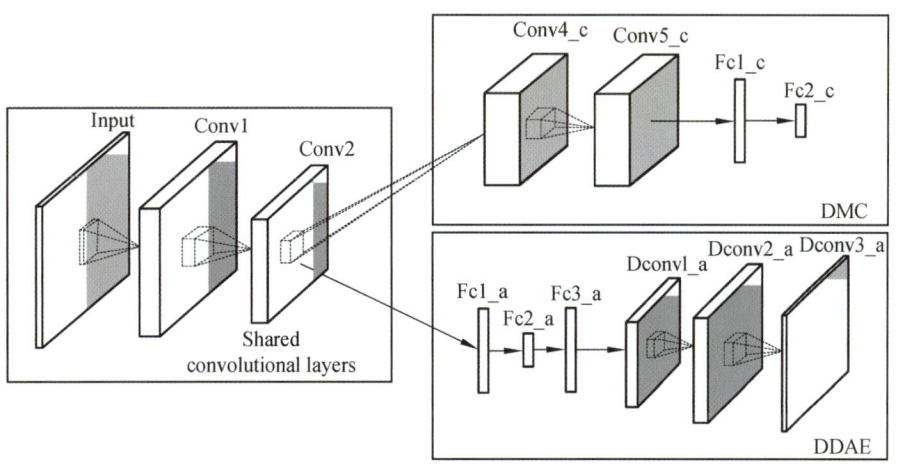

图 3-38 由 DMC 和 DDAE 共享卷积层组成的 DMNN 的结构

表 3-5　DMNN 的详细参数

运算层	输入	卷积核大小	滑动步长	输出
Conv1	1×32×32	3×3	1	64×32×32
Conv2	64×32×32	3×3	2	48×16×16
Conv4_c	48×16×16	3×3	2	128×8×8
Conv5_c	128×8×8	3×3	1	128×8×8
Fc1_c	128×8×8	1×1	1	1024×1×1
Fc2_c	1024×1×1	1×1	1	2×1×1
Fc1_a	32×16×16	1×1	1	256×1×1
Fc2_a	256×1×1	1×1	1	30×1×1
Fc3_a	30×1×1	1×1	1	256×1×1
Dconv1_a	1×16×16	3×3	1	48×16×16
Dconv2_a	48×16×16	3×3	2	64×32×32
Dconv3_a	64×32×32	3×3	1	1×32×32

通过在绝缘子图像上滑动 DMNN 来检测绝缘子表面缺陷，在 DMC 确定当前滑动位置是否属于绝缘子的同时，DDAE 重构当前图像块并输出相应的重构误差。进而，获得绝缘子的分类分数和重建误差图，并用于计算异常分数。最后，通过分析分类分数和异常分数来确定绝缘子的缺陷状态。本节所提出的方法是一个多任务学习框架，DMC 和 DDAE 同时学习两个任务。此外，作为一种无监督的学习框架，对网络进行训练不需要有缺陷的绝缘子图像。

深度分类器 DMC：绝缘子和其他接触网设备之间的灰度值相似，通过深度分类器在绝缘子图像上滑动对绝缘子进行分割。

根据图 3-38，DMC 共有四个卷积层和两个全连接层，且与 DDAE 共享前两个卷积层。在卷积层中，使用线性滤波器对输入数据进行卷积，并从非线性激活函数获得特征图。

为防止过拟合，在层 Fc1_c 上以 0.3 的 Dropout rate 进行正则化[21]。此外，所有层采用整流线性单元（ReLU）作为激活函数。

分类器的损失函数为

$$L_c = -\sum_i [(1-p_i)\log(1-\hat{p}_i) + p_i \log \hat{p}_i] \qquad (3-94)$$

式中，p_i 和 $\hat{p}_i$ 分别是输入图像属于绝缘子的真实概率和预测概率。

深度去噪自编码机 DDAE：目标是基于重建误差来检测绝缘子图像中的缺陷。当输入图像中存在缺陷区域时，缺陷区域的重建误差将大于正常区域的重建误差。由于直接重建完整图像非常困难，并且缺陷区域通常是绝缘子表面的一小部分，因此，本节通过逐次重建绝缘子图像中的一个小块来检测表面缺陷。

基本的自动编码机倾向仅学习恒等映射，这对缺陷检测不利。去噪自动编码机改变了的损失函数为

$$L(x,f(\tilde{x}))=\frac{1}{N}\sum_{i=1}^{N}\|x_i-g(f(\tilde{x}_i))\|^2 \tag{3-95}$$

式中，$\tilde{x}$ 是通过 x 的加噪版本，可以通过以某种形式的噪声破坏 x 来获得。

因此，去噪自动编码机可以消除损坏，并增加缺陷图像的重构误差，这对于缺陷检测是有益的。

与浅层自动编码机相比，深层自动编码机不仅可以以较低的误差重构输入，还可以通过其隐藏层学习分层特征，从而大大提高其解决任务的能力。

根据图 3-38，用于绝缘子表面缺陷检测的 DDAE 由两个卷积层、三个反卷积层和三个完全连接的层组成。类似于式（3-95），采用式（3-96）的带有 L_2 正则化项的损失函数来训练去噪自动编码机。即

$$L(x,f(\tilde{x}))=\frac{1}{N}\sum_{i=1}^{N}\|x_i-g(f(\tilde{x}_i))\|^2+\lambda\|W\|^2 \tag{3-96}$$

式中，W 是深度去噪自编码机的参数，λ 是平衡损失和正则化的权重系数。

深度多任务学习 MTL：在 MTL 框架中，相关的学习任务能够相互促进，每个任务都可以从其他任务训练中获得的知识中受益。

分类和缺陷检测是两个相关的任务，它们都需要提取绝缘子图像的特征。分类器需要具有可区分绝缘子和背景的功能，而 DDAE 则需要用它们来重建原始图像。如果为每个任务分别构建一个深度网络，不但检测速度会大大降低，而且它们将无法相互受益。在多任务体系结构中，通过共享卷积层将两个神经网络统一为一个，从而可以提高模型的泛化能力。

传统的多任务学习中的损失函数 L_M 是单任务学习中的损失函数的加权和，如式（3-97）所示[22]。

$$L_M = \sum_t^T \lambda_t \sum_i^{N_t} L_t[f(x_{ti}, y_{ti})] \tag{3-97}$$

式中，T 是任务的总个数；y_{ti} 是训练样本 x_{ti} 的标签；f 是多任务学习得到的多输出函数；L_t 是任务 t 的损失函数；λ_t 是不同任务之间的权重系数。

但是，在 DMNN 中，DMC 和 DDAE 需要不同的训练集。DMC 的训练需要绝缘子图像块和背景图像块，而 DDAE 仅需要绝缘子图像块进行训练。这种差异意味着加权和形式损失函数不适合本节的学习任务。因此，本节以交替方式训练 DMNN，训练的详细过程如算法 3-1 所示。

算法 3-1　多任务深度网络 DMNN 的训练算法

1: 输入：
- $\mathcal{X}_c$：DMC 的训练集，包括绝缘子图像块和背景图像块
- $\mathcal{X}_d$：DDAE 的训练集，仅包含 $\mathcal{X}_c$ 中的括绝缘子图像块
- K_c：每个 mini-batch，DMC 训练迭代次数
- K_d：每个 mini-batch，DDAE 训练迭代次数

2: **For** number of training iterations **do**
- 从训练集 $\mathcal{X}_c$ 中采样的 m 个 mini-batch 样本

3:　　　**For** $k=1$ to K_c **do**
- 通过最小化损失函数式（3-94），更新 DMC

　　　End For
- 从训练集 $\mathcal{X}_d$ 中采样的 m 个 mini-batch 样本
- 对采样得到的样本进行加噪

4:　　　**For** $k=1$ to K_d **do**
- 通过最小化损失函数式（3-96），更新 DDAE

　　　End For

End For

经过以上训练过程，DMC 和 DDAE 共享卷积层，并形成统一的深度神经网络 DMNN，用来检测绝缘子表面缺陷。

当 DMNN 在绝缘子上滑动以检测缺陷时，太大的滑动窗口很难重建，而滑动窗口

太小则无法包含足够的结构信息,这两者都不利于缺陷检测。因此,应选择滑动窗口的大小,以使每个窗口中包含足够的结构信息,并使窗口尽可能小。

(3)缺陷检测判据。

一旦 DMNN 滑过绝缘子图像,DMC 和 DDAE 将分别生成分类得分图和重建误差图。滑动窗口中的图像块是正常的还是有缺陷的,由重建误差和分类分数共同确定。在决策阶段,将分类得分大于预定义阈值 T_c 的图像块分类为绝缘子块,并进行缺陷检测。

由于不同线路中的接触网具有不同的结构,因此,不同图像中的绝缘子具有不同的姿势和尺寸。但是,同一图像中的绝缘子图像块具有相似的特征,所以可以合理假设它们具有相似的重建误差。定义一个自适应异常评分 S_i,以定量评估绝缘子的表面缺陷。

$$s_i = \frac{e_i}{median(e_1, \cdots, e_i, \cdots, e_N)} \quad (3\text{-}98)$$

式中,N 是绝缘子图像中的绝缘子图像块数目。

在检测期间,计算每个图像块的异常得分 e_i,并在 s_i 超过预定义阈值 T_a 时认为图像块 i 异常。如果图像块的异常得分落在 $median(e_1, \cdots, e_i, \cdots, e_N)$ 周围的置信区间之外,则认为图像块异常。

4. 实验验证

为了评估绝缘子缺陷检测方法的性能,在接触网图像数据集上进行了测试。接触网图像的分辨率为 4 920×3 280 像素。实验环境如下:Ubuntu 16.04,Python 2.7,深度学习框架 Tensorflow,Intel Core i7-7600 和具有 8 GB 内存的 GTX 1070 GPU。

实验选择了由 Faster R-CNN 定位的 1 000 个代表性绝缘子图像,然后人工标注这些绝缘子的边界。在每个绝缘子图像中,随机选择绝缘子边界内的 200 个绝缘子图像块和绝缘子边界外的 300 个背景图像块,分别创建三个数据集,每个数据集分别包含 50 万个图像块。三个数据集中的图像块大小分别为 16×16 像素、32×32 像素和 48×48 像素。由 DMNN 的训练算法可知,在多任务体系结构中,DMC 和 DDAE 需要不同的训练集。从每个数据集中,随机选择 40 万个图像块作为 DMC 的训练集,其余的 10 万个图像块用作 DMC 测试集。20 万个绝缘子图像块用作 DDAE 的训练集。此外,将 2 万个绝缘子图像块(包括 1 万个仿真的缺陷图像块)用作验证集,以分析关键参数对 DDAE 性能的影响。

训练 DMNN 的过程中,Batch 大小为 128,动量为 0.9,权重衰减为 5×10^{-5},总共训练 200 个 epoch。最初将学习率设置为 0.001,每 50 个 epoch 衰减 0.5 倍。

训练完成后,在实际的缺陷绝缘子图像数据集上评估 DMNN 性能和 DMC 性能。

根据 DMNN 和 DMC 评估,选择 Fc2_a 维度为 30 的 DMNN、信噪比 SNR = 12 dB 的噪声和 32×32 像素的图像块训练 DDAE,以进行真实的绝缘子缺陷检测。

在测试集中,由 Faster R-CNN 定位了 1 000 个绝缘子图像,包括 72 个实际缺陷图像。实验中滑动窗口的步长为 12 像素。当滑动窗的分类得分大于 0.85 时,则将其分类为绝缘子,并根据式(3-95)计算其异常得分。图 3-39 示出了绝缘子图像的材料分类和缺陷检测结果的示例。第一列是由 Faster R-CNN 定位的绝缘子图像,第二列和第三列是它们相应的分类得分和异常得分。

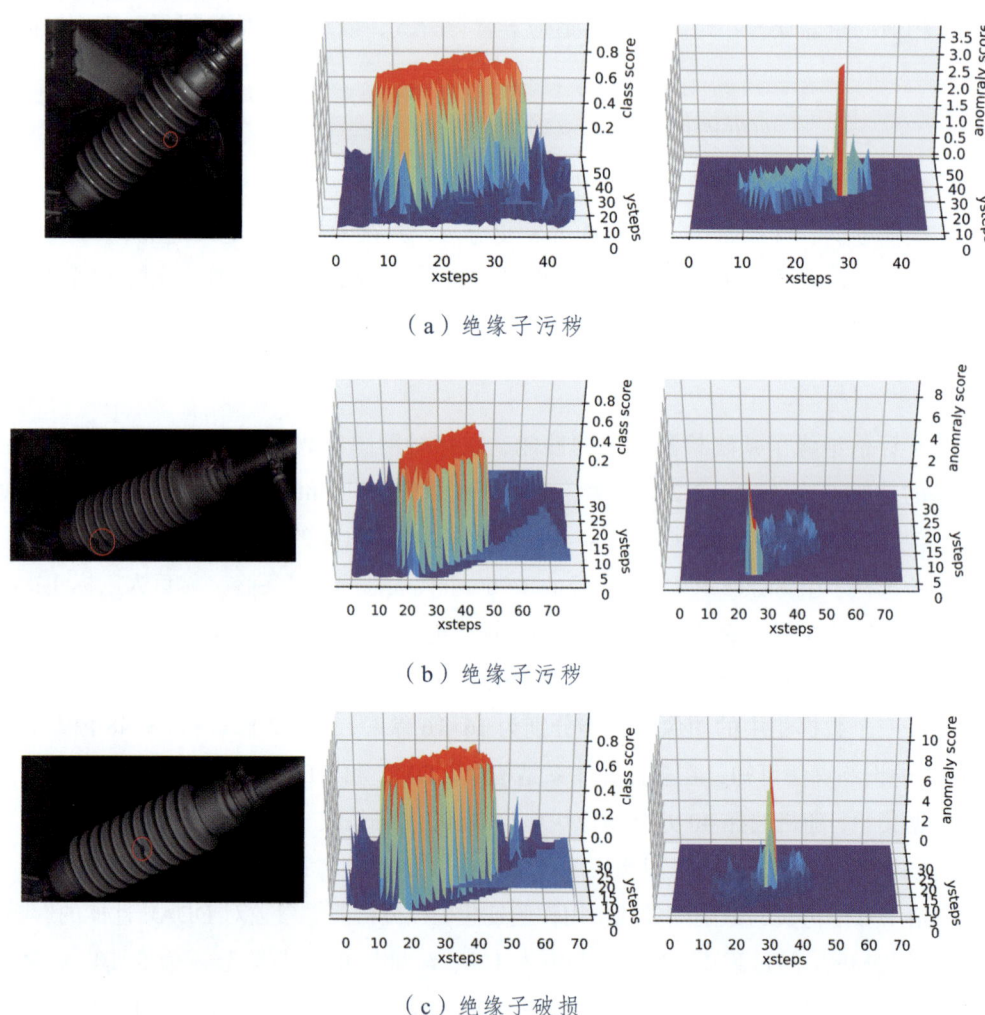

(a)绝缘子污秽

(b)绝缘子污秽

(c)绝缘子破损

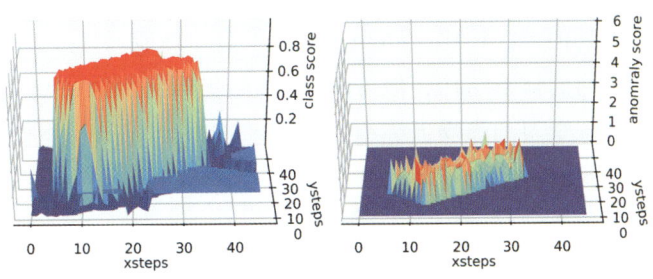

(d)检测失败的案例

图 3-39　实际应用中有缺陷的绝缘子的分类得分和异常得分

从图 3-39 可以发现,绝缘子图像比背景图像获得更高的分类得分,因此,绝缘子可以成功地从背景中分割出来。异常分数图清楚地描述了正常图像块的低异常分数和缺陷图像块(例如损坏或脏污)的高异常分数。这表明异常分数可以有效地检测绝缘子缺陷。然而,如图 3-39(d)所示,当缺陷区域较小,并且缺陷区域的灰度值仅与正常区域的灰度值差异不大时,DMNN 无法检测到缺陷。

为了进一步评估 DMNN 性能,实验将 DMNN 与另外两种无监督缺陷检测方法进行了比较,比较结果如表 3-6 所示。为了进行公平的比较,所有算法都使用式(3-95)中定义的相同训练集和相同异常分数。所有这些算法都基于 DMC 的分类结果识别绝缘子缺陷,评估指标为 F_1 得分。

SPC:稀疏编码首先学习正常补丁的过度完整字典 D,然后通过重构错误确定补丁是否有缺陷。为了选择 D 的最佳维度,对具有不同维数(从 1 000 到 5 000)的字典进行了训练以检测缺陷,其中 2 000 维字典获得了最佳结果。

SDAE:单任务深度自动编码机,其结构与 DDAE 相同。

DDAE:DMNN 中的 DDAE。

表 3-6　不同缺陷检测方法对比

检测方法	TP	FP	FN	F_1-score
SPC	62	11	10	0.86
SDAE	65	13	7	0.87
DDAE	71	6	1	0.95

在表 3-6 中可以看出,DDAE 仅遗漏了一个缺陷,并错误地报告了 6 个缺陷。与

列出的其他方法相比，DDAE 取得了最佳性能。另外，尽管 SDE 与 MTL 中的 DDAE 具有相同的体系结构，但 SDE 的性能仍然比 DDAE 差，这表明深度自动编码机可以从多任务学习和降噪训练中受益。

3.3.2.4 基于深度贝叶斯分割网络的接触网零部件缺陷检测

接触网零部件都具有固定的几何形状，其缺陷也往往反映在几何特性的变化上。可以通过图像分割获取零部件的几何特征，进而在缺陷样本少时也能识别零部件缺陷。缺陷检测过程中，零部件的准确可靠分割是缺陷检测的关键，本节提出的基于贝叶斯全卷积神经网络的缺陷检测方法[23]，解决了分割准确性和不确定性问题，缺陷检测准确度大为提高。

1. 贝叶斯神经网络

贝叶斯学习的基础有两个概率论法则：求和法则和乘积法则，如式（3-99）和式（3-100）所示。

$$p(x) = \int p(x,y) \mathrm{d}y \qquad (3\text{-}99)$$

$$p(x,y) = p(y|x)p(x) \qquad (3\text{-}100)$$

式中，x 和 y 为随机变量。

由式（3-99）和式（3-100），可以推导出条件概率：

$$p(y|x) = \frac{p(x|y)p(y)}{p(x)} = \frac{p(x|y)p(y)}{\int p(x,y)\mathrm{d}y} \qquad (3\text{-}101)$$

将贝叶斯理论应用到机器学习中，学习任务可以描述为：给定训练集 X 以及相应的标签 Y，寻找参数 ω 的后验分布，即

$$p(\omega|X,Y) = \frac{p(Y|X,\omega)p(\omega)}{p(Y|X)} \qquad (3\text{-}102)$$

式中，$p(\omega)$ 是模型的先验假设分布；$p(Y|X,\omega)$ 描述了学习模型。

基于给定的观测数据 X 和相应的标签 Y，该分布描述了最优的模型参数分布。

训练完成后，就可以基于模型参数进行预测，例如给定测试样本 x^*，其预测输出为

$$p(y^*|x^*,X,Y) = \int p(y^*|x^*,\omega)p(\omega|X,Y)\mathrm{d}\omega \qquad (3\text{-}103)$$

式（3-103）是综合整个 ω 的分布得出的边缘概率分布。由式（3-102）可知，上述积分的求解，需要用到条件概率分布：

$$p(Y|X) = \int p(Y|X,\omega)p(\omega)\mathrm{d}\omega \qquad (3\text{-}104)$$

这一边缘分布的求解是贝叶斯学习的关键，它也叫作模型证据。

当模型 $p(Y|X,w)$ 比较简单时，式（3-104）中的积分有解析解。但是对于大多数机器学习模型，上述积分没有解析解，所以只能采用近似推断的方法解决。在近似推断中，往往采用简单的可分解分布函数去近似 $p(\omega|X,Y)$，从而降低求解的难度。

假设，可以用一个由 θ 参数化的、易于求解的分布 $q_\theta(\omega)$ 去近似 $p(\omega|X,Y)$，两者之间的近似程度可由 KL 散度(Kullback–Leibler divergence)来度量。

$$\mathrm{KL}(q_\theta(\omega)\|p(\omega|X,Y)) = \int q_\theta(\omega)\ln\frac{q_\theta(\omega)}{p(\omega|X,Y)}\mathrm{d}\omega \qquad (3\text{-}105)$$

KL 散度是一个非负函数，且随两者之间近似程度的提高而减小。使 KL 散度最小化，即可得最优的 $q_\theta^*(\omega)$ 用于代替 $p(\omega|X,Y)$，因此，预测过程式（3-103）可以表述为

$$p(y^*|x^*,X,Y) \approx \int p(y^*|x^*,\omega)q_\theta^*(\omega)\mathrm{d}\omega \qquad (3\text{-}106)$$

结合式（3-103）、式（3-104）和式（3-105）可得

$$\begin{aligned}\ln p(Y|X) &= \int q_\theta(\omega)\ln\frac{p(Y|X,\omega)p(\omega)}{q_\theta(\omega)}\mathrm{d}\omega - \int q_\theta(\omega)\ln\frac{p(\omega|X,Y)}{q_\theta(\omega)}\mathrm{d}\omega \\ &= \int q_\theta(\omega)\ln p(Y|X,\omega)\mathrm{d}\omega - \int q_\theta(\omega)\ln\frac{q_\theta(\omega)}{p(\omega)}\mathrm{d}\omega - \int q_\theta(\omega)\ln\frac{p(\omega|X,Y)}{q_\theta(\omega)}\mathrm{d}\omega \\ &\geq \int q_\theta(\omega)\ln p(Y|X,\omega)\mathrm{d}\omega - \mathrm{KL}(q_\theta(\omega)\|p(\omega)) \\ &\triangleq L_{vi}(\theta)\end{aligned} \qquad (3\text{-}107)$$

以 $q_\theta(\omega)$ 为变分参数，KL 散度的最小化过程等价于 $L_{vi}(\theta)$ 的最大化过程。最大化 $L_{vi}(\theta)$ 中的第一项，会使 $q_\theta(\omega)$ 更好地解释训练数据。最小化 $L_{vi}(\theta)$ 中的第二项，会使 $q_\theta(\omega)$ 更接近先验分布。这一优化过程，称为变分推断（Variational Inference），其中 $L_{vi}(\theta)$ 为目标函数[24]。

如上所述，变分推断是一种基于解析近似的推断方法。另一种近似方法是基于数值采样的近似推断方法，也称为蒙特卡洛（Monte Carlo）方法。

在贝叶斯学习中，求解模型参数后验分布的主要目的，是评估期望（例如为了进行预测），如式（3-103）所示。而期望的评估过程可以抽象为计算关于概率分布 $p(\omega)$ 的某函数 $f(\omega)$ 的期望：

$$E(f) = \int f(\omega)p(\omega)\mathrm{d}\omega \tag{3-108}$$

通常这一期望太复杂，无法使用解析的方法进行准确评估，例如式（3-103）和式（3-104）都具有这一特点。在基于数值采样的近似推断方法中，关键是如何产生服从于分布 $p(\omega)$ 的样本集 $\{\omega^{(n)}\}, n=1,2,\cdots,N$，然后按式（3-109）对期望进行评估。

$$E(\hat{f}) = \frac{1}{N}\sum_{n=1}^{N} f(\omega^{(n)}) \tag{3-109}$$

最常用的采样方法是 MCMC（Markov Chain Monte Carlo）。MCMC 采样的基本思路是：首先，构造马尔科夫链的转移矩阵 T，使得其平稳分布为 $p(\omega)$；然后，以 ω_0 为初始状态，转移矩阵 T 随着马尔科夫链进行转移；最后，马尔科夫链收敛后，所得到的样本就是服从 $p(\omega)$ 的。因此，由收敛后的马尔科夫链得到的样本，根据式（3-109）即可对期望做出评估。

用贝叶斯学习的方法训练神经网络，即可获得贝叶斯神经网络模型。贝叶斯神经网络通过推断神经网络的权重分布，来提供神经网络的概率解释，并且具有所需训练样本少和能够有效防止过拟合的优点。

贝叶斯神经网络首先假设权重的先验分布，然后推断预测值的后验概率分布。例如，给定第 i 层的权重矩阵 W_i 和偏置向量 b_i，通常假设权重服从高斯先验分布 $p(W_i) = N(0, I)$，并且为了简单起见，经常只对偏置向量进行点估计。然后根据训练数据，即可求解预测值的后验分布。以变分推断的方法为例，通过最大化式（3-107）求得最优的近似分布 $q_\theta^*(\omega)$，然后通过式（3-106）即可获得预测值的后验分布。当然，预测值的后验分布也可通过采样近似的方法求得。贝叶斯神经网络的研究也主要集中在变分推断和采样技术方面。

2. 深度贝叶斯神经网络

深度贝叶斯神经网络的构建过程与普通的贝叶斯神经网络相同，但是由于深度神经网络参数众多,因此其求解过程的计算量更大。如何克服计算量的问题,是深度贝叶斯神经网络实用化的前提条件。

(1)深度神经网络的训练:

在深度贝叶斯神经网络中,求解的目标仍是,在给定训练集 X、Y 的情况下,求解网络参数的后验概率分布 $p(\omega|X,Y)$,并通过最小化的目标函数式(3-100)来实现。

$$L_{vi}(\theta) \triangleq -\sum_{i=1}^{N} \int q_\theta(\omega) \ln p(y_i|x_i,\omega) \mathrm{d}\omega + \mathrm{KL}\left(q_\theta(\omega) \| p(\omega)\right) \quad (3\text{-}110)$$

在深度贝叶斯神经网络中,$L_{vi}(\theta)$ 中的第一项没有解析解,而且其计算量会随训练集的增大而增大。为了克服这一问题,在训练过程中一般采用 mini-batch 策略,一次采样一部分训练样本,然后以如下目标函数对参数进行优化:

$$\hat{L}_{vi}(\theta) \triangleq -\frac{N}{M}\sum_{i=1}^{M} \int q_\theta(\omega) \ln p(y_i|x_i,\omega) \mathrm{d}\omega + \mathrm{KL}(q_\theta(\omega) \| p(\omega)) \quad (3\text{-}111)$$

式中,M 为 mini-batch 的大小,由采样所得样本计算的 $\hat{L}_{vi}(\theta)$ 是 $L_{vi}(\theta)$ 的无偏估计。

目标函数 $\hat{L}_{vi}(\theta)$ 的优化,一般采用基于梯度的方法进行。由于 $\hat{L}_{vi}(\theta)$ 中的第一项没有解形式,因此,需要基于蒙特卡洛采样的方法对 $\hat{L}_{vi}(\theta)$ 的梯度进行评估。考虑 $\hat{L}_{vi}(\theta)$ 中第一项的偏导数的一般形式为

$$I(\theta) = \frac{\partial}{\partial \theta} \int f(x) p_\theta(x) \mathrm{d}x \quad (3\text{-}112)$$

式中,$f(x)$ 不依赖于参数 θ。针对式(3-112),有很多种蒙特卡洛采样的近似方法。这里只给出其中一种的推导过程,由求导公式易知:

$$\frac{\partial}{\partial \theta} p_\theta(x) = p_\theta(x) \frac{\partial \ln p_\theta(x)}{\partial \theta} \quad (3\text{-}113)$$

联合式(3-112)和(3-113),可得

$$\begin{aligned} I(\theta) &= \frac{\partial}{\partial \theta} \int f(x) p_\theta(x) \mathrm{d}x = \int f(x) \frac{\partial}{\partial \theta} p_\theta(x) \mathrm{d}x \\ &= \int f(x) \frac{\partial \ln p_\theta(x)}{\partial \theta} p_\theta(x) \mathrm{d}x \end{aligned} \quad (3\text{-}114)$$

式(3-114)又具有了式(3-108)的形式,令

$$\hat{I}(\theta) = f(x)\frac{\partial \ln p_\theta(x)}{\partial \theta} \quad (3\text{-}115)$$

则有

$$E_{p_\theta(x)}(\hat{I}(\theta)) = I(\theta) \quad (3\text{-}116)$$

因此，可以通过蒙特卡洛采样去近似 $I(\theta)$。

为了进一步简化计算，采用重参数化技巧，令 $\omega = g(\varepsilon, \theta)$，$p(\varepsilon) = \prod_i p(\varepsilon_i)$，则有

$$\begin{aligned}\hat{L}_{vi}(\theta) &= -\frac{N}{M}\sum_{i=1}^{M}\int q_\theta(\omega)\ln p(y_i|x_i,\omega)\mathrm{d}\omega + \mathrm{KL}(q_\theta(\omega)\|p(\omega))\\ &= -\frac{N}{M}\sum_{i=1}^{M}\int p(\varepsilon)\ln p(y_i|x_i,g(\varepsilon,\theta))\mathrm{d}\varepsilon + \mathrm{KL}(q_\theta(\omega)\|p(\omega))\end{aligned} \quad (3\text{-}117)$$

其蒙特卡洛估计为

$$\hat{L}_{MC}(\theta) = -\frac{N}{M}\sum_{i=1}^{M}\ln p(y_i|x_i,g(\varepsilon,\theta)) + \mathrm{KL}(q_\theta(w)\|p(w)) \quad (3\text{-}118)$$

综合以上分析，可得深度贝叶斯神经网络的训练过程如算法 3-2 所示。

算法 3-2　深度贝叶斯神经网络的训练过程

1: 给定训练集 X, Y

2: 随机地初始化参数 θ

3: 给定学习率（Learning Rate）η

4: **For** number of training iterations **do**

- 从训练集 X 中采样的 M 个 mini-batch 样本
- 从分布 $p(\varepsilon)$ 中采样 M 个样本 $\hat{\varepsilon}_i \sim p(\varepsilon)$，计算损失函数对于 θ 的偏导

$$\nabla \hat{L}_{MC}(\theta) = -\frac{N}{M}\sum_{i=1}^{M}\frac{\partial \ln p(y_i|x_i,g(\hat{\varepsilon}_i,\theta))}{\partial \theta} + \frac{\partial \mathrm{KL}(q_\theta(w)\|p(w))}{\partial \theta}$$

- 根据梯度下降算法更新参数 θ

$$\theta \leftarrow \theta + \eta \nabla \hat{L}_{MC}(\theta)$$

End For

（2）深度神经网络的随机正则化：

随机正则化技术是通过将随机噪声注入模型来对深度学习模型进行正则化的技

术。其中，Dropout 是最常用的随机正则化技术，也是防止过拟合的有效手段。Dropout 以一定的概率使神经网络中的神经元停止工作，来提高神经网络的泛化能力，Dropout 前后的神经网络的连接示意图如图 3-40 所示。

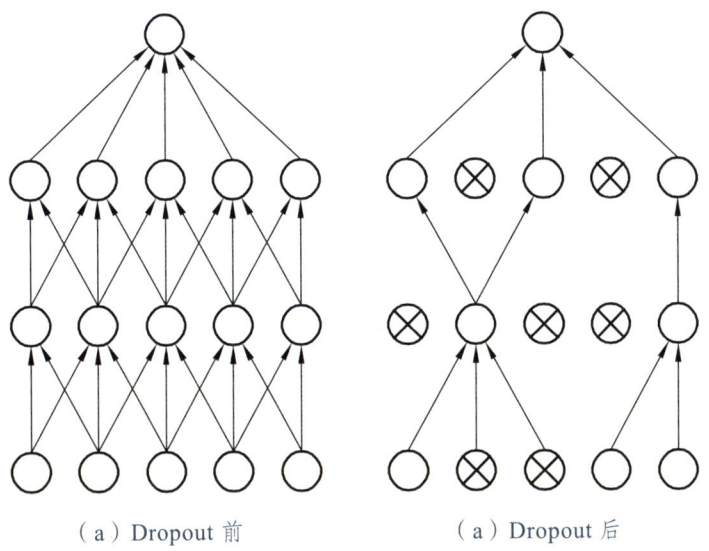

（a）Dropout 前　　　　　（a）Dropout 后

图 3-40　Dropout 前后的神经网络的连接示意图

Dropout 可以通过神经网络的神经元与二值化向量的逐元素乘积来实现。以一个具有单个隐层的神经网络为例，其参数为 $\{W_1, W_2, b\}$。二值化向量 $d_i(i=1,2)$ 中的元素等于 1 的概率为 $1-p_i$。给定输入 x，将输入元素以 p_1 的概率设置为 0，可表述为

$$\hat{x} = x \odot d_1 \tag{3-119}$$

类似地，可将 Dropout 引入神经网络的每一层，则神经网络的输出可表示为

$$\begin{aligned}
\hat{y} &= \hat{h} W_2 \\
&= (h \odot d_2) W_2 \\
&= (h \cdot diag(d_2)) W_2 \\
&= h(diag(d_2) W_2) \\
&= \sigma(\hat{x} W_1 + b)(diag(d_2) W_2) \\
&= \sigma((x \odot d_1) W_1 + b)(diag(d_2) W_2) \\
&= \sigma(x(diag(d_1) W_1) + b)(diag(d_2) W_2)
\end{aligned} \tag{3-120}$$

引入记号 $\hat{W}_1 = diag(d_1) W_1$ 和 $\hat{W}_2 = diag(d_2) W_2$，则式（3-120）可表述为

$$\hat{y} = \sigma(x\hat{W}_1 + b)\hat{W}_2 \tag{3-121}$$

引入记号 $\omega = \{W_1, W_2, b\}$ 和 $\hat{\omega} = \{\hat{W}_1, \hat{W}_2, b\}$，则 Dropout 之后，带正则项的神经网络损失函数为

$$\hat{L}_d(\omega) = \frac{1}{M}\sum_{i=1}^{M} L^{(\hat{\omega})}(x_i, y_i) + \lambda_1 \|W_1\|^2 + \lambda_2 \|W_2\|^2 + \lambda_3 \|b\|^2 \tag{3-122}$$

式中，M 为 mini-batch 的大小。

损失函数可以表述为概率形式[25]，以回归任务为例：

$$L^{(\omega)}(x, y) = \frac{1}{2}\|y - f^{(\omega)}(x)\|^2 = -\frac{1}{\tau}\ln p(y|x, \omega) + const \tag{3-123}$$

式中，$p(y|x, \omega) = N(y|f^{(\omega)}(x), \tau^{-1}I)$。对于分类任务 $\tau = 1$，其余与回归任务类似。

对 ω 进行重参数化

$$\hat{\omega}_i = \{\hat{W}_1^i, \hat{W}_2^i, b_i\} = \{\text{diag}(\hat{\varepsilon}_1^i)W_1^i, \text{diag}(\hat{\varepsilon}_2^i)W_2^i, b_i\} \triangleq g(\theta, \hat{\varepsilon}^i) \tag{3-124}$$

式中，$\theta = \{W_1, W_2, b\}$，$\hat{\varepsilon}_1^i \sim p(\hat{\varepsilon}_1^i)$，$\hat{\varepsilon}_2^i \sim p(\hat{\varepsilon}_2^i)$，$p(\varepsilon_l)$ 是伯努利分布的乘积，由它确定 ε_l 中元素为 0 的概率。

结合式（3-122）、式（3-123）和式（3-124）可得

$$\hat{L}_d(\theta) = -\frac{1}{M\tau}\sum_{i=1}^{M} \ln p(y|x, g(\theta, \varepsilon)) + \lambda_1 \|W_1\|^2 + \lambda_2 \|W_2\|^2 + \lambda_3 \|b\|^2 \tag{3-125}$$

因此，引入 Dropout 后，神经网络的训练过程如算法 3-3 所示。

算法 3-3　引入 Dropout 后神经网络的训练过程

1：给定训练集 X, Y

2：随机地初始化参数 θ

3：给定学习率（Learning Rate）η

4：**For** number of training iterations **do**

- 从训练集 X 中采样的 M 个 mini-batch 样本
- 从分布 $p(\varepsilon)$ 中采样 M 个样本 $\hat{\varepsilon}_i \sim p(\varepsilon)$，计算损失函数对于 θ 的偏导

$$\nabla \hat{L}_d(\theta) = -\frac{1}{M\tau} \sum_{i=1}^{M} \frac{\partial \ln p(y_i | x_i, g(\hat{\varepsilon}_i, \theta))}{\partial \theta} + \frac{\partial}{\partial \theta}(\lambda_1 \|W_1\|^2 + \lambda_2 \|W_2\|^2 + \lambda_3 \|b\|^2)$$

- 根据梯度下降算法更新参数 θ

$$\theta \leftarrow \theta + \eta \nabla \hat{L}_{MC}(\theta)$$

End For

对比训练算法 3-2 和算法 3-3，如果选择先验分布 $p(\omega)$，使得

$$\frac{\partial \text{KL}(q_\theta(\omega) \| p(\omega))}{\partial \theta} = N\tau \frac{\partial}{\partial \theta}(\lambda_1 \|W_1\|^2 + \lambda_2 \|W_2\|^2 + \lambda_3 \|b\|^2) \quad (3\text{-}126)$$

则有

$$\nabla \hat{L}_d(\theta) = \frac{1}{N\tau} \nabla \hat{L}_{MC}(\theta) \quad (3\text{-}127)$$

由此可见，两种训练算法其实是等价的优化过程。这表明训练具有 Dropout 层的神经网络的优化过程（算法 3-3），与贝叶斯神经网络中基于变分和蒙特卡洛采样的优化过程（算法 3-2）相同。因此，具有 Dropout 层的神经网络，拥有贝叶斯神经网络的特性。

3. 基于贝叶斯分割网络的接触网定位装置缺陷检测

（1）接触网定位装置缺陷检测框架。

在理想情况下，如果一个零部件具有良好的图像质量和高对比度，传统的图像分割方法可以高精度地分割它。但是，实际上接触网定位装置（Contact Wire Support，CWS）各零部件的颜色和材质与背景成分相似，导致它们之间的对比度较低。另外，成像过程经常受到检测车运动的影响，这不可避免地影响零部件的成像质量。最近，由于深度卷积神经网络的发展，图像分割已经取得了巨大的进步，但仍然存在分割精度和模型不确定性问题，预测结果也不一定是可靠的。贝叶斯神经网络能够输出决策的不确定性，但计算量非常大，通过在网络中添加 Dropout 层，本节提出了一个 CWS 缺陷检测框架，主要包含三个阶段：关键零部件定位、CWS 部件分割和缺陷检测，如图 3-41 所示。

关键零部件定位：为了定位关键零部件，采用了在速度和准确性方面都表现出色的 Faster R-CNN 网络，详见第 3.3.1 节。

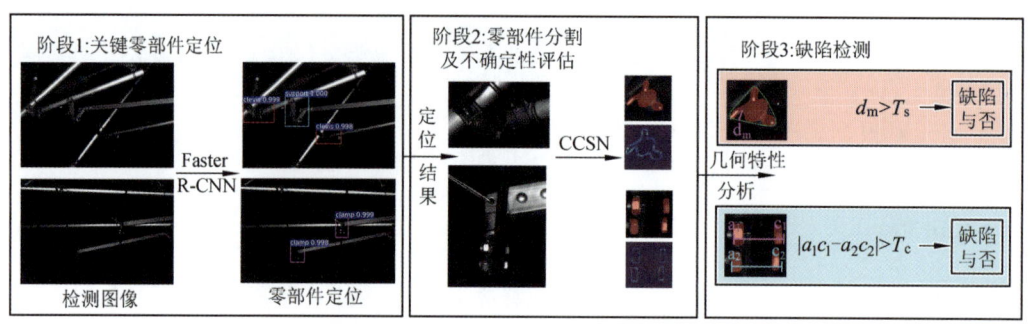

图 3-41 接触网定位装置缺陷检测流程

CWS 部件分割：一旦将 CWS 部件定位完成，将大大减少背景的影响。然而，这些部件不仅在灰度值方面与其他部件相似，而且面临着检测车的运动导致图像质量下降。为了克服这些问题，提出了一种贝叶斯全卷积分割网络（Catenary Contact Wire Support Segmentation Network，CCSN），它不但融合了多分辨率特征，而且能够评估决策的不确定性。

CWS 缺陷检测：接触网定位装置的缺陷检测，同样存在缺陷样本不足以训练鲁棒的分类器的问题。但是，所有 CWS 部件均具有固定的形状，可以采用零部件的几何形状来定义缺陷准则，进而确定部件的缺陷状态。

（2）定位装置零部件分割。

CCSN 网络是基于 Mask R-CNN 和贝叶斯神经网络构建的一个两级分割网络。第一级，区域候选网络（RPN）将图像作为输入，并直接生成可能包含要分割的对象的推荐区域。第二级，将三个平行分支应用于每个推荐区域，以进行分类，边界框回归和分割掩模预测。此外，RPN 和其他并行分支共享主干卷积网络 ResNet50，如图 3-42 所示。

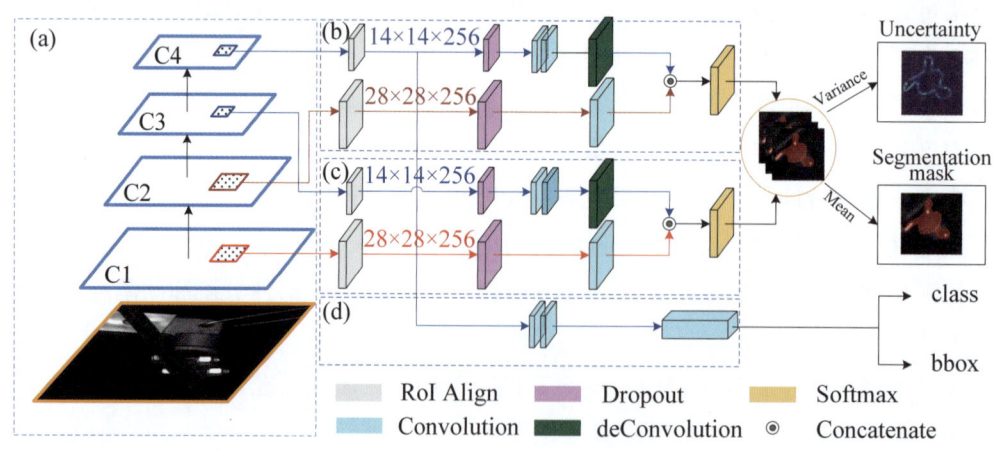

图 3-42 CCSN 的基本架构

CCSN 网络中进行了特征融合以提高分割性能。对于每个推荐区域，CCSN 将它们映射到四个不同的特征级别，如图 3-42（a）中的蓝色和红色区域所示，这些不同级别的特征被送到 RoIAlign 层以提取不同大小的特征图（高级特征为 14×14 的分辨率和低级特征为 28×28 的分辨率），然后将这些特征图变换成同样大小，并融合在一起以进行掩模预测。分割掩模预测分支是贝叶斯神经网络，其中涉及蒙特卡洛 Dropout 层以评估模型不确定性，如图 3-42（b）和图 3-42（c）所示。分割掩模预测分支融合了来自骨干网络不同层、不同分辨率的特征。它们预测掩模的均值和方差分别用作最终的预测结果和不确定性图。结合多分辨率特征融合和贝叶斯神经网络，CCSN 不仅可以评估模型的不确定性，而且在不均匀光照条件下也能显示出较高的分割精度。

特征融合：目的是通过融合来自骨干网络的多层特征来提高零部件分割的精度。在骨干网中，高层特征具有较大的感受野，并能捕获更丰富的上下文信息。相反，低层特征具有良好的细节信息，并且具有较高的空间分别率。融合不同级别的特征、进行分割掩模预测是提高分割精度的有效方法，如图 3-42（a）所示。每个推荐区域被映射到四个不同的特征等级，即{C1，C2，C3，C4}。从 C1 和 C2 中提取了低层特征，使得高分辨率的特征能够融合到网络中。RoIAlign 层将低层和高层特征调整为大小分别为 28×28×256 和 14×14×256 的特征图。反卷积操作后，高层特征的大小与低层特征的大小相同。然后，将来自不同层的特征融合在一起以进行分割掩模预测。此外，由于具有不同的低层特征路径，两个分割分支具有不同的体系结构。为了进一步提高分割精度，采用了集成方法来结合两个分支的预测结果。

不确定性评估：具有 Dropout 层的神经网络，拥有贝叶斯神经网络的特性。这意味着，执行 T 次预测，CCSN 就执行了 T 次不同的 Dropout 操作，T 次预测值的均值和方差可以分别用作最终的预测值和模型不确定性。

在图 3-42 所示的框架中，同时在两个平行的贝叶斯分割分支中执行前向计算，如图 3-42（b）和 3-42（c）所示。两个分支的预测期望是相同的，并且两个分支的预测方差都与模型的不确定性正相关。因此，可以将两个分支的预测掩模的均值和方差分别用作最终预测和模型不确定性，从而加快不确定性评估过程。

为了定量地衡量分割结果的不确定性，定义不确定性指标：

$$U_s = \frac{N_u}{N_m} \tag{3-128}$$

式中，N_u 是预测方差大于预定义阈值 T_u 的像素数；N_m 是分割掩模的总像素数。

分割网络的训练：CCSN 是一个两级分割网络，包含一个骨干网和三个网络分支。在区域候选阶段，RPN 为目标组件生成区域候选。RPN 对于每个推荐都有两个输出：一个类别概率和一个边界框偏移量。RPN 的损失函数 LRPN，与 Faster R-CNN 中 RPN 的损失函数式（3-45）相同。

在分割阶段，CCSN 具有三个并行工作的分支，分别输出一个类别标签、一个边界框偏移量和两个分割掩模。假设有 N 种要分割的对象，这些输出的尺寸为 $N\times1$、$N\times4$、$N\times m^2$ 和 $N\times m^2$，其中 m 是预测掩模的尺寸。

在训练 CCSN 三个分支的过程中，涉及三种损失函数，即分类损失 L_{mcls}、边界框回归损失 L_{mreg}、对象掩模损失 L_{mask1} 和 L_{mask2}。L_{mcls} 和 L_{mreg} 与式（3-46）和（3-47）中定义的相似。当存在 N 种要分割的对象时，每个分割分支都会输出 N 个分辨率为 $m\times m$ 的二进制掩模。换句话说，掩模分支同时为每个对象类都产生一个掩模。本节对掩模分支输出的每个像素应用 softmax 操作，并将掩模损失 L_{mask1} 和 L_{mask2} 定义为平均二进制交叉熵损失。分割网络的多任务损失可以定义为

$$L_{CCSN} = L_{mcls} + L_{mreg} + L_{mask1} + L_{mask2} \tag{3-129}$$

采用分阶段的方式来训练 CCSN，训练过程由多个阶段组成：第一个阶段包括从预训练的骨干模型中加载权重并以学习率 l_{r1} 更新网络分支。第二阶段以学习率 l_{r2} 更新整个网络。最后以学习率 l_{r3} 更新整个网络。训练算法的详细信息如算法 3-4 所示。

算法 3-4　CCSN 的训练过程

1：输入

X：CCSN 的训练集，包括分割标签。

K_a，K_b，K_c：分别为三个阶段的迭代次数。

2：从预先训练的 ResNet50 中加载参数

3：For $k = 1$ to K_a do

- 从训练集 X 中采样的 M 个 mini-batch 样本
- 以 $L_{RPN}+L_{CCSN}$ 最小化为目标，以学习速率 l_{r1} 更新网络分支的参数

End For

4：For $k = 1$ to K_b do

- 从训练集 X 中采样的 M 个 mini-batch 样本
- 以 $L_{RPN}+L_{CCSN}$ 最小化为目标，以学习速率 l_{r2} 更新整个网络的参数

End For

5: **For** $k = 1$ to K_c **do**
- 从训练集 X 中采样的 M 个 mini-batch 样本
- 以 $L_{RPN}+L_{CCSN}$ 最小化为目标，以学习速率 l_{r3} 更新整个网络的参数。

End For

（3）定位装置零部件缺陷检测。

定位线夹（Contact Wire Clamp，CWC）和开口销钉（Split Pin，SP）是 CWS 中最脆弱的部分，检测它们的缺陷至关重要。本节根据从分割掩模中获得的几何特征来定义缺陷判据。

CWC 缺陷检测：CWC 容易出现松动和螺母缺失故障。当 CWC 中存在螺母缺失缺陷时，螺母的数量将少于 4 个，基于分割掩模可以轻松地检测到此类缺陷。但是，CWC 的松动缺陷检测难度较高。在动态检测过程中，图像中 CWC 的姿态和大小将随拍摄角度和距离而变化。但是，在检查图像中，如果 CWC 正常，则一个 CWC 的两个螺栓的长度基本一致。

CWC 螺母的底面几乎在同一平面上，并且 CWC 仅占据检查图像的一小部分，如图 3-41 阶段 1 所示。A_1C_1 和 A_2C_2 是两对螺母之间的物理距离，a_1c_1 和 a_2c_2 是相应的像素距离。对于正常的 CWC，$A_1C_1 = A_2C_2$。根据针孔相机的透视投影模型，可以通过图 3-43 描述 CWC 底平面与像平面之间的映射关系。

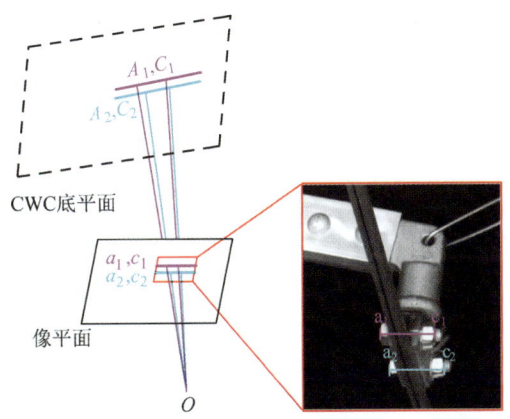

图 3-43 CWC 底平面与像平面之间的映射关系

CWC 的底表面平面和像平面之间存在刚性变换，该刚性变换在动态检测过程中会发生变化。但是，由于 CWC 仅占据检查图像的一小部分，因此，A_1C_1 几乎经历了与 A_2C_2 相同的成像变换过程。因此，如果 CWC 正常，则长度差

$$a_1c_1 - a_2c_2 \approx 0 \tag{3-130}$$

对于有缺陷的 CWC，长度差将随着螺母松动程度的增加而增加。因此，长度差可以用于检测 CWC 的缺陷。如果长度差

$$|a_1c_1 - a_2c_2| > T_c \tag{3-131}$$

则可以将 CWC 视为有缺陷，其中 T_c 是预定义的阈值。

但是，当两个螺栓的松动程度几乎相同时，按式（3-131）无法检测出缺陷，但实际上这种缺陷非常少见。

SP 缺陷检测：作为连接定位管和斜腕臂的重要零部件，SP 容易产生开口销缺失缺陷。当 SP 正常时，其边界将是一条凹曲线，如图 3-44（b）所示。相反，当开口销缺失时，SP 的边界将是一条凸曲线，如图 3-44（c）所示。

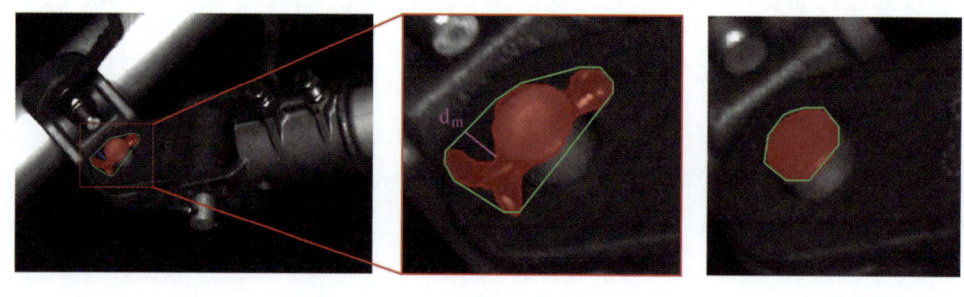

（a）SP 缺陷检测示意图　　（b）局部放大图　　（c）SP 缺陷示例

图 3-44　SP 缺陷检测示意图

根据式（3-132）确定 SP 的缺陷状态：

$$d_m < T_s \tag{3-132}$$

式中，T_s 是预定义的阈值；d_m 是 SP 的分割掩模边界与其凸包之间的最大距离。

4．实验验证

在接触网数据集上，对 CWS 缺陷检测方法的性能进行了评估，数据集中图像分

辨率为 4920×3280 像素。实验环境如下：Ubuntu 16.04，Python 3.6，深度学习框架 Keras，Intel Xeon E5-2630v4 和拥有 11 GB 内存的 GTX 1080 Ti GPU。

定位装置零部件分割：主要评估图像分割网络 CCSN 的性能。在实验中，从 Faster R-CNN 的定位结果中选择了 1 000 个旋转双耳和 1 000 个 CWC 图像。其中，有 1 400 个样本用于训练，其他 600 个样本用于测试。实验使用算法 3-4（mini-batch 大小为 2）训练 CCSN。初始学习率设置为 0.001，并且每 50 个 epoch 衰减 0.5 倍。

实验在 CWS 图像数据集上评估了本节方法和其他三种最新方法的性能，典型的分割结果如图 3-45 所示（图 3-45 中：出于显示目的，对分割掩模进行了裁剪并调整为相同大小）。

Deeplab 采用 Atrous 卷积来控制特征分辨率和 Atrous 空间金字塔池化来融合不同分辨率的特征。

UNet 在编码器和解码器的多层之间执行跳跃连接，以融合来自编码器的低层的高分辨率特征。

Mask R-CNN 采用 RPN 生成 RoI，根据 RoI 的大小从特征金字塔网络（Feature Pyramid Network，FPN）的不同层中提取特征。

CCSN-br1 的第一个 CCSN 分割分支，Dropout rate=0.7，采用骨干网的 C2 和 C4 层特征

CCSN-br2 的第二个 CCSN 分割分支，Dropout rate=0.7，采用骨干网的 C1 和 C3 层特征。

CCSN 是本节提出的分割网络，它是两个分割分支的集成。

由图 3-45 可以看出，由于光照不均匀，拍摄角度的随机性以及目标部件和背景的相似性，准确的 CWS 部件分割是一项艰巨的任务。Deeplab 通常无法捕获 CWS 部件的准确边界。通过跳跃连接融合低层的高分辨率特征，使得 UNet 的性能优于 Deeplab。Mask R-CNN 不是为每种目标组件生成一个与输入图像相同尺寸的掩模，而是为每个 RoI 生成一个较小的掩模，这使 Mask R-CNN 可以专注于 RoI 的局部特征，并实现明显的性能改进。CCSN 采用相同的两阶段分割策略。在不使用复杂骨干网 FPN 的情况下，两个 CCSN 分支均实现了与 Mask R-CNN 相当的分割性能，这是因为部件的尺度变化有限。CCSN 以两个分支的平均分割结果作为最终结果，与其他方法相比，取得了最好的分割结果。

第 3 章　接触网智能化

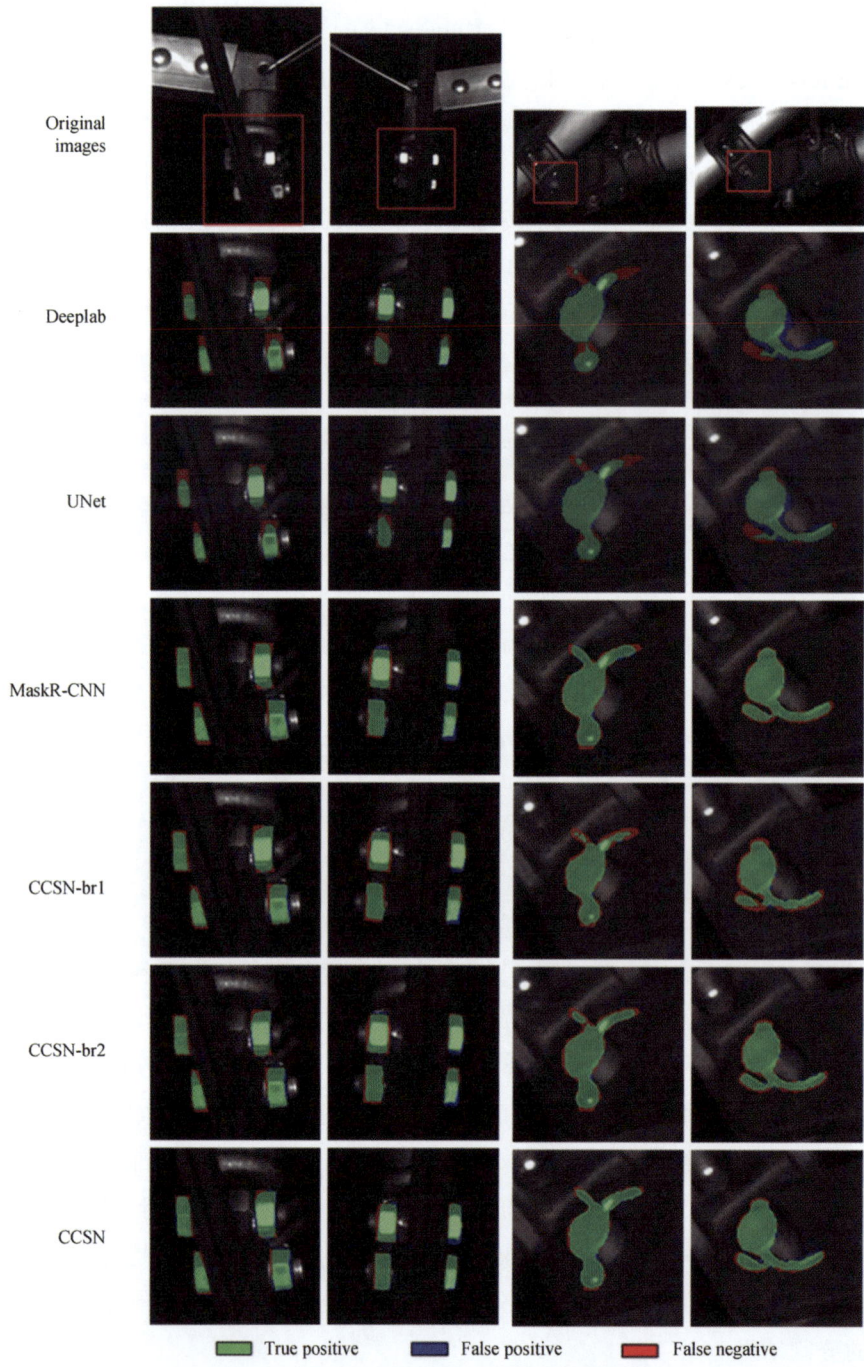

图 3-45　不同方法提取的分割掩模对比

为了进一步评估 CCSN 的性能，在测试数据集上计算了不同方法的平均交并比（mean Intersection of Union，mIoU），实验结果如表 3-7 所示。

表 3-7 不同分割方法的精度对比

分割方法	mIoU/%	
	CWC	SP
Deeplab	75.4	73.5
U-Net	79.6	78.8
Mask R-CNN	88.4	87.8
CCSN-br1	87.3	86.5
CCSN-br2	87.5	86.7
CCSN	90.1	89.6

由表 3-7 可见，CCSN 在 CWC 和 SP 分割中分别实现了 90.1%、89.6% 的 mIoU，比 Mask R-CNN 分别提高了 1.7%、2.2%。实验结果表明，CCSN 可以受益于特征融合，该融合过程将骨干网中不同级别的特征明确组合在一起，用于 CWS 部件分割。即使在复杂的环境中，CCSN 也取得了良好的性能。

分割结果不确定性评估：在实验中，测试集由 585 张清晰图像和 15 张模糊图像组成。实际上，模糊图像很少见，这主要是由镜头散焦引起的。但是，图像模糊会使得分割非常困难，并影响后续的缺陷检测。

作为贝叶斯神经网络，CCSN 通过蒙特卡洛 Dropout 评估模型的不确定性。Dropout rate 对 CCSN 的性能有重要影响。从分割准确性和不确定性两个方面，评估了多种具有不同 Dropout rate 的 CCSN 性能，如图 3-46 所示。

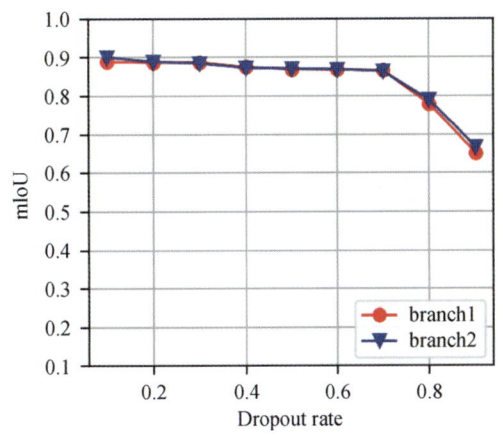

图 3-46 不同 Dropout rate 时 CCSN 的分割精度

从图 3-46 可以看出，CCSN 分支的分割精度随着 Dropout rate 的增加而降低。当 Dropout rate 小于 0.7 时，分割精度随 Dropout rate 增加而缓慢降低；当 Dropout rate 超过 0.7 时，分割精度急剧下降。这是因为过大的 Dropout rate 将导致过于严格的正则化，从而导致 CCSN 无法准确分割 CWS 组件。

具有不同 Dropout rate 的 CCSN 生成不确定性图，以研究 Dropout rate 对不确定性评估的影响。如前所述，不确定性由预测掩模的方差确定。通过训练好的 CCSN 模型进行 3 次预测，获得 6 个掩模，其方差被用以计算不确定性。

具有代表性的 CWS 部件的不确定性图和分割掩模如图 3-47 所示，图 3-47（a）代表四个模糊部件，图 3-47（b）代表四个清晰部件。

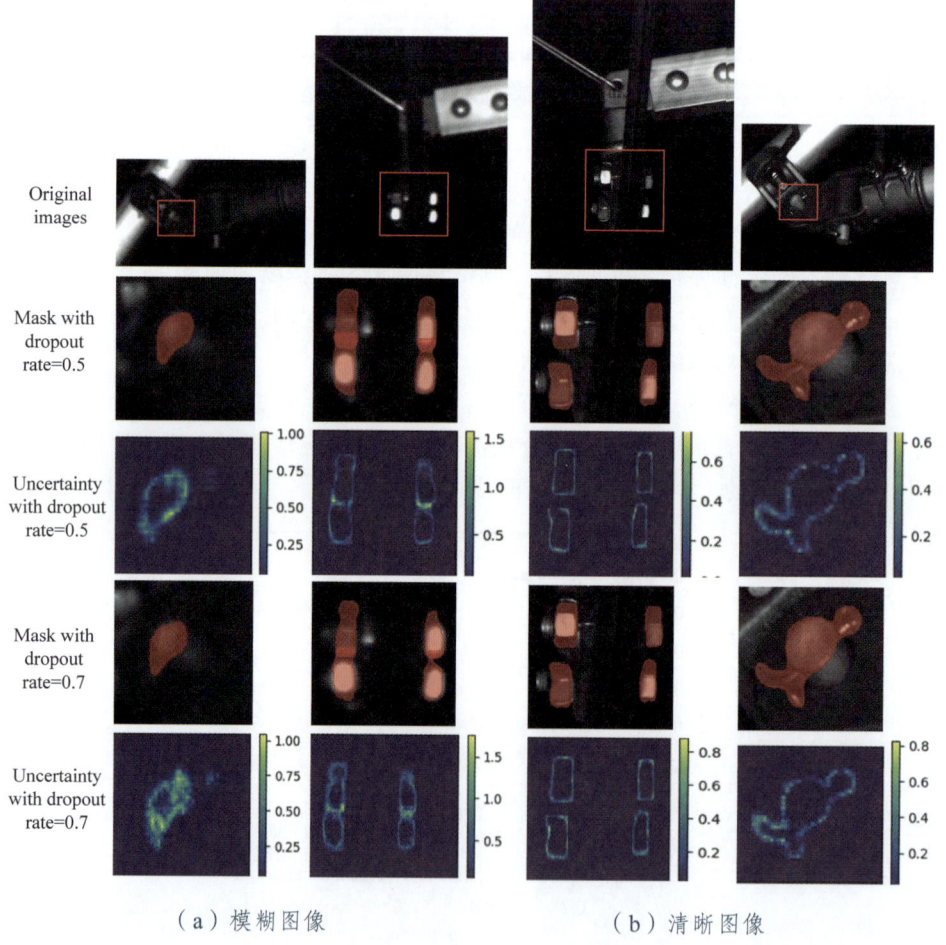

（a）模糊图像　　　　　　　　　（b）清晰图像

图 3-47　不同 Dropout rate 时 CCSN 的不确定性图和分割掩模

从图 3-47 可以看出，Dropout rate 为 0.5 的 CCSN 和 Dropout rate 为 0.7 的 CCSN 输出相似的分割掩模。它们产生相似的不确定性输出，这些输出在分割掩模的边界附近具有较高的不确定性值。但是，与正常部件相比，CCSN 模型对模糊部件的不确定性更高。在模糊部件的不确定性图中，具有高不确定性的像素数量明显高于清晰部件。

定位装置缺陷检测：首先使用三种比较方法生成的模糊图像的分割掩模，如图 3-45 所示，它们产生的分割掩模类似于 CCSN 生成的分割掩模，但精度偏低。此外，这三种比较方法不能评估分割结果的不确定性。因此，根据 CCSN 输出的不确定性值将模糊图像与测试集区分开，并使用清晰图像进行缺陷检测测试。测试集由 292 个 CWC 图像和 293 个 SP 图像组成，包括 26 个螺母缺失的 CWC、21 个螺母松动的 CWC、28 个开口销缺失的 SP。

根据分割结果和缺陷定义来检测 CWC 缺陷，至关重要的是确定螺母的准确边界。图 3-48 显示了缺陷 CWC 的分割结果的几个代表性示例。从图 3-48 可以看出，有缺陷螺母的长度大于正常螺母的长度，并且当螺母缺失缺陷时，螺母的数量将少于 4 个。

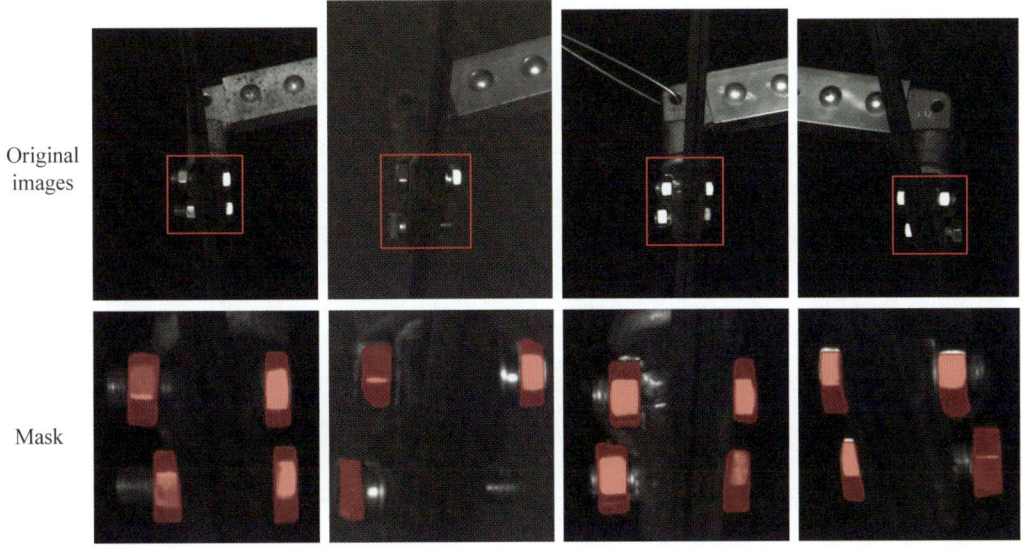

图 3-48　缺陷 CWC 的分割结果的代表性示例

为了进一步评估 CCSN 方法的性能，将 CCSN 方法与替代方法进行了比较。实验使用了不同方法的分割掩模和标签掩模来计算式（3-131）中定义的长度差，如图 3-49 所示。

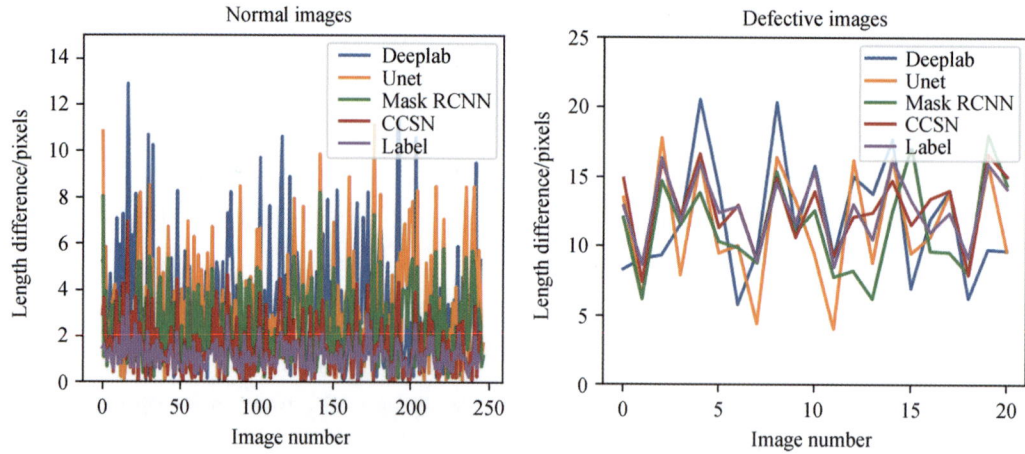

图 3-49　不同分割方法计算出的长度差之间的比较

从图 3-49 可以看出，正常 CWC 的标签长度差小于 3.5 像素。相反，有缺陷的 CWC 的标签长度差异大于 8.5 像素。随着分割精度的降低，计算结果与其标签之间的不一致性增加。

对于每种缺陷检测方法，先计算图像中长度差平均值 M_i 和标准偏差 σ_i，如果 CWC 长度差超过 $M_i+3\sigma_i$，则分类为缺陷。然后，采用式（3-78）定义的 F_1 得分作为度量标准，来评估不同方法的性能，如表 3-8 所示。

表 3-8　不同的缺陷检测方法对比

Detection approaches	阈值	*TP*	*FP*	*FN*	F_1-score
Deeplab	10.98	11	3	10	62.9%
Unet	9.16	15	3	6	76.9%
Mask RCNN	6.65	19	2	2	90.5%
CCSN	5.09	21	2	0	95.5%

从表 3-8 可以看出，CCSN 方法仅错误地报告了 2 个缺陷，并且获得了 95.5% 的 F_1 得分。此外，所有这些方法都可以成功地检测出螺母缺失的缺陷。

作者还在测试集上对 SP 缺陷检测进行了实验。图 3-50 给出了缺陷 SP 的分割结果的几个代表性示例。

从图 3-50 可以看到，当存在开口销缺失缺陷时，分割掩模的边界将近似为凸曲线。

3.3 接触网检测监测方法

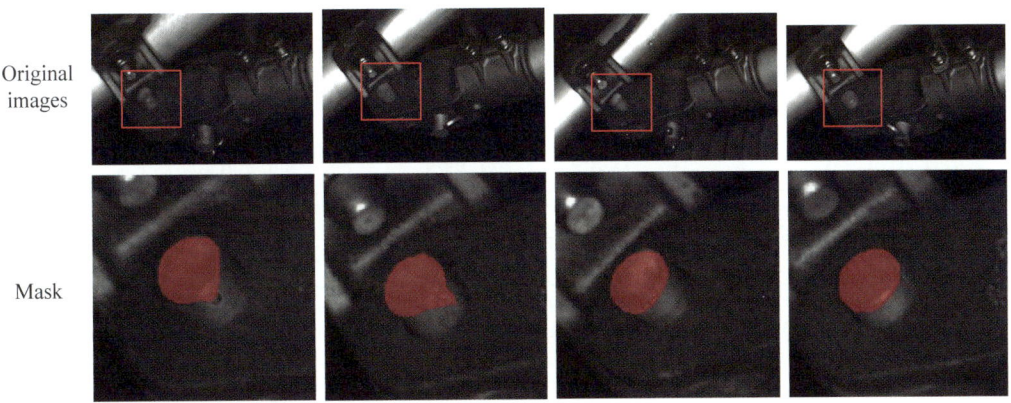

图 3-50 缺陷 SP 分割结果的代表性示例

为了进一步评估 CCSN 方法的性能,将 CCSN 方法与替代方法进行了比较。采用不同方法的分割掩模和标签掩模,计算式(3-132)中定义的掩模边界与其凸包之间的最大距离,如图 3-51 所示。

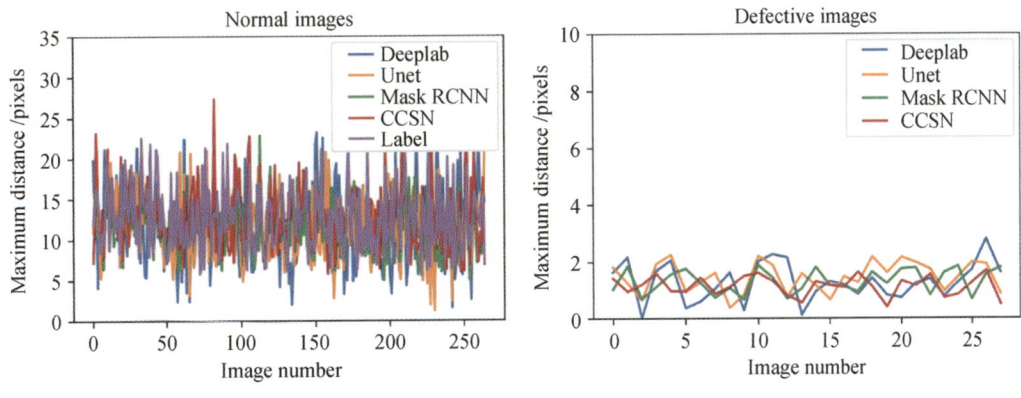

图 3-51 不同分割方法计算出的最大距离之间的比较

从图 3-51 可以看到,正常 SP 的标签最大距离大于 7.5 像素。相反,缺陷 SP 的标签最大距离为 0 像素。随着分割精度的降低,计算结果与标签之间的不一致性增加。

对于每种检测方法,先计算正常图像最大距离的平均值 M_j 和最大距离的标准偏差 σ_j。如果 SP 的最大距离小于 $M_j - 3\sigma_j$,则归为有缺陷。然后,使用式(3-78)中定义的 F_1 得分作为衡量不同方法性能的指标,如表 3-9 所示。

表 3-9　不同的缺陷检测方法对比

Detection approaches	Threshold	TP	FP	FN	F_1-score
Deeplab	2.49	27	4	1	91.5%
Unet	3.88	28	5	0	91.8%
Mask RCNN	4.79	28	1	1	96.6%
CCSN	4.91	28	1	0	98.2%

从表 3-9 可以看出，CCSN 仅错误地报告了一个缺陷。与列出的其他方法相比，CCSN 取得了最佳性能。此外，尽管 Mask R-CNN 与 CCSN 具有相似的体系结构，但 Mask RCNN 的性能却比 CCSN 差，这表明分割网络可以从特征融合和模型集成中受益。

综合表 3-8、表 3-9 可以看出，分割网络的缺陷检测性能随其分割精度的提高而提高。与开口销缺失检测相比，CWC 松动检测对分割精度更敏感，例如，Deeplab 和 U-Net 在 CWC 松动检测中的性能要比它们在开口销缺失检测中的性能差得多。

3.3.2.5　基于深度自适应学习的旋转双耳缺陷检测

基于计算机视觉和深度卷积网络的缺陷检测方法大多遵循固定的数据分布假设：一旦训练完成，则机器学习模型不再变化。但是，在接触网零部件缺陷检测中，数据分布不是固定的。究其原因是因为视觉检测系统不仅需要在不同的高速铁路上工作，而且还经常受到检测车辆的运动和照明强度变化的影响。因此，模型的学习不应该是一次性事件，而是可以适应数据分布变化的连续过程。本节提出了基于自适应深度神经网络的接触网零部件缺陷检测框架，以适应数据分布的变化，从而确保检测质量。

1. 自适应学习

近年来，深度学习和计算机视觉的结合在许多挑战性的应用领域获得进展，例如医学数据分析和自动驾驶，但是，深度学习专注于从大量已标注的数据中进行学习。实际应用中，往往面临数据标签少或者数据分布随时间变化的挑战。如何保证机器学习模型的可靠性，是实际应用中最需要关注的问题。

在一般的机器学习过程中，模型可靠性是通过其在测试集上的表现来评估的。这一评估的有效性有两个前提：一是测试样本不再训练集中；二是测试样本的数据分布与实际应用中的数据分布相同。但实际应用中，不断变化的环境条件、相机运动和噪声，都会引起数据分布的变化，进而造成机器学习模型性能大幅下降。

自适应学习的目的是根据实际数据分布的变化，不断更新模型参数，以保证模型决策的可靠性，如图 3-52 所示。自适应学习框架中主要有两个挑战：一是如何确定机器学习模型是否可靠；二是如果模型不可靠，如何使模型适应新的数据分布。

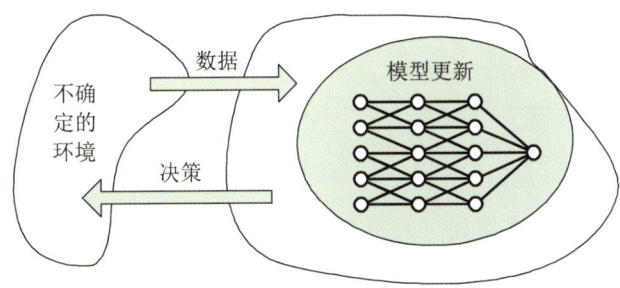

图 3-52 深度自适应学习的基本框架

（1）模型的可靠性评估。

可靠性评估的目的是发现由数据分布变化造成的模型决策不可靠。在实际预测过程中，并没有可用的真实值，无法通过预测值与真实值之间的一致性程度来衡量决策的可靠性。因此，机器学习模型的可靠性评估一般通过统计的方法来实现。现有的可靠性评估方法主要有：基于数据空间的可靠性评估和基于决策空间的可靠性评估。

基于数据空间的可靠性评估：基本思路是，首先建立测试集上输入数据的分布，然后在测试过程中检验数据分布，如果数据分布发生了变化，模型的可靠性就极有可能降低。

在图像处理过程中，输入数据的维度很高，直接建立输入数据的分布比较困难。一般先进行数据降维，再建立其分布。一种典型的方法是将现有数据分成 k 类，然后根据输入数据对每类的隶属度，来确定当前数据是否服从原来的数据分布。数据 x 隶属于类别 k 的隶属度，由数据 x 距类中心 $\mu_k = (1/N_k) \sum_{i:y_i=k} x_i$ 的距离 $d(x, \mu_k)$ 衡量。其中，N_k 为训练集中属于类别 k 的样本数。在数据维度很高时，欧式距离的性能将会退化，因此在度量图像距离时，一般采用度量学习的策略，来度量图像之间的距离，以马氏距离为例

$$d(x^{(i)}, x^{(j)}) = (x^{(i)} - x^{(j)})^\mathrm{T} M (x^{(i)} - x^{(j)}) \qquad (3\text{-}133)$$

式中，$x^{(i)}$ 和 $x^{(j)}$ 为输入数据，其维度为 D；M 为正定矩阵，其低秩分解为 $M = W^\mathrm{T} W$，$W \in R^{D \times d}$，$d \leqslant D$。由 W 诱导的马氏距离与如下 L_2 距离等价：

$$d_W(x^{(i)}, x^{(j)}) = (x^{(i)} - x^{(j)})^T W^T W (x^{(i)} - x^{(j)})$$
$$= \left\| Wx^{(i)} - Wx^{(j)} \right\|^2 \quad （3-134）$$

由此可得，基于马氏距离的分类器的概率解释为

$$p(k|x) = \frac{\exp\left[-\frac{1}{2} d_W(x, \mu_k)\right]}{\sum_{i=1}^{K} \exp\left[-\frac{1}{2} d_W(x, \mu_i)\right]} \quad （3-135）$$

为了学习参数 W，只需使如下后验概率最大化：

$$L(W) = \frac{1}{N} \sum_{i=1}^{N} \ln p(y^{(i)}|x^{(i)}) \quad （3-136）$$

在测试过程中，样本 x 隶属于类别 k 的概率可以表述为

$$\hat{p}_i(x) = \frac{\Gamma(d/2+1)}{\pi^{d/2} \tau^d} \left(1 - \frac{1}{\tau} \left\| W^T x - W^T \mu_i \right\| \right) \quad （3-137）$$

式中，Γ 为标准伽马分布；τ 为常数。

$\hat{p}_i(x)$ 越大，则 x 隶属于类别 k 的概率越高；反之，则 x 隶属于类别 k 的概率越低。如果 x 隶属于所有已知类别的概率都很低，则可认为 x 来源于不同于训练集的分布。

基于决策空间的可靠性评估：基本思路是，根据决策的不确定性或决策空间的分布变化来衡量决策的可靠性。模型决策的不确定性有很多种度量方式。在贝叶斯学习中，模型能够给出决策的分布。分布的方差反映了不确定性的大小。除此之外还有其他一些不确定性的度量方式。

☆基于输出裕度的不确定性度量：具有参数 ω 的模型，关于样本 x 的不确定性为

$$U(x) = p_\omega(\hat{y}_1|x) - p_\omega(\hat{y}_2|x) \quad （3-138）$$

式中，$\hat{y}_1$ 和 $\hat{y}_2$ 是模型两个预测得分最高的类别。

从直觉上讲，如果模型对于如何区分两种最可能的选择几乎没有疑问，则决策的不确定性就很低。反之，则不确定性高。但是，基于输出裕度的方法忽略了大部分的输出，只是粗略地描述了输出的分布。

☆基于熵的不确定性度量：一种更为通用的不确定性度量方法是基于信息熵的不确定性衡量。具有参数 ω 的模型，关于样本 x 的不确定性为

$$U(x) = -\sum_{y} p_\omega(y|x) \log p_\omega(y|x) \tag{3-139}$$

式中，y 为 x 所有可能的类别。

熵是变量平均信息含量的度量，在机器学习中常被用于不确定性度量。

☆基于决策不一致性的不确定性度量：首先构造一个由多个模型组成的决策"委员会" C，然后根据"委员会"内部决策的不一致性来度量不确定性。根据不一致性度量方法的不同，不确定的度量方法也有很多种。例如，基于投票熵的不确定性为

$$U(x) = -\sum_{y} p_C(y|x) \log p_C(y|x) \tag{3-140}$$

$$p_C(y|x) = \frac{1}{|C|} \sum_{\omega \in C} p_\omega(y|x) \tag{3-141}$$

另外，根据决策空间分布的变化也能衡量决策的不可靠性：首先建立模型在验证集上决策空间的分布，在测试过程中如果决策空间的分布发生了变化，则可认为模型决策的可靠性降低了。Kolmogorov-Smirnov 检验是检验两个分布是否有显著性差异的一种有效方法。假设，验证集中有 n 个样本 $\{x_1^{\text{val}}, x_2^{\text{val}}, \cdots, x_n^{\text{val}}\}$，相应的 n 个模型预测值分别为 $\{y_1^{\text{val}}, y_2^{\text{val}}, \cdots, y_n^{\text{val}}\}$，为不失一般性，可以认为 $\{y_1^{\text{val}}, y_2^{\text{val}}, \cdots, y_n^{\text{val}}\}$ 是单调递增的，通过下式可以将其映射到 [0,1] 的均匀分布为

$$F^{-1}(y) = \frac{k}{n} + \frac{y - y_k^{\text{val}}}{n(y_{k+1}^{\text{val}} - y_k^{\text{val}})}, y \in [y_k^{\text{val}}, y_{k+1}^{\text{val}}], k \in \{0, \cdots, n\} \tag{3-142}$$

式中，$y_0^{\text{val}} = 0$；$y_{n+1}^{\text{val}} = 1$。

在测试过程中，假设一次采样 m 个样本，对它们的预测值进行单增排序后，由式（3-139）将预测值映射到 [0,1] 的均匀分布，构成集合 $\{y_1, y_2, \cdots, y_m\}$，然后可以计算 Kolmogorov-Smirnov 检验统计量：

$$KS \triangleq \max \left\{ \max_{k=1,\cdots,m} \left\{ y_k - \frac{k-1}{m} \right\}, \max_{k=1,\cdots,m} \left\{ \frac{k}{m} - y_k \right\} \right\} \tag{3-143}$$

统计量 KS 随着测试过程中决策空间分布与验证集上决策空间分布的差异的增大而增大，可以用来衡量分布的变化。

（2）模型的更新。

自适应学习的最终目的是像生物智能系统一样，可以通过与外部环境的主动交互，及时地适应外部环境的变化，并在整个生命过程中不断地积累知识。在自适应学习过

程中，模型随数据分布的变化而变化。从模型更新的角度来看，有两种基本的更新策略：数据积累法和模型集成法，如图 3-53 所示。

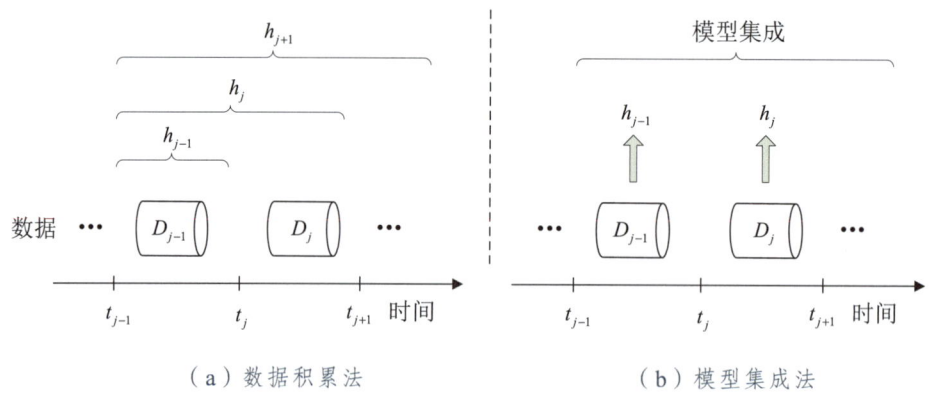

图 3-53 两种基本的模型更新策略

图 3-53 中，D_{j-1} 是系统在时间段 $[t_{j-1}, t_j]$ 内接收到的数据；h_{j-1} 是 t_{j-1} 时刻之前的模型。当新的数据 D_j 到来后，首先需要评估模型决策的可靠性，然后确定是否更新模型。

数据积累法的更新策略是，一旦模型需要更新，则将数据 D_j 添加至训练集，进而重新训练模型，形成新的模型 h_j。这种方法存在训练集随着时间一直增加的问题。

模型集成的更新策略是，一旦模型需要更新，则用数据集 D_j 训练一个新的模型 h_j，然后将所有的模型通过投票的方式集成在一起，构成集成模型。但是，这种方法将数据的每个子模型都视为独立的知识表示，没有经验和知识从旧数据迁移到新数据。

目前，自适应学习的模型更新策略，还是一个比较开放的问题，仍是研究的热点。

2. 基深度自适应学习的旋转双耳缺陷检测

（1）自适应旋转双耳缺陷检测框架。

由于接触网零部件具有先验的几何特征，如果缺陷分割结果与这些特征不一致，即可认为该结果不可靠。为了更有效地评估不可靠性，在定义一种基于决策空间的、将模型不确定性和先验知识相结合的不可靠性指标的基础上，一旦发现分割模型不可靠，就从数据集中选择不可靠的样本，并将其交给专家进行人工标注，用于更新训练集。然后，使用微调策略对分割模型进行重新训练，使分割模型可以适应当前的数据分布。根据准确可靠的分割掩模，可以获得诸如零部件边界和中心之类的几何特征，用于接触网零部件缺陷检测。

3.3 接触网检测监测方法

根据从分割掩模获得的几何特征，计算旋转双耳（Swivel Clevis，SC）开口销的开口角度，以确定开口销是否松动。由于 SC 组件的反射特性不一致且形状复杂，结合传统算法和深度神经网络各自的优势，先采用 SC 组件的几何特征确定容易出现裂纹的区域，再采用局部算子检测区域中的裂纹。SC 缺陷检测方法包括三个主要阶段：关键零部件定位、自适应 SC 部件分割和缺陷检测，如图 3-54 所示。

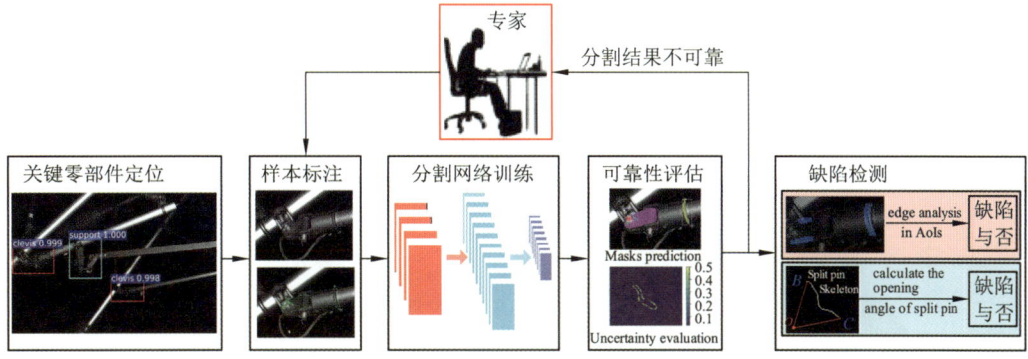

图 3-54　基于深度自适应学习的旋转双耳缺陷检测流程

完成 SC 定位后，根据自适应 SC 分割网络（Adaptive Swivel Clevis Segmentation Network，ASSN），结合 ASSN 不可靠性的评估指标进行 SC 组件分割；当数据分布变化导致不可靠性指标超过预定义的阈值时，将要求专家更新训练集并重新训练 ASSN 以适应新的数据分布。为了有效克服缺陷样本稀缺的问题，提出了一种结合深度分割网络和局部自适应算子的缺陷检测方法，以适应数据分布的变化。

（2）自适应旋转双耳分割。

分割网络架构：ASSN 由一个共享的骨干网和 K 个并行网络分支组成，如图 3-55 所示，K 个并行网络分支具有相同的结构［图 3-55（b）］。每个分支在训练集不同的 Bootstrap 子集上进行训练，但骨干网络在所有 Bootstrap 子集上学习联合特征表示。K 个并行分支的预测结果的均值和方差分别用作 ASSN 的最终预测和不确定性评估。

ASSN 是一个两级分割网络：第一级，完全卷积的区域候选网络 RPN 将图像作为输入，并直接生成可能包含目标对象的候选区域；第二级，轻量级的分支用于预测区域候选的分类推荐、边界框坐标和分割掩模。RPN 和网络分支共享相同的骨干网 ResNet50。

由于 SC 组件跨越多个尺度，将不同尺度的区域候选分配给特征金字塔的不同等级。使用与文献[26]相同的策略，将宽度 w 和高度 h 的区域候选分配给骨干网络的第 k 层：

$$k = k_0 + \log_2(\sqrt{wh}/512) \qquad (3\text{-}144)$$

式中，512 是调整后 SC 图像的大小；k_0 是大小为 $w×h = 512^2$ 的候选区域所应分配的特征层级。以这种方式，将不同大小的区域候选映射到不同的特征级别，即 {C2，C3，C4}，如图 3-55（a）所示。

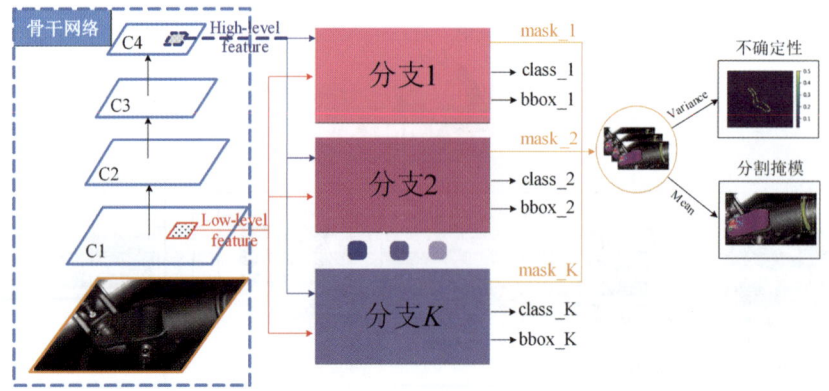

（a）ASSN 体系结构

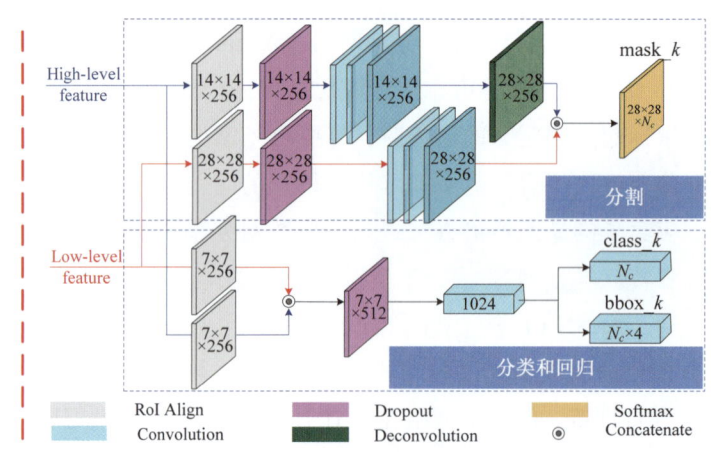

（b）网络分支结构

图 3-55　ASSN 体系结构和网络分支结构

骨干网络提取不同空间分辨率的特征图，为特征融合提供合适的框架。在骨干网中，高级特征具有较大的接受域和强大的语义信息。相反，低级别特征可以提取精细的细节信息。对于每一个区域候选，从两个层中提取特征并将其融合，然后进行分割掩模预测，例如，如图 3-55（a）所示的小区域，按式（3-144）确定的级别提取高级特征，从特征级别 C1 提取低级特征。

然后，将来自不同级别的特征馈送到网络分支以进行分割掩模预测，如图 3-55(b)所示。在分割分支中，RoIAlign 层将低层和高层特征调整为大小分别为 28×28×256 和 14×14×256 的特征图。反卷积操作之后，高级特征将变为与低级特征相同的大小，然后将其合并在一起以进行分割掩模预测。在分类和回归分支中，RoIAlign 层将低级和高级特征调整为大小为 7×7×256 的特征图，然后将其融合在一起以进行类和边界框预测。以此方式，在 ASSN 中高、低级特征融合在一起用以预测 SC 掩模。

分割不确定性评估：ASSN 通过 Bootstrap 重采样来评估分割模型的不确定性。给定训练集 X，通过对 X 进行有放回随机抽样，构造元素数等于 X 的 Bootstrap 重采样 $X^{(k)}$。每个 Bootstrap 重采样 $X^{(k)}$ 都服从与 X 相同的分布。重复 K 次，即可获得 K 个 Bootstrap 重采样，用于训练 K 个不同的预测模型。

给定一个数据 x，将模型 $\psi^{(k)}$ 应用于数据 x，可获得相应的预测 $\psi^{(k)}(x)$。然后，使用 K 个预测值的概率分布来评估不确定性。对于单纯的分类或回归任务，均值和方差为

$$\hat{\mu} = \frac{1}{K} \sum_i \psi^{(k)}(x) \tag{3-145}$$

$$\hat{\sigma}^2 = \frac{1}{K-1} \sum_k (\psi^{(k)}(x) - \hat{\mu})^2 \tag{3-146}$$

理论上，可以分别直接用作最终预测和模型不确定性评估。但是，作为实例分割网络，ASSN 既涉及分类又涉及回归，因此不确定性评估并非易事。

不确定性评估包括两个步骤：实例匹配和不确定度计算。将根据不同网络分支检测到的实例的边界框和类别进行匹配，如果相同类别的两个实例的 IoU 超过 0.8，视它们为同一实例；使用同一实例的掩模计算式（3-146）定义不确定性。

ASSN 的训练：不是只训练 K 个独立的分割网络，而是训练一个具有共享主干网和 K 个网络分支的分割模型，以提高计算效率。给定一个 SC 图像，网络分支可以生成 K 个不同的掩模预测，这些预测用于不确定性评估。

ASSN 的训练包括 RPN 训练和网络分支训练。不同网络分支的训练集是原始训练集不同的 Bootstrap 重采样。RPN 的损失函数 L_{RPN} 与 Faster R-CNN 中 RPN 的损失函数式（3-45）相同。网络分支的训练涉及三种损失函数，即分类损失函数 L_{mcls}、边界

框回归损失函数 L_{mreg} 和分割损失函数 L_{mask}。L_{mcls} 和 L_{mreg} 与式（3-46）和（3-47）中定义的相似。L_{mask} 是平均二进制交叉熵损失函数。网络分支的多任务损失函数定义为

$$L_{head} = L_{mcls} + L_{mreg} + L_{mask} \qquad (3\text{-}147)$$

在 ASSN 中，采用训练集的不同 Bootstrap 重采样来训练不同的网络分支。采用交替方式训练 ASSN 的算法如算法 3-5 所示。

算法 3-5　Adaptive SSN 的训练过程

1：输入

X：Adaptive SSN 的训练集，包括分割标签

$X^{(k)}$：训练集 X 的第 k 个 Bootstrap 重采样

K：网络分支的数量

N：每个网络分支的训练迭代次数

2：从预先训练的 ResNet50 中加载参数

4：For number of training iterations do

5：　For k = 1 to K do

6：　　For i = 1 to N do

　　　● 从训练集 $X^{(k)}$ 中采样的 m 个 mini-batch 样本

　　　● 以 $L_{RPN}+L_{head}$ 最小化为目标，更新 RPN 和第 k 个网络分支

End For

End For

End For

训练完成后，RPN 和网络分支共享骨干网络，形成统一的深度神经网络，即可对 SC 进行分割，并评估分割的不确定性。

ASSN 的自适应策略：ASSN 的关键特征是，当数据分布发生变化时，它可以主动与专家互动，进而持续更新模型。

结合图 3-58 的 SC 及其组件的先验几何特征，通过比较分割掩模提取的几何特征与先验几何特征的一致性，评估分割结果是否可靠。评估规则为：① 在 SC 分割结果中，除了 Sph 有可能被 Sp 遮挡之外，每个部件都应有且只有一个分割掩模；② Spt 的长度（Spt 分割掩模的骨架包含的像素数）应超过 SP 的直径。

结合模型不确定性和先验知识,模型不可靠的判据为

$$I_r = \frac{N_u + N_p}{N_t} > I_\tau \tag{3-148}$$

式中,N_u 是不确定性值超过预定义阈值的 SC 图像的数量;N_p 是其分割掩模与先验几何特征不一致的 SC 图像的数量;N_t 是当前时间段已检测的 SC 的总数;I_τ 是预置的阈值。

模型自适应策略的实现过程如图 3-56 所示。

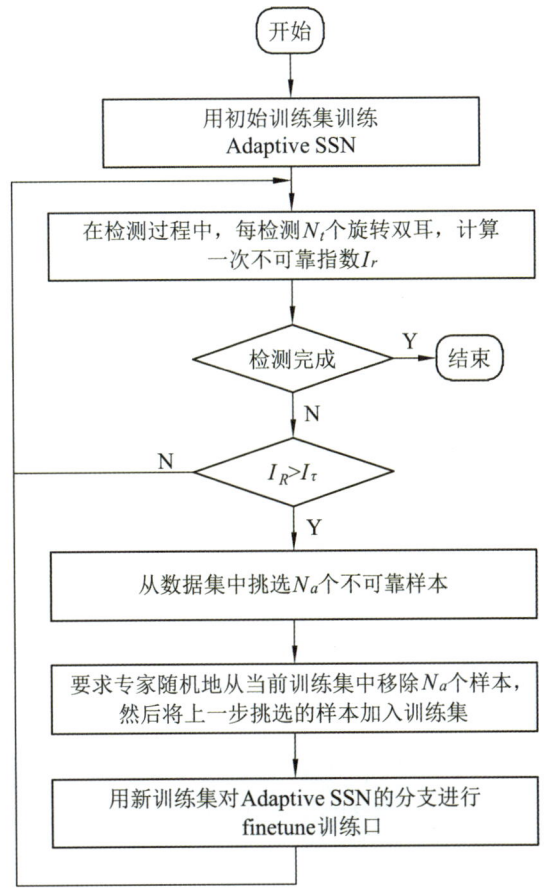

图 3-56 ASSN 的模型自适应策略

在缺陷检测过程中,当 ASSN 模型工作正常时,不可靠度将非常低。但是,当诸如车辆振动和照明强度变化等随机因素导致数据分布发生重大变化时,分割模型将变得不可靠,并且不可靠度将会增加。如果不可靠性度超过了预定义的阈值,则认为分割模型不再可靠,需要进行更新。此时,将要求专家对不可靠的 SC 进行标注,将其

添加到训练集中，然后使用新的训练集重新训练模型以适应数据分布。为了防止训练集会随着时间逐渐变大，ASSN 采用一种遗忘策略：在自适应过程中，在将 N_a 个新的不可靠样本添加到训练集中之前，从训练集中随机剔除相同数量的旧样本。

在初始训练和微调训练阶段，都要采用模型自适应策略进行不可靠性评估。在初始训练阶段，将使用算法 3-5 训练所有网络参数，包括骨干网和网络分支。在自适应阶段，将仅对网络分支的参数进行微调。

（3）旋转双耳缺陷检测。

SC 是接触网中最薄弱的环节之一，容易出现裂纹和开口销松脱缺陷。

裂纹检测：采用局部空间算子来寻找特征与周围环境（背景）不一致的区域（裂纹）是最广泛使用的裂纹检测方法[27]。但是，由于反射特性的不一致性和 SC 部件形状的复杂性，基于局部空间算子方法检测 SC 裂纹仍有困难。作为工程结构，SC 的受力分布具有规律性，最可能出现裂纹的位置也呈现出规律性，且 SC 裂纹通常从边界向中心发展，裂纹的方向与边界的方向之间有很大的夹角，因此，可以采用 ASSN 提取 SC 图像的语义信息，进而确定容易出现裂纹的区域，再采用局部算子检测区域中的裂纹，如图 3-57 所示。

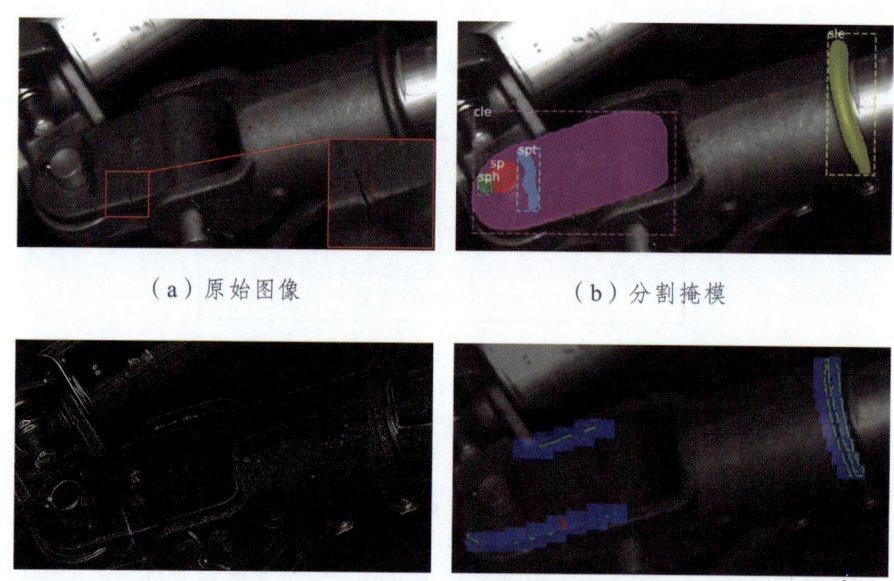

图 3-57　SC 裂纹检测示意图

SC 裂纹检测步骤如下：

Step1：应用 ASSN 对 SC 进行分割，如图 3-57（b）所示。

Step2：采用分割掩模确定感兴趣区域（AoIs），即图 3-57（d）中的蓝色区域，这些区域内容易出现裂纹缺陷。

Step3：应用 Sobel 边缘算子来增强 SC 图像的边缘，如图 3-57（c）所示。在 AoIs 中，应用 Otsu 方法自适应地对边缘进行二值化，应用形态学运算去除面积小于 3 个像素的连接区域，然后提取连通区域的骨架，如图 3-57（d）所示的绿色和红色边缘。

Step4：采用霍夫变换在 AoIs 中检测直线，如果存在一条与边界方向（根据分割掩模确定）呈 45° 以上角度的直线，如图 3-57（d）所示的红色边缘，则认为 SC 中存在裂纹。

SP 开口销缺陷检测：开口销主要有松动和缺失两种缺陷。当开口销缺失时，分割结果中将没有 Spt 和 Sph 分割掩模，此类缺陷较易检测。下面重点讨论开口销松动的检测。在动态检测过程中，图像中开口销的位置会随拍摄角度而变化，但是，在检查图像中，如果开口销正常，则两个 Spt 尾部之间的夹角应足够大。随着开口销松动程度的增加，两个 Spt 尾部之间的角度将越来越小。因此，开口销松动度是由 Spt 的开口角 $\angle BOC$ 来衡量的，如图 3-58 所示。

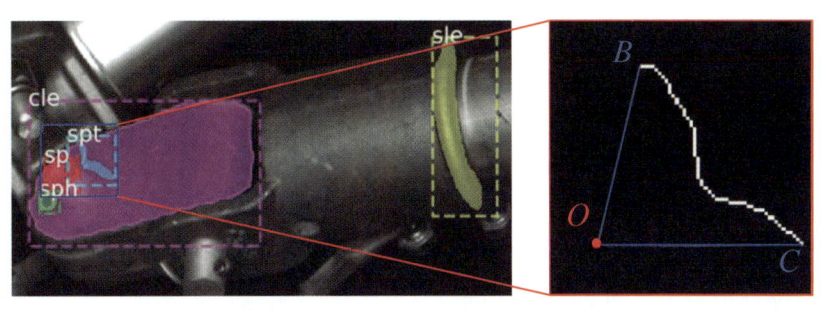

（a）SC 分割结果　　　　　　（b）开口角计算示意图

图 3-58　SC 开口销松脱检测示意图

根据式（3-149）判断开口销的缺陷状态：

$$\angle BOC < \theta \tag{3-149}$$

式中，θ 是预定义的阈值。测量开口销两个尾部之间的角度，需要确定其中心点和终点。中心点 O 可以通过 Sp 的掩模获得；端点 B 和 C 由 Spt 掩模的骨架确定，如图 3-58（b）所示。

4．实验验证

实验环境如下：Ubuntu 18.04，Python 3.6，Intel Xeon E5-2630v4，GTX 1080 Ti GPU 和深度学习平台 Keras。

（1）旋转双耳分割。

从武汉—广州（WG）、合肥—福州（HF）和郑州—西安（ZX）高速铁路收集了三个数据集，三条线路的照明条件、拍摄角度和线路特性等都不相同。实验中，将 WG 的 1 500 张 SC 图像用作初始训练集，HF 和 ZX 的各 500 张 SC 图像分别标注为测试集。

为了评估图 3-56 所示的模型自适应策略，采用 WG 的初始训练集训练分割模型，再依次测试分割模型是否适应 HF 和 ZX。将不可靠阈值 I_{ued} 确定为 0.05，从 HF 和 ZX 数据集中选择不可靠样本，然后将其添加到训练集中重新训练分割模型，直到分割模型适应 HF 和 ZX。每次再训练过程中，选择 N_a = 150 个不可靠的样本更新训练集。

在初始训练阶段，使用算法 3-5（mini-batch 大小为 2）训练了 150 个 epoch，形成了初始 ASSN 模型。其中，学习率最初设置为 1e-3，每 50 个 epoch 衰减 0.5 倍。在自适应训练阶段，使用学习率 2.5e-4 训练 50 个 epoch，对 ASSN 的分支进行微调。

实验使用 Spt 的掩模，通过式（3-148）计算不确定性值。原因是 Spt 掩模不仅对缺陷检测至关重要，而且对数据分布变化最敏感。图 3-59 显示了适应过程中不同阶段的几个代表性不确定度图和分割掩模。

图 3-59 实验结果表明：为适应数据分布的变化，模型自适应策略是必不可少且有效的。第 2 行和第 3 行说明：采用 WG 初始训练集训练的 ASSN 在 WG 上表现良好，但在 HF 和 ZX 上具有较高的不确定性和较低的分割精度；第 4 行和第 5 行说明：当 ASSN 适应 HF 后，在 WG 和 HF 上均表现良好，但在 ZX 上仍然具有较高的不确定性和较低的分割精度；第 6 和第 7 行说明：当 ASSN 进一步适应 ZX 后，它在三条铁路线上都表现良好。

为了对模型适应策略进行更深入的分析，对影响自适应策略性能的关键因素——样本选择策略和分割网络架构进行了分析。

样本选择策略：如何发现模型的决策不可靠，并选择不可靠样本对模型进行再训练是实现模型自适应的关键。图 3-59 说明：当分割模型可靠时，SC 部件均具有适当的掩模，并且不确定性相对较低；相反，如果模型不可靠，则分割掩模的质量将会下降，并且不确定性相对较高。除前面所述的样本选择策略外，实验中另一种样本选择策略是随机选择：当发现模型不可靠时，随机选择样本并将其添加到训练集中以重新训练模型。为了公平比较，在每个再训练步骤中，两种样本选择策略均选择 N_a = 150 个样本添加到训练集中，不可靠阈值 I_τ = 0.05。

3.3 接触网检测监测方法

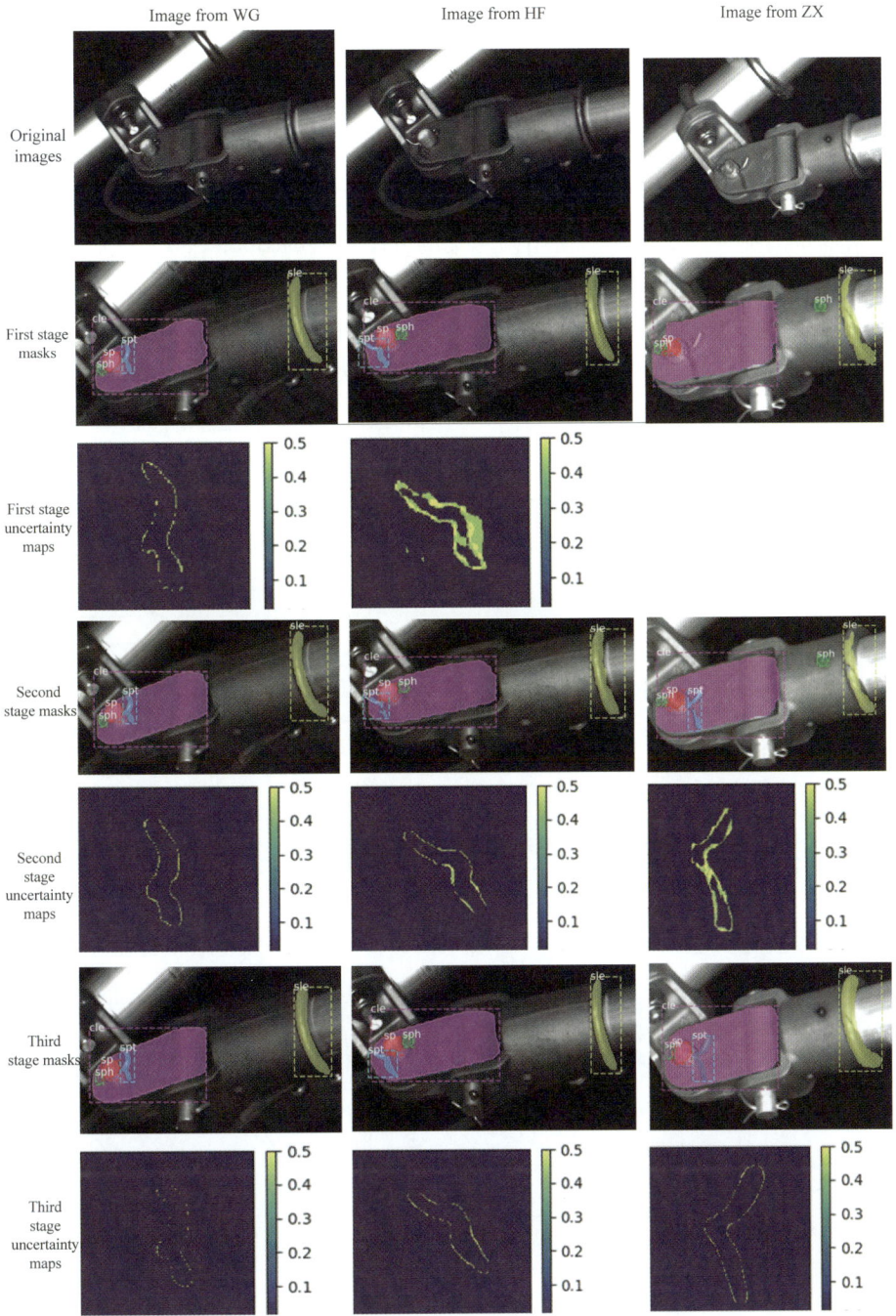

图 3-59 ASSN 在不同阶段输出的不确定性和分割掩模

分割网络架构：除了样本选择策略外，网络架构对模型自适应性能也有关键影响。实验中，将模型自适应策略应用于 ASSN、Mask R-CNN 和 YOLACT，一一评估三者的自适应性能。

YOLACT 是一种单阶段分割网络，能同时预测分割掩模、边界框和类别。YOLACT 可对整个图像生成多个掩模原型，并通过学习掩模系数，对掩模原型进行线性组合来预测每个实例的掩模。实验中，使用训练集的 6 个不同的 Bootstrap 重采样独立训练 6 个 YOLACT 模型。

Mask R-CNN 是一种两阶段分割网络，根据 RPN 预测的区域候选的大小从主干网络不同层中提取特征，并使用这些特征预测分割掩模、边界框和类别。实验中，6 个 Mask R-CNN 模型采用训练集的 6 个不同的 Bootstrap 重采样独立训练。

ASSN：本节提出的分割网络。实验中，ASSN 具有 6 个网络分支，分别从不可靠度、分割精度两方面评估网络的自适应性能。图 3-60 显示了三种分割网络从 WG 到 HF 再到 ZX 的自适应过程。

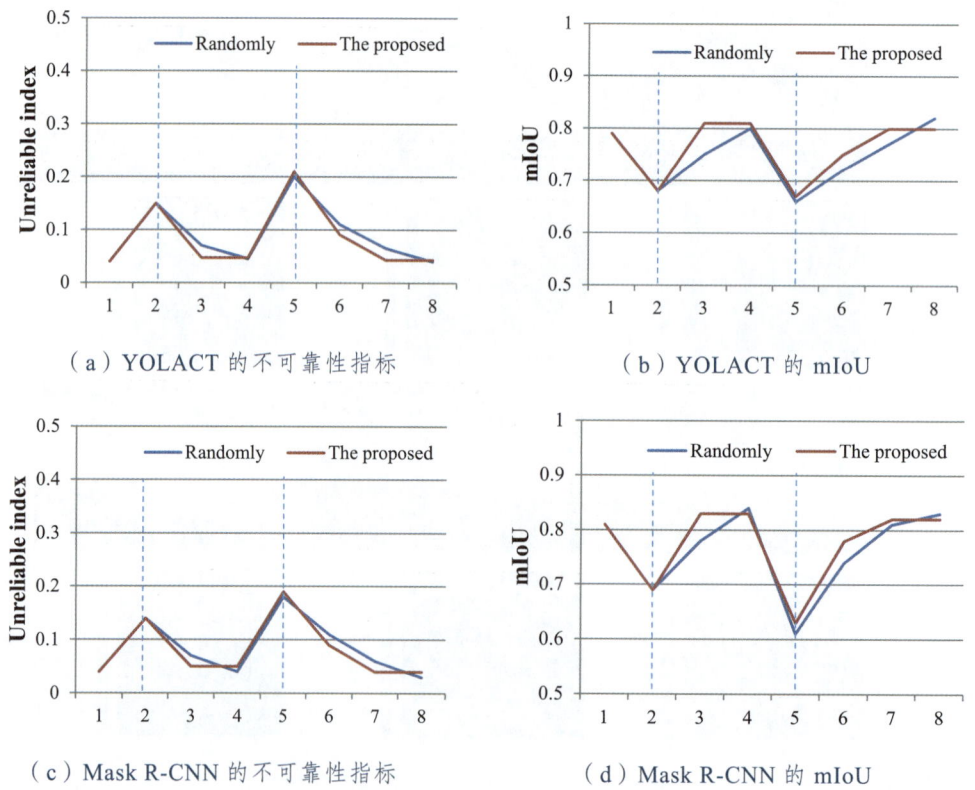

（a）YOLACT 的不可靠性指标　　（b）YOLACT 的 mIoU

（c）Mask R-CNN 的不可靠性指标　　（d）Mask R-CNN 的 mIoU

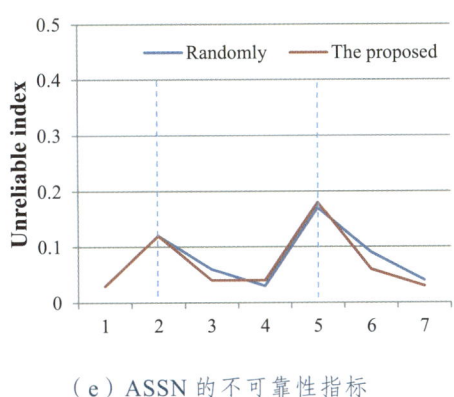 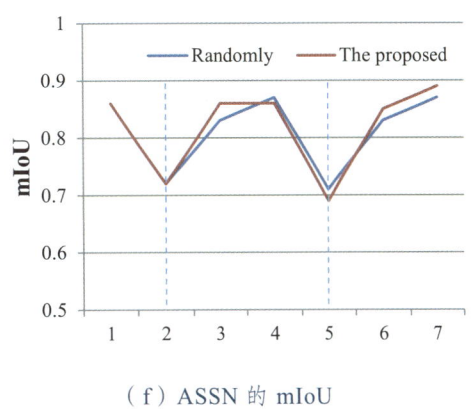

（e）ASSN 的不可靠性指标　　　　　　（f）ASSN 的 mIoU

图 3-60　不同分割网络的不可靠指数和 mIoU 变化曲线

如图 3-60（a）所示，在初始训练阶段，YOLACT 模型在 WG 测试集上表现良好，mIoU 为 0.79，不可靠指数为 0.04。

在自适应训练阶段，第 1 步：HF 测试集上测试 YOLACT 模型时，mIoU 降至 0.68，不可靠指数为 0.15。根据图 3-56 所示的模型适应策略，要求专家将新样本添加到训练集中重新训练。第 2 步，分别采用随机选择和本节提出的策略进行样本选择，从 HF 的数据集中选择 $N_a = 150$ 个新样本，更新训练集。第 3 步，经过重新训练后，产生了两种不同的 YOLACT 模型，在当前测试集中的不可靠指数分别为 0.07（随机）、0.047（本节）；使用本节提出策略的模型实现了对 HF 的适应。第 4 步，使用随机策略的模型再次重新训练，实现了对 HF 的适应。第 5 步，在 ZX 数据上测试 YOLACT 模型时，发生了与第 2 步中类似的情况。直到第 7 步，才实现对 ZX 的适应。

其他两个网络的自适应过程与 YOLACT 相似，如图 3-60（c）~（f）所示。

从图 3-60 可以看出：当测试集的数据分布与训练集的数据分布不同时，分割模型的性能将下降，并且其分割结果将不再可靠。但是，采用式（3-148）定义的不可靠性指标，分割模型可以发现其自身结果的不可靠性，然后要求专家更新训练集，并重新训练模型以适应新的数据分布。

为了比较自适应的效率和模型的分割精度，表 3-10 给出了图 3-60 中不同的自适应策略、不同模型所需的自适应步数和达到的分割精度 mIoU 的统计结果。

表 3-10 不同的自适应策略和分割网络对比

分割网络	自适应策略	自适应步数		第一阶段 mIoU	第二阶段 mIoU	第三阶段 mIoU
		WG→HF	HF→ZX			
YOLACT	Random	2	3	0.79	0.8	0.82
	Proposed	1	2		0.81	0.8
Mask R-CNN	Random	2	3	0.83	0.84	0.83
	Proposed	1	2		0.83	0.82
ASSN	Random	2	2	0.86	0.87	0.87
	Proposed	1	2		0.86	0.89

从表 3-10 可以看出，在每个适应阶段，随机选择策略比本节提出的根据不可靠性的选择策略需要更多的适应步数。这表明通过添加分割结果不可靠的样本到训练集来重新训练分割模型，能够加快模型的自适应过程。此外，尽管三个分割网络都可以实现模型自适应，但是不同网络的分割精度是不同的。在每个阶段，ASSN 均比 Mask R-CNN 和 YOLACT 获得更好的分割精度。在 YOLACT 中，通过与输入 SC 图像大小相同的掩模原型的线性组合，来构建 SC 部件的掩模。Mask R-CNN 为每个 RoI 生成一个小掩模，这使 Mask R-CNN 可以专注于 RoI 的细节特征，从而提高分割的精度。在此基础上，ASSN 进一步融合了不同级别的特征，因此实现了更高的分割精度。

（2）旋转双耳缺陷检测。

本实验评估了包括 SC 裂纹检测和开口销松脱缺陷检测在内的缺陷检测方法的性能。对于 WG、HF 和 ZX 高速铁路，采用经过自适应策略的模型对 SC 图像进行分割，然后进行缺陷识别。

SC 裂纹检测：为检测 SC 裂纹，首先通过深度分割模型预测的分割掩模确定 AoI，然后在 AoI 中通过边缘的二值化来检测裂纹。实验评估了 Ostu 和局部二值化缺陷检测策略对 SC 裂纹检测的适应性。Ostu 策略是对整个 SC 图像的边缘进行全局二值化，局部二值化策略是在 AoI 中执行局部二值化。图 3-61 给出了几种代表性的缺陷检测结果。

从图 3-61 可以看出：采用 Ostu 策略时，细微的裂纹有可能会漏检。如第 2 行，SC 中有轻微裂纹，但并没有二值化边缘与之对应；原因在于复杂的照明条件下，SC 各部件自身的边缘有可能会"淹没"轻微裂纹的边缘。采用局部二值化策略可以避免上述缺点，如第 4 行，在 AoI（蓝色区域）中，所有裂纹都有二值化边缘（红色边缘）。因此，实验采用了局部二值化策略。

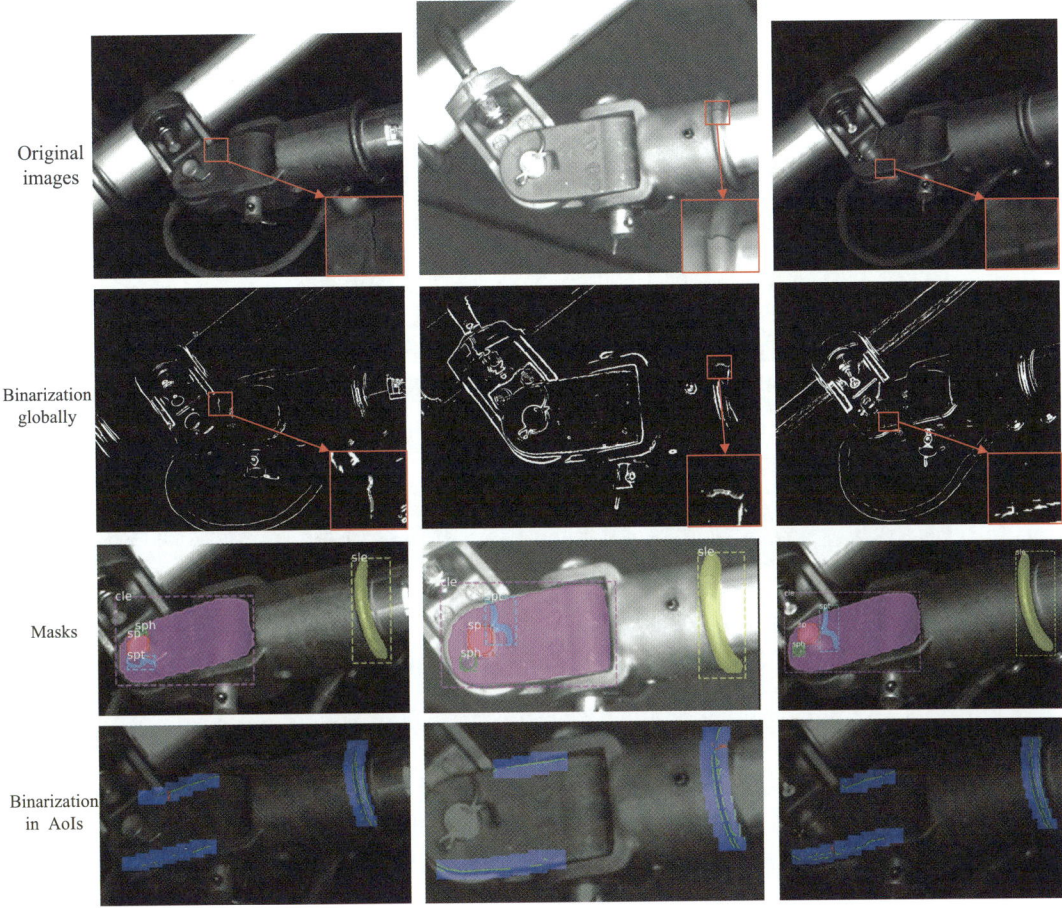

图 3-61 不同缺陷检测策略的结果对比

为了进一步评估 SC 裂纹检测性能，采用 YOLACT、Mask RCNN 和 ASSN 三种分割网络进行 SC 裂纹检测，采用 F_1 分数作为评价指标，实验结果如表 3-11 所示。

表 3-11 不同的分割网络检测结果对比

分割方法	TP	FP	FN	F_1-score
YOLACT	22	6	2	86.3%
Mask RCNN	22	5	1	88.0%
ASSN	23	3	0	93.9%

从表 3-11 可以看出，相对而言，ASSN 裂纹检测方法性能最好，仅误检了 3 个缺陷。

开口销松脱检测：本实验评估开口销松脱检测方法的性能。几个具有代表性的开口销缺陷的 SC 分割结果如图 3-62 所示。

（a）开口销缺失　　　　　　　　（b）开口销松动

图 3-62　具有代表性的开口销缺陷的 SC 分割结果

从图 3-62 可以看到，当存在松动缺陷时，开口销尾部的开口角度将会变小，当存在缺失缺陷时，分割结果中将不会出现 Spt 的掩模。

为了进一步评估本节方法的性能，采用不同方法获得的分割掩模和标签掩模来计算式（3-146）中定义的开口角，如图 3-63 所示。

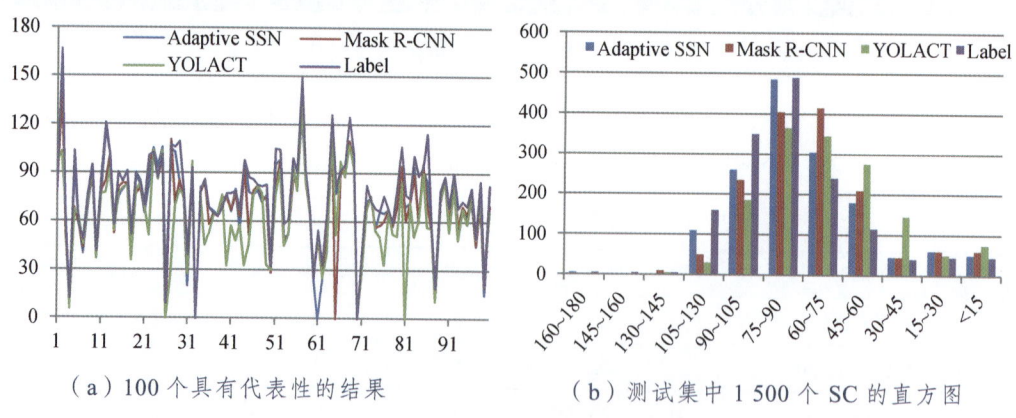

（a）100 个具有代表性的结果　　　　　　（b）测试集中 1 500 个 SC 的直方图

图 3-63　通过不同分割方法计算出的开口角的比较

表 3-10 给出的实验结果表明，YOLACT 的分割精度最低，ASSN 的分割精度最高。从图 3-63（a）可以看出，随着分割精度的降低，计算出的开口角与其标签之间的不一致性增加，这由图 3-63（b）中的直方图得到进一步证实。在实验中，如果开口角小于 15°，则认为开口销有缺陷。然后，使用 F_1 分数作为度量标准，以评估不同方法的性能，如表 3-12 所示。

表 3-12　不同的分割网络检测结果对比

分割方法	TP	FP	FN	F_1-score
YOLACT	44	31	4	71.5%
Mask RCNN	45	15	2	84.1%
ASSN	45	5	0	94.7%

从表 3-12 可以看到，ASSN 方法仅误报了 5 个缺陷，这表明其在 SP 缺陷检测中的性能良好。与 Mask R-CNN 和 YOLACT 相比，ASSN 的 F_1 得分分别提高了 10.6% 和 23.2%。

3.3.3　几个关键技术问题

在接触网检测监测装置研发和使用过程中，有几个关键技术问题需要引起高度重视。这些关键技术问题包括：车体振动补偿技术、多重融合定位技术和关键零部件检测触发技术。

3.3.3.1　车体振动补偿技术

在动态检测过程中，以车辆为载体的几何参数检测将发生多自由度的振动，任何轻微的振动都将会使几何参数产生较大的测量误差，因此，必须对车体姿态进行实时测量与补偿，从而提高几何参数的检测精度。

车体姿态补偿是由安装在车底的两台线结构光传感器构成的，如图 3-64（a）所示。根据三角测量原理，线结构光传感器可以实时测量轨道特征点（通常取钢轨平面下 14 mm 处的点）与其坐标系的距离。轨道中心坐标系 $OXYZ$ 定义如下：X 轴平行于两个轨道特征点连线的方向，Y 轴垂直于轨道平面，Z 轴平行于轨道纵向方向。

当车辆运行时，车体会发生六个自由度的振动，即沿着 X 轴方向、Y 轴方向、Z 轴方向的摆动、跳动与振动，以及绕着 X 轴方向、Y 轴方向、Z 轴方向的点头、摇头与侧滚。沿着 Z 轴方向的振动对导高和拉出值的测量没有影响，同时车辆实际运行过程中点头与摇头角度很小，其对几何参数的影响可以忽略不计。因此，影响几何参数测量精度的主要因素是摆动、跳动和侧滚，车体姿态补偿的目的就是实时测量摆动与跳动的位移以及侧滚的角度。

车体姿态补偿示意图如图 3-64（b）所示。车体姿态补偿所涉及的参数可以分为三类：① 利用线结构光传感器直接获得的位移，包括 C_1C_8、C_8C_9、C_5C_{12}、$C_{11}C_{12}$、$C_{14}C_{17}$、$C_{13}C_{14}$；② 与检测装置安装位置相关的常数，包括 C_9C_{11} 和 $C_{10}C_{13}$；③ 最终测量结果，即静态导高 C_3C_{16} 和静态横向偏移 $C_{16}C_{17}$。显然，如果不考虑车体的侧滚、摆动与跳动，在车体坐标系下实际测量的导高和横向偏移将被误认为是 $C_{13}C_{14}$、$C_{14}C_{17}+C_2C_{13}$，静态几何参数是建立在以轨道中心为原点的坐标系上的。静态导高和静态横向偏移计算步骤如下[28]：

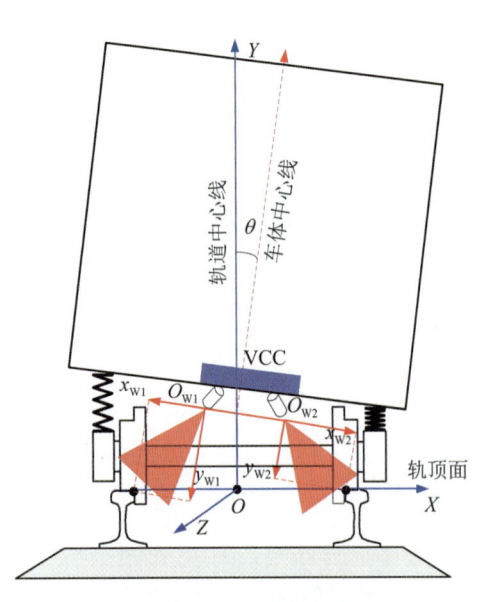 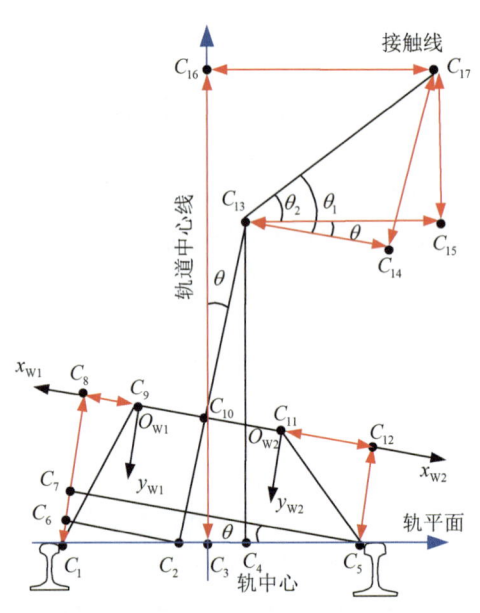

（a）车体姿态检测示意图　　　　　　　（b）车体姿态补偿示意图

图 3-64　车体姿态补偿原理图与图解示意图

步骤1：计算侧滚角和辅助角

$$\left.\begin{aligned} \theta &= \arctan\left(\frac{C_1C_8 - C_5C_{12}}{C_8C_9 + C_9C_{11} + C_{11}C_{12}}\right) \\ \theta_1 &= \arctan\left(\frac{C_{14}C_{17}}{C_{13}C_{14}}\right) \\ \theta_2 &= \theta_1 - \theta = \arctan\left(\frac{C_{14}C_{17}}{C_{13}C_{14}}\right) - \arctan\left(\frac{C_1C_8 - C_5C_{12}}{C_8C_9 + C_9C_{11} + C_{11}C_{12}}\right) \end{aligned}\right\} \quad (3\text{-}150)$$

步骤2：计算 $C_{13}C_{17}$ 在轨道中心坐标系中的投影

$$\left.\begin{aligned} C_{15}C_{17} &= \sqrt{(C_{14}C_{17})^2 + (C_{13}C_{14})^2} \cdot \sin\theta_2 \\ C_{13}C_{15} &= \sqrt{(C_{14}C_{17})^2 + (C_{13}C_{14})^2} \cdot \cos\theta_2 \end{aligned}\right\} \quad (3\text{-}151)$$

步骤3：计算 C_4C_{13} 和 C_3C_4

$$\left.\begin{aligned} C_4C_{13} &= [C_{10}C_{13} + C_1C_8 - (C_8C_9 + 0.5C_9C_{11}) \cdot \tan\theta] \cdot \cos\theta \\ C_3C_4 &= [C_{10}C_{13} + C_1C_8 - (C_8C_9 + 0.5 \cdot C_9C_{11}) \cdot \tan\theta] \cdot \sin\theta + \\ &\quad \frac{(C_8C_9 + 0.5 \cdot C_9C_{11})}{\cos\theta} - \frac{C_1C_5}{2} \end{aligned}\right\} \quad (3\text{-}152)$$

步骤4：计算轨道中心坐标系下静态导高和静态横向偏移

$$\left.\begin{aligned} C_3C_{16} &= C_{15}C_{17} + C_4C_{13} \\ C_{16}C_{17} &= C_{13}C_{15} + C_3C_4 \end{aligned}\right\} \quad (3\text{-}153)$$

由于车辆在随时振动，因此，应该实时检测实时补偿。

3.3.3.2　多重融合定位技术

在对接触网检测监测过程中，将检测监测数据与物理对象关联起来是基本要求。这种关联实质上是对检测监测数据进行定位，目前，国内外采用的定位技术主要有如下几种。

1. 里程累加技术

（1）基于速度编码器的里程累加定位技术。

里程累加计距的脉冲信号由安装在列车轮对轴头的光电编码器提供。列车行驶过程中，光电编码器和车轮以相同角速率转动，列车行驶距离可通过采集、累计脉冲信号获得。但是，利用速度编码器对行车距离进行累加的误差随时间逐渐增大，并且由于存在长短链、车轮空转、滑行、磨损等多种情况,单纯的速度编码器累加不能对线路里程进行精确定位,必须辅以其他里程修正技术[29]。

(2)基于多普勒雷达的定位技术。

雷达天线内置于列车车底,列车运行过程中,若雷达的发射频率为f_c,发射波与接收到的反射波之间的多普勒频率为f_d,则列车的运行速度为

$$v = \frac{cf_d}{2f_c \cos\alpha} \quad (3-154)$$

式中,f_c为雷达工作频率(Hz);v为列车速度(km/h);c为光速(km/h);α为天线辐射角度(°)。

列车行驶的距离为

$$D = \sum_{i=1}^{N} T\bar{v}_t \approx \sum_{i=1}^{N} T\frac{v_i + v_{i-1}}{2} \approx \sum_{i=1}^{N} Tv_i \quad (3-155)$$

式中,T为测速周期(h);$\bar{v}_t$为列车$(i-1)T \sim iT$时段的平均速度(km/h);v_i为iT时刻的列车速度(km/h)。

基于多普勒雷达测速的定位技术与速度编码器定位技术一样,存在累加误差,必须辅以其他里程修正技术。

2. 里程定位技术

(1)基于应答器的定位技术:目前广泛采用的列车定位方法。应答器按照规定距离安装于轨道中心线上,列车通过应答器上方时,车载应答器接收天线获取到包含位置信息的应答器信息,完成对列车的定位。这种方法优点是定位精度高、使用寿命长、维护成本较低、在恶劣环境下可保证良好的稳定性;缺点是只能获得应答器所在位置的定位信息,必须辅以速度编码器或多普勒雷达测速定位技术才能完整定位线路里程。新线联调联试过程中,应答器设备未调试完成,不能作为检测列车的定位信息源使用[29]。

(2)基于GPS(全球定位系统)的定位技术:通过卫星对地面目标进行测定并进行定位和导航的技术,具有使用方便、技术成熟、成本相对较低、维护容易等优点。GPS定位技术也是现阶段检测列车广泛采用的定位技术之一。但GPS在山区、隧道、车站等遮挡区段会完全失效,且定位精度受卫星星况、天气气候等因素影响较大[29]。

(3)基于RFID(射频识别)的定位技术:无线射频技术作为一种新兴的定位手段,已较广泛应用于各种领域,尤其在物流管理领域应用非常广泛。RFID技术在我国铁路货车追踪、货车车号自动识别等方面也早已得到应用,并趋于成熟。基于RFID的定位技术原理与应答器定位技术相似,但RFID标签具有尺寸小、安装方便等特点。因此,更适合在接触网检测监测中进行精确定位,RFID在支柱上的安装如图3-65所示[29]。

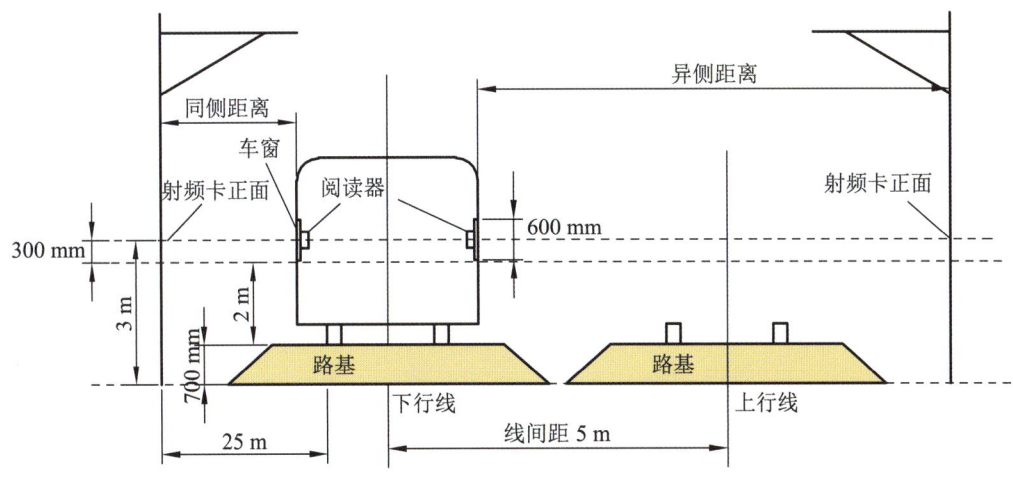

图 3-65 RFID 安装位置

（4）基于激光位移的定位技术：激光位移传感器安装在车顶，采用光学三角测量法定位物体，如图 3-66 所示。测量精度达到 1 mm，测量频率达到 3 kHz，满足列车 140 km/h 运行，不会产生漏检，探测准确率达到 100%。同一接触网支柱（或吊弦）抓拍的当前位置与历史定位抓拍的误差不大于 5 mm。激光位移传感器的激光脉冲稳定且集中，不受环境光线影响[30]。

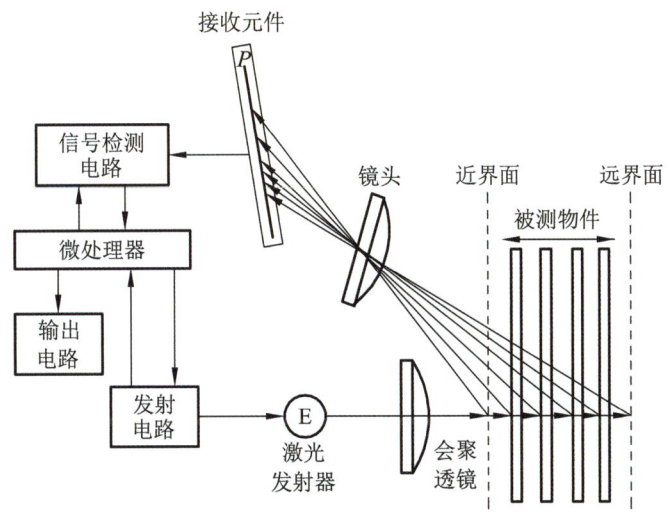

图 3-66 激光位移传感器工作原理示意图

3. 多重融合定位技术

从上面的介绍可以看出，由于高速铁路检测监测环境的特殊，任何一种定位方法都不能满足所有情况下的定位。因此，在实际使用中，往往是通过多种定位方法融合以得到准确的定位。例如，0号高速综合检测列车采用的是对列车运行监控（LKJ）系统的列车运行信息、DGPS 的定位信息和安装于轮对轴头速度（光电）编码器输出的距离脉冲信号这 3 个传感器信息源进行融合处理实现准确定位的[31]。380A-001 高速综合检测列车采用的是 RFID、GPS 和速度编码器三种方法融合实现准确定位的[29]。在地铁综合检测列车上，是采用激光传感器、RFID 和多普勒测速方法融合实现准确定位的。在接触网检测车（4C）中，接触网支柱的定位方法也是多种方法的融合，有采用 RFID、GPS 与多普勒测速方法融合的，也有采用激光测距、GPS 与多普勒测距方法融合的。

3.3.3.3 关键零部件检测触发技术

接触网悬挂状态检测监测装置（4C 装置）除联调联试期间进行静态检测外，在运行维护期间，一般是晚上 12：00—04：00 上线进行检测监测。由于接触网结构复杂，4C 装置的相机阵列在收到触发组件的触发指令后才对定位装置或吊弦进行拍摄，未收到拍摄指令时，4C 装置通过处理上一次抓拍的图像，及时诊断出接触网表征参数和零部件技术状态是否发生异常。

触发组件是 4C 装置的核心部件，由相机和激光器组成，两者共同构成激光位移传感器，通过数据处理服务器实时计算两定位装置（触发组件Ⅰ和Ⅱ）或两吊弦（触发组件Ⅲ）间距启动相应的相机组件（参见图 3-77）。触发组件直接决定着高清成像模块的拍摄时机，实际上触发组件也是一种定位。

触发组件的工作原理是：在搭载 4C 装置的车辆运行过程中，触发组件连续扫描接触悬挂，当检测到定位装置或吊弦时，向相机阵列及光源发出触发信号，触发后者对接触网零部件进行拍摄，触发时间通常控制在毫秒级，触发组件如图 3-67（a）所示。激光位移传感器采用三角法测距原理，如图 3-66 所示。触发组件采用两个激光器的设计是为了有效抑制电连接、线岔等特殊断面接触网零部件产生的误触发信号。

3.3 接触网检测监测方法

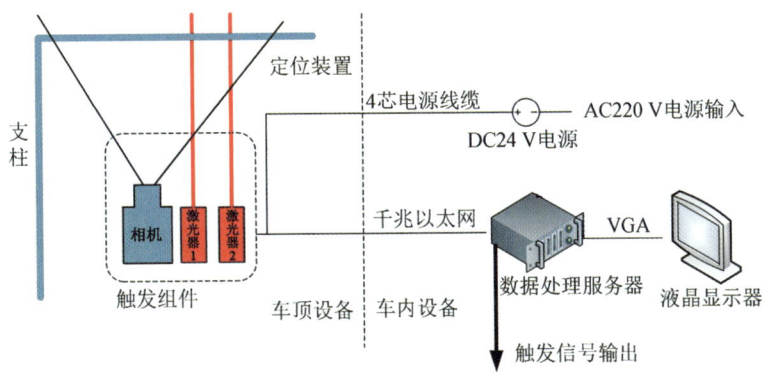

（a）触发组件

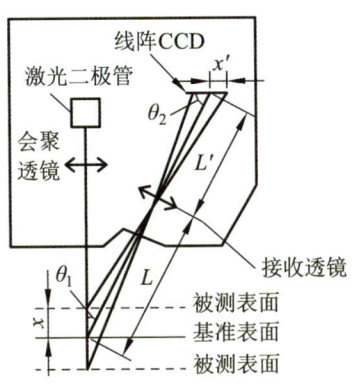

（b）激光位移传感器原理

图 3-67 触发组件和激光位移传感器工作原理图

为了更加清晰地分析激光位移传感器的工作原理，将图 3-66 重画成图 3-67（b）。激光二极管发出的光束经会聚透镜聚焦后垂直入射到被测物体表面上，当被测物体表面因运动在该方向上产生位移时，接收透镜接收被测物体表面入射光点处的散射光，将其成像在 CCD 敏感面上的不同位置，从而测量处物体的位移值。由于只有一个准确的调焦位置，其余位置的像都处于不同程度的离焦状态，降低了测量准确度。在结构设计时，可使 CCD 平面与接收透镜平面成一倾斜角 θ_2 来满足 Scheimpflug 条件[32]，即

$$\tan\theta_1 = \beta\tan\theta_2 \tag{3-156}$$

式中，β 为接收透镜光学系统横向放大率。

这样一定测量范围内的被测点都能聚焦成像在线阵 CCD 上，扩大了系统的景深，保证了测量准确度。

若光点在 CCD 成像面上相对于基准点位移为 x'，则被测面的位移[32]为

$$x = \frac{x'L\sin\theta_2}{L'\sin\theta_1 - x'\sin(\theta_2 + \theta_2)} \quad (3\text{-}157)$$

式中，L 为激光束光轴和接收光轴的交点到接收透镜前主面的距离；L' 为接收透镜后主面到 CCD 成像面的距离；θ_1 为激光束光轴与接收透镜光轴之间的夹角；θ_2 为 CCD 平面与接收透镜光轴之间的夹角。

数据处理服务器实时计算两定位装置或两吊弦间距启动并判断是否启动相应的相机组件进行拍摄。

3.4 接触网检测监测系统

高速铁路弓网检测监测系统总体架构如图 3-2 所示。下面简要介绍 1C~6C 装置的检测监测项目、检测监测模块构成和现场运用情况[2, 4]。

3.4.1 高速弓网综合检测装置（1C 装置）

高速弓网综合检测装置是安装在高速综合检测列车上的固定检测设备，随着综合检测列车的运行检测接触网表征参数，检测结果用于指导联调联试和接触网运行维修。

1C 装置由检测、弓网视频监视、信号传输、电源、信号采集、数据处理、显示和存储等模块构成，其中，检测模块主要包括弓网几何参数检测组件、弓网接触力检测组件、弓网燃弧检测组件，如图 3-68 所示。

1C 装置可以在综合检测列车高速运行下连续采集弓网动态几何参数、弓网接触力、硬点以及燃弧等参数，其中弓网几何参数的采样间隔不小于 250 mm，所检测的各项数据以公里标和支柱号为位置坐标。1C 装置的软件系统具有实时显示检测数据波形和统计分析功能，能形成一杆一档的检测数据库，能对同一位置的历史检测数据进行对比分析，同时生成各缺陷报表及缺陷诊断报告及检测报告。

图 3-68 1C 装置实物及装置组成

表 3-13 给出了 1C 装置主要技术参数指标。

表 3-13 1C 装置主要技术参数指标

序号	检测参数	测量范围	检测精度
1	接触线高度	5 000 ~ 7 000 mm	10 mm
2	拉出值	±625 mm	10 mm
4	硬点	0 ~ 980 m/s^2	10 m/s^2
5	弓网接触力	0 ~ 500 N	5 N
6	燃弧持续时间	0 ~ 500 ms	0.1 ms
7	接触网电压	0 ~ 31.5 kV	1%
8	动车组网侧电流	0 ~ 1 000 A	1%
9	支柱定位	—	1%
10	速度	0 ~ 350 km/h	0.1 km/h
11	跨距	0 ~ 80 m	1%
12	里程	0 ~ 10 000 km	50 m

运行检修时，高速综合检测列车上的 1C 装置由基础设施检测中心负责维护使用，1C 装置每 20 天 1 个周期对运营高速铁路接触网进行检测。基础设施检测中心负责高速综合检测列车上 1C 装置检测数据的管理，定期完成月度分析报告上报国铁集团工电部，同时将原始及超限检测数据上传至全路接触网动态检测管理信息系统。各级供电部门登录全路接触网动态检测管理信息系统，根据管辖线路及公里标下载检测超限记录、波形截图、原始检测数据文件、月度分析报告等。铁路局接触网检测部门分析检测数据，当检测出系统表征参数超限时（参见表 3-13），及时记录参数异常的位置。异常参数达到或超出限界值的一级缺陷纳入一级修（临时修），由运行工区及时组织修理；达到或超出警示值且在限界值以内的二级缺陷纳入二级修（综合修），由维修工区按计划修理。

3.4.2 接触网安全巡检装置（2C 装置）

接触网安全巡检装置安装在运营的动车组、电力机车或其他轨道车辆司机室内，用于巡视检查接触网的技术状态和外部环境，指导接触网的运行维修。

2C 装置主要由前端采集装置和后端分析软件组成，其中前端采集装置包括高清成像模块、图像处理模块、显示操作模块、手持遥控模块、图像存储模块、电源管理模块及设备安装支架，其外观如图 3-69 所示。

第 3 章 接触网智能化

图 3-69　2C 装置实物外观

高清成像模块主要是对指定区段接触网（接触悬挂、支持装置、附加悬挂等）及外部环境进行高速动态拍摄并形成图像；后端分析软件安装于计算机上，统计分析接触网技术状态，具体包括：

① 具备图像浏览、视频检索、图像标记、支柱（吊柱）定位等功能；

② 能有效判断危及接触网设备安全运行的外部环境（鸟窝、异物、可视范围内危树等）；

③ 能根据接触网支柱（或吊柱）信息分割视频；

④ 记录所发现的缺陷及其对应的公里标和（或）支柱号等定位信息，统计并形成标准化缺陷库，自动生成报告（报表）；

⑤ 形成一杆一档的图像数据库，能对同一位置的历史巡检结果进行对比分析；

⑥ 具备巡视过程遥控标记缺陷等功能。

为了有效获取接触网图像数据，前端采集装置一般采用嵌入式系统完成，其工作原理如图 3-70 所示，即：全景相机负责采集接触网及周边环境的视频图像，局部相机负责采集接触悬挂区域的视频图像，同时为了保证在光照度不足条件下的成像效果，全景与局部相机通常采用星光相机；中央处理器中 FPGA 负责对图像进行缓存、同步以及码流合成，CPLD 把 FPGA 同步完成的码流转换成 ARM 能识别的接口数据，然后送至 ARM，从而实现对图像数据的压缩和存储；ARM 将图像数据写入固态硬盘（固态硬盘与 ARM 一般采用 SATA 接口），同时还要实现对电源、平板电脑的远程控制以及触摸屏的管理。

表 3-14 给出了 2C 装置主要技术参数指标。

3.4 接触网检测监测系统

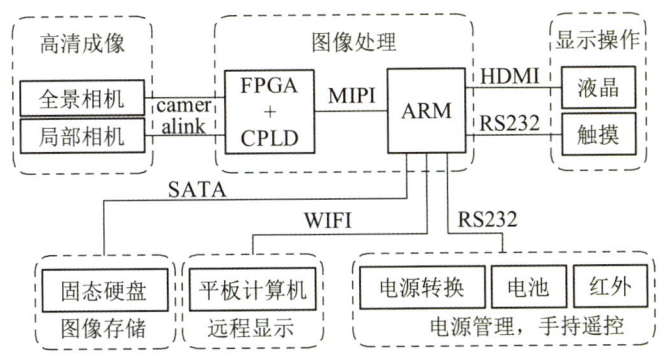

图 3-70　2C 装置硬件工作原理

表 3-14　2C 装置主要技术参数指标

序号	模　块	指标描述
1	高清成像模块	能适应较强的光线变化，能适应隧道区段的巡检要求。全景图像分辨率不低于 2 480×2 048，接触网关键区域图像分辨率不低于 2 480×2 048，图像清晰度能够分辨零部件脱落、断裂等明显缺陷
		采集帧率可根据所运用线路速度等级进行调整，最高采集帧率不低于 17 帧/s
2	图像处理模块	全景图像和关键区域图像同步率高于 99.9%，高清成像模块的丢帧率不高于 0.1%
5	显示操作模块	显示屏幕不低于 4.3 英寸，分辨率不低于 480×272
6	图像存储模块	存储容量不低于 250 GB，支持双份数据存储功能
7	电源管理模块	装置功率不大于 100 W，电池续航时间不低于 5 h
8	手持遥控模块	传输距离不低于 5 m，接收角度不小于 35°，工作时间不低于 1 000 h
9	检测速度	0～350 km/h

我国高速铁路每 200 km 营业里程就配置了 1 台 2C 装置。供电段指定检测部门人员管理使用 2C 装置。2C 装置运用实行周期监测与重点监测相结合的原则，周期监测是对管内接触网设备进行周期性巡视检查，高速铁路线路每周不少于 1 次（我国兰新高铁夏季每 3 天巡检 1 次）；重点监测是根据季节性设备变化、周边环境、跳闸及故障信息、天气异常等情况安排的专门巡视检查。供电部门的检测分析人员对于 2C 周期监测的数据通常按照先重点、后一般的原则分类检索分析，包括：一类：线岔、锚段关节、中心锚结、电连接、分段绝缘器、定位装置、电分相、绝缘子等关键部件和处所；二类：附加线、支柱、补偿装置、上网点等；三类：跨线桥、隧道、周边环境等。一类、二类监

测数据原则上当日完成分析，三类监测数据一般在 24 小时内完成分析，并将缺陷数据分类传送至运行车间和维修车间。按照分级处理原则，对 2C 装置监测发现影响接触网安全运行的缺陷，供电段立即组织运行车间处理；其他缺陷纳入检修计划。

3.4.3　车载接触网运行状态检测装置（3C 装置）

3C 装置安装在运营动车组或电力机车上，对接触网的弓网几何以及接触网温度进行检测，检测结果用于指导接触网运行维修。

3C 装置车载装置主要由检测、数据处理和数据传输等模块组成。检测模块为车顶设备，包括弓网燃弧检测组件、弓网几何参数检测组件、接触网红外检测组件以及高清成像组件，其外观如图 3-71 所示。数据处理模块为车内设备，包括电源防护组件、电源供电组件、数据处理组件、数据存储组件。数据通信传输组件由数据通信交换组件、外部接口组件组成。检测模块将检测数据送入车内的数据处理模块，它采用双处理器，主处理器用于数据的采集和存储，协处理器用于参数计算，数据通信模块与外界系统通信采用 TCP/IP 协议。图 3-72 给出了接触网红外检测组件拍摄效果。3C 装置的车顶设备安装于动车组防护罩内，车顶布局如图 3-73 所示，整个装置布局如图 3-74 所示。

图 3-71　3C 装置车顶设备实物外观

图 3-72　红外视频拍摄效果

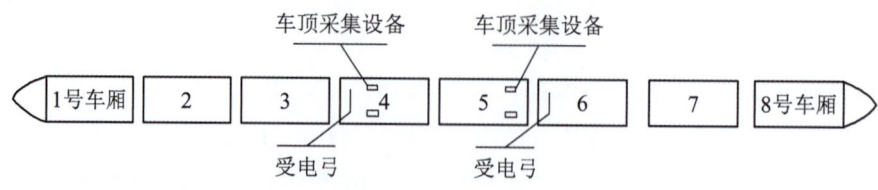

图 3-73　车顶布局

3.4 接触网检测监测系统

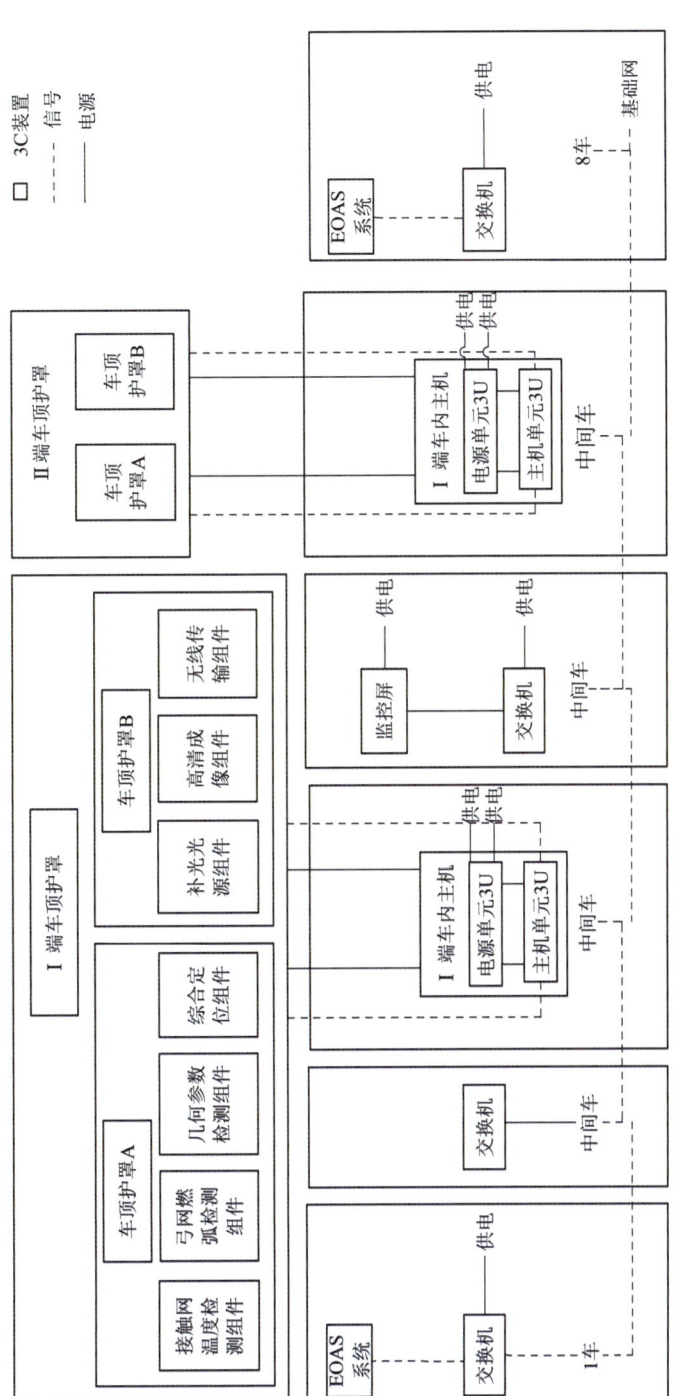

图3-74 3C装置系统布局

3C 装置的弓网燃弧检测模组与 1C 装置相同，能够测量弓网燃弧并给出燃弧率、弓网燃弧持续时间以及燃弧次数等参数。弓网几何参数检测模组是采用单面阵摄像机加 LED 光源的方式对弓网几何参数进行测量的，检测模组需要预先标定，可采用本书 3.3.3 节面阵相机的标定方法提取摄像机内外参数，其示意图如图 3-75 所示。

弓网几何参数检测的原理是：假定检测过程中图像平面和受电弓平面距离不变（忽略受电弓高速运行下弓头沿纵向方向的摆动），建立弓网几何视觉测量模型，利用单面阵相机获取弓网滑动接触的图像，经图像处理方法得到子像素级精度的接触线与受电弓滑板端侧的接触点（见图 3-76），由已经标定视觉的视觉测量模型便可以获取接触点的位置坐标。根据受电弓滑板中点以及列车基线的关键特征点的位置坐标信息，就可以计算出弓网几何参数，即动态导高和动态横向偏移。需要说明的是，该方法与 1C 装置采用的基于双目线阵摄像机的方法不同，基于受电弓平面约束的单面阵相机测量方法是实时测量弓网几何参数，但精度略低。

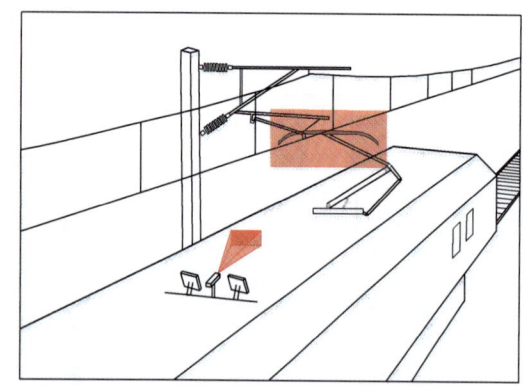

图 3-75　3C 装置弓网几何参数检测示意图

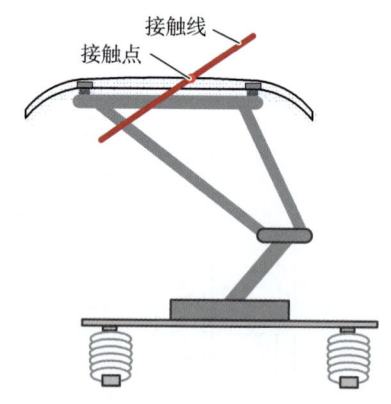

图 3-76　受电弓滑板与接触线接触示意图

接触网红外检测模组是根据正常状态下接触网零部件及设备的发热规律及其表面温度场的分布和温升状况，结合接触网结构及传热途径，分析接触网零部件及设备在各种故障下的热像及温升，诊断出有何故障及故障点和类型。这是由于当接触网零部件出现因接触不良造成过度发热时，它会以局部过热的形态向其周围辐射红外线，其红外热像呈现出以故障点为中心的热像分布，故从热像图可直观判断是否存在热故障，由温度分布可准确确定故障位置。目前，3C 装置采用的接触网红外检测设备一般为焦平面热像仪，有制冷型和非制冷型两种。在进行热像仪选型时，还需考虑温度灵敏度（3C 装置性能要求为 2 ℃）、视场（覆盖受电弓弓头和接触悬挂区域）、光谱响应范围等技术参数。

表 3-15 给出了 3C 装置主要技术参数指标。

表 3-15　3C 装置主要技术参数指标

序号	检测参数	测量范围	检测精度
1	接触线高度	5 000 ~ 7 000 mm	20 mm
2	拉出值	±625 mm	20 mm
3	热点	0 ~ 300 ℃	2 ℃
4	燃弧持续时间	0 ~ 500 ms	0.1 ms
5	支柱定位	—	1%
6	速度	0 ~ 350 km/h	0.1 km/h
7	跨距	0 ~ 80 m	1%
8	里程	0 ~ 10 000 km	50 m

3C 装置的配备应满足每天每条高速铁路线路都有 3C 装置运行的需求。由于 3C 装置安装在动车组上，供电部门人员一般在动车所、终到站、停车站更换车内 3C 装置存储硬盘获取检测信息，可利用 3C 数据输出接口获取检测信息；在发生弓网故障等特殊情况下，供电部门人员可上车查看、转存有关信息。供电检测分析人员每旬至少完成一次管内各线路对 3C 数据的分析，包括弓网几何、受流参数、接触网热点等。检测数据分析结果的处理实施缺陷分级管理，对影响接触网安全运行的，立即安排处理；对一般性缺陷纳入维修计划处理。

3.4.4　接触网悬挂状态检测监测装置（4C 装置）

4C 装置主要由几何参数检测、高清成像检测、数据分析处理等模块组成，其车顶模块布局如图 3-77 所示，实物如图 3-78 所示。

接触网悬挂状态检测监测装置安装在接触网检测车、作业车或其他专用轨道车辆上，成像检测接触网零部件缺陷，检测接触网静态几何参数，对检测数据进行分析与识别，指导接触网的运行维修。

第 3 章 接触网智能化

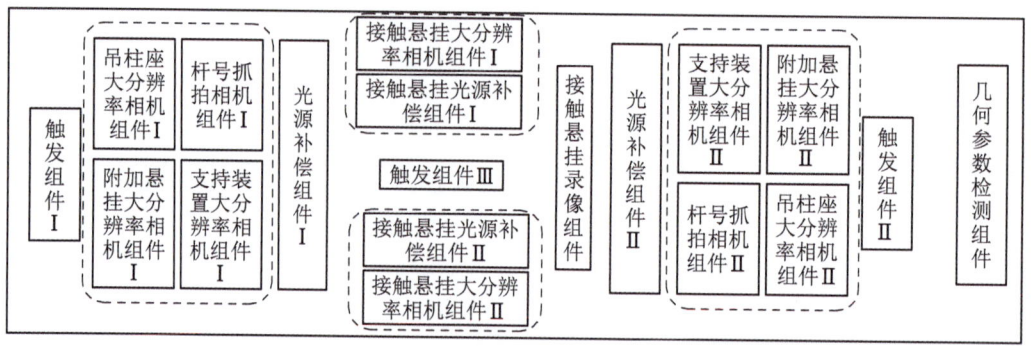

图 3-77 接触网悬挂状态检测监测装置车顶模块布局

图 3-78 4C 装置及搭载该装置的高铁接触网检测车

几何参数检测模块与 1C 装置的几何参数检测模块工作原理一致，该模块还包括车体姿态补偿组件，其功能是对所测量的接触网静态几何参数进行修正。高清成像模块是沿线路方向对支持装置、接触悬挂、附件悬挂、吊柱等正反面拍摄其高清成像，具体为：触发组件Ⅰ（Ⅱ）是用来识别定位点位置，然后同步触发支持装置大分辨率组件Ⅰ（Ⅱ）、附件悬挂大分辨率组件Ⅰ（Ⅱ）、吊柱大分辨率组件Ⅰ（Ⅱ）、杆号抓拍相机组件Ⅰ（Ⅱ）进行拍摄；触发组件Ⅲ是用来识别吊弦位置的，控制接触悬挂大分辨率相机组件和光源补偿组件，对吊弦进行拍摄。接触悬挂录像组件是对接触悬挂进行全程录像。数据分析模块是对检测数据进行分析及历史结果对比分析，并对典型缺陷进行识别。触发组件的工作原理参见 3.3.3 节，接触网零部件缺陷识别方法参见 3.3.2 节。

表 3-16 给出了 4C 装置主要技术参数指标。

3.4 接触网检测监测系统

表 3-16 4C 装置主要技术参数指标

序号	检测参数与项点	测量范围	检测精度或描述
1	接触线高度	5 000～7 000 mm	10 mm
2	拉出值	±625 mm	10 mm
3	双支接触线垂直距离	0～500 mm	20 mm
4	双支接触线水平距离	0～800 mm	20 mm
5	触发漏检率	—	<0.1%
6	支持装置区域图像（含定位装置）	成像范围为轨顶连线以上 4 800～8 100 mm 范围与轨顶连线的垂直中心线左侧 3 500 mm 至右侧 3 500 mm 范围相交叉区域，应正反面拍摄	图像像素不低于 5 000 万
7	接触悬挂（吊弦、线夹）区域图像	成像范围为轨顶连线以上 4 800～8 100 mm 范围区域，单幅画面幅宽 2 000 mm，吊弦整体应左右侧拍摄，吊弦上下线夹应分别拍摄	图像像素不低于 1 600 万
8	附加悬挂区域图像	成像范围为附加悬挂悬挂区域，应正反面拍摄	图像像素不低于 1 600 万
9	吊柱座区域图像	成像范围为吊柱座 2 700 mm×2 700 mm 区域，应正反面拍摄	图像像素不低于 1 600 万
10	接触悬挂连续视频	成像范围为轨顶连线以上 4 800～8 100 mm 范围区域，单幅画面幅宽 2 000 mm，应正反面拍摄	图像像素不低于 200 万，采集帧频不低于 25 帧/s
11	典型零部件缺陷自动识别	包括但不限于：异物、连接件裂纹、开口销缺失、螺栓松脱、吊柱底座裂纹、电位线缺失、定位器变形、绝缘子闪络、吊弦不受力或缺失等	正确率 >80%

我国每 400 km 高铁运营里程配备 1 套由专业车辆搭载的 4C 装置，同时各铁路局接触网综合检测车也配备 4C 装置。供电段检测部门管理使用 4C 装置并负责检测数据

分析与零部件技术状态诊断工作,即诊断静态几何参数的缺陷和图像中的零部件故障。4C 装置一般安排在行车计划或施工维修天窗时间内进行,运用实行周期检测与重点检测相结合的原则。对段管内接触网零部件及设备技术状态进行周期性检测,高铁线路每季度不少于 1 次,同时根据跳闸、弓网事故、特殊天气等信息,安排专门检测。对于周期检测的数据,在一个检测运行交路完成后,检测车间在检测数据智能化分析结果的基础上进行人工识别干预和确认,一周内出具检测报告,检测报告经供电段技术部门分析确认后,根据零部件故障及设备缺陷等级,制订检修方案和计划。对于重点检测的数据,一般在检测完成后当日完成分析,检测结果经初步筛选后,对影响接触网安全运行的缺陷,立即组织处理。

3.4.5 受电弓滑板监测装置(5C 装置)

受电弓滑板监测装置安装在电气化铁路的局界、段界、联络线、电力牵引列车出入库区、车站等处,用于监测受电弓滑板的技术状态,及时发现受电弓滑板的异常状态以指导接触网维修。

5C 装置由图像采集、车号拍摄、识别触发、电源、传输以及后端处理等模块组成,其现场安装如图 3-79 所示。图像采集装置对通过安装断面的受电弓进行状态监测,并将监测的图像通过有线或无线的方式进行回传;在后端显示界面上,用户可对受电弓滑板状态图像进行分析处理,分辨出受电弓滑板的损坏、断裂等异常情况,同时为了确定所监测受电弓的归属,5C 装置具备车号识别功能。5C 装置拍摄效果如图 3-80 所示。

图 3-79　5C 装置现场安装

图 3-80　5C 装置拍摄效果

3.4 接触网检测监测系统

根据 5C 装置图像采集模块所采用相机类型，5C 装置的工作模式分为基于面阵相机的抓拍监测和基于线阵相机的扫描监测。基于面阵相机的 5C 装置工作原理是：设计受电弓与车号识别触发模块，并安装在与图像采集模块相同的断面上。当列车通过时，识别触发模块自动识别通过的受电弓与车号，同时发出触发信号至受电弓与车号抓拍模块，进行同步拍摄。由于列车运行速度较快（可达 350 km/h），5C 装置从识别到触发拍摄的响应时间一般控制在毫秒级，装置的原理如图 3-81 所示。基于线阵相机的 5C 装置采用扫描方式进行受电弓监测，其工作原理是：采用激光雷达测量列车运行速度，根据实时测量的车速估算线阵相机的扫描频率，然后设置线阵相机的扫描频率并对列车顶部进行扫描，再通过图像处理的方法从列车顶部的图像中提取受电弓图像，其工作原理如图 3-82 所示。

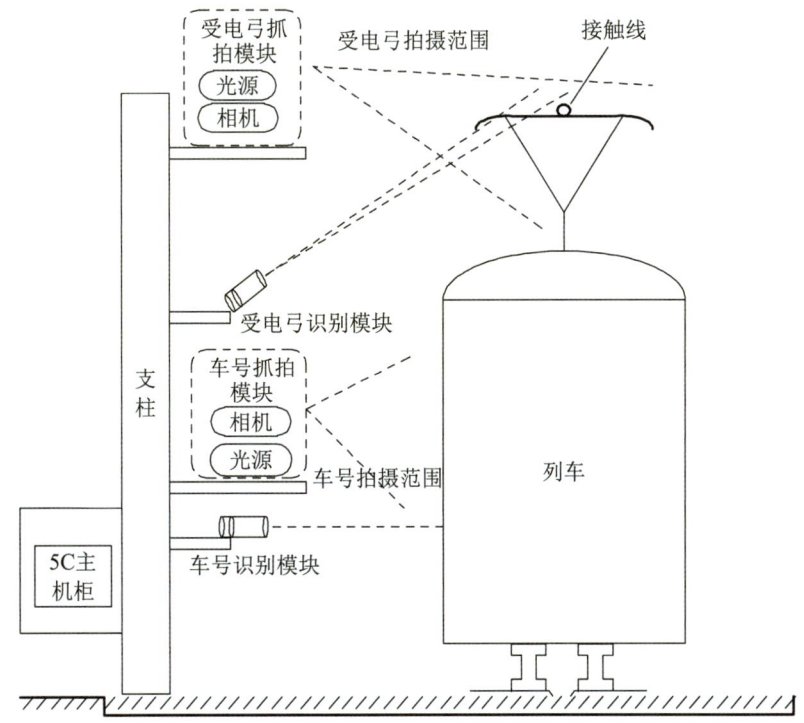

图 3-81 基于面阵相机的抓拍监测

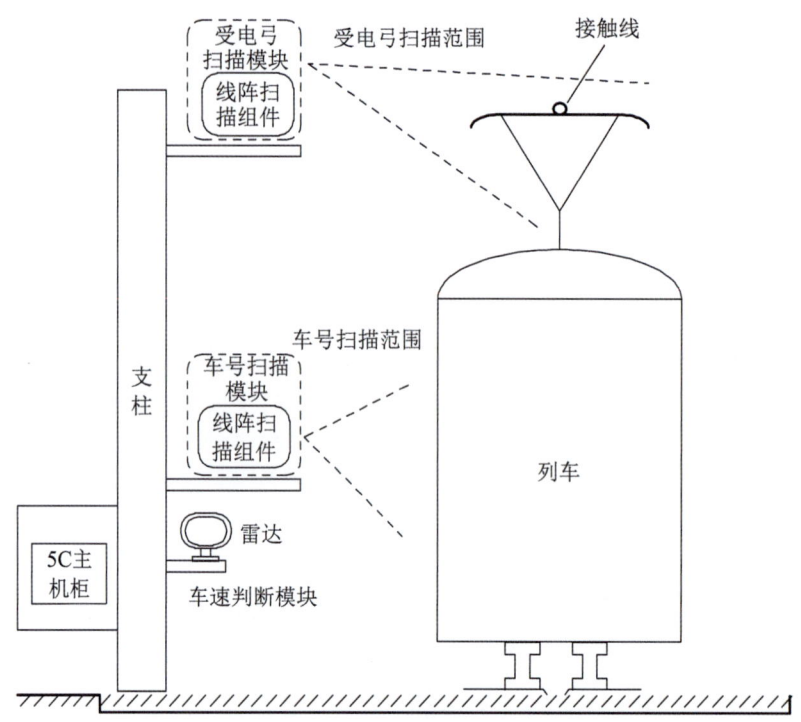

图 3-82 基于线阵相机的扫描监测

表 3-17 给出了 5C 装置主要技术参数指标。

表 3-17 5C 装置主要技术参数指标

序号	检测项点	测量范围	描述
1	受电弓区域图像	成像区域不小于 2 000 mm×1 500 mm，覆盖受电弓滑板及弓角区域	图像像素不低于 500 万
2	触发漏检率（面阵）	—	<0.1%
3	图像误检率（线阵）	—	<0.1%
4	典型缺陷自动识别	包括但不限于异物附着、弓角变形或缺失、滑板大面积掉块及贯通性裂纹等.	正确率 >80%

5C 装置按线路行别在高速铁路的局界口、段界口、动车组出入库区域、联络线、车站咽喉区等处所配置，一般架设在接触网支柱、硬横梁或专用支柱等处所，后端服务器设置在供电段。供电段接触网检测部门负责 5C 装置的运用和维修，并设专人对监测数据进行分析，对缺陷进行分级管理，发现受电弓异常或遇有报警信息时，将该车车号及异常信息上报铁路局供电调度，由铁路局供电调度员通知动车调度员并确认该车车次、行车径路，各工种调度员及时通知有关站段进行处理。

3.4.6 接触网及供电设备地面监测装置（6C 装置）

接触网及供电设备地面监测装置安装在接触网特定位置及牵引变电所等处，用于监测接触网振动特性、线索温度、补偿位移、供电设备的绝缘状态等参数或特定位置的接触网技术状态，监测结果用于指导接触网及供电设备的运行维修。

6C 装置主要包括测量传感器、数据采集处理、数据传输、数据接收存储及电源设备等。根据 6C 装置监测的不同对象，我国高速铁路接触网主要有接触网绝缘子在线监测装置、27.5 kV 电缆及附件绝缘状态在线监测装置、接触网设备视频监控装置、接触网张力补偿器状态监测装置、接触网振动抬升量装置及接触网电连接线夹温度在线监测装置。本小节以 27.5 kV 电缆及附件绝缘状态在线监测装置为例，介绍其工作原理及功能。

27.5 kV 电缆及附件绝缘状态在线监测装置具有电缆外护层接地电流、电缆终端或中间接头温度和局部放电在线监测功能。电缆外层接地电流采用电流传感器对通过电缆外护层接地部分的电流进行实时监测，根据电流特征，判断电缆绝缘状态；电缆接头温度和局部放电的监测是通过温度传感器和局部放电信号特征实现的。

在利用电流特征判断电缆绝缘状态时，电缆交流击穿电压 U 与接地电流增量 $\Delta I / I_0$ 满足某种关系，其中 I_0 是老化试验前的接地电流，根据实验可以获得 U 随 $\Delta I / I_0$ 改变的规律，然后根据所需要的耐压值和击穿概率，确定的 $\Delta I / I_0$ 控制阈值。由于绝缘状态与其特性参数间的统计分散性，仅用接地电流法诊断绝缘，会有漏判和错判的可能。因此，可以根据检测到的局部放电量大小，利用阈值诊断法来判断电缆绝缘状态。由于现场 27.5 kV 电缆长度长、电容量大，在线监测局部放电时，容易受到外界干扰。在电缆绝缘接头处，可以应用差分原理抑制干扰，利用差分电路在线监测电缆局部放电，即在绝缘接头的两侧粘贴金属箔电极，从而提取局部放电信号，再通过监测阻抗将其送至局部放电测量装置。通过放电发生工频相位、放电量以及放电重复率，运用 s 平面法可对绝缘状态做出诊断。

本章小结

本章介绍了接触网表征参数和接触网零部件技术状态，如何对上述两类表征接触网及其零部件服役性能的参数进行全方位检测监测以保障接触网安全稳定运行是十分重要的。本章首先介绍了基于立体机器视觉的动静态几何参数检测方法，电气参数——弓网燃弧和机械参数——接触力的检测方法。随后，重点讨论了基于深度学习的接触网零部件缺陷检测方法，通过大量现场图像实验验证，所提出的方法是有效的。在接触网检测监测中，由于检测监测设备载体的振动，检测监测环境的复杂，对车体振动补偿、支柱号定位和关键零部件检测触发等关键技术进行了介绍。最后，简要介绍了接触网检测检测（6C）系统及其应用情况。应该说，6C 系统对于保障高速铁路受电弓-接触网系统的安全稳定运行发挥了重要作用，文献[1]的颁布就是以 6C 系统成功应用为基础的。

参考文献

[1] 刘再民，张韬，许红健，等. 高速铁路接触网运行维修规则：TG/GD 124—2015[S]. 北京：中国铁道出版社，2015.

[2] GAO Shibin, LIU Zhigang, YU Long. Detection and Monitoring System of the Pantograph-Catenary in High-speed Railway (6C)[C]. //The 7th International Conference on Power Electronics Systems and Applications, 2017.

[3] 西南交通大学. 高速铁路供电安全检测监测系统研究报告[R]. 成都：西南交通大学，2015.

[4] 张广军. 视觉测量[M]. 北京：科学出版社，2008.

[5] 周静恒，刘贺江. 高速接触网动静态检测与精调[M]. 北京：中国铁道出版社，2014.

[6] 康高强. 高速铁路接触网零部件缺陷的深度学习检测方法研究[D]. 成都：西南交通大学，2020.

[7] LECUN Y, BOTTOU L, BENGIO Y, et al. Gradient-based learning applied to document recognition [J]. Proceedings of the IEEE, 1998, 86(11): 2278-2324.

[8] MAAS A L, HANNUN A Y, NG A Y. Rectifier nonlinearities improve neural network acoustic models [C]. //International Conference on Machine Learning, 2013.

[9] CAVAZZA J, MURINO V. Active Regression with Adaptive Huber Loss [J]. arXiv Preprint, 2016: 1606.

[10] 康高强，高仕斌，于龙，等. 基于深度学习的高铁接触网旋转双耳销钉缺失故障检测方法研究[J]. 铁道学报，2009：45-49.

[11] PAN S J, YANG Q. A survey on transfer learning [J]. IEEE Transactions on knowledge and data engineering, 2009, 22(10): 1345-1359.

[12] LONG M, ZHU H, WANG J, et al. Deep transfer learning with joint adaptation networks[C]. //Proceedings of the 34th International Conference on Machine Learning-Volume 70. JMLR. org, 2017: 2208-2217.

[13] YOSINSKI J, CLUNE J, BENGIO Y, et al. How transferable are features in deep neural networks? [C]. //Advances in neural information processing systems. 2014: 3320-3328.

[14] KROGH A, VEDELSBY J. Neural network ensembles, cross validation, and active learning[C]. //Advances in Neural Information Processing Systems. 1995: 231-238.

[15] GEMAN S, BIENENSTOCK E, DOURSAT R. Neural networks and the bias/variance dilemma[J]. Neural Computation, 1992, 4(1): 1-58.

[16] BLUMER A, EHRENFEUCHT A, HAUSSLER D, et al. Learnability and the Vapnik-Chervonenkis dimension [J]. Journal of the ACM (JACM), 1989, 36(4): 929-965.

[17] VAPNIK V. The nature of statistical learning theory [M]. Berlin: Springer Science & Business Media, 2013.

[18] CHANDOLA V, BANERJEE A, KUMAR V. Anomaly detection: A survey [J]. ACM Computing Surveys (CSUR), 2009, 41(3): 15.

[19] KANG Gaoqiang, GAO Shibin, YU Long, et al. Deep architecture for high-speed railway insulator surface defect detection: Denoising autoencoder with multitask learning [J]. IEEE Transactions on Instrumentation and Measurement, 2018.

[20] BAGHERJEIRAN A. Multi-objective multi-task learning [M]. [s.n.], 2007.

[21] BERZINS V. Accuracy of Laplacian edge detectors [J]. Computer Vision, Graphics, and Image Processing, 1984, 27(2): 195-210.

[22] 周志华. 机器学习[M]. 北京：清华大学出版社，2016.

[23] KANG Gaoqiang, GAO Shibin, YU Long, et al. Contact Wire Support Defect Detection Using Deep Bayesian Segmentation Neural Networks and Prior Geometric Knowledge [J]. IEEE Access, 2019.

[24] BISHOP C M. Pattern recognition and machine learning [M]. Berlin: Springer Science & Business Media, 2006.

[25] TISHBY N, LEVIN E, SOLLA S A. Consistent inference of probabilities in layered networks: Predictions and generalization [C]. //International Joint Conference on Neural Networks. 1989, 2: 403-409.

[26] HE K, GKIOXARI G, DOLLÁR P, et al. Mask r-cnn [C]. //Proceedings of the IEEE international conference on computer vision. 2017: 2961-2969.

[27] NISHIKAWA T, YOSHIDA J, SUGIYAMA T, et al. Concrete crack detection by multiple sequential image filtering [J]. Computer Aided Civil and Infrastructure Engineering, 2012, 27(1): 29-47.

[28] 张冬凯，高仕斌，于龙，等. 车体振动对接触网检测的影响分析及补偿方法研究[J]. 铁道学报，2019，41（9）：43-50.

[29] 王登阳，杨超. 高速综合检测时空同步技术[J]. 中国铁路，2012（1）：16-19.

[30] 李永光，吴宽，王熙楠，等. 地铁接触网缺陷检测中的多重融合定位技术[J]. 城市轨道交通研究，2018，8：156-159.

[31] 王卫东，顾世平，杨超. 高速综合检测列车[J]. 中国铁路，2012（1）：12-15.

[32] 陈骥，王鑫，曹久大，等. 高速 CCD 激光位移传感器[J]. 光学精密工程，2008，16（4）：611-616.

[33] ZHANG Dongkai, GAO Shibin, YU Long, et al. A Robust Pantograph- Catenary Interaction Condition Monitoring Method Based on Deep Convolutional Network [J]. IEEE Transactions on Instrumentation and Measurement, 2019.

第 4 章　智能供电运行检修管理系统

我国高铁运营里程和运行速度已达到国际领先水平，高速铁路运行检修模式随着高铁发展不断改革，智能运行维修管理正在不断推进。本章在既有供电运行管理模式基础上，探讨了智能供电运行检修管理系统的基本构成，扼要介绍了接触网和变电设备故障预测与健康管理的基本结构和实现方法。

4.1　牵引供电系统运行管理

牵引供电系统运行是指牵引供电工程全部竣工并验收合格后，由牵引供电设备管理单位（供电段、维管段等）保持其技术状态、安全可靠地向电气列车供电的全过程。

牵引供电运营管理是指铁路部门依照国家与行业相关法律、法规、规范和制度，调配人员、机械、工器具、设备材料，对投入运营的供电系统进行巡视、检测（查）、维修，保持其技术状态的全过程。

接触网的运行维护，坚持"预防为主、重检慎修"的方针，按照"定期检测、状态维修、寿命管理"的原则，遵循精细化、机械化、集约化的维修方式，依靠铁路供电安全检测监测系统（6C）等手段，建立信息资源共享平台，实行"运行、检测、维修"分开和集中修的组织模式，确保接触网运行品质和安全可靠性。

牵引变电所运行检修，坚持"预防为主，严检慎修"的方针，遵循"全面养护、寿命管理"的原则，依据在线、实时监测，周期、状态检修相结合检测维修方式，实现"实时监测、科学诊断、精细维修、寿命管理"的目标[1, 2]。

4.1.1　管理机构与职责

牵引供电运行管理工作由国铁集团、铁路局、供电段（维管段）三级组织机构实施。

国铁集团工电部是牵引供电设备管理的最高机构，依照国家有关法律、规章、标准，负责铁路供电设备和人员的管理、监督、检查工作，确定运行维护的方针、原则，统一指导、规划牵引供电的检查、检测、维护方式和手段，监督、检查铁路局和供电段（维管段）的设备维护情况；制定、批准有关标准、规范和规章；审批新产品试运行和重要的设备变更。

铁路局供电部是牵引供电设备管理的主体机构，依据国家法律、法规和国铁集团的规章、制度、命令，监督、检查、指导、协调、指挥铁路供电的运营管理工作，组织制定相关实施细则、办法和标准，明确供电段管理职责和范围，审批年度监测、检查、检测计划和月度施工计划，监督、检查、指导、协调铁路局管内供电系统运营管理工作；审批铁路局内新产品试运行和重要设备变更；定期开展设备运行质量评价，安排更新改造工程，增强供电能力，改善技术状态，适应运输发展需要。

供电段（维管段）是三级组织机构的基层单位，是铁路供电职能的执行者，依法贯彻执行铁路局的规章、制度和标准；依据上级部门的规章、标准、规范，补充制定具体的管理标准、工作标准和技术标准；制定段内各部门、车间的管理职责和范围；制订工作计划并组织实施，组织日常维修、设备运行状态定期检查分析、评比、考核工作，制定改进措施，组织技术革新和职工培训。

供电段（维管段）下设供电车间、接触网检测车间、接触网维修车间和供变电检修车间。

供电车间是涵盖接触网、变电和电力的综合运行管理车间，负责日常运行管理和应急处置，组织临时维修，跟踪验收质量。供电车间管辖运营里程宜为 200 km 左右，枢纽地区宜单独设置，有砟线路区段可适当缩短。供电车间内设运行工区，运行工区管辖运营里程宜为 60 km，有砟线路区段、站间距较小的城际铁路可适当缩短；枢纽站、动车段（所）宜单独设置。

接触网检测车间一般设置在段部或供电车间所在地，负责 6C 系统检测数据分析，6C 系统检测装置的维护、运用、管理。

接触网维修车间承担的维修任务以 1 200～1 500 接触网延展公里为宜。接触网维修车间内设维修工区，一般设在车间所在地，根据管辖范围可在异地增设。接触网维修车间采用集中修的方式组织接触网二级修（综合修）工作。

变配电检修车间：负责管段内变电和电力专业全部设备的各级检修、预防性试验和故障处理；实施管段内变电和电力专业设备的大修、设改工程；配合接触网专业进行故障处理和故障分析。

接触网实行"运行、检测和维修"职责分工管理方式。

运行工区负责供电设备日常运行管理，包括牵引变电所、AT 所和开闭所值守，接触网和电力线路巡视检查、单项检查、非常规检查、施工配合、应急处置和临时修（接触网一级修）和对综合维修（接触网二级修）结果进行质量验收。

检测工区负责 6C 装置的运用、维护，并对 6C 系统检测数据进行分析。

检修工区按照月度维修计划，负责接触网设备全面检查、综合修和专项整治。

4.1.2 供电运行管理

高铁供电运行管理包括设备接管、作业制度管理、计划与天窗管理、设备维修质量管理、值班值守管理、抢修管理、抢修机械和新产品试运行管理等内容。限于篇幅，本节简要介绍计划与天窗管理、设备维修质量管理和抢修管理。

1．计划与天窗管理

为保证定期检查和及时处理设备缺陷，在列车运行图中预留接触网维修"天窗"，需接触网停电的牵引变电所设备作业一般也应在"天窗"点内进行。

供电生产计划包括年度监测计划、年底维修计划和月度维修计划三部分。年度监测和维修计划，由供电段于前一年 11 月底前下达到车间，同时报备铁路局；月度维修计划由供电段编制后下达维修车间。

接触网三级修（精测精修）或改造时，天窗计划原则上应逐日连续安排。对较大车站（如枢纽、区段站）和必须利用垂直"天窗"作业的区段，应根据设备状况定期安排"天窗"停电检修。

供电段各工区、各工种（包括变电、电力）在同一停电范围、同一封锁区段内作业，应尽量安排同时作业。

遇到危及安全的故障或缺陷必须立即停电维修时，供电调度应于停电前通知列车调度员，列车调度员根据供电调度员停电通知及时发布相关行车调度命令。

2．设备维修质量管理

铁路局负责组织接触网精测精修、大修检查验收工作。每次精测精修、大修改造竣工后，由施工单位向铁路局提报验收申请，铁路局组织设计、施工、监理、供电段现场检查验收。

铁路局组织供电段每月对接触网动态运行质量进行评价，每年 10 月底前对设备整体技术状态进行质量鉴定；对季节变换、频繁发生故障等特殊情况可不定期组织。

供电段技术主管部门、供电车间每月，铁路局主管专业部门每季度应组织牵引供电运行质量分析，并分别编制质量分析报告。质量分析应根据接触网、变电所检测和运行过程中存在的问题，对接触网质量状态进行综合诊断，找出设备在运行中出现的特殊性、普遍性问题及质量状态变化规律，针对反映出的质量问题，制定整治措施，纳入维修计划。质量分析的主要内容包括：

① 检测、维修计划完成情况。

② 检测、维修及设备运行中发现的具体问题。

③ 产生问题的原因分析及采取的措施。

④ 供电设备质量状态的变化规律和趋势。

供电运行工区是供电维修工作检查验收的主体。为保证维修质量，应做好供电设备与采料入库管理，尤其是接触网重要零部件和线材的合格证签发管理。

供电运行工区临修或单项设备检查和维修工区进行的所有作业，运行工区均要对作业质量进行检查验收。

接触网综合修工作开展前，运行工区应将接触网分析诊断记录交付接触网维修工区；全面修工作完成后，维修工区应将接触网分析诊断记录、接触网维修记录详细填写后反馈至运行工区，并留存备查。

3. 抢修管理

牵引供电系统建设原则：按照"细分供电单元，缩小供电范围；准确判断故障、压缩故障停时"的要求进行牵引供电设计和施工。

接触网抢修原则：高速铁路接触网故障抢修要遵循"先行供电""先通后复"和"先通一线"的基本原则，以最快的速度满足滞留列车供电条件，尽快疏通线路并尽早恢复设备正常的技术状态。

抢修组织原则：铁路局供电调度负责牵引供电故障抢修指挥。应急指挥专家组负责指导高铁供电应急处置方案的制定和实施。供电段负责现场抢修组织和实施。抢修时，应明确现场抢修负责人，所有抢修人员必须服从抢修负责人的统一指挥。

故障分析与供电恢复原则：发生牵引供电跳闸、接触网异常的情况，供电调度员立即组织供电段巡查设备，查明跳闸、异常原因。需登乘列车检查处理故障时，协助列车调度员办理抢修人员登乘事宜。供电调度员根据保护装置提供故障报告，结合列车运行、天气情况、视频监控等信息，初步判定跳闸故障类别、性质、故障地点或区段。

供电线（电缆）故障时，断开故障上网开关，采用迂回方式供电。

正馈线故障时，断开正馈线开关，采用直供方式供电。

抢修出动：供电工区（包含应急值守点）接到抢修通知后，应根据抢修预案和现场情况，带好材料、工具等 15 min 内出动。抢修人员应优先采取登乘列车的方式出动抢修。登乘人员要本着快速出动、就近上车的原则，立即申请要点登乘列车，列车调度及相关部门积极配合，确保抢修人员尽早到达现场。

在冰雪、大雾、雷雨、台风等恶劣气候下，应急值守人员、车辆相应加强，提前做好抢修准备，故障发生后抢修实现快速出动。

接触网作业车（抢修列）出动抢修时，按照救援列车办理。

信息管理：在供电段生产调度指挥场所设置供电检测监测信息中心积极推广和应用集设备运行、技术资料、信息传递、抢修预案等功能于一体的供电检修抢修辅助决策系统，提高供电故障应急抢修工作料率与管理水平。

4.1.3 检测与试验

4.1.3.1 接触网检测监测与缺陷管理

坚持"预防为主、超前诊断、动态掌握、指导检修"原则，构建科学有效的供电检测监测体系，接触网设备利用铁路供电安全检测监测系统（6C）等手段，定期进行检测，即时、定期分析诊断，按照标准值、安全值、限界值界定设备状态，划分缺陷等级（两级缺陷），为设备维修提供依据。

1. 检测监测手段

检测是指利用仪器、设备或人工等方式，对接触网进行检查和测量，掌握设备质量及运行状态的过程，包含监测、静态与动态检测、检查、零部件检验四部分。检测后必须进行分析诊断，并以此作为编制维修计划的依据。

监测是对接触网外观、零部件状态、主导电回路、绝缘状况、外部环境和弓网配合等运行状态进行测量、监视的过程。

接触网检测监测主要是通过铁路供电安全检测监测系统（6C）完成的，参见第 3 章相关内容。

2. 缺陷分级管理

一般由供电段的接触网检测中心专业人员负责，根据（6C 系统）综合数据处理中心数据，开展及时、定期分析诊断，根据监测检测结果，对设备的运行状态用三种限值来界定。

标准值：标准状态目标值，一般根据设计值确定。

安全值：运行状态提示值，一般根据设备技术条件允许偏差确定。

限界值：运行状态安全临界值，一般根据计算或运行实践确定。

根据标准值、警示值、限界值确定设备状态，缺陷划分为一级缺陷、二级缺陷两个等级。

一级缺陷：达到或超出限界值；

二级缺陷：达到或超出警示值且在限界值以内。

缺陷分级管理示意图如图 4-1 所示。

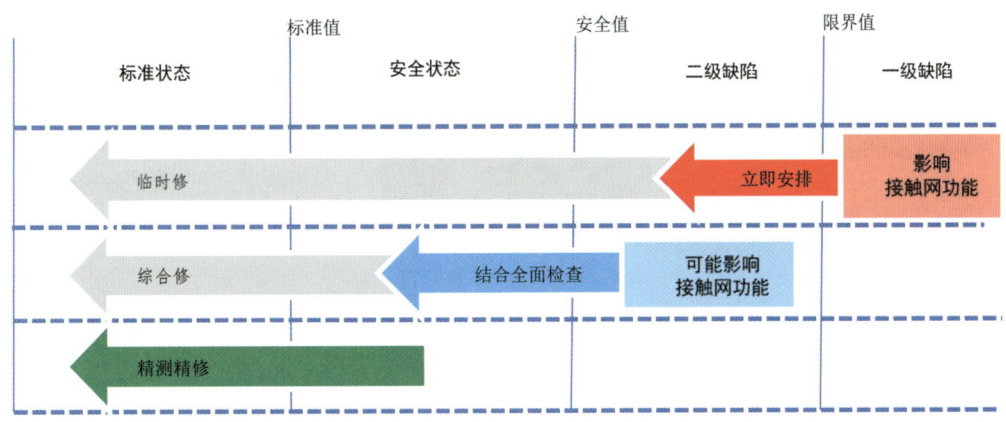

图 4-1　缺陷分级管理示意图

3. 缺陷分析诊断

铁路供电安全检测监测（6C）系统能够对照接触网表征参数和零部件技术状态的评价指标，及时给出越限值，供接触网检测工区或供电段技术人员确认并采取适当的维修措施。接触网检测工区或供电段技术人员也可以根据 6C 系统丰富的检测监测信息进行缺陷分析诊断。下面通过两个案例予以介绍。

案例 1：静动态检测对照分析。

接触网静态几何参数和弓网动态关系存在因果关系，即静态几何参数是因，动态弓网性能是果，静态决定动态。对于同一位置，通过动态检测发现问题，通过静态找故障原因并进行处理。

静态数据：4C装置接触网静态几何参数检测结果，如图4-2（c）所示。

动态数据：1C或3C装置弓网动态参数检测结果，如图4-2（d）、（e）所示。

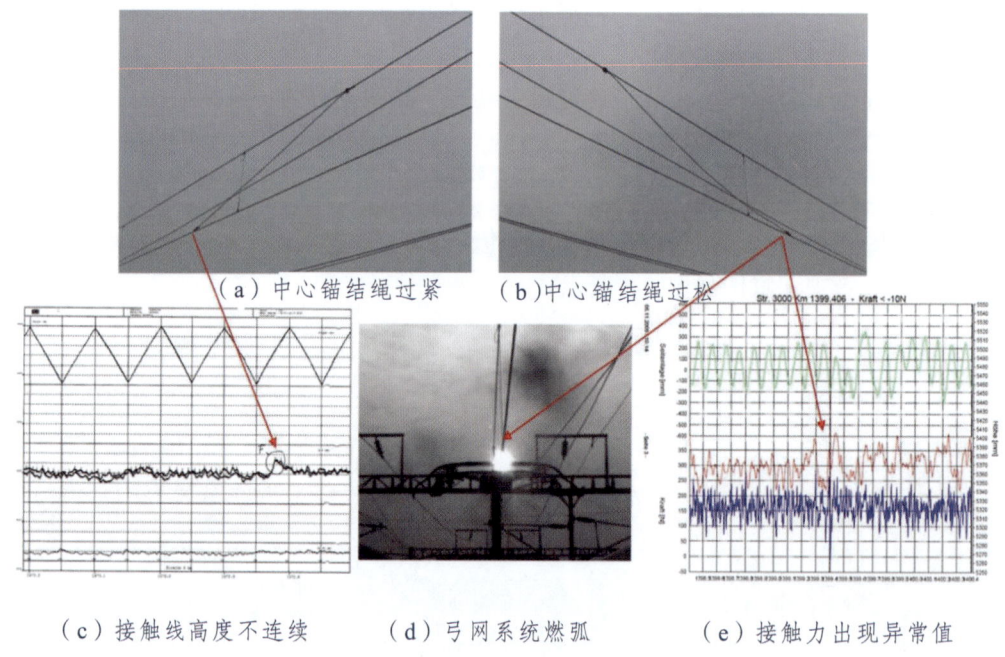

（a）中心锚结绳过紧　　（b）中心锚结绳过松

（c）接触线高度不连续　　（d）弓网系统燃弧　　（e）接触力出现异常值

图4-2　静态动态对照分析示意图

在同一位置中心锚结绳过紧［见图4-2（a）］或过松［见图4-2（b）］，都可能导致弓网接触力异常，从而引起弓网燃弧；1C或3C装置在该位置检测到接触力异常［见图4-2（e）］和弓网燃弧［见图4-2（d）］，表明该位置存在缺陷；4C装置检测到该位置接触线高度不连续且接触线高度偏高［见图4-2（c）］，表明该位置确实存在缺陷且缺陷为中心锚结绳过紧［见图4-2（a）］。

案例2：历史数据比较分析。

4C装置可以实现同一区段不同检测周期检测的接触网静态几何参数曲线叠加，如图4-3所示。可以叠加维修前和维修后的数据，根据检测数据比较分析维修效果；也可以多次检测数据叠加，比较分析该区段接触网表征参数的变化趋势。

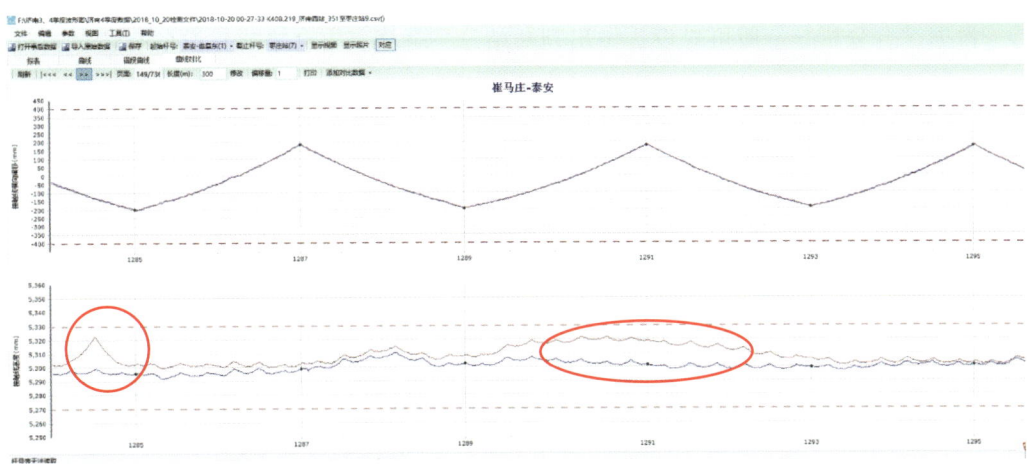

图 4-3 对比分析图

图 4-3 中，将 4C 装置维修前后两次检测的接触线高度曲线叠加，明显可以看出：维修前接触线高度（图 4-3 中红色曲线）在"红框"所示位置超高；维修后（图 4-3 中蓝色曲线）接触线高度在标准范围内。

4.1.3.2 变电检测与分析诊断

1. 预防性试验

为了发现运行中变电设备隐患，预防发生事故或设备损坏，变（配）电检修车间按照规程定期对供电设备进行的预防性试验，包括绝缘试验和特性试验。

绝缘试验包括交流耐压试验、直流耐压试验、介质损耗角测量、绝缘电阻测量等。

特性试验包括测量直流电阻、测量变比、测量回路电阻、开关参数测试、接地电阻测量、电缆电线绝缘线径测试、二次回路试验、继电保护试验等。

2. 试验数据分析诊断

对试验结果的判定，除了应在规程允许规定范围之内，还应对试验结果进行综合分析判断。

对于同一设备的单项试验结果，尤其是试验结果接近标准限值时（尚未超标），一般采取与历年各次试验结果比较、与同类型设备试验结果比较、对照相关规程要求参考其他项目试验结果等方法，进行综合分析，特别注意缺陷的发展趋势，做出判断。

根据综合分析，一般可对设备做出判断结论：合格、不合格或对设备有怀疑。对不合格的设备，应及时进行检修。为了能做到有重点或加速处理缺陷，应根据设备结构特点，尽量做部件的分节试验，以进一步查明缺陷的部位或范围。对有怀疑的设备，应采用缩短试验周期、在良好天气或温度较高时进行复测，以监视设备可疑缺陷的变化趋势，或验证过去试验的准确性。

案例3：介损试验数据超标发现产品结构缺陷。

2014年，京沪高铁某牵引变电所进行预防性试验时，220 kV电容式电压互感器介损值超标。与历年数据比较、与同类设备比较，均有较大差异，如表4-1所示。

表4-1 介损值比较表（转化为出厂温度）

编号		出厂	交接	2013	2014	2015	2016
1YHA	10-3987	0.054%	0.052%	0.056%	0.052%	0.056%	0.058%
1YHB	10-4013	0.055%	0.054%	0.055%	0.053%	0.056%	2.095%
1YHC	10-4010	0.053%	0.052%	0.056%	0.054%	0.057%	0.778%

发现介损试验数据异常后，将该组电压互感器退出运行，送生产厂进行解体，发现其上节分压器1只、下节分压器5只电容元件击穿；故障原因为元件极板铜引出片边缘存在毛刺，电场集中造成单个元件击穿后引发完好电容电压升高造成多个电容元件损坏。

4.1.4 维修管理

4.1.4.1 接触网维修

坚持"预防为主、重检慎修"方针，按照"周期检测、状态维修、寿命管理"原则，遵循"精细化、机械化、集约化"检修方式[3]。

1. 维修规程

接触网维修是指通过精确检测发现接触网的实际状态出现不允许的误差或发生故障时，对接触网进行的必要修复，使其恢复正常功能、达到标准状态的过程。

接触网维修分检修和大修。接触网检修分一级修（临时修）、二级修（综合修）、三级修（精测精修）三级修程。

一级修（临时修）是为了使设备状态保持在限界值以内，对导致接触网功能障碍的缺陷、故障立即投入、无事先计划的临时性维修。其主要包括一级缺陷的临时性修理、危及接触网供电周边环境因素处理、导致接触网功能障碍的故障修复（必要时采取降弓、限速、封锁等处置措施）。一级修由接触网维修工区组织实施。

二级修（综合修）是为了使设备状态保持在警示值以内，对定期检测发现缺陷有组织、有计划的维修，以及设备全面维护保养。主要包括二级缺陷集中修理和设备全面维护保养（必要的防腐和注油等），偏重对零部件的全面检查和维修。二级修（综合修）可结合全面检查进行，一般维修周期为 36 个月，或根据缺陷情况有计划地安排，以集中修的方式，由供电段或接触网维修车间组织设施。

三级修（精测精修）是指通过检测动态条件下接触网表征参数、静态条件下的接触网几何参数，检验零部件的技术状态；依据检测、检验分析结果，全面调整接触网静态几何参数、更换失效或接近预期寿命的零部件和设备、更换局部磨耗接近限界值的接触线，达到接触网标准状态的过程。

精测精修周期一般为 7 年，或不少于 50 万弓架次，或者接触网动态检测时发现弓网动态特性表现为区段持续不良、故障多发以及线路平纵断面发生调整的区段后进行。以集中修的方式，铁路局委托具有资质的设计单位完成三级修（精测精修）施工设计，并组建专业队伍或委托具有高铁接触网施工业绩的专业队伍实施。

大修是恢复性的彻底修理。大修主要是整锚段地更换接触网（含附加导线），并通过新设备、新技术的采用，改善接触网的技术状态，增强供电能力，适应运输发展的需要。接触网大修周期一般为 30 年，或不少于 200 万弓架次。腐蚀严重的区段，根据接触线磨耗和锈蚀情况，经质量鉴定后可适当缩短。

2. 维修机械配置与维修方式

大型维修机械配置主要包括接触网集中检修作业车列（见图 6-4）、多平台作业车和接触网水冲洗车等。

图 4-4 集中修作业车列

根据供电段下达维修计划,统一安排维修,利用接触网检修车列、多平台作业车等现代化工装设备,改变以前接触网设备分散检修组织形式,实行集中规模作业模式,释放人力资源、提高检修效率和检修质量、降低维修成本。

4.1.4.2 变电设备维修

变电设备的检修分为小修、状态维修和大修三种。

小修:维持性修理,对设备进行检查、清扫、调整,保持设备正常的技术状态,主要为清扫维护,更换易损件。避雷针、避雷器和接地装置在雷雨前维修。小修的维修周期一般为一年。

状态维修:根据检测、试验结果对存在问题的设备安排的计划性维修,主要对设备进行局部更换。

大修:达到寿命后的整体更换。一次设备的大修周期一般为 15～20 年,部分一次设备的大修周期为 10～15 年;二次设备的大修周期一般为 6～8 年。

考虑到变电设备种类繁多、内部结构复杂,较复杂的检修、试验亦可委托专业机构进行。

需要接触网停电的牵引变电所设备检修作业一般在"天窗"点内进行,不需要接触网停电的牵引变电所备用设备和退出后不影响列车运行的分区所和 AT 所,可在昼间进行作业。在检修试验过程中,当运行设备发生故障无法投入备用设备时,检修作业必须能在短时间内恢复至正常运行状态,用该设备代替故障设备投入运行。

4.1.5 质量评价与鉴定

1. 质量评价

铁路局每月或不定期组织开展接触网质量评价，是通过对接触网动态几何参数、接触线平顺性参数、弓网受流性能参数等进行综合分析，掌握设备动态运行功能。

质量评价一般以区间或站场为单元、以正线公里为单位进行评价，按照每公里扣分数考核接触网动态质量，根据扣分分数分为优良、合格、不合格三类。

2. 质量鉴定

铁路局组织供电段每年 10 月底对设备整体技术状态进行质量鉴定。对频繁发生故障或运行不稳定的个别设备、零部件，可不定期组织鉴定。质量鉴定主要是通过静态方式对接触网的几何参数、设备及零部件状态进行综合统计分析，掌握设备整体技术状态。

质量鉴定可采用静态检测、接触网悬挂状态监测检测图像分析、人工检查的方式，按单项设备和整体设备分别进行。

接触悬挂、附加导线以条公里为单位，隔离（负荷）开关、避雷器等以台为单位；线岔、绝缘器（含关节式分相）等以组为单位；整体设备以换算条公里为单位。

以跨距为鉴定单元，若在被鉴定的跨距内有一处不合格，即视为该跨距不合格（在悬挂点及定位点处，跨距长度按相邻跨距的平均值计算）。

对一个锚段的接触线、承力索、附加导线等，当接头及补强数量超过规定值后，该锚段即视为不合格设备。整根高压电缆有一项不合格的，即视该根电缆为不合格设备。

鉴定后的质量等级分为以下三种：

（1）优良：绝缘部件（含空气绝缘间隙）、接触线几何参数和主导电回路的设备状态未超过安全值者。

（2）合格：设备状态未超过限界值者。

（3）不合格：设备状态达到或超过限界值者。

优良率、合格率、不合格率分别按下列公式计算：

$$优良率 = \frac{优良设备数量（换算条公里）}{设备鉴定总数量（换算条公里）} \times 100\%$$

$$不合格率 = \frac{不合格设备数量（换算条公里）}{设备鉴定总数量（换算条公里）} \times 100\% \qquad (4-1)$$

$$合格率 = 1 - 不合格率$$

质量鉴定结果作为当年的设备质量运行状态填入牵引供电履历簿。

4.2 智能供电运行检修管理系统

我国高铁的运营里程、运行速度已居世界领先，为了使我国高速铁路运营管理向世界领先迈进，国铁集团已经开始建设国铁集团和各铁路局的铁路云和大数据中心，相关专业在这两个统一平台下开发各专业的智能运行检修管理系统，其基本结构如图 4-5 所示。

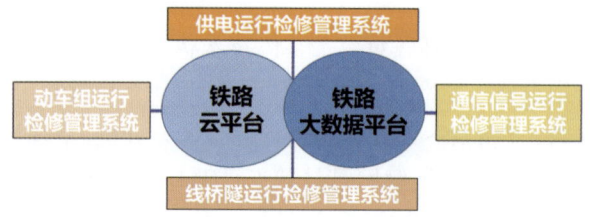

图 4-5 高速铁路智能运行检修管理系统

在铁路云和铁路大数据平台尚未完全建设就绪之前，牵引供电专业已经在智能牵引供电系统的框架下，开发了智能供电运行检修管理系统，并在京沈客运专线综合试验段验证和智能京张高铁中应用。由于本书、《高速铁路接触网故障预测与健康管理》和《高速铁路牵引变电所故障预测与健康管理》是一套丛书，为了保证完整性，本书对已经应用的智能供电运行检修管理系统进行总结。

4.2.1 定义与管理层级

目前，我国高速铁路牵引供电系统逐步建立了自动化、智能化的检测监测和运行管理平台，但各系统平台间相互独立，数据源与数据缺乏统一的规范、标准，导致各系统间的信息交互共享困难。在运行维护上，只能对单一设备状态做出"正常"或"故障"判断，无法从系统级掌握牵引供电系统整体健康状态和劣化趋势，缺乏对设备的早期预警及采取"先导式的维护保障"手段，即故障报警预警机制和系统健康评估体系。

1. 定　义

智能供电运行检修管理系统是对智能供电设施的静态（基础）数据、检测监测数

4.2 智能供电运行检修管理系统

据、运行维修数据、设备状态信息等数据和运行、检测、维修等流程进行全寿命周期综合管理的系统,以供电运用管理流程为基础,以故障预测与健康管理(PHM)为核心,实现牵引供电系统的日常生产管理、维修物资管理和智能指挥决策。如图 4-6(a)所示。

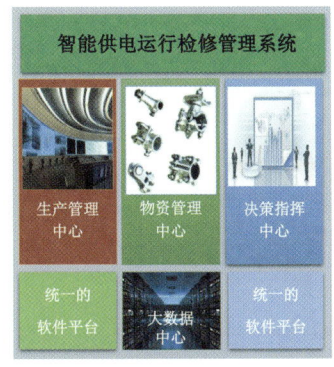 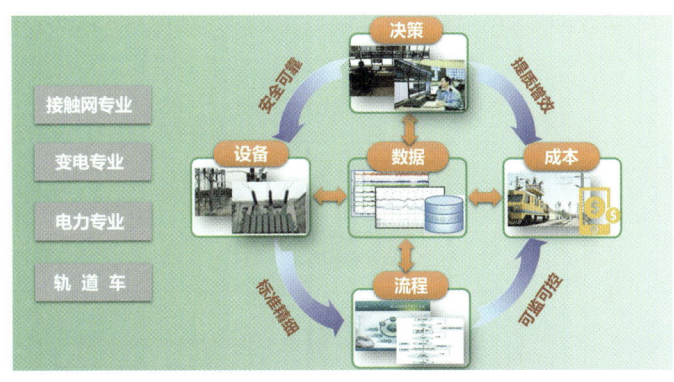

(a)功能与平台　　　　　　　　(b)涵盖专业与功能要素关系

图 4-6　智能供电运行检修管理系统示意图

按照管理分类,高速铁路供电分为接触网、变电、电力和轨道车四个专业[见图 4-6(b)],应该在统一的软件和硬件平台基础上,利用全寿命周期大数据,通过故障预测与健康管理,以合理的运行维修成本,为供电系统及其构成设备制定标准精细的维修策略,实施精准维修,以保障高速铁路供电系统安全高效运行。

2. 管理层级

高铁智能供电运行检修管理系统层级结构按照现有铁路管理特点划分,分国铁集团、铁路局、供电段、车间/工区/沿线设施四级[4],如图 4-7 所示。

国铁集团级为监管层。国铁集团级供电运行检修管理系统(图 4-7 未画出)应侧重全路高速铁路供电系统的健康状态(按线路)、设备故障统计和事故抢修管理,能够访问全路所有供电运行检修管理系统。

铁路局级为控制与决策层。铁路局级供电运行检修管理系统应侧重铁路局管辖范围内高速铁路供电系统(按线路)和供电区段(含牵引变电所左右两两臂的接触网、AT 所、分区所)的健康状态、设备故障统计和精测精修与大修管理;应能直接访问铁路局内所有供电段的智能供电运行检修管理系统。

第4章 智能供电运行检修管理系统

供电段级为信息处理中心和指挥层。供电段级供电运行检修管理系统，应能接收车间/工区/沿线设施上传的运行检修数据、检测监测数据和供电调度采集的实时状态信息，对辖区的牵引供电系统、电力变配电系统及其构成设施（包括元件层、子系统层和系统层）进行故障诊断、故障预测和健康评估，制定维修决策，实施接触网、变配电设备的运行、检测和维修；应侧重以可靠性为中心的检修与管理。

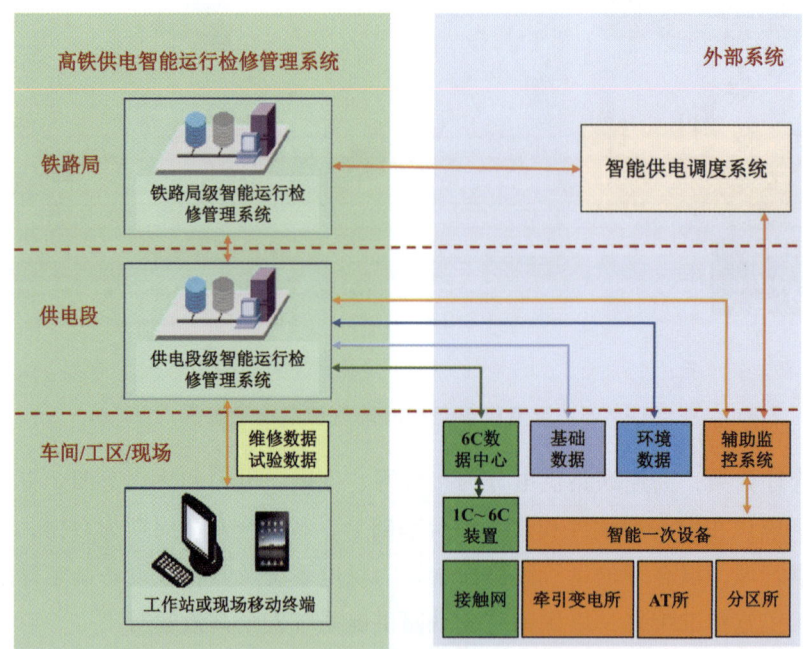

图 4-7 高铁智能供电运行维修管理系统层级

由于供电段直接面向供电运行检修业务，同时考虑到建设智能供电运行检修管理系统的投资，供电段级智能供电运行检修管理系统应是建设的重点。

4.2.2 功能与软硬件结构

1．功能与内涵

智能供电运行检修管理系统的功能可分为基本功能和高级功能，如图 4-8 所示。基本功能包括运行管理、检测管理、维修管理、质量评价、质量鉴定、维修工器具管理、维修物资管理。高级功能包括故障诊断、故障预测、健康评估、维修成本分析和维修决策制定。

4.2 智能供电运行检修管理系统

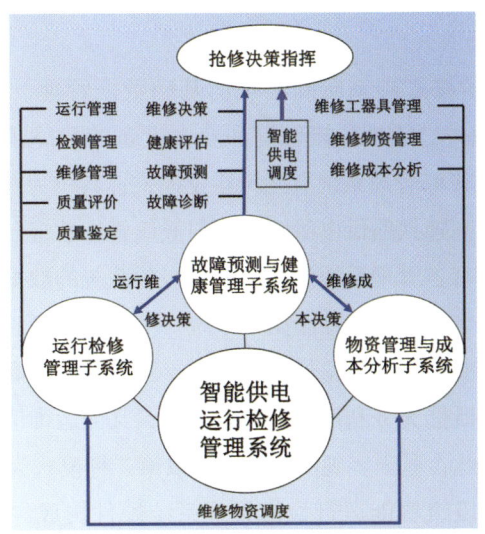

图 4-8　智能供电运行检修管理系统功能

为了尽可能兼容既有的高速铁路供电管理模式，上述功能分别由运行检修管理子系统、物资管理与成本分析子系统和故障预测与健康管理子系统协调完成。对运行管理人员来说，管理形式没有发生变化，但由于三个子系统的交互作用，实际内涵发生了本质变化，如图 4-9 所示。

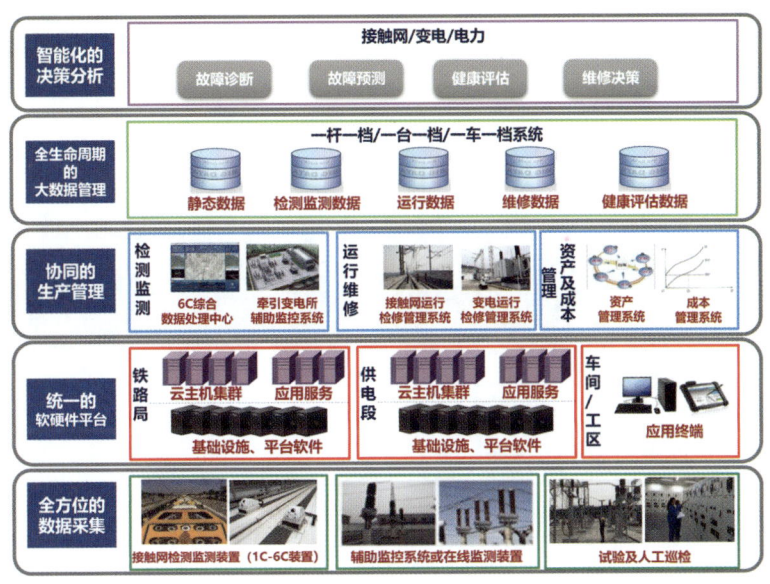

图 4-9　智能供电运行检修管理系统内涵

207

2. 软硬件结构

高铁智能供电运行检修管理系统除常规的基础数据管理、运行-检测-维修作业管理、物资管理、安全管理外，还具备接触网和变电设备的故障预测与健康管理等功能。

目前，智能供电运行检修管理系统有三种建设模式：其一为在既有各种供电运行检修管理系统的基础上，增设高速铁路供电故障预测与健康管理系统；其二为遵循既有供电运行检修管理模式，整合既有各管理系统的功能，加强各系统的数据共享，增设高速铁路供电故障预测与健康管理系统；其三为在全路构建统一的铁路应用云和统一的大数据中心两个平台的框架下，遵循既有供电运行检修管理模式，开发全新的高速铁路智能供电运行检修管理系统。第二种模式既能充分利用既有系统资源，又为运维值班人员所熟悉，同时便于向第三种模式迁移，因此，基于客观实际，本节以第二种模式为对象进行介绍。

图 4-10 给出了供电段级智能运行检修管理系统硬件构成。智能运行检修管理系统的硬件构成分为数据接口层、数据处理层和业务展示层，完成高速铁路供电系统的变电设备、接触网和电力变配电设备的运行、检测与维修管理。

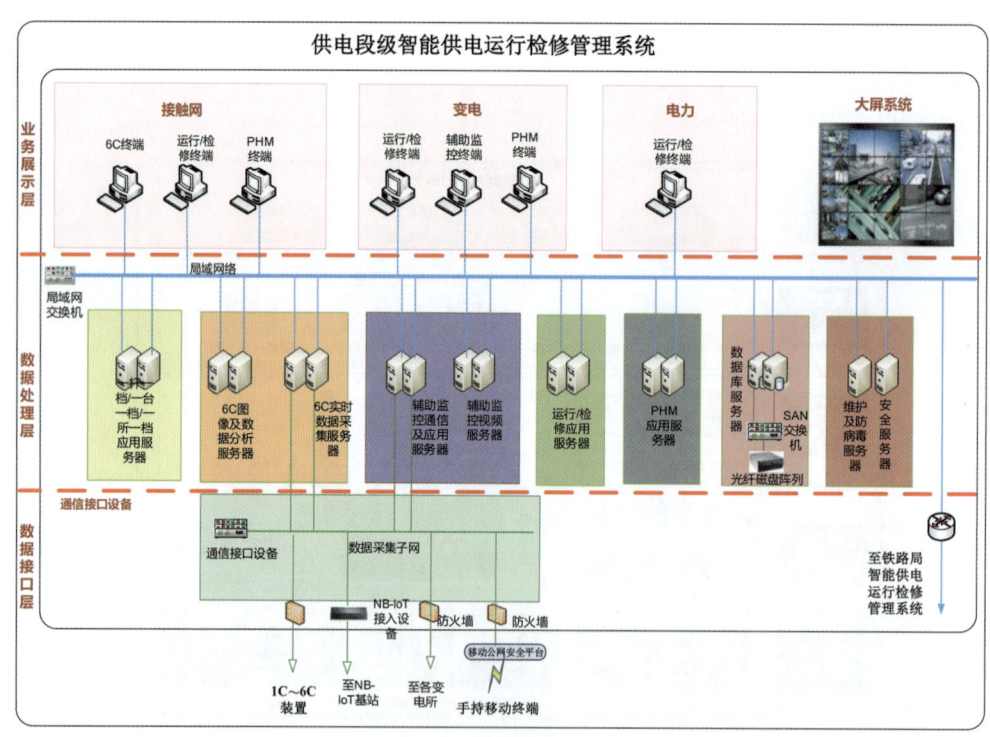

图 4-10 供电段级智能运行检修管理系统硬件构成

数据接口层：通过数据采集子网，采集 1C～6C 设备检测监测的接触网数据，各牵引所辅助监控系统的智能一次设备在线监测数据，手持移动终端输入的运行、维修过程数据和 NB-IOT 基站获取的各种传感器、微控制单元数据。

数据处理层：各种服务器按照功能划分，完成相应的数据处理任务，例如：一杆一档（一台一档、一车一档）应用服务器、运行检修应用服务器完成既有供电运行检修管理任务，PHM 应用服务器完成故障诊断、故障预测、健康评估与维修决策任务。

业务展示层：除增设接触网 PHM、变电设备 PHM 终端外，其他配置与既有供电运行检修管理模式完全一致。

图 4-11 给出了高铁供电段级智能运行检修管理系统软件结构，包括系统软件、平台软件和应用软件。

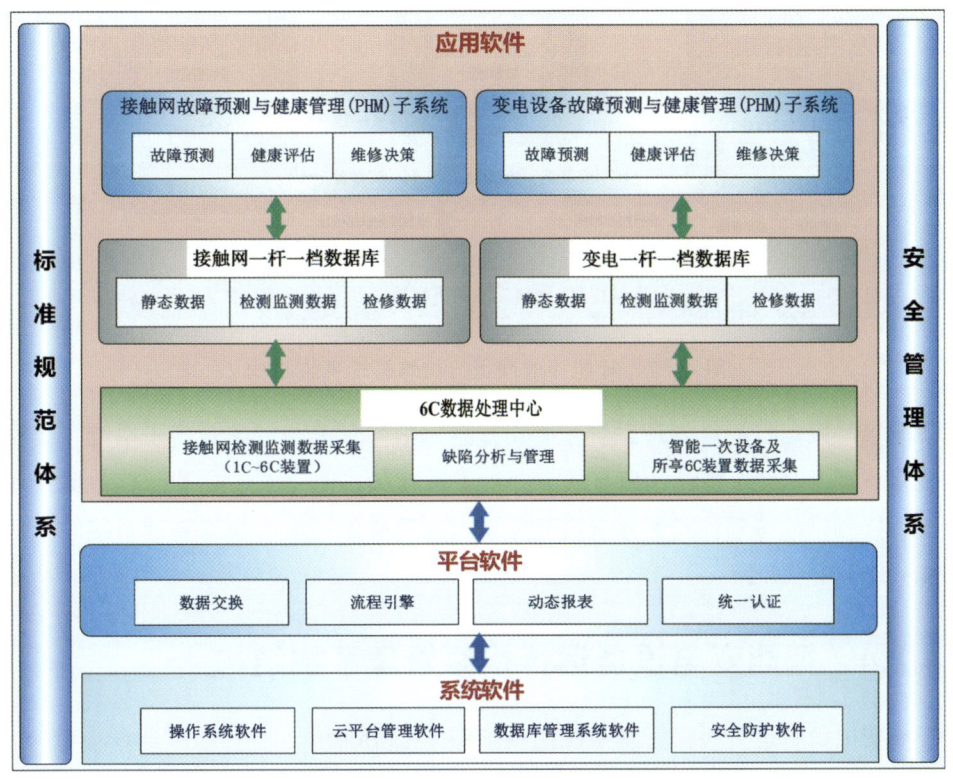

图 4-11　供电段级智能运行检修管理系统软件结构

系统软件包括操作系统、云平台管理、数据库管理和安全防护等软件。平台软件包括数据交换、流程引擎、动态报表和统一认证等支撑应用软件开发与应用的软件。应用软件包括 6C 数据处理中心、一杆一档和一台一档、故障预测与健康管理应用软件。

4.2.3 智能接触网运行检修管理系统结构

智能接触网运行检修管理系统结构如图 4-12 所示。

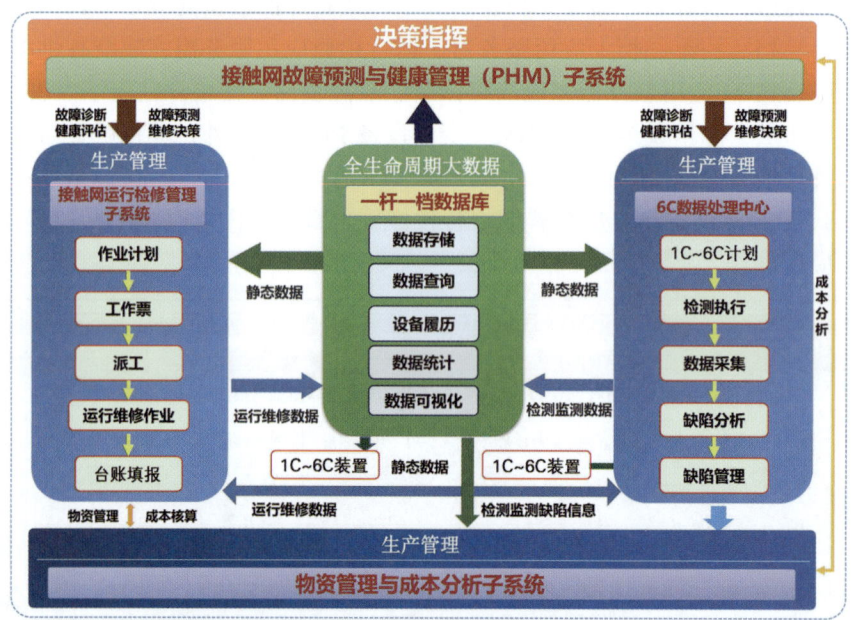

图 4-12 智能接触网运行检修管理系统结构

智能接触网运行检修管理系统主要由接触网故障预测与健康管理子系统、接触网运行检修管理子系统、物资管理与成本分析子系统和一杆一档数据库、6C 数据处理中心构成。接触网故障预测与健康管理子系统是智能接触网运行检修管理系统的重点，本书 4.3 节将重点介绍。

4.2.4 智能变电设备运行检修管理系统结构

智能变电设备运行检修管理系统结构如图 4-13 所示。

智能变电设备运行检修管理系统主要由变电/电力故障预测与健康管理子系统、变电/电力运行检修管理子系统、物资管理与成本分析子系统和一台一档数据库、变电所辅助监控系统主站构成。变电/电力故障预测与健康管理子系统是智能变电/电力运行检修管理系统的重点，本书 4.4 节将重点介绍。

4.2 智能供电运行检修管理系统

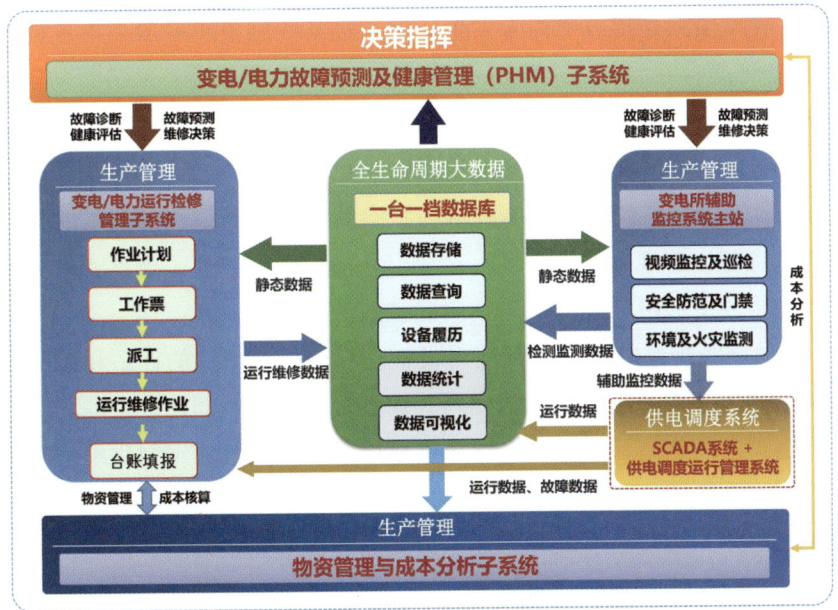

图 4-13　智能变电/电力运行检修管理系统结构

4.2.5　故障预测与健康管理（PHM）方法

1. PHM 基本概念

故障预测、健康管理、视情维修等技术于 20 世纪中后期率先在航空航天、武器装备、电子产品等领域得到应用，如电子产品机上测试（BIT）、发动机健康监控（EHM）、结构健康监控（SHM）等。近年来将这一理论与技术统称为故障预测与健康管理（PHM），即利用先进传感器的集成，并借助各种算法和智能模型来预测、监控和管理系统的健康状态，能使系统诊断自身的健康状况，在事故发生前预测故障，并且给出最佳维修策略。应用 PHM 技术的意义在于可以提高产品的可靠性，提升产品的安全性和可维护性，改进系统的设计和分析，全面降低全寿命周期成本[5]。大多数故障预测与健康管理都具有与领域相关的特点。几个基本定义如下：

定义 1：故障是产品不能完成规定功能或性能退化不能满足规定要求的状态。

定义 2：故障诊断是指故障发生了，确实影响到设备的安全、性能、可用性之后，判断故障的原因是什么。故障是一种表现，而触发这种故障的原因可能有多种。需要故障诊断工程师配合经验、数据、现场勘查才能判断故障原因。

定义3：故障预测是指故障尚未发生，但通过某些迹象（一般是指各种传感器信号），判断设备可能存在异常。这种判断可以通过某种模型或者算法进行初筛，然后通过人工确认后，再向设备工程师发出警告，最终现场确认设备是否存在故障，或者故障趋势。

定义4：故障诊断与预测是对客观事物状态的一种判断，其最基本的出发点是判断者采信的信息源。客观事物的发展存在内因和外因两个方面，观察者、被观察对象和观测的环境构成了故障诊断与故障预测完整的认知模型。

定义5：健康管理是基于故障预测对设备完好性、可用性的评估和控制。故障预测是针对某个具体部件的故障迹象的预判，健康管理则是多部件多维度的综合评价。从宏观上给出设备的健康评分，这个评分可以用来指导设备的定制化维护、备件的综合调度等。

定义6：PHM一般应具有故障诊断、故障隔离、增强型诊断、性能检测、故障预测、健康管理和零部件寿命追踪的能力。

2．PHM基本方法

根据前面的几个定义，故障预测是PHM的核心。不同的观察者、不同的被观察对象和不同的观测环境都会导致故障预测方法的不同，但相对共识的故障预测方法有如下三种[5]。

方法1：基于模型的故障预测方法——对于数学模型已知，或者能够通过集成物理模型与随机过程建模的被观察对象，一般采用这种方法。该方法能够深入被观察对象的本质性质，通过在线检测监测，实时预测故障，并评估部件剩余寿命的分布状况。应该说，该方法的故障预测准确度最高。

方法2：基于数据驱动的故障预测方法——对于大多数被观察对象而言，建立准确的数学模型是十分困难的。但是，设计、仿真、运行和维修等各个阶段的测试，各种检测监测传感器采集的实时数据、历史数据就成为掌握被观察对象寿命下降的主要手段。该方法是一种不需要先验知识（数学模型和专家经验），以全寿命周期的数据为基础的方法。应用中，该方法相对实用。

方法3：基于统计可靠性的故障预测方法——建立完整的动态模型给出被观察对象输入与输出之间的微分方程，不必要也不可能。该方法是从过去故障历史数据的统计角度进行故障预测的方法，用于故障预测的概率密度函数统计得到，且自带置信度。

一般有贝叶斯方法、Dempster-shafer 理论和模糊逻辑等。对于组成部件众多且布置分散的被观察对象，例如高铁接触网，采用这种方法或者方法 2 与 3 融合是适宜的。

3．PHM 基本结构

如前所述，故障预测与健康管理一般具有领域相关的特点，不同的被观察对象的 PHM 是不一样的。波音公司牵头来自工业制造、军事、商业制造、传感器技术和科研院所等制定的视情维修的开放体系结构（Open System Architecture for Condition-Based Maintenance，OSA-CBM），综合了各种 PHM 系统共同的设计思想以及应用技术和方法，可用于指导实际构建应用于机械、电子和结构等领域的各种具体类型的 PHM 系统。OSA-CBM 体系结构如图 4-14 所示[6]。

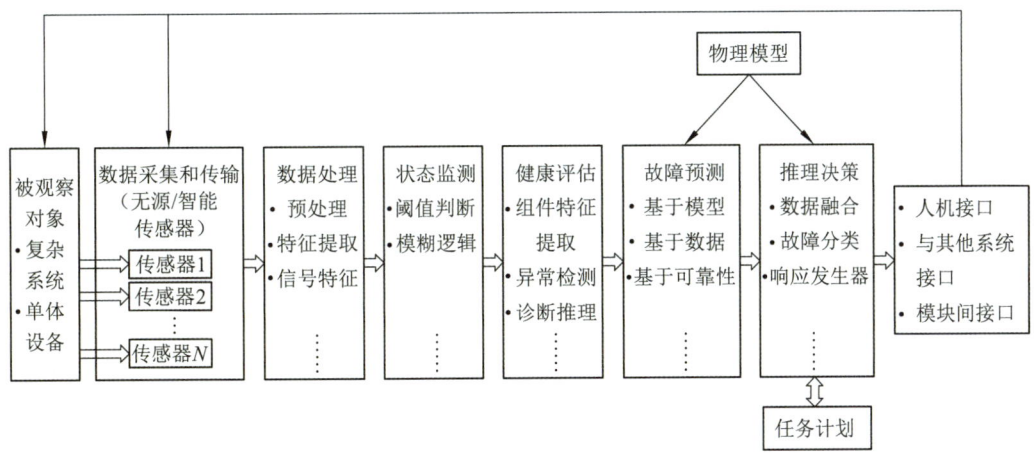

图 4-14　OSA-CBM 体系结构

结合高速铁路牵引供电系统特点，在图 4-14 中：

被观察对象：可以是单体设备，如牵引变压器，也可以是复杂系统，如牵引供电系统。

数据采集与传输：利用各种传感器采集被观察对象的相关参数信息，为 PHM 系统提供数据基础，例如，第 2 章的智能供变电设施，第 3 章的接触网智能化；应具有数据转换和数据传输等功能，例如，第 2 章的光纤网络通信。

数据处理：数据处理成后续状态监测、健康评估和故障预测等部分处理要求的格式，变电设备数据按"一台一档"格式，接触网数据按"一杆一档"格式；数据处理的输出结果包括经过滤、压缩简化后的传感器数据、频谱数据和其他特征数据等，接触网零部件技术状态检测为大量图像数据,必须经缺陷检测后传输缺陷结果及缺陷位置对应的压缩图像。

状态监测:接收来自传感器、数据处理和其他状态监测模块的数据,例如,牵引变压器的监测单元包括:铁心绕组温度、油中溶解气体和铁心接地电流,智能组件的主 IED 接收三个监测单元的数据;将这些数据同预定的失效判据等进行比较来监测系统当前的状态,并可根据预定的各种参数指标极限值/阈值来提供故障报警能力,例如,由于牵引供电系统规模大、设备多,状态监测由各智能一次设备的智能组件完成。

健康评估:接受来自不同状态监测模块和其他健康评估模块的数据,例如,对单体设备——牵引变压器进行健康评估时,接收前述三个监测单元数据,对牵引变电所进行监控评估时,需要牵引变压器、断路器、互感器等牵引变电所所有设备的监测数据,对牵引供电系统进行监控评估时,需要各牵引变电所、连接各牵引变电所接触网的健康评估结果;评估被观察对象的健康状态,确定是否有参数退化现象等,产生故障诊断记录并确定故障发生的可能性。故障诊断应基于各种健康状态历史数据、工作状态以及维修历史数据等。

故障预测:综合利用前述各部分的数据信息,评估和预测被观察对象未来的健康状态,包括剩余寿命等。故障预测能力是 PHM 系统的显著特征之一。

自动推理决策:接受来自状态监测、健康评估和故障预测部分的数据,制定维修策略,包括产生更换、维修活动等建议措施以在被观察对象发生故障之前的适宜时机采取维修措施;自动推理决策实现了 PHM 系统管理能力,是其另一显著特征之一。

接口:主要包括人-机接口和机-机接口。人-机接口包括状态监测模块的警告信息显示以及健康评估、预测和决策支持模块的数据信息的表示等;机-机接口使得上述各模块之间以及 PHM 系统同其他系统之间的数据信息可以进行传递。

实际上,图 4-14 的各模块之间并没有明显的界限,同时还存在着数据信息的交叉反馈。

4. 牵引供电系统 PHM 分层

在高速铁路牵引供电系统 PHM 时,由于接触网结构复杂,理论上最小接触网单元应为一跨内(两支柱间)接触悬挂和一支柱上所有装置(含支柱与基础、支持装置、定位装置),但这样划分不利于充分利用接触网表征参数评价接触网的服役状态。因此,按照一定长度且机械、电气上相互独立的分段,即锚段来划分最小接触网单元。对高速铁路接触网 PHM 系统的分层,如图 4-15(a)所示。

4.2 智能供电运行检修管理系统

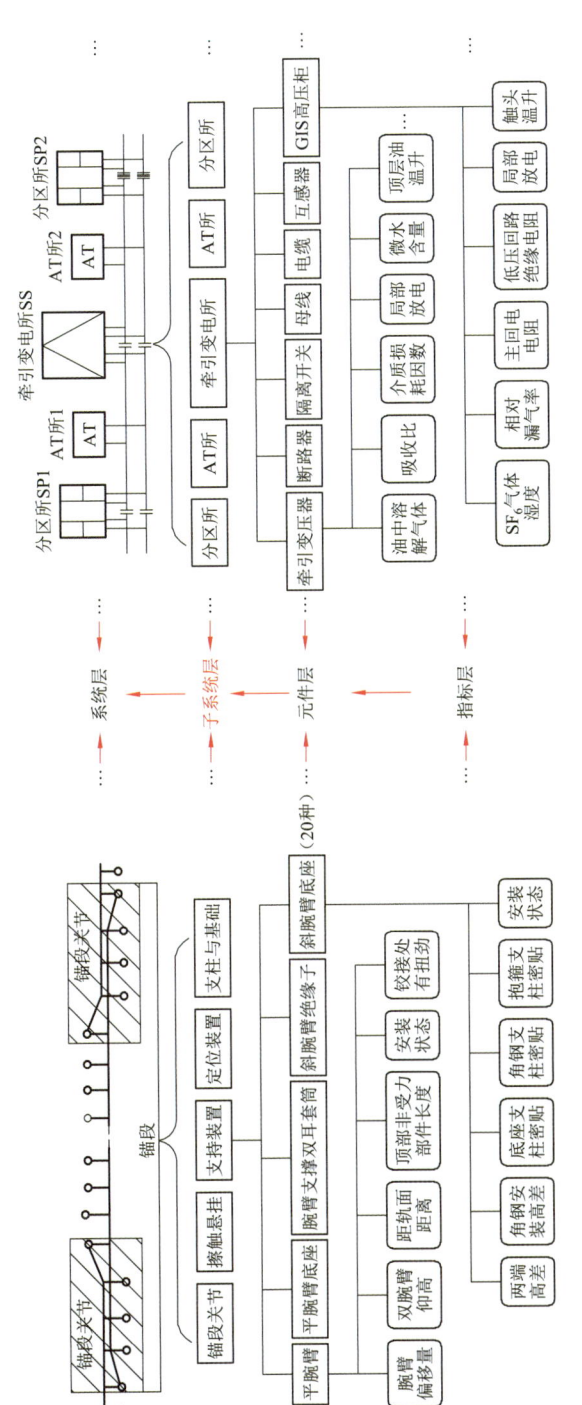

图 4-15 高速铁路牵引供电系统 PHM 分层示意图

系统层：由 1 个或多个最小接触网单元（锚段）。

子系统层：构成 1 个接触网最小单元的锚段关节［图 4-15（a）中一侧的锚段关节］，一跨内接触悬挂，支柱与基础，一支柱上的支持装置和定位装置。

元件层：包括锚段关节、接触悬挂、支柱与基础、支持装置、定位装置所包含全部连接线索和零部件。

指标层：接触网表征参数和零部件技术状态对应的技术指标。

高速铁路牵引供电系统为单相供电，牵引变电所左右两供电臂为最小供电单元，一般包括牵引变电所 1 座、左右供电臂上 AT 所和分区所各 1 座。对于牵引变电所 PHM 应按照图 4-15（b）进行分层。

系统层：由一个或多个最小供电单元构成，其规模视用户要求按工区/车间、供电段、铁路局或国铁集团构建 PHM 系统而定。如前所述，按供电段构建 PHM 系统是合适的，即便如此，系统层的规模（全路平均）包括 20 个左右的最小供电单元。

子系统层：构成 1 个最小供电单元的牵引变电所及其左右供电臂上的 AT 所和分区所。

元件层：构成牵引变电所、AT 所和分区所的电气设备，例如，牵引变电所包括：牵引变压器、断路器、隔离开关、互感器、GIS 高压柜、母线和电缆等。

指标层：各元件在线监测项目对应的若干指标。

4.3　接触网故障预测与健康系统

高速铁路接触网与一般的被观察对象有显著的不同：一是其沿高铁线路布置、结构复杂、零部件众多，很难建立准确的数学模型；二是若实现在线检测监测，传感器安装不易、成本高昂，一般采用移动与固定相结合的检测监测模式；三是接触网的稳定受流与运行安全直接决定高速铁路的运行品质。因此，对高速铁路接触网进行故障预测与健康管理是完全有必要的。与一般集中式被观察对象不同，其宜采用基于数据驱动与基于统计可靠性相结合的故障预测方法[7]。

4.3.1　数据来源

为了建立数据驱动的高速铁路接触网 PHM 方法，首先要明确高速铁路接触网运行过程数据。根据我国高速铁路接触网的特点，其运行过程数据可分为基础数据、检测监测数据、故障数据、维修数据四类[7]。

1. 基础数据

基础数据应该至少包括以下信息：

对应的地理位置：应包括铁路局、线路、区间/站场、锚段、支柱。

所属的责任部门：应包括供电段、车间、工区。

相应的零部件及设备：具体包括接触线、承力索、吊弦与吊索、锚段关节与关节式电分相、中心锚节、下锚装置、交叉线岔、无交叉线岔、电连接、补偿装置、软（硬）横跨、支持装置、定位装置、支柱与吊柱、供电线、加强线（LF 线）、正馈线（AF 线）、回流线（NF 线）、保护线（PW 线）、架空地线（GW 线）、隔离开关、电缆及其附件、吸上线、接地装置、地磁感应装置、标识牌、保安装置、其他。

固有的技术参数：包括但不限于设备设施的类型、型号、材质、尺寸、几何（如接触网几何静态测量数据，不同电压等级附加导线、引线、接触悬挂等线索交叉时的最小间距及对地距离等），生产厂家，投运日期。

稳态的运行工况：单位时间（每天）内运行弓架次（单弓、双弓分开统计），速度等级。

2. 检测监测数据

检测监测数据一般分为 6C 数据和人工数据，提供这两类数据时都必须明确其采集时的地理位置。

6C 数据包括但不限于：

动静态几何、弓网燃弧、接触压力、硬点（弓头加速度）、抬升量、磨耗、弹性、电压、电流的原始连续检测数据；

动态检测时的检测速度、检测日期；

接触网及其重点部件、周边环境视频；

受电弓/接触悬挂高清/红外视频；

典型接触网零部件高清图像；

受电弓及滑板高清图像、车号图像；

绝缘子绝缘状态；

27.5 kV 电缆接地电流、温度、局放（电缆中间接头或终端）；

所监控的接触网设备及部件视频；

张力补偿器 a/b 值；

定位点振动频率、振动幅值、抬升量；

电连接线夹温度、导电电阻；

人工检测数据又包括：

静态检测数据：线岔限制管、吊弦、电连接等零部件状态；地面磁感应器磁感应强度及运行状态；接触线几何参数；绝缘锚段关节各处两线间距；关节式分相各处两线间距；补偿装置坠砣、补偿绳、限制器等状态；

巡视检查数据：主要针对 2C、4C 装置检测不到的项目，各种线索、零部件、绝缘部件、吸上线、支柱等；接触网周围环境；

单项检查数据：分段绝缘器绝缘部件、滑道等状态；分相绝缘器绝缘部件、位置等状态；隔离开关绝缘子、引线、隔开托架等状态；避雷器引线、脱离器等状态；

全面检查数据：主要包括无法或不易通过间接测量手段掌握接触网系统运行状态的所有项目（零部件状态、附加线索等）；

非常规检查数据：中断供电次数及累计时间、引起跳闸的接触网故障及原因；极端外部环境条件下，关键零部件及设备的运行状态。

3．故障数据

对故障数据进行分类时，估计或准确定义是内因故障还是外因故障；提供故障发生的地理位置与发生故障的零部件或设备种类，同时对故障状态进行标准化描述，建立统一的数据字典。除此之外，还提供以下信息：

故障原因，包括但不限于设计制造缺陷、安装不规范、材质选用不当等内部原因，或人因、列车或受电弓非正常运行、轨道桥梁等基础设施状态异常、周边环境或异物、不当作业等外部原因；

发生故障的时间；

故障发生时的天气或环境，包括但不限于风压、降水（雨、雪、湿度）、温度、太阳光辐射强度、大气污染等级等。

4．维修数据

维修数据需提供维修的日期，其目的是通过分析，降低或提升不同区段接触网的维修层次，调整维修频率。维修数据还包括：

维修层次与维修区段（锚段或起止支柱）；

维修人时；

故障修复时间；

天窗时间内修复故障的数量；

维修成本。

在我国，各个铁路局建设有6C数据中心和接触网管理信息系统，除6C检测监测数据由6C数据中心提供外，其他数据可由接触网管理信息（MIS）系统提供。

4.3.2 接触网数据库编码

根据《高速铁路接触网运行维修规则》，结合各铁路局运-检-修管理现状，在全路支持下，作者团队编撰了《电气化铁路接触网数据库编码规范》[7]。

考虑到接触网固有参数与故障参数差异较大，为便于数据库共享利用，将接触网数据库分为固有参数数据库（A库）和故障数据库（B库）；两个数据库的结构和内容将根据自身特点分别设置。

接触网固有参数数据库结构如图4-16所示。设备种类代码如表4-2所示（故障数据库采用同样的设备种类代码）。限于篇幅，本节主要介绍故障数据库。

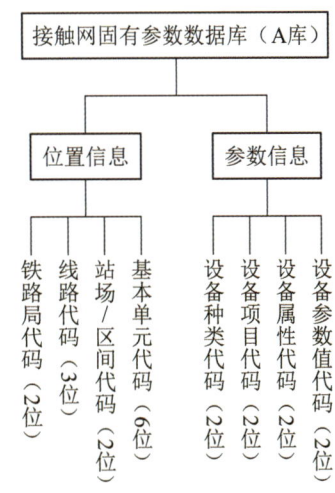

图4-16 接触网固有参数数据库结构

表4-2 接触网设备种类代码

种类编码	设备种类	种类编码	设备种类
01	接触线	10	补偿装置
02	承力索	11	软（硬）横跨
03	吊弦与吊索	12	支持装置
04	锚段关节及关节式电分相	13	定位装置
05	中心锚结	14	支柱与吊弦
06	下锚装置	15	供电线
07	交叉线岔	16	加强线（LF线）
08	无交叉线岔	17	正馈线（AF线）
09	电连接	18	回流线（NF线）

续表

种类编码	设备种类	种类编码	设备种类
19	保护线（PW线）	26	接地装置
20	架空地线（GW线，也称架空避雷线）	27	地磁感应装置
21	隔离开关	28	标识牌
22	分段/分相绝缘器	29	保安装置
23	避雷器	30	外部环境
24	电缆及其附件	31	其他
25	吸上线		

4.3.2.1 数据结构

数据结构（Data Structure）是带有结构特性的数据元素的集合，用来规范数据的逻辑结构和数据的物理结构以及它们之间的相互关系。数据的逻辑结构反映了数据元素之间的逻辑关系，与数据在计算机中的存储位置无关。数据的物理结构则侧重于研究数据在计算机存储空间的存放形式。

数据的逻辑结构包括如下四种：
- 集合：数据结构中的元素之间仅有"同属一个集合"的相互关系；
- 线性结构：数据结构中的元素存在一对一的相互关系；
- 树形结构：数据结构中的元素存在一对多的相互关系；
- 图形结构：数据结构中的元素存在多对多的相互关系。

接触网是一个复杂的机械系统，通常采用树形结构来描述接触网及其零部件存在的"一对多"的逻辑结构关系。

1．树状结构

树状结构是非线性数据结构的一种，它是由有限的节点（Node）组成的具有层次关系的集合。其在客观世界中广泛存在，例如企业的组织机构、家族图谱等都可以用树状结构来形象表示。图4-17展示了树状结构的基本组成。

4.3 接触网故障预测与健康系统

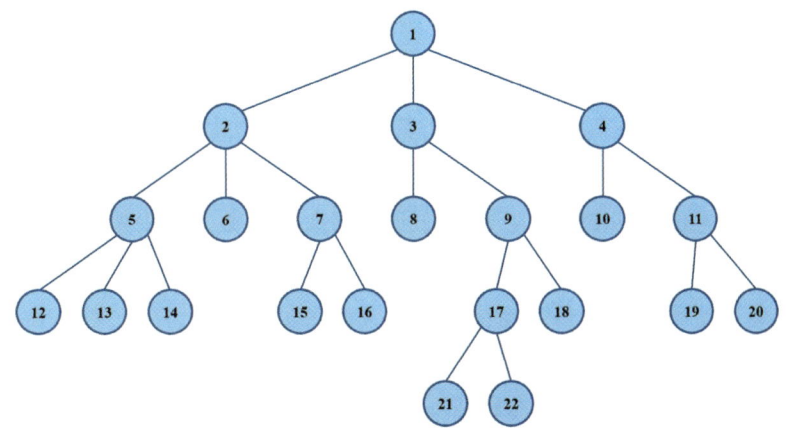

图 4-17 树状结构的基本组成

对于图 4-17 中的各个元素，结合树状结构的特点和高铁接触网故障的实际情况，做出如下说明：

- 父节点（Parent Node）：节点连接的上层节点叫作该节点的父节点，图中节点 7 为节点 15 和 16 的父节点。
- 子节点（Child Node）：节点连接的下层节点叫作该节点的子节点，图中节点 5、6、7 都为节点 2 的子节点。
- 根节点（Root）：没有父节点的节点，一个树状结构仅包含一个根节点，图中节点 1 为根节点。在接触网故障中表示接触网存在故障。
- 叶节点（Leaf Node）：没有子节点的节点，图中节点 6、8、10、12～16 和 18～22 都为叶节点。在接触网故障中表示某一个具体的故障，例如：定位线夹螺栓紧固件状态异常。
- 分支节点（Branch Node）：同时拥有父节点和子节点的中间节点，图中节点 2～5、7、9、11 和 17 都为分支节点。在接触网故障中表示由部分具体故障上卷形成的中间某类故障，例如：支持装置故障。
- 祖先（Ancestor）：从根节点到该节点所经分支上的所有节点。以节点 21 为例，其祖先为节点 17、节点 9、节点 3 和节点 1。
- 子孙（Descendant）：所有子节点以及直到叶节点为止的子节点的子节点们。以节点 2 为例，其子孙为节点 5～7、节点 12～14 和节点 15～16。
- 节点的度（Degree of Node）：某个节点所拥有的子节点的个数，图中节点 5 的度为3，节点7的度为2。

- 节点的层次（Level of Node）：从根节点到该节点所经路径上的节点个数。规定根节点的层次为0，其余节点的层次等于其父节点的层次加1。即：节点2~4的层次为1，节点5~11的层次为2，节点12~20的层次为3，节点22~22的层次为4。
- 树的深度（Depth of Tree）：树中节点的最大层次数，图中树的深度为4。
- 子树（Subtree）：某个节点和其所有子孙节点构成的树。

在实际应用过程中，树状结构往往因为分析对象的不同，存在着部分分支的叶节点层次过深或过浅的情况。对于个别层次过浅的叶节点，采用延长分支节点的办法，如图4-18（a）所示。对于小部分分支层次过深的节点集，采用子树并入的方法可以降低整个子树内节点的层次，实现降低整个树状结构深度的功能，过程如图4-18（b）所示，从而达成了统一深度的目的。

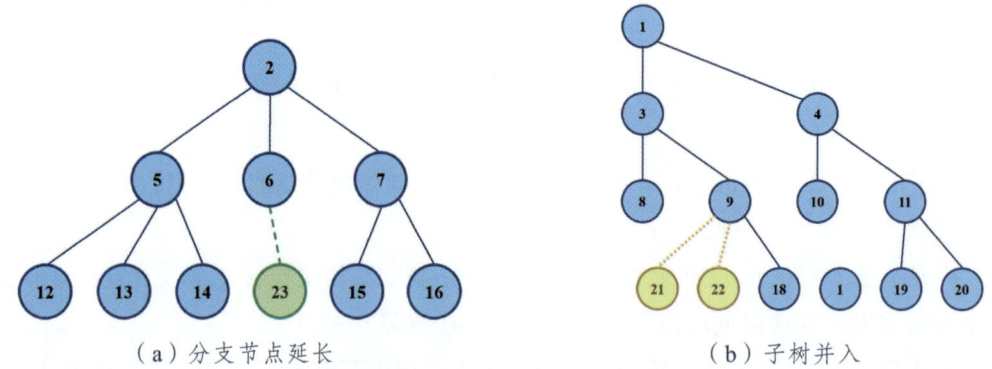

图 4-18 树状结构的变形

2. 接触网故障数据树形结构

为方便表述，采用二元组来表示树状结构中任意节点与其父节点的关系，记作<a_i, a_j>。其中，a_j为任意节点，a_i为a_j对应的父节点。整个树状结构中所有的父子关系对组成了一个集合，记为H。对于拥有相同父节点a_i的节点们组成的集合，记为Sub_i，代表a_i的所有子节点，则任意节点与其所有子节点的层次关系可表示为<a_i, Sub_i>。以"平腕臂底座备用螺帽缺失"为例，通过逐层归类，从根节点往后的节点依次为：支持装置、平腕臂、平腕臂底座、底座零件、安装状态，共计5层。大部分故障通过3~4层即可定位，极少部分故障少于3层。对于结构复杂的零部件，所涉及的层次更多，最深的叶节点在第7层。

考虑到接触网故障数据的稀疏性，同时保证各故障编码长度统一、减少数据库存储空间和高效检索，对树状结构进行变形，采用一个3层树状结构涵盖了接触网全部故障，以实现对接触网所有故障的定位。仍以"平腕臂底座备用螺帽缺失"为例，变形后的节点为：支持装置、平腕臂底座、底座零件安装状态。除定位故障外，树状结构还设计了第四层和第五层，分别对具体的故障状态和故障等级进行描述，如图4-19所示。整个树状结构共含有31个大类、381个小类，近2 000余项具体故障条目以及各故障条目对应的故障状态和故障等级。

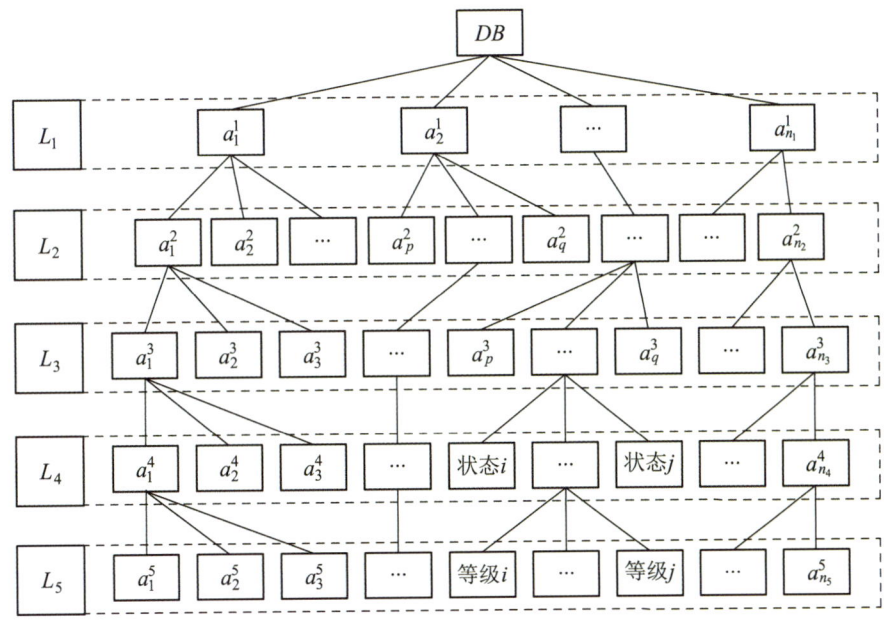

图4-19　接触网故障树状结构示意图

4.3.2.2　接触网故障数据编码

1. 编码原则

编码是信息从一种形式或格式转换为另一种形式的过程。通过编码，复杂的图片、语音、文字可以被计算机识别并快速处理。实现信息的快速处理需要建立在科学合理的信息分类基础上，并遵循一定的编码原则。

为实现对目标信息的标准化、规范化编码，一般需遵循以下基本原则：
- 唯一性：一段信息只能由唯一一段编码进行表示；

- 合理性：编码对象的类别与属性需进行合理划分；
- 可扩展性：编码时需留出适当数量的码位，以便后续项目的添加；
- 简洁性：编码长度应尽量简短；
- 规范性：编码的类型、结构需保持统一。

2．接触网故障编码

2016年，中国铁路总公司下发了《铁路牵引供电设备设施单元划分、编码暂行规范》，对接触网地理信息的划分给予了明确的编码规定，在接触网故障编码时全部采纳，但对接触网故障编码太过粗略。

根据接触网故障树状结构和编码原则，接触网故障数据库结构如图4-20所示。下面简要介绍故障关键信息中故障标识的编码[8]。

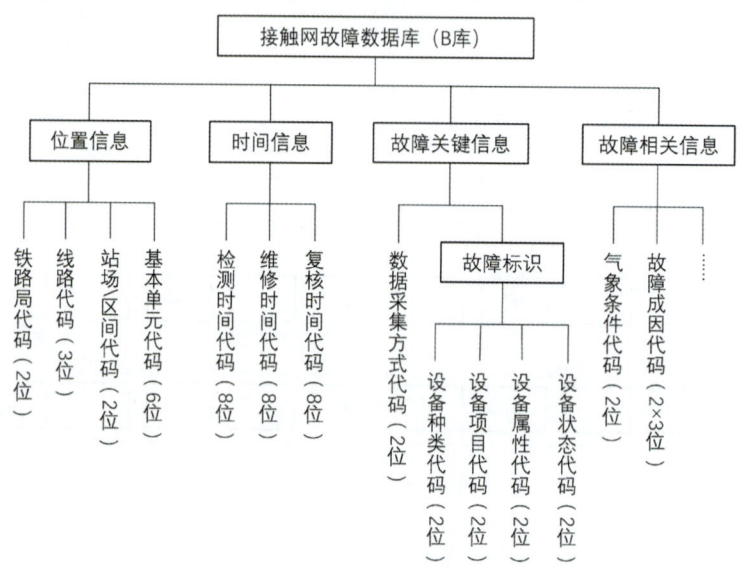

图4-20 接触网故障数据库结构

树状结构的第二层为设备种类代码，如表2-2所示，例如：接触线编码为01，承力索编码为02，支持装置编码为12，定位装置编码为13，等等。

第三层为设备项目代码，表示各类接触网设备下的故障项目，取值范围为0~99。例如：接触线张力编码为0101，接触线导高编码为0102，支持装置平腕臂底座编码为1201，支持装置平腕臂本体编码为1202，等等。

4.3 接触网故障预测与健康系统

第四层为设备属性代码,表示各项接触网设备的故障属性,取值范围为 0~99 包括三种类型:二元属性、序数属性和数值属性,例如:150 mm^2 铜合金接触线张力(kN)(200~250 km/h)编码为 010101,120 mm^2 铜合金接触线张力(N)(200~250 km/h)编码为 010102;支持装置平腕臂底座状态编码为 120101,支持装置平腕臂底座安装状态编码为 120102,等等。

第五层为设备状态代码可分为设备状态描述代码(1 位)和设备故障等级代码(1 位)两部分。对于设备状态描述而言,二元属型表示故障是否发生,代码为 0。数值属型表示具体的检测监测数据,如导高、拉出值等,代码统一为 X,并记录具体的参数值。序数属型代表共性且发生故障频率较高的故障条目,如前所述,在构建树状数据结构时对层次过深的子树采取了并入变形,造成了零部件合并,按部件和零件区分为:部件状态、部件安装状态、零件状态、零件安装状态;部件是指设备主体及底座、抱箍、线夹等连接件,零件是指螺栓、螺钉、螺杆、螺丝、穿钉、销钉、螺母、螺帽、备母、备帽、开口销;序数属性代码取值范围为 1~9 和 A~Z(X 除外)。序数属性的设备状态描述代码及其对应的含义如表 4-3 所示。

对于设备故障等级代码而言,二元属性和序数属性取值为 1~2:1 表示一级缺陷,2 表示二级缺陷;数值属性取值为 0~2:0 表示良好,1 表示一级缺陷,2 表示二级缺陷。

表 4-3 序数型故障第四层代码及其对应状态

设备属性	状态代码	设备状态	设备属性	状态代码	设备状态
部件状态	1	裂纹	零件状态	1	缺失
	2	破损		2	型号用错
	3	烧伤		3	装反
	4	锈蚀		4	松脱
	5	断丝		5	过紧
	6	断股		6	偏斜
	7	散股		7	回头绑扎不规范/未绑扎
	8	相磨		8	露头不规范
	9	脏污		9	多余
	A	变形		A	安装位置不当
	B	老化		B	低头/抬头
	C	异物		Z	开口销未掰开
	D	有补强、接头			

续表

设备属性	状态代码	设备状态	设备属性	状态代码	设备状态
部件安装状态	1	缺失	部件安装状态	1	缺失
	2	型号用错		2	型号用错
	3	装反		3	装反
	4	松脱		4	松脱
	5	过紧		5	过紧
	6	偏斜		6	偏斜
	7	回头捆扎不规范/未捆扎		7	回头捆扎不规范/未捆扎
	8	露头不规范		8	露头不规范
	9	多余		9	多余
	A	安装位置不当		A	安装位置不当
	B	低头/抬头		B	低头/抬头
				Z	开口销未掰开

例如，故障编码 010101X2 表示：运行速度 200～250 km/h 接触网的 150 mm^2 铜合金接触线的张力<25 kN（2级缺陷）；故障编码 12010141 表示支持装置平腕臂底座裂纹（一级缺陷）；故障状态编码 120101A2 表示支持装置平腕臂底座安装位置不当（二级缺陷）。

4.3.3 接触网 PHM 方法

4.3.3.1 高铁接触网 PHM 指标与功能

1. 接触网 PHM 指标

为了科学管理高速铁路接触网的维修活动并规范接触网 PHM 建设，定义如下指标[7]：

定义 7：接触网可信性是可靠性、可用性和可维修性的统称，是在役接触网的长期工作特性，它直接决定着接触网系统的运行质量。可用接触网运行过程数据的定量指标来综合描述。

定义 8：接触网安全性是指免除接触网不可接受风险影响的特性。

事实上，接触网运行质量受可信性、安全性和有关功能与性能参数特性的综合影响。可信性与安全性相互关联，对接触网安全性要求和可信性要求之间的冲突如果管理不善，会大大降低接触网系统安全性。需要强调的是，接触网所有参数异常或零部件故障都会对可靠性产生负面影响，但仅当某些特定的故障才对安全性产生负面影响。

定义 9：接触网可靠性指在给定的条件下和在给定的时间区间内，接触网各零部件及设备能完成要求的机械荷重、允许温升、载流量、规定电气作用等工作能力。以可靠性指数作为度量接触网可靠性的一级指标。

计算可靠性指数通常涉及如下反映零部件及设备技术状态的 7 个二级指标：故障率、故障密度、可靠度、平均故障间隔时间、故障间隔时间密度和故障间隔时间率等的计算。也可能涉及如下反映接触网表征参数的二级指标：参数异常率、参数异常密度、参数异常可靠度、参数异常间隔时间密度、参数异常间隔时间率等的计算。

定义 10：接触网可用性是在所要求的接触网维修、管理等外部资源得到提供的情况下，在规定的运行工况条件下，接触网系统在给定的时间区间内可执行持续供电的能力。以可用性指数作为衡量接触网可用性的一级指标。

计算可用性指数通常涉及如下反映接触网中断供电的 5 个二级指标：不可用度、供电臂平均中断供电频率、供电臂平均中断供电持续时间指数、中断供电累计时间、中断供电平均持续时间等的计算。

定义 11：接触网可维修性是指使用规定的程序和资源进行接触网维修时，在给定的使用条件下，保持或恢复接触网或零部件能完成要求的状态的能力。用可维修性指数作为衡量接触网可维修性的一级指标。

计算可维修指数通常涉及如下 4 个二级指标：维修人时、维修度、修复率和故障修复时间。

定义 12：接触网健康状态是指接触网整体执行要求功能的能力。

健康状态是指接触网完全执行要求的功能时的状态；功能降低状态是指接触网可以继续执行供电功能，但表征参数超出规定阈值范围或部分零部件与设备出现故障；不能工作状态是指接触网发生持续性供电中断或接触网处于警戒状态，在该状态下接触网成区段持续发生零部件及设备故障与表征参数异常，且下一个预想事件将导致弓网事故或其他不可接受的后果。

定义 13：接触网维修层次是指根据接触网可靠性与可用性下降程度，采用相应的维修策略进行调整修复，恢复其标准状态的维修等级。目前，我国高速铁路接触网的维修层次包括一级修（临时修）、二级修（综合修）、三级修（精测精修）三个层级。

一级修是一种非计划性的修复性维修；二级修是针对定期发现的零部件及设备故障开展的计划性特殊维修，同时具有预防性维修与延迟维修的特点；三级修是全面调整接触网几何参数，更换或修理零部件及设备，恢复接触网标准状态。

2. 接触网 PHM 功能

高速铁路接触网故障预测与健康管理的总体目标是对接触网全寿命周期的过程数据进行分析和处理，兼顾接触网可信性和安全性要求，自动形成接触网及零部件的维修策略，全面提高接触网维修效率，提升运行可靠性，降低维护成本，为构筑智能牵引供电系统奠定基础。

为了实现上述目标，接触网 PHM 至少应该具备缺陷变化规律分析、服役状态评估、故障诊断与预测和维修时间预测等功能，为高铁接触网在不同维修层次上开展的维修活动提供决策。

4.3.3.2 基于数据驱动与统计可靠性的 PHM 方法

由于复杂系统状态数据富含系统运行信息，数据驱动方法一直以来都是复杂系统故障预测与健康管理的研究热点。数据驱动法就是基于接触网历史状态数据综合运用统计分析、数据挖掘、机器学习等技术进行故障预测的方法，从而实现接触网健康管理。基于数据驱动的故障诊断方法归纳起来主要有统计分析法、信号处理法和机器学习法 3 种。信号处理法是利用传感器实时监测系统的运行状态，然后通过信号的时频特征分析预测故障。由于接触网是开放式的沿线铺设系统，很难通过安装大量的传感器实时监测接触网运行状态。因此，接触网故障预测的方法主要采用基于统计分析和机器学习方法。

统计分析法是依靠接触网运行历史数据的统计量判别故障。该方法采用的统计模型是一组数学函数，它们用随机变量及其概率分布刻画接触网运行过程数据的行为。预测统计分析就是用某种方式对接触网运行过程数据建模，解释观测中的随机性和确定性，并用来预测接触网故障。统计分析法也可用来验证预测结果，即建立预测模型后，用统计假设检验来验证模型。统计假设检验使用接触网运行历史数据统计判决。如果结果不大可能随机出现，就称它为统计显著的。如果预测模型有效，该模型的描述统计量将增强模型的可靠性。

机器学习法是从接触网运行历史数据产生模型的算法，即学习算法。有了学习算法，当把接触网运行过程数据提供给它时，就能基于这些数据产生模型，然后在面对接触网处于新的运行状态（可能是健康状态或功能降低状态）时，模型就可以提供相应的故障预测。

因此，高速铁路接触网 PHM 是基于在役接触网运行过程数据，运用数据技术自动形成接触网及其零部件的维修策略，实现接触网健康管理[7]。

1. 接触网缺陷统计与趋势预测

接触缺陷变化规律分析是在指定的供电段管辖线路内，不同的运行工况与环境参数条件下，分析接触网表征参数异常与零部件及设备故障的缺陷统计量随时间变化的规律；供电段技术部门通过揭示的规律，明确重点关注的维修单元，有针对性地安排临时修、综合修等维修层次上的维修活动。

接触网缺陷统计量：根据 3.2 节定义 5，接触网表征参数异常与零部件及设备故障统称为接触网缺陷，接触网缺陷统计量包括如下定义所涵盖的内容。

定义 14：零部件（设备）故障强度：在给定的时间区间内接触网某类零部件或设备的故障总数与持续时间之比。

定义 15：参数异常频度：在给定的时间区间内接触网某类表征参数异常总数与持续时间之比。

定义 16：平均故障间隔时间：在给定的时段区间内修理的同一类型的零部件或设备累计的故障间隔时间与故障次数之比。

定义 17：平均参数异常间隔时间：在给定的时段区间内调整的同一种类的表征参数累计的异常间隔时间与异常次数之比。

接触网缺陷统计：按照上述定义 14～17，按接触网表征参数或零部件及设备进行缺陷统计。

接触网缺陷统计量 X 是一个与统计时间范围有关的随机变量。定义 $X(\cdot,\cdot):T\times\Omega \to R$ 为一个离散时间、离散变量的随机过程，其中 Ω 为缺陷统计量的样本空间；若给定 $t\in T$，则 $X(t,\cdot)$ 为一随机变量，称为接触网在 t 时段的缺陷统计量，简记为 $X(t)$。

根据 $X(t)$ 绘制直方图，可以直观分析接触网缺陷随时间的变化规律。

接触网缺陷趋势预测：根据接触网缺陷统计量反映出来的发展过程和变化规律进行类推，预测下一段时间接触网缺陷可能达到的程度。

接触网露天架设，其缺陷的产生具有季节性；接触网是可维修的，维修一般具有周期性，因此，接触网缺陷具有周期性。

由于外部环境对接触网的影响是随机的，所以接触网缺陷具有随机性。

同时，随着时间的推移，接触网零部件会发生老化、损耗等，而呈现一种缓慢而长期的持续上升或下降的变动趋势，因此，接触网缺陷具有趋势性。

由此，可以把接触网缺陷统计量 $X(t)$ 假定为

$$X(t)=T(t)+S(t)+R(t) \tag{4-2}$$

式中，$T(t)$ 是趋势项；$S(t)$ 是周期项；$R(t)$ 是随机项。

季节性差分自回归滑动平均模型（SARIMA）是一种处理含有趋势性和周期性非平稳时间序列模型，即：通过对 $X(t)$ 进行 d 阶差分和 D 阶 S 步差分，对非平稳时间序列进行平稳化[9]。

接触网缺陷统计量 $X(t)$ 为非平稳序列，如果存在正整数 d 和 D，使得 $X(t)$ 的 d 阶差分和 D 阶 S 步差分 $(1-\mathcal{B})^d(1-\mathcal{B}^S)^D X(t)$ 是平稳的，则随机差分方程为

$$A(\mathcal{B})\Phi(\mathcal{B}^S)(1-\mathcal{B})^d(1-\mathcal{B}^S)^D X(t)=B(\mathcal{B})\Theta(\mathcal{B}^S)\varepsilon(t) \tag{4-3}$$

式中，$\mathcal{B}$ 为延迟算子[即 $\mathcal{B}X(t)=X(t-1)$]；$\Phi(\mathcal{B}^S)=1-\varphi_1\mathcal{B}^S-\varphi_2\mathcal{B}^{2S}-\cdots-\varphi_P\mathcal{B}^{PS}$ 为季节性自回归多项式；$A(\mathcal{B})=1-a_1\mathcal{B}-\cdots-a_p\mathcal{B}^p$ 为非季节性自回归多项式；$\Theta(\mathcal{B}^S)=1-\theta_1\mathcal{B}^S-\theta_2\mathcal{B}^{2S}-\cdots-\theta_Q\mathcal{B}^{QS}$ 为季节性滑动平均多项式；$B(\mathcal{B})=1-b_1\mathcal{B}-\cdots-b_q\mathcal{B}^q$ 为非季节性滑动平均多项式；$\varepsilon(t)$ 为高斯白噪声。

式（4-3）被称为 $X(t)$ 是周期为 S 的 SARIMA 模型。

进行接触网缺陷预测时，首先要对 $\{X(t)\}$ 进行平稳化，即生成时间序列 $Y(t)=(1-\mathcal{B})^d(1-\mathcal{B}^S)^D X(t)$，$d$，$S$，$D$ 参数的确定可以利用时序图判断法、自相关系数检验法、分段检验法等验证 $Y(t)$ 的平稳性；再采用 ARMA 模型描述 $Y(t)$，ARMA 模型的阶次和多项式系数可以采用 AIC 准则、BIC 准则或最小二乘估计方法求得。

根据得到的缺陷规律，即 SARIMA 模型，对给定的 $X(1),\cdots,X(t)$，可以预测 $X(t+1)$ 或 k 步以后的缺陷情况。

案例4：鸟窝强度趋势预测[7]。

以某铁路局 2016 年 01 月至 2018 年 05 月期间的鸟窝数据为例，按月份统计相应

月份的鸟窝发生次数,即为鸟窝强度,如图4-21(a)所示。从图4-21(a)可以看出,鸟窝强度是一个非平稳的时间序列,含有明显趋势项和季节项。

通过对鸟窝发生的次数的平稳化、采用ARMA模型进行偏自相关系数运算、采用ARIMA模型的AIC法则进行拟合等部署,得到如图4-21(b)所示的预测结果。

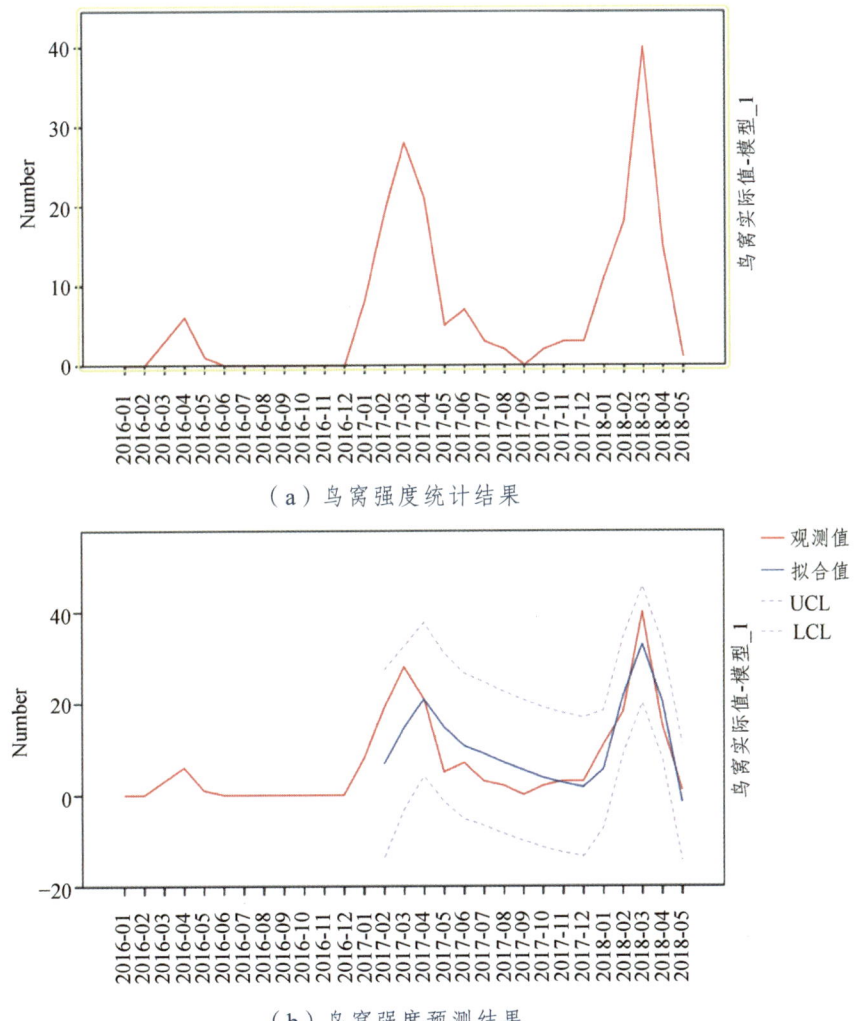

图4-21 鸟窝强度统计与预测结果

案例5:接触线故障强度趋势预测[10]

以某铁路局2016年1月至2018年3月的接触线故障强度统计数据[见图4-22(a)]

为例，2016 年 1 月至 12 月数据作为预测的初始数据。将图 4-22（a）的数据分解成 $X^{(0)}(t)$、$X^{(1)}(t)$、$X^{(2)}(t)$、$X^{(3)}(t)$ 表示的 4 个时间序列，$X^{(0)}(t)$ 表示接触线故障强度的月度时间序列，$X^{(1)}(t)$、$X^{(2)}(t)$、$X^{(3)}(t)$ 分别表示起始月度为 0（前一年度 12 月）、1、2 时，接触网故障强度的季度时间序列。$X^{(0)}(t)$、$X^{(2)}(t)$、$X^{(3)}(t)$ 采用 HoltWinters 无趋势乘法模型、$X^{(1)}(t)$ 采用 GM(1，1)模型进行计算，再进行加权平均得到的接触线故障强度预测结果如图 4-22（b）所示。

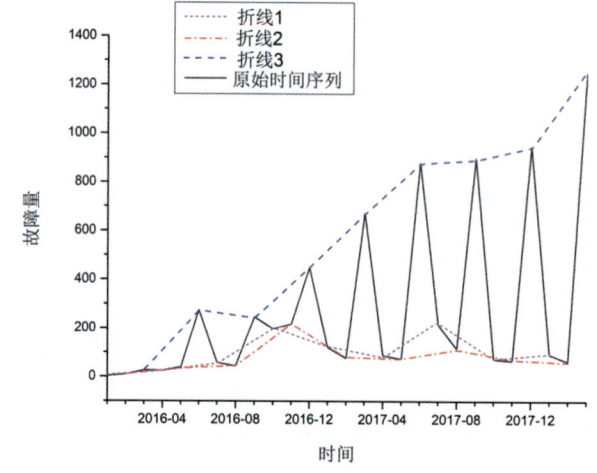

（a）接触线故障强度统计结果

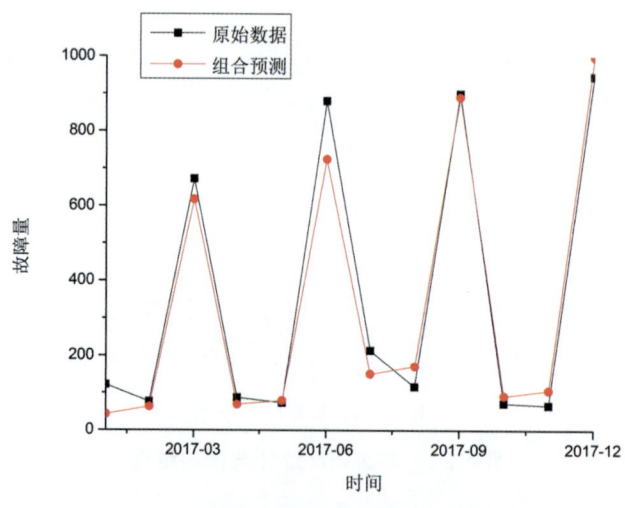

（b）接触线故障强度预测结果

图 4-22　组合预测模型对接触线故障强度预测

2. 接触网故障诊断与预测

接触网故障诊断有两种途径：其一是根据第 3 章介绍的 6C 系统检测监测过程中发现表征参数异常或零部件故障；其二是通过 6C 系统进行不同时间尺度和空间尺度检测监测数据的数据融合分析、诊断故障，案例 1 和 2 就是典型示例。本节不再介绍。

接触网故障预测是通过对接触网及其零部件全寿命周期数据的挖掘分析，揭示零部件故障发生、传播、影响规律；结合当前检测监测数据，推断零部件故障引发弓网事故的可能性；明确特定范围内预防性维修时的检查重点。

（1）接触网故障概率预测。

故障预测的方法很多，本节采用贝叶斯推断进行接触网零部件故障概率的预测。贝叶斯推断是一种采用贝叶斯定理的推断统计方法，在有更多证据时，更新已有信念。

在接触网故障预测中，"信念"即指接触网零部件发生故障的先验概率；"证据"是假设故障发生，能够收集到的接触网缺陷的有效信息。因此，接触网故障预测就是根据与故障相关的证据出现的概率，改变接触网零部件发生故障的先验概率，依据推断的最大后验概率预测故障发生的可能性。

由于接触网故障涉及零部件故障、表征参数异常、故障原因等多个属性，且属于离散随机变量。在这些属性中，有些具有因果关系，有些条件独立，一种较好地表示这些属性联合概率分布的方法是采用图形概率网络（见图 4-23），因此贝叶斯网络（也称信念网络）是一个不错的选择。

贝叶斯网络是有向无环图，由结构 G 和参数 Θ 构成，即 $B = \langle G, \Theta \rangle$[11]。网络结构 G 有 n 个节点，每个节点对应于接触网系统的一个属性，若两个属性有直接依赖关系，则用一条边连接起来；参数 Θ 定量描述这种依赖关系，假设属性 X_i 在 G 中的父节点集为 $Parent(X_i)$，则 $X = \{X_1, X_2, \cdots, X_n\}$ 的联合概率分布为

$$P_B(X_1, X_2, \cdots, X_n) = \prod_{i=1}^{n} P[X_i | Parent(X_i)] \quad (4\text{-}4)$$

令 $P(X_i = x_i) = p_{X_i}(x_i)$ 表示属性 X_i 取值为 x_i 的概率，这里 x_i 可能是零部件正常或故障的技术状态，或接触网表征参数的一级缺陷、二级缺陷和正常值。

不失一般性，令证据属性集 $E = \{E_1, \cdots, E_p\} \subset X$，待预测属性集 $Q = \{Q_1, \cdots, Q_q\} \subset X$，基于贝叶斯推断的接触网故障预测就是通过容易获取的证据属性集 $E = \{E_1 = e_1, \cdots, E_p = e_p\}$ 推断预测属性集 $Q = \{Q_1 = q_1, \cdots, Q_m = q_m\}$ 的过程，即

$$P(Q_1=q_1,\cdots,Q_m=q_m \mid E_1=e_1,\cdots,E_p=e_p)$$

$$=\frac{P(E_1=e_1,\cdots,E_p=e_p \mid Q_1=q_1,\cdots,Q_m=q_m)P(Q_1=q_1,\cdots,Q_m=q_m)}{P(E_1=e_1,\cdots,E_p=e_p)}$$

$$=\frac{P(E_1=e_1,\cdots,E_p=e_p,Q_1=q_1,\cdots,Q_m=q_m)}{P(E_1=e_1,\cdots,E_p=e_p)}$$

$$=\frac{\sum_{X_i(1\leq i\leq n-p-q)} \prod_{i=1}^{p} P(E_i=e_i \mid Parent(E_i)) \prod_{i=1}^{q} P(Q_i=q_i \mid Parent(Q_i)) \prod_{i=1}^{n-q-p} P(X_i \mid Parent(X_i))}{\sum_{\overline{E}} P(E_1=e_1,\cdots,E_p=e_p,\overline{E})}$$

（4-5）

式中，$\overline{E}$ 表示在 $X=\{X_1,X_2,\cdots,X_n\}$ 中 E 的补集。由式（4-5）可知，根据贝叶斯网络定义的联合概率分布，理论上可以精确计算 Q 的后验概率。

贝叶斯网络学习：贝叶斯网络学习指结构 G 和参数 Θ 的学习。若网络结构已知，参数学习就是确定先验概率并估计出每个节点的条件概率表。先验概率由先验知识确定，条件概率表根据证据的频率进行估计。

考虑到接触网零部件故障特点，贝叶斯网络的节点大都属于布尔类型（即 $x_i=0$ 或 $x_i=1$，0 表示正常，1 表示故障），当某个节点具有多个父节点时，条件概率表可表示成 Noisy-OR 模型，即

$$P(Q=1 \mid E_1,E_2,\cdots,E_p)=1-\prod_{i=1}^{p}(1-P_i)$$

（4-6）

式中，P_i 为每个属性 E_i 在其他属性为假时都足以导致 Q 为真的概率，即 $P_i(Q=1 \mid E_i=1)$。P_i 可以采用式（4-7）进行估计：

$$P_i(Q=1 \mid E_i=1)=\frac{N_{Q,E_i}}{N_{E_i}}$$

（4-7）

式中，N_{Q,E_i} 为接触网历史数据中属性 $Q=1$，$E_i=1$ 同时发生的次数，N_{E_i} 则为属性 $E_i=1$ 发生的次数。

接触网表征参数异常通常被划分为标准值、一级缺陷和二级缺陷，对于描述表征参数异常的非布尔类型节点，采用 Noisy-MAX 模型表示条件概率表，在此不再赘述。

事实上，在运用贝叶斯网络进行故障预测时，事先并不知道接触网各个属性之间的依赖关系，贝叶斯网络学习的首要任务是根据接触网的历史数据找出结构最恰当的

贝叶斯网络。一种方法是利用关联规则方法找寻接触网各属性的依赖关系。若 $E_i = x_i, Q_j = x_j$ 是接触网给定的时段区段内频繁出现的两个属性值，通过 Apriori 算法、FP-growth 算法等可以找出这对频繁项集，同时有

$$\text{confidence}(E_i = e_i \Rightarrow Q_j = q_j) = P(Q_i = q_i | E_i = e_i) = \frac{N'_{Q,E_i}}{N'_{E_i}} \quad (4\text{-}8)$$

式中，N'_{Q,E_i} 为接触网历史数据中属性 $Q_j = q_j$，$E_i = e_i$ 同时发生的次数；N_{E_i} 为属性 $E_i = e_i$ 发生的次数。

通过上述分析，一条关联规则可以描述节点 j 到节点 i 的因果关系。利用关联规则方法不但可以挖掘出接触网各属性之间的依赖关系，还能直接给出条件概率值，即置信度。

其次是如何根据得到的关联规则 $(E_i = e_i \Rightarrow Q_j = q_j)$ 库构建复杂的贝叶斯网络。通常，将故障原因属性节点作为贝叶斯网络第一层，将系统表层参数异常属性节点作为网络第二层，将容易收集的先驱零部件故障属性节点作为网络第三层，待预测的故障为网络的最后一层，然后定义评分函数（表示此网络与真实网络的匹配程度）$S(G,D)$，D 为训练集，通过评分搜索选择最优的 G^*，即

$$G^* = \arg\max S(G,D) \quad (4\text{-}9)$$

典型的评分函数有 BIC 评分函数：

$$\text{BIC}(G,D) = \sum_{i=1}^{n} \sum_{j=1}^{q_i} \sum_{k=1}^{r_i} m_{ijk} \log \theta_{ijk} \quad (4\text{-}10)$$

式中，n 是网络节点数目；q_i 是节点属性 X_i 父节点取值组合的数目；r_i 是节点属性 X_i 的取值数目；m_{ijk} 表示 X_i 父节点取 x_j，X_i 节点取 x_k 时样本的数目，$\theta_{ijk} = m_{ijk} / \sum_{k=1}^{r_i} m_{ijk}$。

贝叶斯推断：通过容易获取的、已知的证据推断待预测的故障发生的概率。对于实际的描述接触网的贝叶斯网络，属性节点较多，连接稠密，精确推断难以实现。此时，可以借助近似推断通过降低精度要求，在有限的时间内求得近似解。常用的近似推理的方法有随机抽样算法、基于搜索算法、模型化简算法以及循环消息算法等。根据贝叶斯推断得到的后验概率 $P(Q=1|E)$ 概率值大小便可以预测故障是否发生。

案例 6：支持装置故障概率预测[7]。

首先，建立接触网支持装置的贝叶斯网络模型，如图 4-23 所示；再根据我国 2012—2016 年全国供电段的接触网故障情况，统计节点变量发生的频次，确定先验概率和条件概率；再计算节点的后验概率，得到贝叶斯网络推断出来支持装置部分零部件发生故障的概率如表 4-4 所示。

第 4 章 智能供电运行检修管理系统

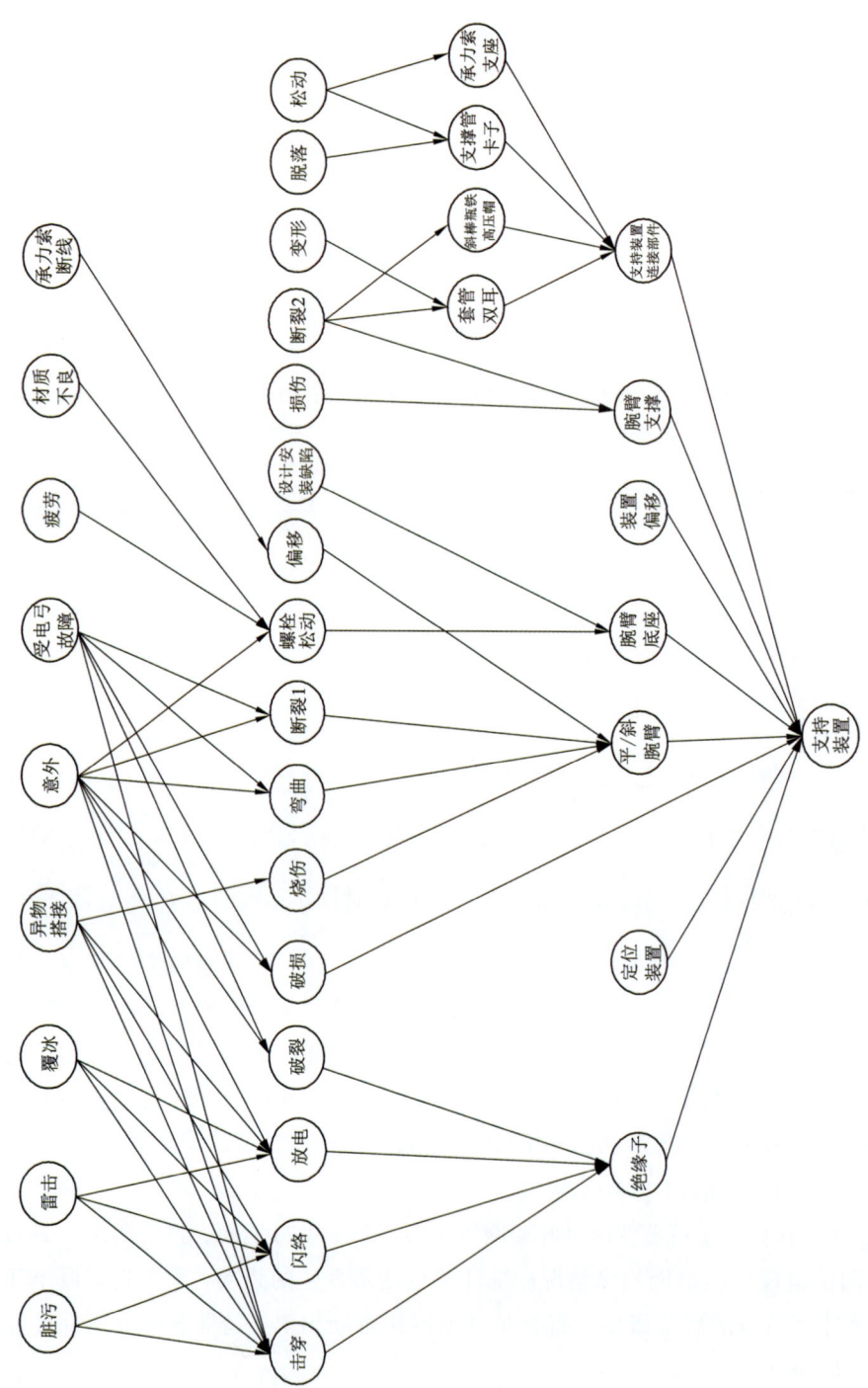

图 4-23 支持装置贝叶斯网络

236

表 4-4 支持装置部分零部件发生故障概率

零部件	故障概率/%
绝缘子	43.228 181
定位装置	44.282 637
腕臂底座	1.075 606
平/斜腕臂	6.898 282
支持装置连接部件	2.756 226
腕臂支撑	0.758 670

（2）接触网故障关联分析。

1993 年 Agrawal R.提出了关联分析（Association Analysis）的概念，即：通过挖掘数据中的频繁模式来发现其中存在的关联性或相关性，进而描述事物中某些属性或组元同时出现的规律。关联分析已在各个行业被广泛采用，大多数关联分析算法是在 Apriori 算法、FP-growth 算法和 Eclat 算法框架下进行的。

频繁项集挖掘算法：图 4-24 所示的频繁项集挖掘（Frequent Itemset Mining，FIM）又称频繁模式挖掘，是用来发现数据库中频繁出现的项集的一种挖掘算法。

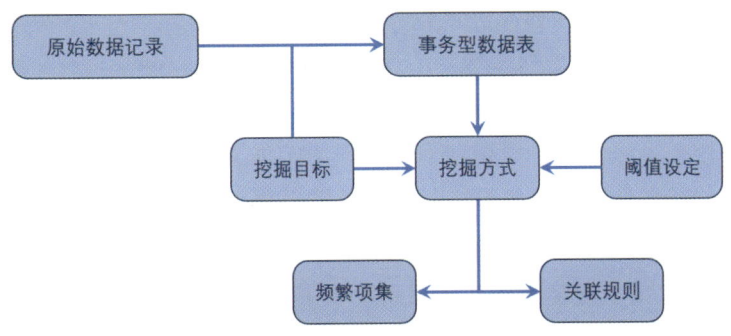

图 4-24 频繁项集挖掘算法组成

对于频繁项集挖掘算法，事务型数据表 TID 是关键。TID 表一旦建立，数据库中项目之间的联系就确定了，挖掘算法通过搜索向用户展现出符合其设定阈值的结果。因此，对于 TID 表构建要十分慎重，保留数据之间的关联关系是重中之重。表 4-5 给出了 TID 表的基本组成，表中每一行都表示一个事务记录，每条记录中包含了该记录的编号 ID 和涉及的项目等信息。表 4-5（a）在建立事务表的过程中记录了每个项目出现的次数；表 4-5（b）只记录了项目在各事务记录中出现与否的信息；分别代表了频繁项集挖掘过程中的两种数据处理方式，即：数值计算方式和二元计算方式。在应用中，两种方式各有优势，要根据具体对象进行选择。对于高铁接触网故障数据而言，因为数据中存在大量重复发生的故障，如果采用二元计算方式，将会丢失许多数据信息，降低了数据利用率，一律采用数值计算方式构建事务型数据表。

表 4-5　事务型数据表的基本组成

（a）

TID	所含项目及其频次
T_1	$(a_1, 5) (a_3, 3) (a_5, 2) (a_6, 4)$
T_2	$(a_1, 3) (a_5, 6) (a_7, 1)$
T_3	$(a_2, 2) (a_4, 3) (a_6, 4) (a_9, 2)$
T_4	$(a_1, 4) (a_3, 3)$
T_5	$(a_1, 1) (a_4, 3) (a_5, 2) (a_6, 3) (a_{10}, 2)$
T_6	$(a_5, 1) (a_8, 4) (a_{11}, 3)$

（b）

TID	所含项目
T_1	(a_1, a_3, a_5, a_6)
T_2	(a_1, a_5, a_7)
T_3	(a_2, a_4, a_6, a_9)
T_4	(a_1, a_3)
T_5	$(a_1, a_4, a_5, a_6, a_{10})$
T_6	(a_5, a_8, a_{11})

阈值设定决定挖掘算法最终输出结果的数量，通常有间接决定和直接决定两种。挖掘方式是算法在执行时搜索潜在频繁项集的方式，包括：基于水平数据格式的广度搜索，如 Apriori；基于水平数据格式的深度搜索，如 FP-growth；基于垂直数据格式的快速搜索，如 Eclat。

为了提高挖掘算法效率，根据向下封闭原则（称为先验规则）进行剪枝，亦即：任意频繁项集的子集都必定是频繁的，或任意非频繁项集的超集必定是非频繁的。当项集{AB}被判定为非频繁项集，则所有含有"AB"的高阶项集都是非频繁的，应当直接剪枝。图 4-25 给出了先验规则在生成高阶项集中的超集剪枝。

根据高铁接触网故障数据特点，提出了基于故障强度的层次索引挖掘算法（Fault Intensity-based Hierarchical Index association analysis model，FIHI），有效地挖掘接触网中频繁出现的故障或故障组合，生成关联规则[8]。

◇事务型数据表（TID 表）：一般根据具体对象的最小单位来划分事务记录，进而建立 TID 表。高铁接触网的最小单位是支柱，但其故障数据具有稀疏性，在同一个支柱上同时发生两个或多个故障十分少见，这就导致按传统方法构建的 TID 表中大部分事务记录只包含一个项目，不利于数据挖掘。

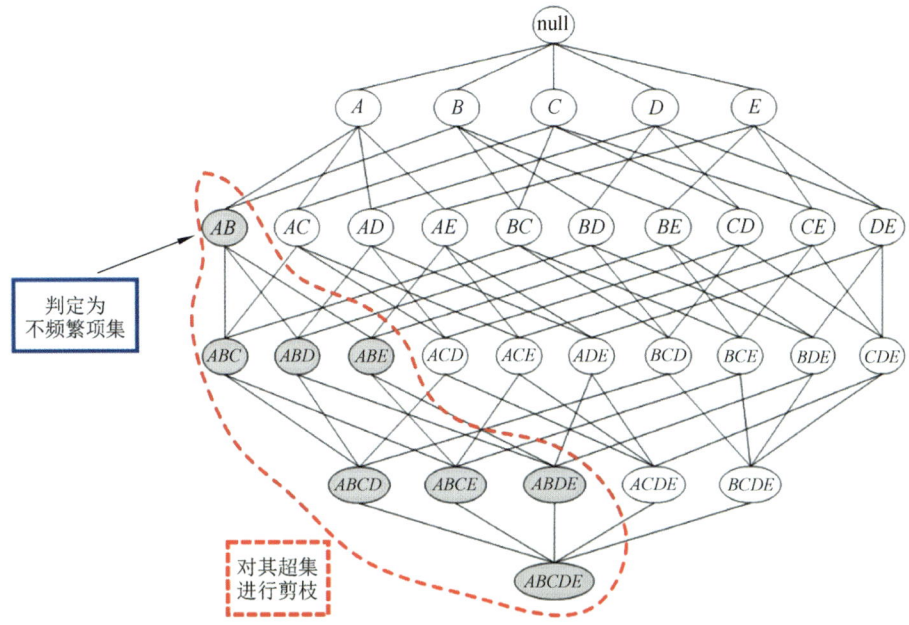

图 4-25 先验规则在生成高阶项集中的超集剪枝

根据图 4-20，高铁接触网故障数据包括：故障位置、检测时间和故障标识信息。在建立故障事务型数据表时，必须保证每个事务记录中的所有项目应该享有共同的物理或逻辑联系。考虑到同一区段在一定时间内列车运行的频次和接触网所处的环境十分相似，因此，相应的故障数据可以归入同一个事务记录中。

将所有故障数据置于由时间坐标轴和空间坐标轴组成的直角坐标系中，坐标系中的每个圆点表示由传统方法划分的事务记录，如图 4-26 所示。时间、空间坐标轴可按用户需求选择相应的尺度被划分为有限区间，表示为 $I_T = \{(t_{m-1}, t_m) \mid m \geq 1\}$ 和 $I_L = \{(l_{n-1}, l_n) \mid n \geq 1\}$。根据时间、空间坐标轴划分的区间，整个直角坐标系被分成了 mn 个区块。这些区块则是得到的新的事务记录的划分，记为 T_r ($r \leq mn$)。空间坐标轴尺以度可选择铁路局、线路、区间站场和锚段（或支柱）；时间坐标轴尺度可以选择天、月、季和年，从而为 TID 表构建提供了一种灵活方式。

采用二元频次关系矩阵实现 TID 表的建立和数据的存储。在搜索高铁接触网故障数据库 R 时，每一条数据都可用一个二元有序对 $<(t_i, l_i), a_i>$ 来表示。根据选择的时间空间尺度 (t, l) 自动生成了项目索引 $I = \{a_j \mid a_j \in R\}$ 和事务记录索引 $T = \{T_r \mid r \leq mn\}$，分别作为二元频次关系矩阵的行索引和列索引。二元频次关系矩阵的规模由两个索引共同决定，记为 $F = (f_{rj})_{mn \times k}$，其中 k 是项目索引中项目的总数，矩阵中各元素的值由式（4-11）和（4-12）决定。

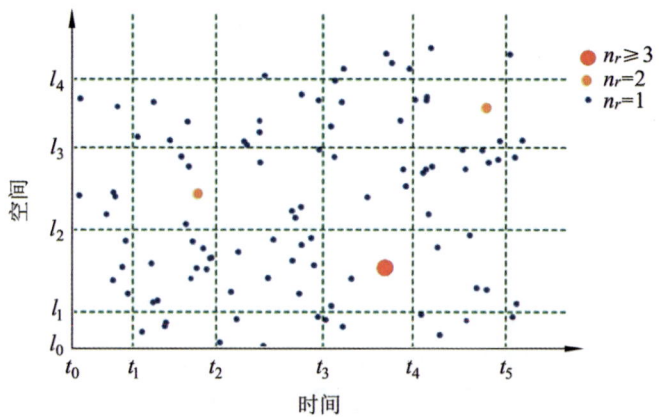

n_r 为包含的故障记录个数

图 4-26 多维信息分类模型原理图

$$f_{rj} = \sum_{(t_i,l_i) \in T_r} f_{ij} \tag{4-11}$$

$$f_{ij} = \begin{cases} 1, & \langle(t_i,l_i),a_j\rangle \in \boldsymbol{R} \\ 0, & \langle(t_i,l_i),a_j\rangle \notin \boldsymbol{R} \end{cases} \tag{4-12}$$

图 4-27 给出了由高铁接触网故障数据库 $\boldsymbol{R}$ 生成二元频次关系矩阵 $\boldsymbol{F}$ 的过程。图中第 1~4 条故障记录的多维信息与事务记录索引中的 T_1 相匹配，故生成了二元频次关系矩阵的第一行数据。选择时间、空间尺度并搜索数据库得到挖掘数据的算法如算法 4-1 所示。

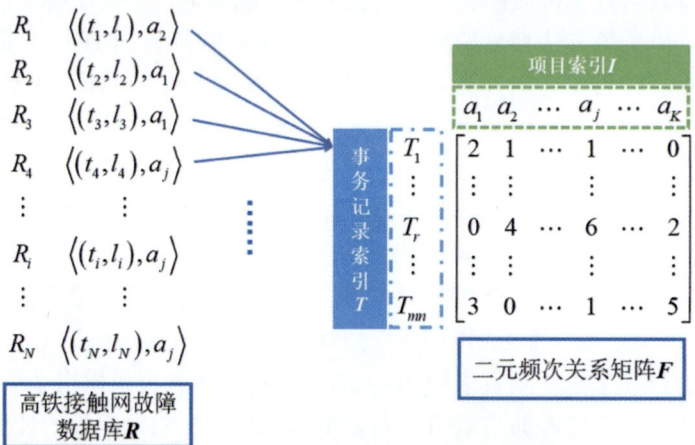

图 4-27 生成二元频次关系矩阵示意图

算法 4-1　多维信息分类模型

Input:

(1) High-speed railway OCS fault database: R

(2) The choice of time and space scale: (t, l)

Output:

Bivariate frequency relation matrix: F

Item index: I

1. Set item index $I \leftarrow \emptyset$; transaction index $T \leftarrow \emptyset$; $Tuple \leftarrow \emptyset$;
2. Scan high-speed railway OCS fault database R;
3. **For** each record $R_i \in R$ **do**
4.   Generate tuple $\langle (t_i, l_i), a_i \rangle$ to represent the record information;
5. $Tuple \leftarrow \langle (t_i, l_i), a_i \rangle$;
6. $I \leftarrow I \cup \{a_i\}$;
7. **End For**
8. **Return** $Tuple$
9. T intersected by $I_T = \{(t_{m-1}, t_m) \mid m \geq 1\}$ and $I_L = \{(l_{n-1}, l_n) \mid n \geq 1\}$;
10. $K \leftarrow$ Length of I; $mn \leftarrow$ Length of T;
11. Set bivariate frequency relation matrix F to zero matrix of size $mn \times K$;
12. **For** r in range $(0, mn)$ **do**
13.   **For** j in range $(0, K)$ **do**
14.   Employ equation (3-1) and (3-2) to update the value of element f_{rj};
15.   **End For**
16. **End For**
17. **Return** F, I

◇故障强度和调整因子：运行维护中，高铁接触网故障发生的频次直接关系到接触网运行状态，因此相对于故障发生的次数，用户更关心故障发生的频次。

在构建 TID 表时，每一条事务记录中的项目都具有一致的物理联系，但导致了事务记录的不等距划分。不等距划分可能会导致挖掘结果无效，进而影响维修策略的制定。

故障强度（Fault Intensity，FI）是判断接触网状态的重要指标。根据定义 14，在给定的时间区间内接触网某类零部件或设备的故障总数与持续时间之比，亦即

$$FI = \frac{F}{TL} \tag{4-13}$$

式中，F 为某一区间内该故障或故障组合发生的频次；T 为设定的单位时间；L 为设定的单位距离。

故障强度可消除不等距划分对挖掘结果的影响，接触网任意故障 a_j 的故障强度为

$$FI(a_j) = \frac{1}{mn}\sum_{r=1}^{mn}\frac{TL}{t_r l_r}F(a_j) = \frac{1}{mn}\sum_{r=1}^{mn}\frac{TL}{t_r l_r}f_{rj} \tag{4-14}$$

式中，t_r 为事务记录 T_r 中区间 I_T 的时间长度；l_r 为事务记录 T_r 中区间 I_L 的空间长度；$F(a_j)$ 为根据项目行索引 a_j 在二元频次关系矩阵 F 中搜寻定位到的列。

由多个接触网故障组成的项集，记为 $X = a \cup b$，其故障强度为

$$FI(X) = \frac{1}{mn}\sum_{r=1}^{mn}\frac{TL}{t_r l_r}F(a \cup b) \tag{4-15}$$

式中，$F(a \cup b)$ 为根据项目行索引 a 与项目行索引 b 在二元频次关系矩阵 F 中定位到的多列数据经过相交运算得到的单列。为了使数据保持良好的向下封闭性，其相交运算取每一行数据的最小值：

$$F(a \cup b) = F(a) \bigcup F(b) = \min_{r=1,2,\ldots,mn}(f_{rj_a}, f_{rj_b}) \tag{4-16}$$

为了避免数值缺失影响数据挖掘，规定上层节点项目的频次由其所有子节点项目的频次共同决定，即

$$f_{r|a_i} = \sum_{a_j \in Sub_i} f_{r|a_j} \tag{4-17}$$

式（4-14）和式（4-15）含有相同的矩阵乘法运算部分，可以对项集进行批量计算。采用调整因子矩阵（Adjustment Factor Matrix，AF）存储各条事务记录的多维信息：

$$AF = \begin{bmatrix} af_{1T} & af_{2T} & \cdots & af_{mnT} \\ af_{1L} & af_{2L} & \cdots & af_{mnL} \end{bmatrix} \tag{4-18}$$

式中，af_{rT} 为设定的单位时间与事务记录 T_r 所对应的时间间隔的比值，af_{rL} 为设定的单位距离与事务记录 T_r 所对应的空间间隔的比值。

利用调整因子矩阵，式（4-15）可改写成

$$FI(X) = \frac{1}{mn}\sum_{r=1}^{mn} af_{rT} \cdot af_{rL} \cdot \boldsymbol{F}(X) \qquad (4\text{-}19)$$

对于各条事务记录的多维信息可整合成一个系数，这意味着调整因子矩阵可以简化为一个行向量来实现矩阵的乘法运算，该向量记为 $\vec{af}$，其定义如式（4-20）和式（4-21）所示。

$$\vec{af} = (af_1, af_2, ..., af_{mn}) \qquad (4\text{-}20)$$

$$af_r = af_{rT} \cdot af_{rL} \qquad (4\text{-}21)$$

不受不等距划分影响的故障强度可通过行向量 $\vec{af}$ 和二元频次关系矩阵 $\boldsymbol{F}$ 共同得到

$$FI(X) = \frac{1}{mn}\vec{af}\boldsymbol{F}(X) \qquad (4\text{-}22)$$

两个频繁项集的置信度为

$$confidence(X_1 \Rightarrow X_2) = \frac{FI(X_1 \cap X_2)}{FI(X_1)} \qquad (4\text{-}23)$$

调整因子矩阵和对应的横向量，可以在搜索高铁接触网故障数据库生成二元频次关系矩阵的同时一并生成，生成算法如算法 4-2 所示。

算法 4-2　调整因子矩阵及其对应向量生成算法

Input:
(1) High-speed railway OCS fault database: $\boldsymbol{R}$
(2) The choice of time and space scale: (t, l)

Output:
Adjustment factor vector: $\vec{af}$

1. Set $\vec{af} \leftarrow \varnothing$;
2. Generate transaction index $\boldsymbol{T}$ by (t, l);

3. $mn \leftarrow$ Length of T;
4.   Set adjustment factor matrix AF to zero matrix of size $2 \times mn$;
5.   **For** r in range $(0, mn)$ **do**
6. $af_{rT} \leftarrow$ Interval length of I_T; $af_{rL} \leftarrow$ Interval length of I_L;
7.   Employ equation (3-11) to calculate af_r;
8. $\vec{af} \leftarrow \vec{af} \cup af_r$;
9.   End For
10. Return $\vec{af}$

◇动态剪枝策略：高铁接触网故障数据树形结构深度不大，但每个节点的度较高。同时，由于故障数据的稀疏性导致每条事务记录中包含的项目个数不会太多，不会出现过深的频繁项集，因此，在挖掘方式上采用广度搜索是最合适的。

在挖掘过程中，不能局限于对底层故障的挖掘或是对每一层进行单独的挖掘，打破层次之间的限制有利于最后提供更多可能的频繁结果。

为了实现跨层挖掘，根据故障项目的树状结构对二元频次关系矩阵 F 进行扩充，以补充上层节点数据，生成扩充频次矩阵 F'。

根据所生成的 k 阶候选频繁项集中包含的故障，通过其故障索引在扩充频次矩阵中选择相应的列，组成与候选频繁项集对应的 k 阶频次矩阵 $F(k)$，实现对各阶候选频繁项集实现故障强度的批量计算。由于打破了层次之间的限制，各层次的项目节点在生成候选频繁项集时可能会出现一个项集中同时包含了某项目节点及其父节点，应当在生成对应的频次矩阵前将其剪枝。

动态剪枝策略执行算法如算法 4-3 所示。

算法 4-3 动态剪枝策略执行算法

Input:
(1) k-candidate itemsets: C_k
(2)   Adjustment factor vector: $\vec{af}$
(3)   The minimum threshold: FI_{min}

Output:
    k-frequent itemsets: L_k

1. Set $L_k \leftarrow \varnothing$; $F'(k) \leftarrow \varnothing$;
2. **For** each itemset $X_i \in C_k$ **do**
3.   Employ equation (3-6) and (3-7) to calculate $F(X_i)$;
4. $F'(k) \leftarrow F'(k) \cup F(X_i)$;
5. **End For**
6. **Return** $F'(k)$
7. Employ equation (3-12) to calculate $FI(C_k)$;
8. **For** each item $FI(X_i) \in FI(C_k)$ **do**
9.   **If** $FI(X_i) \geq FI_{\min}$ **then**
10. $L_k \leftarrow L_k \cup \{X_i\}$;
11.   **End If**
12. **End For**
13. **Return** L_k

综上所述，基于故障强度的层次索引挖掘算法的完整流程如算法 4-4 所示。

算法 4-4　基于故障强度的层次索引关联分析算法

Input:
(1) High-speed railway OCS fault database: R
(2) Hierarchical structure: H
(3) The choice of time and space scale: (t, l)
(4) The minimum threshold: $FI_{\min}$, $Conf_{\min}$

Output:

Frequent itemsets: L

Association rules: BR

1. Set k-candidate itemsets $C_k \leftarrow \varnothing$; k-frequent itemsets $L_k \leftarrow \varnothing$; $L \leftarrow \varnothing$; $BR \leftarrow \varnothing$;
2. Employ algorithm 3.1 to generate bivariate frequency relation matrix F and item index I;
3. Employ algorithm 3.2 to generate adjustment factor vector $\overrightarrow{af}$;
4. **For** item $a_i \in I$ **do**

5.　　　　Parent item sets $PIS \leftarrow \varnothing$;
6.　　　　For tuple $\langle a_j, a_i \rangle \in \mathbf{H}$ do
7.　　　　　　$PIS \leftarrow PIS \cup \{a_j\}$;
8.　　　　End For
9.　　　　Return PIS;
10.　　　$C_1 \leftarrow C_1 \cup \{a_i\} \cup PIS$;
11.　End For
12.　Return C_1;
13.　Employ algorithm 3.3 to generate L_1; $L \leftarrow L \cup L_1$;
14.　For ($k = 2$; $C_{k-1} \neq \varnothing$; k++) do
15.　　　C_k intersected by L_{k-1} and L_{k-1}.
16.　　　Employ algorithm 3.3 to generate L_k;
17.　　　$L \leftarrow L \cup L_k$;
18.　End For
19.　Return L
20.　Generate association rules by L;
21.　For each association rule AR do
22.　　　If $Conf(AR) \geqslant Conf_{min}$ then
23.　　　　　$BR \leftarrow BR \cup \{AR\}$;
24.　　　End If
25.　End For
26.　Return BR

案例 7：接触网故障强度频繁项集挖掘[8]。

采用我国西部某铁路局 2016 年 1 月至 2018 年 5 月的高铁接触网故障数据，对其进行数据预处理和编码之后，对共计 22 727 条记录进行挖掘，结果如表 4-6 所示，生成的关联规则如表 4-7 所示。为了清晰地了解故障及其关联，表 4-8 给出了故障及其对应编码。

表 4-6 频繁项集挖掘结果

序号	频繁项集	故障强度	层次	序号	频繁项集	故障强度	层次
1	{'01'}	56.45	1	14	{'0102', '13', '12'}	10.53	跨层
2	{'0102'}	37.77	2	15	{'010301'}	9.92	3
3	{'13'}	35.72	1	16	{'0103'}	9.92	2
4	{'12'}	34.18	1	17	{'010202', '12'}	9.66	跨层
5	{'010202'}	31.02	3	18	{'01', '1311'}	9.61	跨层
6	{'13', '12'}	24.27	1	19	{'13', '010202', '12'}	9.43	跨层
7	{'13', '01'}	20.87	1	20	{'0102', '0103'}	9.15	2
8	{'01', '12'}	15.81	1	21	{'0102', '010301'}	9.15	跨层
9	{'0102', '13'}	15.64	跨层	22	{'010202', '010301'}	9.07	3
10	{'13', '01', '12'}	14.53	1	23	{'010202', '0103'}	9.07	跨层
11	{'13', '010202'}	14.42	跨层	24	{'30'}	8.89	1
12	{'1311'}	11.52	2	25	{'131106'}	8.01	3
13	{'0102', '12'}	11.25	跨层				

表 4-7 生成的关联规则

序号	关联规则	置信度	层次
1	{'010202', '12'} => {'13'}	97.58%	跨层
2	{'0102', '12'} => {'13'}	93.58%	跨层
3	{'0103'} => {'0102'}	92.27%	2
4	{'010301'} => {'0102'}	92.27%	跨层
5	{'01', '12'} => {'13'}	91.87%	1
6	{'010301'} => {'010202'}	91.46%	3
7	{'0103'} => {'010202'}	91.46%	跨层
8	{'1311'} => {'01'}	83.40%	跨层

表 4-8 编码及其对应故障

编码	对应的故障
01	接触线故障
0102	接触线高度异常
010202	一跨内接触线高差 $2A$（mm）异常
0103	接触线拉出值异常
010301	接触线拉出值 a（mm）异常
12	支持装置故障
13	定位装置故障
1311	定位线夹故障
131106	定位线夹螺栓紧固件状态异常
30	环境管理异常

边缘频繁项集挖掘算法：从表 4-7 可以看出，采用频繁项集进行接触网故障挖掘时，存在挖掘结果冗余情况，例如：挖掘结果的故障组合{接触线故障，定位线夹故障}和故障组合{接触线故障，定位装置故障}都是频繁出现的。定位线夹是定位装置的零部件之一，后者是一个冗余的故障组合，并不能提供新的信息。

为了解决挖掘结果冗余问题并提高挖掘结果准确定位故障能力，提出了边缘频繁项集概念[8]。

对于一个项集 X 来说，如果其自身是频繁的，且将其内部任意一个项目替换成其某一子节点项目后，新的项集 X' 不频繁，则称原项集 X 为边缘频繁项集，其中，$X' = C_X(a_i) \bigcup \{a_j\}$，$a_j \in Sub_i$。

为了简化分析，根据高铁接触网故障数据的特点，建立了表 4-9 所示的事务型数据表，表中每条事务记录所含有的时间空间等信息已经与各故障条目的频次进行合并，呈现的数字表示了经过单位化后的故障强度。图 4-28 则给出了表 4-9 中各个故障条目在树状结构中的位置和各自的上层节点。

表 4-9 事务型数据表和各项目的故障强度

TID	故障项目及故障强度
T_1	$(a_1,5)$ $(a_3,3)$ $(a_5,2)$ $(a_6,4)$
T_2	$(a_1,3)$ $(a_5,6)$ $(a_7,1)$ $(a_8,2)$
T_3	$(a_2,2)$ $(a_4,3)$ $(a_6,4)$ $(a_9,2)$
T_4	$(a_1,4)$ $(a_3,3)$
T_5	$(a_1,1)$ $(a_4,3)$ $(a_5,2)$ $(a_6,3)$ $(a_{10},2)$
T_6	$(a_5,1)$ $(a_8,4)$ $(a_{11},3)$

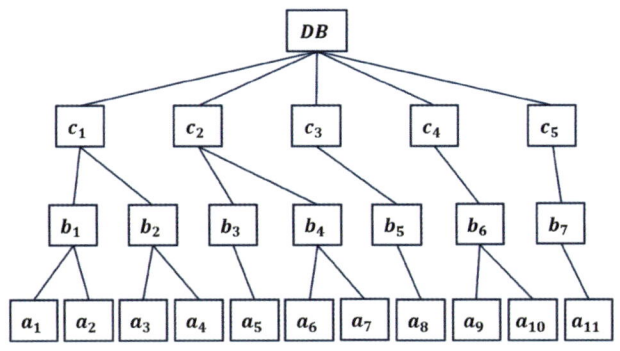

图 4-28 故障项目及其树状结构

◇路径变换：高铁接触网故障数据具有层次性，因为在树状结构上呈现出父子节点关系甚至是祖孙节点关系的项目会严重干扰生成候选集的过程，在由 k 阶边缘频繁项集 M_k 生成 $(k+1)$ 阶候选集 CM_{k+1} 时，传统的生成方法不再能有效地实现这一过程。例如，项集 $\{a_1, a_3\}$ 和 $\{b_1, a_6\}$ 为 2 阶边缘频繁项集，在用传统方法生成 3 阶候选集时，由于未考虑项目之间存在的层次关系，这两个项集会被视为毫无关系的项集，而不会生成 3 阶候选集。实际上，a_1 是 b_1 的子节点项目，3 阶项集 $\{b_1, a_3, a_6\}$ 是一个潜在的候选集。

为了保证未考虑层次关系而可能缺失的候选集不会缺失，采用一种路径变换方法将存在层次关系的上下节点项目视作拥有相同的特征，并反映在其通过的路径上。从而通过路径变换，可以将多层树状结构形式在路径上呈现单层水平结构形式。

定义 18（绝对路径）：在树状结构中，绝对路径作为一个集合，表示各节点之间父子关系的二元组，包含了从叶节点开始到根节点为止的所有项目，记为 $path(a_i)$，其中 a_i 为叶节点。

任意树状结构的绝对路径数量等同于其叶节点数量，任意一个分支节点属于所有子孙叶节点的绝对路径。例如，图 4-28 的分支节点 c_2 含有 3 个子孙叶节点，分别是 a_5、a_6、a_7。因此，c_2 同时存在于这三个叶节点的绝对路径中。

定义 19（相对路径）：相对路径是绝对路径的子集，表示从任意节点开始到根节点为止的路径，记为 $Path(a_i)$，其中 a_i 为任意节点。

路径变换是一种基于路径定义的变换方式，记为 $P(.)$，其含有正变换与逆变换两种过程，如式（4-24）和式（4-25）所示。

$$P(OS) = \{P(X_i)_{X_i \in OS}\} = \{\{Path(a_j)_{a_j \in X_i}\}_{X_i \in OS}\} \quad (4\text{-}24)$$

$$P^{-1}(P(X_i)) = X_i, P^{-1}(P(a_i)) = a_i \quad (4\text{-}25)$$

根据路径定义和路径变换公式，生成高阶候选集的过程可分为三个步骤：

（1）将 k 阶边缘频繁项集 M_k 通过路径变换转化成 k 阶边缘频繁路径集 $P(M_k)$；

（2）根据先验规则生成（k+1）阶候选路径集 $P(M_{k+1})$。在这一过程中，对于属于同一绝对路径，但相对路径不同的两个项目路径而言，两者取交集作为高阶候选路径集的项目路径，以保证其是可能频繁的；

（3）对步骤（2）中得到的（k+1）阶候选路径集 $P(M_{k+1})$ 进行路径逆变换，生成（k+1）阶候选集 CM_{k+1}。

对于取交集生成的（k+1）阶候选集 CM_{k+1} 而言，考虑其中任意一个长度小于（k+1）的真子集项集 X，在 $1\sim k$ 阶边缘频繁项集中，总能找到一个项集 X'，使得两者中包含的项目具有相同绝对路径。由于 X 中的项目在路径上取了交集，使得其每个项目的相对路径都是 X' 的子集，从而在验证阈值前是可能频繁的。

通过路径变换方法，可以实现由当前边缘频繁项集直接生成高阶候选集，该过程的算法如算法 4-5 所示。

算法 4-5　路径变换算法

Input:
(1) k-marginal frequent itemsets: M_k
(2) Hierarchical structure: H

Output:
(k+1)-candidate itemsets: CM_{k+1}

1. Set $CM_{k+1} \leftarrow \varnothing$; $P(M_k) \leftarrow \varnothing$; $P(CM_{k+1}) \leftarrow \varnothing$;
2. Employ equation (4-11) to operate path transform on M_k to generate $P(M_k)$;
3. **Return** $P(M_k)$
4. **For** two itemsets $X_i, X_j \in M_k$ **do**
5. **If** $P(X_i)$ and $P(X_j)$ share (k-1) paths **then**
6. $P(X_{k+1}) = P(X_i) \cup P(X_j)$ with operation of intersection;
7. $P(CM_{k+1}) \leftarrow P(CM_{k+1}) \cup P(X_{k+1})$;

4.3 接触网故障预测与健康系统

8. **End If**
9. **End For**
10. **Return** $P(CM_{k+1})$
11. **Employ** equation (4-12) to operate inverse path transform on $P(CM_{k+1})$ to generate CM_{k+1};
12. **Return** CM_{k+1}

◇**项集深度降序**：生成高阶候选集后，需要验证候选集中的项集或其上层节点项目构成的项集（以下简称"上层项集"）是否频繁。为了确保在验证的过程中不遗漏任何一个上层项集，并尽可能避免不必要的计算和比较，可采用项目深度和项集深度来防止项集遗漏和对项集进行排序。

定义 20（深度）：深度是一个反映具体对象在树状结构中远离根节点的程度，记为 $depth(.)$。项目深度为该项目的相对路径的集合长度，其数值与该项目在树状结构中的节点层次相一致，计算如式（4-26）。项集深度是对其内部所有项目深度的综合反映，其数值为项目深度之和，计算如式（4-27）所示。

$$depth(a_i) = |Path(a_i)| \tag{4-26}$$

$$depth(X) = \sum_{a_i \in X} depth(a_i) \tag{4-27}$$

根据深度定义和相对路径，所有上层项集可以根据候选集中的每一个项集临时生成。然而，并不是所有项集中的项目都是处在独立的数据结构分支上，在临时生成上层项集的过程中，不可避免同一个项集的多个项目会汇聚成相同的上层项目。由于这种情况会导致项集长度变化，因此这种情况一旦出现，后续的项集就不需要继续生成了。例如，对于3阶候选集中的项集 $\{b_1, a_3, a_6\}$ 而言，项目 b_1 和项目 a_3 的相对路径存在交集 c_1，说明在临时生成上层项集的过程中，这两个项目会汇聚成同一个项目。因此，临时生成的上层项集只有5个，分别是：$\{b_1, a_3, b_4\}$、$\{b_1, a_3, c_2\}$、$\{b_1, b_2, a_6\}$、$\{b_1, b_2, b_4\}$ 和 $\{b_1, b_2, c_2\}$。

采用频繁项集进行挖掘时会造成挖掘结果冗余，但分析挖掘结果会发现一个有趣的现象：项集之间特定的某种联系会决定其故障强度的大小关系。合理地运用这一现象可以优化剪枝过程，将这种特定的联系命名为层次包含关系，其定义如下：

定义 21（层次包含关系）：对于两个项集 X_A 和 X_B 而言，考虑其包含项目的树状结构，如果它们满足以下三个条件，则称 X_A 在层次上包含 X_B，记为 $X_A \succ X_B$，分别是：① X_A 和 X_B 包含的项目数量相同，即它们的长度一致；② X_A 和 X_B 拥有相同的绝对路径；③ X_A 中所有项目的相对路径都包含在 X_B 内，即 $\forall a_i \in X_A$，$\exists b_j \in X_B$，使 $P(a_i) \subseteq P(b_j)$。

如果项集 X_A 在层次上包含 X_B，则有 $FI(X_A) \geq FI(X_B)$，这意味着一旦 X_B 满足阈值条件，X_A 也会出现在挖掘结果中，如果项集 X_A 在层次上包含 X_B，则有 $depth(X_A)<depth(X_B)$。

这就意味着，对于一个候选项集和其临时生成的上层项集，它们之间的故障强度大小关系可以通过判断是否存在层次包含关系来确定；可以对项集进行排序且保证可能存在的层次包含关系不乱序。结合以上两点，动态剪枝过程演变成为项集动态剪枝过程。

项集动态剪枝过程如下：对 k 阶候选集中所有项集和临时生成的上层项集按各自的项集深度进行降序排列，并将项集（记为 X_A）依次与当前 k 阶边缘频繁项集 M_k 中的所有项集（记为 X_B）进行比较，分为两种情况：

- 如果 M_k 中存在 X_B 满足 $X_A \succ X_B$，则直接对 X_A 进行剪枝；
- 如果 M_k 中不存在 X_B 满足 $X_A \succ X_B$，则计算 $FI(X_A)$，如果满足阈值，则将 X_A 并入 M_k 中，否则对其剪枝。

以 3 阶候选集中的项集 $X = \{b_1, a_3, a_6\}$ 为例，阈值设定为 1。根据项集深度对它们进行降序排列，再按动态剪枝策略依次对它们执行阈值验证和剪枝，具体过程如表 4-10 所示。表中，前四个项集因为在 3 阶边缘频繁项集中不满足条件，执行情况 2，后两个项集因为有项集 $\{b_1, b_2, a_6\}$ 满足条件，执行情况 1。

通过项集深度降序方法，结合项集动态剪枝策略，能够实现对候选集的快速检验，并保证不遗漏任何上层项集，其算法过程如算法 4-6 所示。

表 4-10 动态剪枝策略举例

项集	项集深度	故障强度	情况选择	执行操作
$\{b_1, a_3, a_6\}$	8	0.50	2	剪枝
$\{b_1, a_3, b_4\}$	7	0.50	2	剪枝
$\{b_1, b_2, a_6\}$	7	1.00	2	并入 M_3
$\{b_1, a_3, c_2\}$	6	0.50	2	剪枝
$\{b_1, b_2, b_4\}$	6	$\succ$	1	剪枝
$\{b_1, b_2, c_2\}$	5	$\succ$	1	剪枝

算法 4-6　结合动态剪枝策略的项集深度降序算法

Input:

(1) k-marginal candidate itemsets: CM_k

(2) Hierarchical structure: $\mathbf{H}$

(3) The minimum of fault intensity: $FI_{\min}$

Output:

k-marginal frequent itemsets: M_k

1.　Set $M_k \leftarrow \varnothing$; upper-level itemsets $UCM_k \leftarrow \varnothing$;
2.　**For** each itemset $X_i \in CM_k$ **do**
3.　　　Generate upper-level itemset UX_i by depth of items $depth(a_i)$;
4.　　　$UCM_k \leftarrow UCM_k \cup \{UX_i\}$;
5.　**End For**
6.　**Return** UCM_k
7.　**For** each itemset $X_i \in CM_k \cup UCM_k$ **do**
8.　　　Employ equation (4-7) and (4-6) to calculate $depth(X_i)$;
9.　**End For**
10.　Sort $CM_k \cup UCM_k$ in $depth(X_i)$ descending order;
11.　**For** each itemset $X_i \in CM_k \cup UCM_k$ **do**
12.　　　**If** $\exists X_j \in M_k$ has $X_i \succ X_j$ **then**
13.　　　　　prune X_i;
14.　　　**Else If** $\forall X_j \in M_k$ has $X_i \not\succ X_j$ **then**
15.　　　　　Employ equation (3-5) to calculate $FI(X_i)$;
16.　　　　　**If** $FI(X_i) \geqslant FI_{\min}$ **then**
17.　　　　　　　$M_k \leftarrow M_k \cup X_i$;
18.　　　　　**End If**
19.　　　**End If**
20.　**End For**
21.　**Return** M_k

◇ 跨层边缘挖掘算法：根据路径变换和项集深度降序。跨层边缘频繁项集挖掘算法过程如算法 4-7 所示。

算法 4-7　跨层边缘频繁项集挖掘算法

Input:
(1) High-speed railway OCS fault database: R
(2) Hierarchical structure: H
(3) The choice of time and space scale: (t, l)
(4) The minimum threshold: $FI_{\min}$, $Conf_{\min}$

Output:
Marginal frequent itemsets: M
Association rules: BR

1. Set k-candidate itemsets $CM_k \leftarrow \varnothing$; k-marginal frequent itemsets $M_k \leftarrow \varnothing$; $M \leftarrow \varnothing$; $BR \leftarrow \varnothing$;
2. Employ algorithm 3.1 to generate bivariate frequency relation matrix F and item index I;
3. Employ algorithm 3.2 to generate adjustment factor vector $\vec{af}$;
4. $CM_1 \leftarrow I$;
5. Employ algorithm 4.2 to generate M_1 by CM_1;
6. **For** ($k = 2$; $M_{k-1} \neq \varnothing$; k++) **do**
7. 　　Employ algorithm 4.1 to generate CM_k by M_{k-1};
8. 　　Employ algorithm 4.2 to generate M_k by CM_k;
9. 　　$M \leftarrow M \cup M_k$;
10. **End For**
11. **Return** M
12. Generate association rules by M;
13. **For** each association rule AR **do**
14. 　　**If** $Conf(AR) \geqslant Conf_{\min}$ **then**
15. 　　　　$BR \leftarrow BR \cup \{AR\}$;
16. 　　**End If**
17. **End For**
18. **Return** BR

案例 8：接触网故障强度边缘频繁项集挖掘[8]。

采用与案例 7 相同的故障数据，边缘频繁项集挖掘（MFIM）结果如表 4-11 所示，生成的关联规则如表 4-12 所示。表 4-13 给出了故障及其对应编码。

表 4-11　跨层边缘频繁项集挖掘结果

序号	边缘频繁项集	故障强度
1	{'12'}	34.18
2	{'010202'}	31.02
3	{'13', '12'}	24.27
4	{'13', '010202'}	14.42
5	{'010301'}	9.92
6	{'12', '010202'}	9.66
7	{'01', '1311'}	9.61
8	{'13', '12', '010202'}	9.43
9	{'010301', '010202'}	9.07
10	{'30'}	8.89
11	{'131106'}	8.01

表 4-12　跨层边缘频繁项集挖掘生成的关联规则

序号	关联规则	置信度
1	{'1311'} => {'01'}	83.40%
2	{'010301'} => {'010202'}	91.46%
3	{'12', '010202'} => {'13'}	97.58%

表 4-13　编码及其对应故障

编码	对应的故障
01	接触线故障
010202	一跨内接触线高差 $2A$（mm）异常
010301	接触线拉出值 a（mm）异常
12	支持装置故障
13	定位装置故障
1311	定位线夹故障
131106	定位线夹螺栓紧固件状态异常
30	环境管理异常

4.3.3.3 接触网健康状态评估

接触网状态评估是在指定的供电段管辖线路内,针对接触网当前服役状态,根据接触网可信性程度,评估接触网状态,能够判断在役接触网状态所处等级,即健康状态、功能降低状态、不能工作状态。接触网可信性程度可依据质量评价、质量鉴定、可用性评价和可维修性评价的结果进行确定。

质量评价是根据接触网动态几何、接触线平顺性、弓网受流性能等参数异常的可靠性二级指标,评价弓网动态运行状态,同时根据接触网静态几何、磨耗等参数异常的可靠性二级指标,评价接触网静态性能;质量鉴定是根据故障强度、故障率、故障间隔时间率等可靠性二级指标,评价接触网设备整体技术状态;可用性评价是根据供电臂平均中断供电频率、供电臂平均中断供电持续时间指数、中断供电累计时间、中断供电平均持续时间等可用性二级指标,评价系统可用性;维修性评价是根据修复率、故障修复时间、维修人时等维修性二级指标,评价系统可维修性。接触网状态评估是综合考虑质量评价、质量鉴定、可用性评价、可维修性评价等评价结果,给出接触网系统的健康综合评价,从而判断在役接触网状态所处等级。

综合评价的最终目的是将接触网不同层级的多项指标信息加以综合得到其健康度,然后对健康度进行分析,从而进行整体性评价,确定接触网的服役状态等级。接触网系统状态评估的综合评价包括五个步骤:① 定义不同层级下的评价指标;② 评价指标同质性转换;③ 确定汇总综合的方法;④ 确定评价指标的权重;⑤ 状态等级的划分。

1. 不同层级下的评价指标

根据定义 7,接触网可信性包括可靠性指数、可用性指数和可维修性指数三个一级指标,以及故障率、参数异常频度、维修人时等众多二级指标。

2. 评价指标同质性转换

由于各项指标量纲不一致,需要对各项指标进行归一化。常用的归一化方法有最小-最大标准化和零均值标准化。最小-最大标准化采用式(4-28)计算:

$$\bar{\rho}_k = \frac{\rho_k - \rho_{\min}}{\rho_{\max} - \rho_{\min}}, \quad \rho_{\min} = \min\{\rho_k\}, \rho_{\max} = \max\{\rho_k\}, k=1,\cdots,n \quad (4\text{-}28)$$

式中,n 为指标 ρ 的样本数量;$\bar{\rho}$ 为归一化后的指标。零均值标准化采用式(4-29)

计算：

$$\bar{\rho}_k = \frac{|\rho_k - \rho_{\text{mean}}|}{\rho_s}, \quad \rho_{\text{mean}} = \frac{\sum_{k=1}^{n}\rho_k}{n}, \quad \rho_s = \sqrt{\frac{1}{n-1}\sum_{k=1}^{n}(\rho_k - \rho_{\text{mean}})^2} \quad (4\text{-}29)$$

3．健康度计算方法

令 H 表示给定时段区间内接触网健康度，由式（4-30）计算：

$$H = \frac{\alpha\rho_{\text{re}} + \beta\rho_{\text{se}} + \gamma\rho_{\text{ma}}}{M} \quad (4\text{-}30)$$

式中，ρ_{re}、ρ_{se}、ρ_{ma} 分别表示可靠性指数、可用性指数和可维修性指数；M 表示待评价区间的条公里数。

可靠性指数为

$$\rho_{\text{re}} = \alpha_1\rho_{\text{rep}} + \alpha_2\rho_{\text{rec}} = \alpha_1\sum_{k=1}^{m}\alpha_{1k}\rho_{\text{rep}k} + \alpha_2\sum_{k=1}^{m'}\alpha_{2k}\rho_{\text{rec}k} \quad (4\text{-}31)$$

式中，ρ_{rep} 为质量评价指数；ρ_{rec} 为质量鉴定指数；$\rho_{\text{rep}k}$ 为与质量评价相关的接触网系统可靠性二级指标；α_{1k} 为第 k 项 $\rho_{\text{rep}k}$ 对应权重；$\rho_{\text{rec}k}$ 为与质量鉴定相关的接触网系统可靠性二级指标；α_{2k} 为第 k 项 $\rho_{\text{rec}k}$ 对应权重系数。

根据式（4-31）可以类似定义 ρ_{se}、ρ_{ma}，然后统一代入式（4-30）中，并用单一值表示权重，得到接触网系统健康度为

$$H = \frac{\sum_{k=1}^{n}w_k\rho_k}{nM} \quad (4\text{-}32)$$

式中，ρ_k 统一表示接触网系统可信性的二级指标；w_k 为对应的权重。

4．评价指标的权重

在健康度计算方法中，指标权重的确定方法可分为主观赋权法、客观赋权法和组合赋权法三种。主观赋权法包括层次分析法（AHP）、专家调查法（Delphi 法）等，客观赋权法包括熵权法、主元分析法等，组合赋权法同时兼顾主客观权重，采用加权集成，即

$$W = \eta W_s + (1-\eta)W_o \quad (4\text{-}33)$$

式中，$W_s = [w_{s1}, \cdots, w_{sn}]^T$ 为主观赋权法得到的权重向量，$W_o = [w_{o1}, \cdots, w_{on}]^T$ 为客观赋权法得到的权重向量，$0 < \eta < 1$。

下面介绍一种 AHP 与熵权的组合赋权法[13]。AHP 是一种定性与定量相结合的多准则决策方法。首先，若要确定 n 项指标 $\rho_k (k=1,\cdots,n)$ 的权重 w_{sk}，先要建立判断矩阵 $A = (a_{ij})_{n \times n}$，其中 $a_{ij} > 0, a_{ij} = 1/a_{ji}, a_{ii} = 1$，$a_{ij}$ 表示指标 ρ_i 相对于 ρ_j 的重要性比例标度，可采用 1~9 标度法。然后，采用根法计算判断矩阵最大特征根 $\lambda_{\max}$ 及权重向量 W_s，即

$$w_{si} = \frac{\sqrt[n]{\prod_{j=1}^{n} a_{ij}}}{\sum_{j=1}^{n} \sqrt[n]{\prod_{j=1}^{n} a_{ij}}} \tag{4-34}$$

$$\lambda_{\max} = \sum_{i=1}^{n} \frac{[A \cdot W_s]_i}{n w_{si}} \tag{4-35}$$

根据最大特征值 $\lambda_{\max}$，利用一致性指标、随机一致性指标和一致性比率进行一致性检验，如果检验通过，权重向量 W_s 即为对应 $\rho_k (k=1,\cdots,n)$ 的权重，否则，重新建立判断矩阵。

W_o 可采用熵权法确定，即根据 ρ_k 变异性的大小来确定 $w_{ok} (k=1,\cdots,n)$。一般来说，若 ρ_k 的信息熵越小，表明该指标值变异程度越大，提供的信息量越多，在综合评价中所能起到的作用也越大，反之亦然。首先，设 i 个评价区间的指标 ρ_k 为 ρ_{ik}，定义评价矩阵 $B = (\rho_{ik})_{m \times n}$，其中 m 为待评价区间总数，n 为指标总数。然后，定义 ρ_k 的信息熵为

$$E_k = -\frac{1}{\ln n} \sum_{i=1}^{m} (y_{ik} \ln y_{ik}) \tag{4-36}$$

其中，$y_{ik} = \frac{\rho_{ik}}{\sum_{i=1}^{m} \rho_{ik}}$，特别地，当 $y_{ik} = 0$ 时，规定 $y_{ik} \ln y_{ik} = 0$。最后，通过式（4-37）计算信息熵 E_k（指标 ρ_k）对应的权重为

$$w_{ok} = \frac{1 - E_k}{n - \sum_{k=1}^{n} E_k} \tag{4-37}$$

根据 AHP 和熵权法确定的权重向量 W_s 和 W_o，采用式（4-37）确定接触网系统二

4.3 接触网故障预测与健康系统

级指标的各项权重。

5. 状态等级的划分

依据健康度计算后获得的健康度，划分当前接触网区段的状态等级，可采用 1~6 等级法，如表 4-13 所示。

表 4-13　接触网健康度等级

健康状态	健康等级	健康度建议值
健康状态	健康	0.9~1
	亚健康	0.7~0.9
功能降低状态	轻度病态	0.6~0.7
	中度病态	0.5~0.6
不能工作状态	重度病态	0.4~0.5
	失效	0~0.4

案例 9：接触网可信性评价[7]。

本案例针对我国北方某供电段和南方某供电段的 10 条高速铁路进行了综合评价，被评价线路按 A~J 进行编码。

以每条线路每个季度的接触网为一个评价对象，共计 70 个评价对象。可信性评价的三个维度如图 4-29 所示。

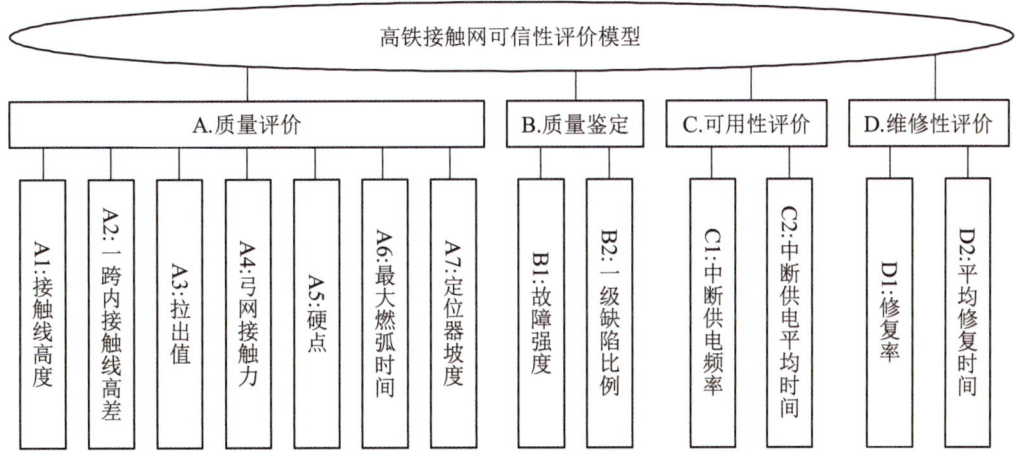

图 4-29　接触网可信度评价因素

图 4-28 的接触网可信度评价的 13 项二级指标大致可分为三种类型：极大型指标、极小型指标、区间型指标。利用评价指标同质性转换分别对以上三种类型的指标进行归一化处理，部分结果摘录如表 4-14 所示。

表 4-14　部分接触网对象可信性评价指标归一化结果

线路	检测季度	A1	A2	A3	A4	A5	A6	A7	B1	B2	C1	C2	D1	D2
A	2015-S1	1	1	1	1	1	1	0.26	1	0	0.98	1	1	0.85
B	2015-S1	1	0.38	1	1	1	1	0.25	0.99	0	0.97	0.95	1	0.86
C	2016-S4	1	1	0.34	1	1	1	1	0.99	0	1	1	1	0.77
D	2015-S1	1	1	1	1	1	1	0.06	0.98	0	0.95	0.97	1	0.85
E	2015-S1	1	0.49	1	1	1	1	0	0.94	1	1	1	1	0.86
F	2018-S2	1	1	0.71	1	1	0.59	1	0.95	0.93	0.98	1	0	0
G	2017-S1	1	0.58	1	1	1	1	1	0.99	0	0.85	0.99	1	0.8
H	2018-S2	1	1	1	1	1	1	0.72	1	0	0.99	1	1	0
I	2017-S4	0.48	0.64	1	1	1	1	1	0.94	0.44	0.85	0.93	0.17	0.82
J	2015-S1	1	1	1	1	1	1	0.44	0.97	0	1	1	1	0.86

对于 4 项一级指标，采用层次分析法（AHP）予以赋权。按照高铁接触网运行经验，可用性评价对接触网系统的安全稳定运行至关重要；质量评价和质量鉴定的作用次之；维修性评价只是对故障的后续处理，其重要性最低。据此构建 AHP 判断矩阵如下：

$$T = \begin{bmatrix} 1 & 1 & 1/3 & 7 \\ 1 & 1 & 1/3 & 7 \\ 3 & 3 & 1 & 9 \\ 1/7 & 1/7 & 1/9 & 1 \end{bmatrix}$$

根据判断矩阵，得到 4 项一级指标的权重系数如表 4-15 所示。

表 4-15　接触网可信性评价一级指标权重

指标	质量评价	质量鉴定	可用性评价	维修性评价
权重	0.217 2	0.217 2	0.527 2	0.038 4

对于质量评价下属的 7 项二级指标，对其归一化值进行熵权计算。结合专家经验，对这 7 项指标构建 AHP 判断矩阵为

$$A = \begin{bmatrix} 1 & 3 & 1/3 & 3 & 3 & 3 & 5 \\ 1/3 & 1 & 1/5 & 1 & 1 & 1 & 3 \\ 3 & 5 & 1 & 5 & 5 & 5 & 7 \\ 1/3 & 1 & 1/5 & 1 & 1 & 1 & 3 \\ 1/3 & 1 & 1/5 & 1 & 1 & 1 & 3 \\ 1/3 & 1 & 1/5 & 1 & 1 & 1 & 3 \\ 1/5 & 1/3 & 1/7 & 1/3 & 1/3 & 1/3 & 1 \end{bmatrix}$$

根据矩阵 A 计算 AHP 权重，然后将 AHP 权重和熵权加权求和，得出组合权重，结果如表 4-16 所示。

表 4-16 质量评价下属二级指标权重

指标	导高	跨内高差	拉出值	弓网接触力	硬点	最大燃弧时间	定位器坡度
熵权	0.173 0	0.195 4	0.099 6	0.095 8	0.077 7	0.193 4	0.165 1
AHP 权重	0.214 6	0.084 6	0.412 7	0.084 6	0.084 6	0.084 6	0.034 2
组合权重	0.198 0	0.128 9	0.287 5	0.089 1	0.081 8	0.128 1	0.086 6

对于质量鉴定等三个大类下属的二级指标，采用层次分析法求取权重，其结果如下：质量鉴定之下，故障强度（0.9）、一级缺陷比例（0.1）；可用性评价之下，中断供电频率（0.5）、中断供电平均时间（0.5）；维修性评价之下，修复率（0.9）、平均修复时间（0.1）。最终得到 13 项二级指标在可信性评价体系内的总体权重，如表 4-17 所示。

表 4-17 接触网可信性评价指标总体权重

指标	A1	A2	A3	A4	A5
权重	0.043 0	0.028 0	0.062 4	0.019 3	0.017 8
指标	A6	A7	B1	B2	
权重	0.027 8	0.018 8	0.195 5	0.021 7	
指标	C1	C2	D1	D2	
权重	0.263 6	0.263 6	0.034 5	0.003 8	

根据权重计算接触网可信性评价总分，并进行健康状态等级划分，部分结果摘录如表 4-18 所示。

表 4-18 部分接触网对象可信性评价结果（AHP-熵权法）

排序	线路	检测季度	质量评价	质量鉴定	可用性评价	维修性评价	总分	等级
1	D	2017-S1	0.986 4	0.895 2	1	0.971 3	0.973 2	健康
2	J	2015-S1	0.951 5	0.877 2	1	0.986 4	0.962 3	健康
3	A	2015-S1	0.935 9	0.895 6	0.992 3	0.984 5	0.958 8	健康
29	E	2017-S3	0.979 6	0.893 4	0.931 6	0	0.898 0	亚健康
30	E	2018-S3	0.890 4	0.893 4	0.965 8	0	0.896 7	亚健康
59	D	2018-S3	0.811 1	0.935 9	0.775 0	0.271 2	0.798 5	亚健康
60	B	2017-S1	0.672 6	0.456 8	0.977 5	0.895 1	0.795 0	亚健康
68	J	2018-S2	0.791 4	0.044 2	0.915 5	0.115 8	0.668 6	中度病态
69	B	2018-S2	0.527 4	0.417 4	0.865 0	0.116 7	0.665 7	中度病态
70	D	2017-S4	0.833 4	0.890 4	0.475 0	0.973 5	0.662 2	中度病态

4.3.3.4 维修前剩余时间估计

根据接触网综合修维修周期内接触网可靠性、可用性和临时修等信息，估计健康状态、功能降低状态（如亚健康、轻度病态、中度病态等）的驻留时间，预测接触网维修前剩余时间，即接触网处于当前可用状态直至必须进行维修时的总工作持续时间，使供电段技术部门可根据估计的维修前剩余时间调整维修策略。

接触网属性集 $X=\{X_1,X_2,\cdots,X_n\}$ 中 X_i 为离散随机变量，在进行接触网故障预测时，采用的是静态贝叶斯网络，即利用历史数据预测当前时段 t 的故障。如果将 $X=\{X_1,X_2,\cdots,X_n\}$ 理解为随机过程 $X(t,\cdot)=\{X_1(t,\cdot),X_2(t,\cdot),\cdots,X_n(t,\cdot)\}$，即接触网属性都是随时间变化，便可以构建动态贝叶斯网络（DBN），而隐马尔科夫模型（HMM）是结构最简单的动态贝叶斯网络。

接触网健康度 H 划分为 6 个健康等级，每个健康等级表示接触网处于一种服役状态。$\{H(t),t=1,\cdots,6\}$ 表示不同健康等级下评估的健康度，接触网在六个状态 $\{S(t),t=1,\cdots,6\}$ 之间转换。在健康等级 t 下，健康度 $H(t)$ 仅依赖于状态 $S(t)$，与其他状态和健康度无关；t 时段的状态 $S(t)$ 仅依赖于上一时段的状态 $S(t-1)$。若假设接触网下一时段的状态仅由当前状态决定，不依赖于以往的任何状态，可以将接触网健康状态、功能降低状态、失效理解为马尔科夫链。基于这种依赖关系，所有接触网状态的联合

概率分布为

$$P(H(1),S(1),\cdots,H(6),S(6)) = P(S(1))P(H(1)|S(1))\prod_{t=2}^{6}P(S(t)|S(t-1))P(H(t)|S(t))$$

（4-38）

因此，确定一个 HMM 模型需要确定以下三组参数：

状态转移矩阵：模型在各个状态间转换的概率，通常记为矩阵 $\boldsymbol{A}=[a_{ij}]_{6\times 6}$，其中

$$a_{ij}=P(S(t+1)=s_j|S(t)=s_i)$$

（4-39）

输出评估概率：模型根据当前状态获得各个评估的健康度的概率，通常记为矩阵 $\boldsymbol{A}=[b_{ij}]_{6\times M}$，其中

$$b_{ij}=P(H(t)=H_j|S(t)=s_i)$$

（4-40）

初始状态概率：模型在初始时段各状态出现的概率，通常记为 $\boldsymbol{\pi}=(\pi_1,\cdots,\pi_6)$，其中

$$\pi_i=P(S(1)=s_i)$$

（4-41）

然而，对于 HMM 模型，接触网某状态停留一定时间的概率随时间的推移呈指数下降，这与实际情况不符。隐半马尔可夫模型（HSMM）是考虑状态驻留概率分布为显式的一种 HMM[13]。在接触网的 HSMM 中，一个状态对应一个估计的健康度。因此，接触网的 HSMM 可以定义为

$$\lambda=[\pi,A,B,D]$$

（4-42）

式中，π、A、B 与 HMM 定义相同；D 表示状态驻留最大时间，用概率值 $P_i(d)$ 表示状态驻留时间。HSMM 的基本算法有前向-后向算法、Viterbi 算法与 Baum-Welch 算法，若假设驻留时间服从高斯分布，则可得到状态驻留时间的均值 $\mu(S(t))$ 和方差 $\sigma^2(S(t))$，那么状态驻留时间为

$$D(S(t)) = \mu(S(t)) + \rho\sigma^2(S(t))$$
$$\rho = \frac{(T-\sum_{t=1}^{6}\mu(S(t)))}{\sum_{t=1}^{6}\sigma^2(S(t))}, T=\sum_{t=1}^{6}D(S(t))$$

（4-43）

令 RUL_t 表示接触网系统处于时段 t 下的维修前剩余时间，则

$$RUL_5 = a_{55}[D(S(5))+D(S(6))]+a_{56}[D(S(6))]$$

（4-44）

接触网系统处于 t 时段时，则接触网系统维修前剩余时间为

$$RUL_t = a_{tt}[D(S(t)) + RUL_{t+1}] + a_{t,t+1}[RUL_{t+1}] \tag{4-45}$$

案例 10：维修前剩余时间估计[7]。

针对我国某供电段管辖区域内的 3 个锚段，将 2012 年 1 月—2017 年 1 月 1C 装置检测的导高、拉出值、接触压力均值以及硬点作为训练数据，采集的时间间隔设为 15 天（即单位时间为 15 天）。通过分析发现，2013 年 7 月和 2016 年 5 月时间段故障强度数据呈周期分布。因此，选择该时间区段 67 个时间单位的训练数据作为观测向量训练隐半马尔科夫模型，通过模型学习，将各个状态的驻留时间代入递归公式，容易计算每个状态的剩余可运行时间，如表 4-19 所示。

表 4-19 接触网维修前剩余时间估计

系统状态	维修前时间均值	维修前时间方差	维修前时间区间
健康	69.721 5	2.995 5	[66.726 0, 72.717 0]
亚健康	67.225 2	2.878 5	[64.346 7, 70.103 7]
轻微病态	57.039 1	2.424 4	[54.614 7, 59..463 5]
中度病态	47.640 9	2.021 4	[45.619 5, 49.662 3]
严重病态	27.793 2	1.142 8	[26.650 4, 28.936 0]
失效	6.548 9	0.231 9	[6.317 0, 6.780 8]

4.3.3.5 以可靠性为中心的维修方法

以可靠性为中心的维修（RCM）是国际上通用的用以确定装备预防性需求、优化维修制度的一种系统工程方法，是确定被观察对象使用背景下维修需求的一种过程，也是发达国家军事装备和工业设备预防性维修的首选方法[14]。

1. RCM 分析过程

在进行 RCM 分析时，一般应尽可能收集被观察对象如下信息：

基础信息：构成、功能（含：隐蔽功能）和余度；

故障信息：故障模式、故障原因和影响、故障率、故障判据、潜在故障发展到功能故障的时间、功能故障和潜在故障的监测方法等；

维修信息：维修设备、工具、备件、人力等；

费用信息：预计的研制费用、维修费用等；

相似产品的上述信息。

RCM 分析的一般步骤包括：

确定重要功能产品；

进行故障模式影响分析；

应用逻辑决策图确定预防性维修工作类型；

确定预防性维修工作的间隔期；

提出维修级别建议；

进行维修间隔期探索。

2．RCM 故障后果分类

RCM 认为故障后果的严重程度影响着采取维修工作的决策。如果故障有严重后果，就应尽全力设法防止其发生。反之，除了日常的简单维护之外，可以不采取任何预防措施。RCM 过程把故障后果分成如下 4 类：

隐蔽性故障后果：隐蔽性故障没有直接的影响，但有可能导致严重的、经常是灾难性的多重故障后果。

安全性和环境性后果：如果故障会造成人员伤亡，就具有安全性后果；如果故障导致企业违反了行业、地方、国家或国际环境标准，则故障具有环境性后果。

使用性后果：如果故障影响生产，就认为具有使用性后果。

非使用性后果：明显的功能故障，既不影响安全，也不影响生产，只涉及直接维修费用。

3．预防性维修分类

RCM 扩展了预防性维修的范畴，定义为：预防故障后果不仅仅是故障本身的一种维修工作。RCM 把预防性维修分为主动性维修和非主动性维修两类。

主动性维修：为防止被观察对象达到故障状态，而在故障发生前所采取的预计性维修和预防性维修，包括定期恢复、定期报废和视情维修等。

定期恢复、定期报废都是按照一个特定的工龄期或在工龄期之前所采取的维修或报废措施，而不管当时其状态如何。

视情维修是通过监控掌握被观察对象的状态，对其可能发生功能故障的项目进行必要的预防维修，适应于耗损故障初期有明显恶劣化症候的被观察对象，但需要适当的检测手段，如功能检测等。

非主动性维修：当不可能选择有效的主动性维修时，选择非主动性对策处理故障后的状态，包括故障检查、重新设计和故障后修理。

故障检查是指定期地检查隐蔽功能以确定其是否已经发生故障,从预防故障的时机上讲,是在隐蔽功能发生故障后为防止多重故障的后果而进行的一项检查工作;故障检查需要定期地检查隐蔽功能以确定其是否故障。

重新设计是指需改变被观察对象的固有能力,包括硬件的改型和使用操作程序的变化。

故障后修理是指对故障模式不需要进行预计或预防,只是简单地允许这些故障发生并进行修理。

通过 RCM 分析,应该给出 4 项具体结果:

供维修部门执行的维修计划;

供操作人员使用的资产使用程序;

对不能实现期望性能的资产,以列表形式给出哪些地方需改进设计或改变操作程序;

完整的 RCM 分析记录文件,为以后资产维修制度的改进提供可追踪的历史信息和数据,也为企业内维修人员的配备、备件备品的订购与储备、生产时间与维修时间的预计提供基础数据。

4. 以可靠性为中心的接触网维修策略

以可靠性为中心的接触网维修的研究很少,文献[15]给出了一个初步框架,文献[16]给出了接触网维修成本分析模型。以文献[17]为基本框架,本节给出了以可靠性为中心的接触网维修策略的制定过程框图,如图 4-30 所示。

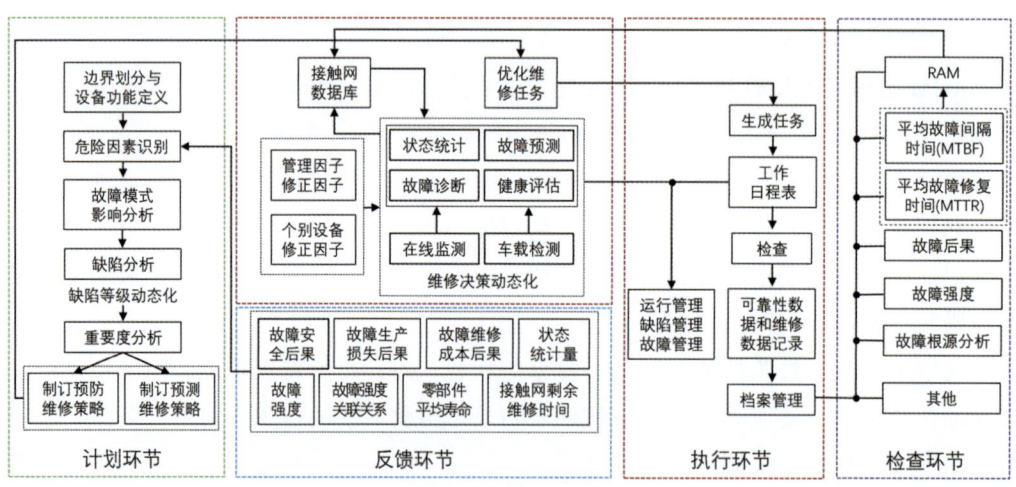

图 4-30 接触网 RCM 维修策略制定过程

4.3 接触网故障预测与健康系统

在维修策略制定过程中,接触网 PHM 是核心。接触网 RCM 维修策略制定过程包括计划、执行、检查和反馈四个环节。下面分别予以简单介绍。

任务计划环节:考虑到接触网的特殊性,边界划分以锚段为对象,相关设备包括一跨内的接触悬挂和一支柱上的支柱与基础、支持装置、定位装置;设备基础数据、检测监测数据、维修数据来自接触网数据,设备的可靠性数据以故障强度表示。

以接触网零部件为对象,分析零部件功能故障及影响,进而分析设备故障模式及影响;利用威布尔模型、蒙特卡洛模型统计分析零部件的平均寿命;以边缘频繁项集挖掘方法分析零部件故障的关联关系,确定设备及其零部件的重要度;采用故障树分析零部件故障影响后果;根据平均寿命和故障后果统计分析数据确定风险判别准则和风险矩阵,其中故障发生的可能性以故障强度计算。

根据缺陷判别准则、缺陷矩阵、量化的故障强度和故障后果,确定故障(或缺陷)模式的缺陷等级,接触网的缺陷等级划分为标准状态、安全状态、二级缺陷和一级缺陷四级;一个锚段或一种设备故障模式最高的缺陷等级决定了该锚段或设备的缺陷等级;对于高风险设备的高风险故障模式进行故障根本原因分析,提出故障根除措施,采取改造再设计等主动维修管理模式;零部件对应的高风险故障模式决定关键部件重要度。

任务执行环节。按照第三章内容部署接触网检测监测;根据接触网数据库的过程数据,进行分析锚段接触网、设备及其零部件的故障强度预测与剩余维修时间估计,确定基于时间的预防维修任务需求,制定预防维修策略;根据当前检测监测的接触网表征参数和零部件技术状态,确定分析锚段接触网、设备及其零部件的缺陷等级,确定基于检测监测的预测维修任务需求,制定预测维修策略;通过运行管理、缺陷管理、故障管理等专业管理程序予以保证;设备维修的可靠性数据、维修数据采集后,保存至接触网数据库。

绩效检查环节。以可靠性为中心的维修管理绩效通过量化绩效管理指标来反映,确定了平均故障间隔时间、平均故障修复时间、故障强度、故障后果、故障根本原因为主要内容的绩效指标。设备管理绩效指标的动态变化能够反映接触网维修管理绩效,通过检查对比关键绩效指标来分析以可靠性为中心的维修策略和优化维修任务的有效性，也是缺陷评估目标、缺陷判别准则修订的依据。

绩效反馈环节。一方面，通过全方位的接触网检测监测，根据故障强度预测、剩余维修时间估计，实时将相关信息反馈至任务计划环节，进行缺陷等级分析，制定预防或预测维修策略；另一方面，通过执行 RCM 维修策略和优化的维修任务，检查评估设备缺陷等级是否朝预期的方向转变，比如决定风险等级高低的故障强度、故障后果是否降低；优化的维修任务是否有效提高设备的可靠性和安全性等，通过分析制定有针对性的措施对 RCM 评估方法进行改进。

4.4 牵引变电所故障预测与健康管理

4.4.1 牵引变电所 PHM 结构与功能

根据 4.2.4 节，变电设备故障预测与健康管理子系统是智能变电设备运行检修管理系统的重要组成部分。为了便于叙述，本节将针对变电设备、牵引变电所（含 AT 所、分区所）及其连接而成的系统最小供电单元统一简称为：牵引变电所。

高速铁路牵引变电所故障预测与健康管理（PHM）系统是高速铁路智能牵引供电系统的重要组成部分，通过采集和存储智能一次设备在线监测数据、离线试验与检修数据、综自系统数据、牵引变电所环境数据等，构成变电设备大数据平台；在此基础上充分利用现代信号处理技术、大数据技术、人工智能技术及先进推理模型，实现变电设备的故障快速诊断与预警、健康状态监测与评估、运行可靠性及风险评估，为高速铁路供电系统的主动运维提供辅助维修决策[18-20]。

牵引变电所 PHM 系统能够为掌握变电设备的服役形态演变规律、发展趋势及故障机理提供数据支持；能够将变电设备的事后故障诊断提前至事故发生前的故障预警与预测；能够实现变电设备状态的全面监测与评估，包括设备健康状态的评估、运行可靠性及风险评估；能够为高速铁路变电设备从定期修到状态修的实现提供依据与辅助决策。高速铁路牵引变电所 PHM 总体框架如图 4-31 所示。

4.4 牵引变电所故障预测与健康管理

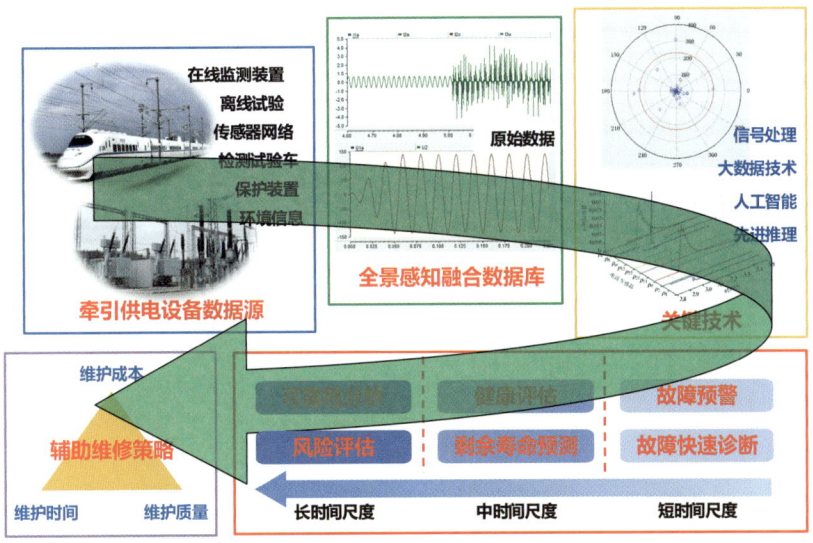

图 4-31 高速铁路牵引变电所 PHM 总体框架

4.4.1.1 总体结构

牵引变电所 PHM 系统由过程数据源、PHM 硬件平台和 PHM 软件平台三大部分组成，如图 4-32 所示。

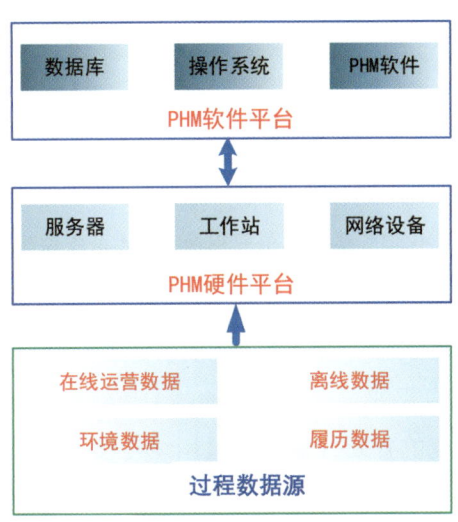

图 4-32 牵引变电所 PHM 系统组成

过程数据源包括在线运营数据、离线数据、环境数据和设备履历数据四类。其中：在线运营数据主要涵盖变电设备的各类在线监测数据和变电所综自系统数据；离线数据主要涵盖设备投运前的工程交接试验数据、全寿命周期内的预防性试验数据、预防维修记录及事故抢修记录、日常巡检记录等；环境数据主要涵盖变电所亭的环境气象信息等；设备履历数据主要涵盖设备的铭牌信息、投运及更换信息等。

PHM 硬件平台主要包括服务器、工作站及网络设备等，是 PHM 系统数据采集与存储以及 PHM 功能实现的硬件载体；PHM 软件平台主要包括数据库、操作系统及 PHM 软件，是 PHM 系统实现其功能的人机交互接口。

对于枢纽牵引变电所，为确保其安全可靠运行，可单独建设牵引变电所 PHM 系统，其架构如图 4-33 所示。

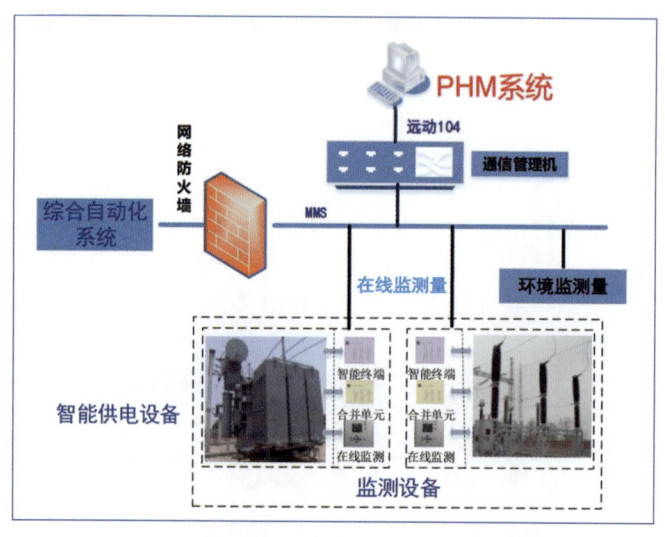

图 4-33　枢纽牵引变电所 PHM 系统架构

建设在枢纽变电所中的 PHM 系统，各变电设备的在线监测数据、环境监测数据及综自系统数据通过通信管理机上送至变电所 PHM 系统数据库；PHM 软件设置离线数据与履历信息录入模块，采集各变电设备的相关离线数据与履历信息数据。

牵引变电所 PHM 系统的各硬件设备通过网线连接，构成局域网，可不考虑数据传输带宽，但需根据 PHM 系统管理的变电设备数量考虑系统数据存储空间大小。

建设在国铁集团、铁路局、供电段、供电区间的牵引变电所 PHM 系统的基本架构如图 4-34 所示。

4.4 牵引变电所故障预测与健康管理

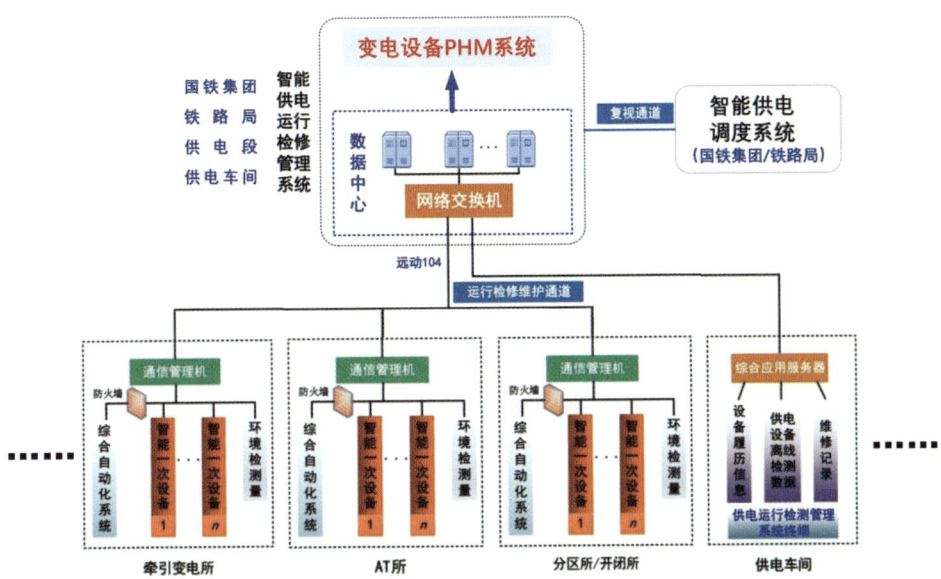

图 4-34　牵引变电所 PHM 系统基本架构

沿线各牵引变电所、分区所、开闭所、AT 所中各变电设备的在线运营数据和环境监测数据通过通信管理机进行传输协议转换后，经运行检修维护通道将相关数据上送至国铁集团/铁路局/供电段/供电车间数据中心（或数据库）；沿线各牵引变电所、分区所、开闭所、AT 所中各变电设备的离线数据与履历信息数据通过供电区间内的供电运行检修管理系统终端，经运行检修维护通道上送至国铁集团/铁路局/供电段数据中心。牵引变电所 PHM 系统从国铁集团/铁路局/供电段/供电车间数据中心（或数据库）获取过程数据。

国铁集团、铁路局、供电段、供电车间的牵引变电 PHM 系统需通过网络传输（运行检修维护通道）获取相关的过程数据，需要根据 PHM 系统管理的牵引变电所数量及其变电设备数量考虑运行检修维护通道的数据传输带宽以及数据中心（或数据库）的数据存储空间。

4.4.1.2　系统功能

牵引变电所 PHM 系统功能应涵盖故障诊断、故障预警、健康评估、可靠性与风险评估、辅助维修决策及可视化呈现六个方面。

1. 故障诊断

故障诊断功能针对的主要对象包括牵引变压器、断路器、开关柜、隔离开关、避雷器等。通过分析、处理各变电设备的在线监测数据、离线检测数据，利用智能算法或专家诊断系统判断设备当前的故障类型和/或故障位置和/或故障时间和/或故障原因等。同时，故障诊断功能还应能根据牵引变电所内各保护动作信息、断路器分合状态，利用先进推理模型，判断牵引供电系统的故障设备。

2. 故障预警

故障预警功能针对的主要对象应包括牵引变压器、断路器、开关柜、隔离开关、避雷器等。综合变电设备的在线监测数据和离线检测数据的变化情况，分析设备状态变化趋势，在设备故障的潜伏期或早期及时发现故障隐患，识别可能的故障类型及其严重程度；综合判断故障发展变化趋势，在故障后果表现之前及时进行故障预警。

3. 健康评估

健康评估是对变电设备及牵引变电所、分区所、开闭所、AT所当前服役状态进行衡量。健康评估功能针对的主要变电设备应包括牵引变压器、断路器、开关柜、隔离开关、避雷器等。通过对能够反映设备健康状态的性能指标进行加权求和，得到设备的健康分值；同时，对牵引变电所内不同设备的健康分值进行加权求和，得到牵引变电所的健康分值。不同的健康分值反映设备的健康状态，设备及牵引变电所健康状态可划分为正常、注意、异常、严重异常和失效五个等级。

4. 可靠性与风险评估

综合考虑设备性能衰退、服役环境、人为维修活动等因素，并融合利用变电设备的在线监测数据、离线检测数据以及历史故障与检修信息，对设备的可靠性及风险进行分析评估，得到变电设备及牵引变电所的相关可靠性指标及风险指标。设备的可靠性指标表征设备的可靠运行性能，风险评估指标表征设备故障后果造成的损失严重程度。

5. 辅助维修决策

根据设备当前的健康状态，以全寿命周期内检修成本最低和系统整体可靠性最高为优化目标，通过优化综合检修周期和维修方式获得最优维修方案。优化调整综合检修周期、维修方式、人员配备、计划维修次数等，从而减少维修人力、费用，减少计划性检查，降低故障率，提高系统可靠性。

6．可视化呈现

针对变电设备的各类在线运营数据、离线数据、环境数据及其统计分析特征、规律、趋势等，以及 PHM 分析结果，使用数据图形化技术，实现相关数据的可视化呈现与管理。

4.4.2 故障诊断与预测方法

预测技术目前已经广泛应用在工业、商业、金融、气象等领域。近年来国内外将人工神经网络、支持向量机、贝叶斯、隐马尔可夫等方法借鉴并应用于电力系统故障预测当中。随着高新技术的不断发展，牵引供电系统和大型工业设备越来越复杂，自动化和集成化程度更高，故障的起因和征兆也更加错综复杂，这给故障预测带来更大的挑战，这需要将不同的预测技术相互融合，并将新的预测理论和分类方法运用到故障预测中，从而实现故障预测、状态管理技术、故障诊断共同发展，融为一体。

由于变电设备较多，每一种单体设备又有不同的检测监测参数，因此故障诊断与预测方法也就不同。限于篇幅，本节仅以牵引变压器为例，阐述通过油中溶解气体进行牵引变压器故障诊断与预测的基本方法。

4.4.2.1 基于粒子群优化神经网络的牵引变压器故障诊断

牵引变压器是牵引供电系统最关键的变电设备，其安全稳定运行对整个牵引供电系统至关重要。及早发现牵引变压器隐藏的故障有利于故障排除，保障运行安全。牵引变压器发生故障时，其油气含量会产生显著的变化。经典的改良三比值法可以有效提取故障信息，但存在编码缺失等问题，神经网络的特性可以有效克服其缺陷。因此，本节首先从牵引变压器油气含量着手分析故障特征，再融合三比值法编码和粒子群算法训练的神经网络，最终实现对牵引变压器的故障诊断。

1．牵引变压器油气含量特征分析

牵引变压器的故障类型分为放电故障和过热故障。放电故障和过热故障对油气含量的产生各不相同。牵引变压器油中溶解气体是其故障的征兆，其中放电故障主要产生气体为氢气和乙炔，次要气体为甲烷、乙烷和乙烯。过热故障主要产生气体为甲烷和乙烯，次要气体为氢气和乙炔。因此，分析牵引变压器油中溶解气体产生及其含量特征对于牵引变压器故障诊断有重要作用。

我国现行的《变压器油中溶解气体分析和判断导则》（DL/T 722—2014）和国际电工委员会（IEC）均推荐了脱胎于四比值法的改良三比值法。表 4-20 和表 4-21 分别为改良三比值法编码规则以及故障类型判断准则。

表 4-20　改良三比值法编码规则

气体比值范围	三比值编码		
	C_2H_2/C_2H_4	CH_4/H_2	C_2H_4/C_2H_6
<0.1	0	1	0
[0.1，1)	1	0	0
[1，3)	1	2	1
≥3	2	2	2

表 4-21　故障类型判断准则

编码组合			故障类型判断
C_2H_2/C_2H_4	CH_4/H_2	C_2H_4/C_2H_6	
0	0	0	低温过热（<150 ℃）
	2	0	低温过热（150～300 ℃）
	2	1	中温过热（300～700 ℃）
	0，1，2	2	高温过热（>700 ℃）
	1	0	局部放电
2	0，1	0，1，2	低能放电
	2	0，1，2	低能放电兼过热
1	0，1	0，1，2	高能放电
	2	0，1，2	高能放电兼过热

改良的三比值法仍存在以下不足[21]：

● 三比值法需要确定变压器存在故障的情况下才有效，对气体含量正常、无增长趋势的变压器没有意义；

- 故障重叠和正常的老化会对三比值法的判断产生影响；
- 三比值法编码由典型故障统计分析得来，实际常出现表 4-20 中不存在的编码；
- 故障类型的分类存在重叠模糊，如高能放电故障与高能放电兼过热故障，都存在高能放电这一特性，往往会引起误判。

为提高故障诊断的效率，考虑将三比值法编码结合相应的人工智能方法，如神经网络算法、粒子群优化算法等，提升牵引变压器故障诊断准确率。

2. 牵引变压器故障诊断方法

牵引变压器故障诊断的流程分为原始数据处理、多组神经网络进行计算和故障判别。

数据处理：神经网络的输入量特征越明显，分类效果越好。不同类型的牵引变压器故障对油中溶解气体的含量不同，三比值法却存在编码缺失和编码规则过于绝对等问题。选取甲烷、乙烷、乙烯、乙炔、氢气 5 种特征气体的百分数和在三比值法规则下的编码作为神经网络的输入，既保留三比值法所提取的故障信息，又克服其存在的缺陷。特征气体百分数为

$$P_{V_j} = \frac{V_j}{\sum_{i=1}^{5} V_i} \qquad (4-46)$$

式中，V_i、V_j 均表示特征气体甲烷、乙烷、乙烯、乙炔及氢气的含量。

多组神经网络：BP 神经网络的实质是输入量与输出量之间映射，基本思想是利用梯度下降法调整神经网络的权值和阈值，使实际输出值和期望输出值的均方误差最小；通过学习自动获取输入数据与输出数据之间存在的某种联系，并自适应地将学习到的知识以网络权值的形式存储起来[22]。传统 BP 神经网络由正向传播和反向传播组成。正向传播用于正向输出计算，反向传播用于神经网络权值和阈值调整。本节保留 BP 神经网络正向传播的过程，并将改进适应度函数的粒子群算法用于训练神经网络。

BP 神经网络正向传播的过程为输入层经隐含层逐层处理，并转向输出层，最后得出计算结果，如图 4-35 所示。

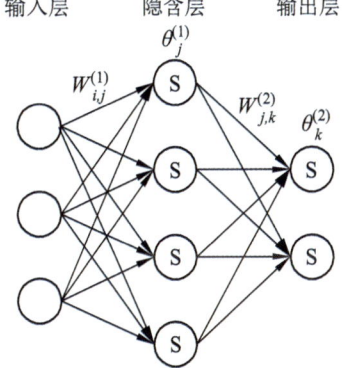

图 4-35 BP 神经网络模型

神经网络的每层都有若干神经元，相邻两层的神经元通过连接权值与阈值相连。隐含层输入量为

$$O_j^{(1)} = \sum_{i=1}^{n_1} w_{i,j}^{(1)} \times x_i - \theta_j^{(1)} \quad (4\text{-}47)$$

式中，x_i 为输入层各量；$w_{i,j}^{(1)}$ 为输入层第 i 个神经元与隐含层第 j 个神经元之间的权值；$\theta_j^{(1)}$ 为隐含层第 j 个神经元的阈值；$O_j^{(1)}$ 为隐含层第 j 个神经元输入量。

隐含层输出量为

$$y_j = S(O_j^{(1)}) \quad (4\text{-}48)$$

在式（4-48）中，S 函数常采用 Sigmoid 函数。在隐含层以式（4-49）所示的 Tan-Sigmoid 函数为其激活函数

$$S(x) = \frac{2}{1+e^{-2x}} - 1 \quad (4\text{-}49)$$

将输出值映射到（-1，1），其函数图像如图 4-36（a）所示。

输出层输入量为

$$O_k^{(2)} = \sum_{j=1}^{n_2} w_{j,k}^{(2)} \times y_j - \theta_k^{(2)} \quad (4\text{-}50)$$

式中，y_j 为上一层输出量；$w_{j,k}^{(2)}$ 为隐含层第 j 个神经元与输出层第 k 个神经元之间的权值；$\theta_k^{(2)}$ 为输出层第 k 个神经元的阈值；$O_k^{(2)}$ 为输出层第 k 个神经元输入量。输出层输出量即最后输出结果为

$$Y_k = S(O_k^{(2)}) \quad (4\text{-}51)$$

输出层以 Log-sigmoid 函数为其激活函数，其函数表达式为

$$S(x) = \frac{1}{1+e^{-x}} \quad (4\text{-}52)$$

将输出值映射到（0，1），如图 4-36（b）所示。

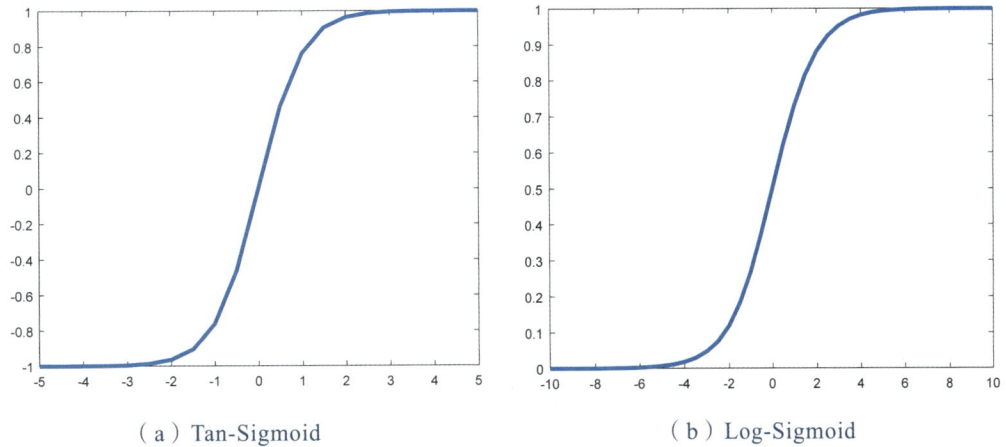

(a) Tan-Sigmoid   (b) Log-Sigmoid

图 4-36　Sigmoid 函数

牵引变压器共存在 7 类故障，若仅采用一个神经网络进行分类，要求至少 7 个输出神经元；目标函数的复杂度过大必然会出现"锯齿现象"[23]，影响训练效果。因此，采用 7 个神经网络分别对应 7 种故障（1—中低温过热，2—高温过热，3—局部放电，4—低能放电，5—高能放电，6—低能放电兼过热，7—高能放电兼过热）进行并行计算。每个神经网络仅判别是否属于该类型故障。

根据原始数据处理结果，将输入层神经元设定为 8 个；通过调整神经元个数比对训练结果，将隐含层神经元确定为 15 个；输出层神经元为 2 个，分别称为故障神经元和正常神经元。输出结果 $\left[Y_1^{(i)}, Y_2^{(i)}\right]$ 表示第 i 个神经网络的两个输出，其中 $Y_1^{(i)}$ 为故障神经元输出值，$Y_2^{(i)}$ 为正常神经元输出值。神经网络训练过程中将期望输出值设为[1，0]和[0，1]，分别表示故障状态和正常状态。

故障判别：首先选取出所有 $Y_1^{(i)} > Y_2^{(i)}$ 的结果。若不存在 $Y_1^{(i)} > Y_2^{(i)}$ 的结果，则判定为正常状态，其正常状态置信度 P 按式（4-53）计算。

$$P = \frac{\sum_{i=1}^{7} Y_2^{(i)}}{\sum_{i=1}^{7} Y_1^{(i)} + \sum_{i=1}^{7} Y_2^{(i)}} \times 100\% \qquad (4\text{-}53)$$

若仅存在一个结果，则判定为发生该类型故障，其故障置信度 P 按式（4-54）计算。

$$P = \frac{Y_1^j}{Y_1^{(j)} + Y_2^{(j)}} \times 100\% \qquad (4\text{-}54)$$

若存在多个结果,则以 Y_1 最大者作为故障判别结果,其故障置信度 P 仍按式(4-54)计算。

3. 改进适应度函数的粒子群算法训练神经网络

粒子群算法训练神经网络是训练其权值和阈值,其流程如图 4-37 所示。

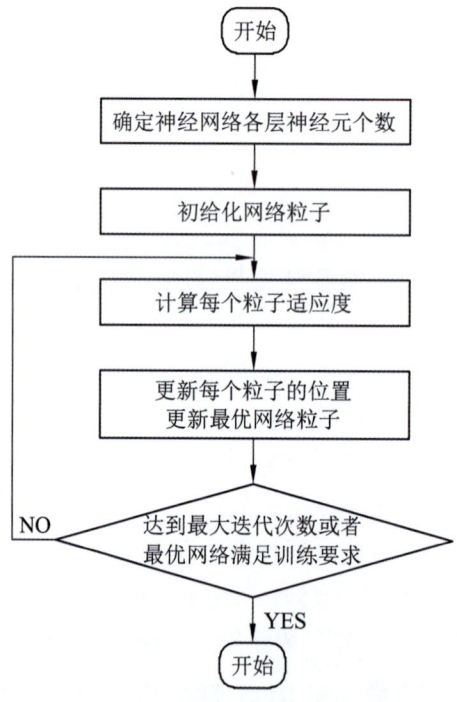

图 4-37 粒子群优化神经网络流程

粒子群算法优化神经网的实质是通过粒子的空间搜索,寻找到最优的神经网络连接权值和阈值。其中适应度函数是实现性能优化的关键。常见的适应度函数是将均方误差作为衡量网络性能的指标,其函数为

$$Fitness = 1 - E_{\text{total}} \qquad (4\text{-}55)$$

式中,$Fitness$ 为适应度;E_{total} 为均方误差。

$$E_{\text{total}} = \sum_{k=1}^{n_2} \frac{1}{2}(target_k - Y_k)^2 \qquad (4\text{-}56)$$

式中,Y_k 是前向传播过程计算得到的每个输出层神经元的结果;$target_k$ 是样本数据的

期望输出值。

神经网络分类的正确率是评估神经网络性能好坏的一个重要指标。因此，将分类正确率引入适应度函数，更能体现网络的性能。改进适应度函数为

$$Fitness = 1 - E_{\text{total}} + \lambda \tag{4-57}$$

式中，λ 为分类正确率。

在网络训练前期，均方误差变化和分类正确率的变化均较大，此时两者共同主导适应度函数。在网络训练的后期，网络的输出均方误差 E_{total} 变化很小，而分类正确率变化仍会相对较大更能体现网络性能，从而主导适应度函数。

案例11：牵引变压器故障诊断实例。

训练样本：22个中低温过热故障数据，16个高温过热故障数据，13个局部放电故障数据，16个低能放电故障数据，17个高能放电故障数据，9个低能放电兼过热故障数据，6个高能放电兼过热故障数据。

测试样本：表4-22给出的一组牵引变压器油中溶解气体数据，按照表4-20的编码规则，该组数据的三比值编码为（0，0，1）；表4-23计算得出的牵引变压器油中溶解气体体积分数。

表4-22 牵引变压器油中溶解气体数据

H_2/(μL/L)	CH_4/(μL/L)	C_2H_6/(μL/L)	C_2H_4/(μL/L)	C_2H_2/(μL/L)
82.29	22.90	4.91	5.09	0

表4-23 牵引变压器油中溶解气体体积分数

H_2/%	CH_4/%	C_2H_6/%	C_2H_4/%	C_2H_2/%
71.44	19.88	4.26	4.42	0

将三比值编码与油中溶解气体体积分数分别输入7个粒子群优化的神经网络，得到的结果如表4-24所示。

表4-24 BP神经网络输出结果

Y	中低温过热神经网络	高温过热神经网络	局部放电神经网络	低能放电神经网络	高能放电神经网络	低能放电过热神经网络	高能放电过热神经网络
Y_1	0.162 5	0.213 9	0.139 1	0.132 6	0.172 8	0.974 3	0.196 3
Y_2	0.878 6	0.824 6	0.849 2	0.998 9	0.796 5	0.235 2	0.722 3

根据故障判别规则，诊断结果为低能放电兼过热故障，其置信度为80.55%。该结果与牵引变压器实际故障类型一致。从这个案例可以看出，根据三比值法并不能判别出牵引变压器的故障类型，神经网络的运用解决了三比值法编码不完整的问题。

4.4.2.2　基于灰色预测的牵引变压器故障预测

一旦牵引变压器发生故障，可能引起供电中断，进而影响整个高速铁路运输秩序。故障诊断可以及时发现牵引变压器的隐藏故障，故障预测可以预知牵引变压器发生故障的可能性，为维修策略的制定提供依据，避免预防维修中"维修不足"和"过度维修"的问题，减少维护费用，对于提高牵引供电系统的可靠性和稳定性具有重要意义。本节通过改进灰色预测的方法，预测牵引变压器油中溶解气体含量变化，再结合上节所述的故障诊断模型，实现牵引变压器故障预测。

1．基于改进灰色预测的牵引变压器故障预测方法

牵引变压器故障预测方法采用等时间间隔的油中溶解气体数据进行预测，再运用上节中训练的神经网络计算输出结果，最后计算出牵引变压器故障置信度。

油气数据预测：通过改进灰色预测模型，对等时间间隔的油气数据进行预测。改进灰色预测模型通过对误差值的预测，修正预测的油气数据，从而得到更加准确的预测数据。

数据处理：对数据的处理主要是为后续输入神经网络做准备；处理方法与上节相同。

故障诊断模型：采用上节提出的牵引变压器故障诊断模型。

2．改进灰色预测方法

灰色预测原理：灰色预测是通过对原始序列的生成处理来构建灰色模型，其生成序列具有强烈的规律性，常见的包括累加生成和累减生成两种方法。灰色预测通过挖掘、发现和掌握被观察对象变动的规律，建立与之相应的微分方程模型，从而预测被观察对象未来的演变趋势与状态。

GM(1,1)模型是一种单序列模型，要求原始时间序列等时间间隔。

首先对原始时间序列进行建模，令 $X^{(0)}$ 为原始序列：

$$X^{(0)} = \left\{ x^{(0)}(1), x^{(0)}(2), \cdots, x^{(0)}(n) \right\} \tag{4-58}$$

将原始序列中的数据按照时刻顺序依次累加，所得的新数列称为累加数列：

$$x^{(1)}(k) = \sum_{m=1}^{k} x^{(0)}(m) = x^{(1)}(k-1) + x^{(0)}(k), k = 1, 2, \cdots, n \tag{4-59}$$

$$X^{(1)} = \left\{ x^{(1)}(1), x^{(1)}(2), \cdots, x^{(1)}(n) \right\} \tag{4-60}$$

式（4-59）为累加生成公式，$X^{(1)}$ 为 $X^{(0)}$ 的一次累加生成的新序列。与之类似，k 次累加序列 $x^{(r)}(k)$ 与 $x^{(r-1)}(k)$ 之间满足下列关系：

$$x^{(r)}(k) = \sum_{m=1}^{k} x^{(r-1)}(m), k = 1, 2, \cdots, n \tag{4-61}$$

令 $Z^{(1)}$ 为 $X^{(1)}$ 的紧邻均值生成序列：

$$Z^{(1)}(k) = 0.5 x^{(1)}(k) + 0.5 x^{(1)}(k-1) \tag{4-62}$$

$$Z^{(1)} = \left\{ z^{(1)}(2), z^{(1)}(3), \cdots, z^{(1)}(n) \right\} \tag{4-63}$$

GM(1, 1) 模型相应的微分方程为

$$\frac{\mathrm{d} x^{(1)}}{\mathrm{d} t} + \alpha x^{(1)} = \mu \tag{4-64}$$

式中，α 称为发展灰数；μ 称为内生控制灰数。

此方程满足初始条件当 $t = t_0$ 时，$x^{(1)} = x^{(1)}(t_0)$ 的解为

$$x^{(1)}(t) = \left[x^{(1)}(t_0) - \frac{\mu}{\alpha} \right] \times \mathrm{e}^{-\alpha(t - t_0)} + \frac{\mu}{\alpha} \tag{4-65}$$

对等间隔取样离散值，其中 $t_0 = 1$，则为

$$x^{(1)}(k+1) = \left[x^{(1)}(1) - \frac{\mu}{\alpha} \right] \times \mathrm{e}^{-\alpha(k)} + \frac{\mu}{\alpha} \tag{4-66}$$

将 $x^{(1)}(2), x^{(1)}(3), \cdots, x^{(1)}(n)$ 代入式（4-66），用差分代替微分，又因为等间隔取样，所以 $\Delta t = (t+1) - t = 1$，故

$$\frac{\Delta x^{(1)}}{\Delta t} = x^{(1)}(t) - x^{(1)}(t-1) = x^{(0)} t \tag{4-67}$$

由式（4-64）和式（4-67）得到

$$\left. \begin{array}{l} x^{(0)}(2) + \alpha x^{(1)}(2) = \mu \\ x^{(0)}(3) + \alpha x^{(1)}(3) = \mu \\ \quad\quad\quad \vdots \\ x^{(0)}(n) + \alpha x^{(1)}(n) = \mu \end{array} \right\} \tag{4-68}$$

移项得到

$$\left.\begin{array}{l}x^{(0)}(2)=[-x^{(1)}(2),1]\begin{bmatrix}\alpha\\\mu\end{bmatrix}\\x^{(0)}(3)=[-x^{(1)}(3),1]\begin{bmatrix}\alpha\\\mu\end{bmatrix}\\\vdots\\x^{(0)}(n)=[-x^{(1)}(n),1]\begin{bmatrix}\alpha\\\mu\end{bmatrix}\end{array}\right\} \quad (4\text{-}69)$$

由于 $\dfrac{\Delta x^{(1)}}{\Delta t}$ 涉及 $x^{(1)}$ 两个时刻的值，故用紧邻均值生成序列 $z^{(1)}(k)$ 替代 $x^{(1)}(k)$，由式（4-69）得到

$$\begin{bmatrix}x^{(0)}(2)\\x^{(0)}(3)\\\vdots\\x^{(0)}(n)\end{bmatrix}=\begin{bmatrix}-z^{(1)}(2),1\\-z^{(1)}(3),1\\\vdots\\-z^{(1)}(n),1\end{bmatrix}\begin{bmatrix}\alpha\\\mu\end{bmatrix} \quad (4\text{-}70)$$

令

$$y=(x^{(0)}(2),x^{(0)}(3),\cdots,x^{(0)}(n))^{\mathrm{T}}$$

$$\boldsymbol{B}=\begin{bmatrix}-z^{(1)}(2),1\\-z^{(1)}(3),1\\\vdots\\-z^{(1)}(n),1\end{bmatrix} \quad (4\text{-}71)$$

$$\boldsymbol{U}=\begin{bmatrix}\alpha\\\mu\end{bmatrix}$$

式（4-70）表示为

$$y=\boldsymbol{B}\boldsymbol{U} \quad (4\text{-}72)$$

式（4-72）用最小二乘估计法估计

$$\boldsymbol{U}=\begin{bmatrix}\alpha\\\mu\end{bmatrix}=(\boldsymbol{B}^{\mathrm{T}}\boldsymbol{B})^{-1}\boldsymbol{B}^{\mathrm{T}}y \quad (4\text{-}73)$$

将式（4-73）的计算结果代入式（4-66）计算 $x^{(1)}(n+1)$，再根据式（4-59）计算 $x^{(0)}(n+1)$，即为灰色预测值。

改进的灰色预测模型：由于传统灰色预测具有一定预测能力，但其预测值与实际值之间仍存在较大误差，需要对灰色预测模型进行改进。改进的灰色预测模型结合数据的灰色预测与预测误差的灰色预测，修正预测结果。其流程如图 4-38 所示。

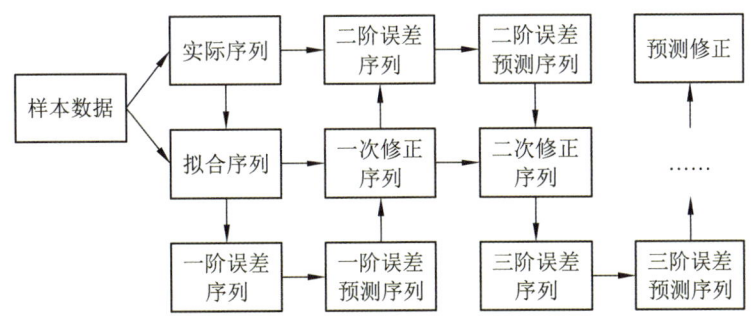

图 4-38　改进灰色预测流程

首先将实际的等时间间隔样本数据的前一部分数据做灰色预测，得到拟合序列，并与实际序列比较得出相应的一阶误差序列；对一阶误差序列做灰色预测得到一阶误差预测序列；用一阶误差预测序列修正拟合序列得到一次修正序列；用一次修正序列与实际序列比较得到二阶误差序列；用二阶误差序列做灰色预测得到二阶误差预测序列；用二阶误差预测序列修正一次修正序列得到二次修正序列；依此类推，得到高阶误差预测；最后通过每阶的预测误差修正，得到最终预测值。

设样本序列 $X^{(0)}$ 有 $4n$ 个数据，根据前文介绍的 GM(1, 1) 模型，利用前 $2n$ 个实际数据拟合第 $2n+1$ 个值，即 $x^{*(0)}(1)$；用前 $2n+1$ 个实际数据拟合第 $2n+2$ 个值 $x^{*(0)}(2)$，依此类推，可以得到拟合序列 $X^{*(0)} = \{x^{*(0)}(1), x^{*(0)}(2), \cdots, x^{*(0)}(2n+1)\}$，故一阶误差序列 $\delta^{(1)}$ 为

$$\delta^{(1)}(i) = \frac{x^{*(0)}(i) - x^{(0)}(i)}{x^{(0)}(i)} \times 100\%, \quad i = 1, 2, \cdots, 2n \qquad (4\text{-}74)$$

式中，$x^{*(0)}(i)$ 为拟合值，$x^{(0)}(i)$ 为样本实际值。

计算一阶预测误差 $\delta^{(1)}(2n+1)$。由于 $\delta^{(1)}$ 序列有正有负，故首先将 $\delta^{(1)}$ 序列转换为非负序列。根据式（4-74）可知 $\delta^{(1)}(i) \geqslant -1$，所以按式（4-75）将 $\delta^{(1)}$ 序列转换为 $\gamma^{(1)}$ 序列。

$$\gamma^{(1)}(i) = \delta^{(1)}(i) + 1 \tag{4-75}$$

根据 GM(1, 1) 模型，利用 $\gamma^{(1)}$ 序列预测 $\gamma^{(1)}(2n+1)$，再根据式（4-76）还原误差预测值：

$$\delta^{(1)}(2n+1) = \gamma^{(1)}(2n+1) - 1 \tag{4-76}$$

用前 n 个实际误差数据预测第 $n+1$ 个误差，用前 $n+1$ 个实际误差数据预测第 $n+2$ 个误差，依此类推，得到一阶误差预测序列 $\delta^{*(1)} = \{\delta^{*(1)}(1), \delta^{*(1)}(2), \cdots, \delta^{*(1)}(n)\}$。根据式（4-77），用一阶误差预测序列修正拟合序列后 n 项得到一阶修正序列：

$$x^*(i) = \frac{x^{*(0)}(n+i)}{1+\delta^{*(1)}(i)}, i=1,2,\cdots,n \tag{4-77}$$

再比较一阶修正序列与样本序列比较得到二阶误差序列：

$$\delta^{(2)}(i) = \frac{x^{*(1)}(i) - x^{(0)}(i)}{x^{(0)}(i)} \times 100\%, i=1,2,\cdots,n \tag{4-78}$$

用同样的方法计算二阶预测误差 $\delta^{(2)}(n+1)$，根据样本数据的长度依此类推计算到高阶预测误差。最后修正预测值，根据式（4-79）计算最终预测值 $x^{**(0)}(2n+1)$：

$$x^{**(0)}(2n+1) = \frac{x^{*(0)}(2n+1)}{[1+\delta^{(1)}(2n+1)] \times [1+\delta^{(2)}(n+1)] \times \cdots} \tag{4-79}$$

案例 12：牵引变压器故障预测。

某牵引变压器发现故障前的历史数据如表 4-25 所示。

表 4-25 某牵引变压器 DGA 历史数据

取样时间	H_2/(μL/L)	CH_4/(μL/L)	C_2H_6/(μL/L)	C_2H_4/(μL/L)	C_2H_2/(μL/L)
2013-03-01	6.3	4.9	5.8	3.4	0
2013-03-15	11.2	23.3	6.3	15.4	0
2013-04-02	28.7	42.3	39.4	61.2	0.5
2013-04-17	33.3	63.7	41.6	145.4	0.4
2013-05-01	51.8	44.6	56.9	143.5	0.6
2013-05-14	46.4	138.2	41.5	164.3	0.5
2013-05-30	48.1	112.6	98.2	233.2	0.8
2013-06-15	52.0	176.3	103.1	202.5	1.2
2013-07-03	51.4	161.5	95.2	297.4	1.1
2013-07-16	67.2	199.1	123.9	335.8	1.4
2013-07-31	71.2	224.9	152.6	371.4	1.4

油气含量的改进灰色预测：从表 4-25 可以看出，牵引变压器 DGA 历史数据大致时间间隔为 15 天，根据改进的灰色预测模型，预测下一等时间间隔内氢气、甲烷、乙烷、乙烯和乙炔含量，预测结果如表 4-26 所示。

表 4-26　DGA 拟合序列

时间	H_2/(μL/L)	CH_4/(μL/L)	C_2H_6/(μL/L)	C_2H_4/(μL/L)	C_2H_2/(μL/L)
2013-05-14	76.05	65.97	94.73	304.48	1.06
2013-05-30	72.84	118.82	69.79	299.97	0.85
2013-06-15	70.53	183.64	119.19	384.43	1.11
2013-07-03	71.65	244.34	151.80	371.98	1.55
2013-07-16	70.77	289.73	166.87	457.85	1.85
2013-07-31	80.45	337.90	194.56	539.94	2.23

根据式（4-74），计算氢气、甲烷、乙烷、乙烯和乙炔误差，形成所有气体一阶误差序列，结果如表 4-27 所示。

表 4-27　一阶误差序列

时间	$\delta(H_2)$/%	$\delta(CH_4)$/%	$\delta(C_2H_6)$/%	$\delta(C_2H_4)$/%	$\delta(C_2H_2)$/%
2013-05-14	63.90	−52.27	128.27	85.32	111.03
2013-05-30	51.43	5.52	−28.93	28.63	5.90
2013-06-15	35.63	4.17	15.61	89.84	−7.09
2013-07-03	39.40	51.29	59.46	25.08	41.32
2013-07-16	5.31	45.52	34.68	36.36	32.47

根据式（4-75），将误差序列转换为 $\gamma^{(1)}$ 序列；再根据式（4-76），还原误差预测值，得到一阶误差灰色预测结果如表 4-28 所示。

表 4-28　一阶误差灰色预测值

时间	$\delta(H_2)$/%	$\delta(CH_4)$/%	$\delta(C_2H_6)$/%	$\delta(C_2H_4)$/%	$\delta(C_2H_2)$/%
2013-07-31	3.11	44.83	36.53	36.35	31.9

最后，根据式（4-79）计算最终预测结果，并与实际值比较，如表 4-29 所示。

表 4-29　DGA 最终预测值与实际值对比

2013-07-31	H_2/(μL/L)	CH_4/(μL/L)	C_2H_6/(μL/L)	C_2H_4/(μL/L)	C_2H_2/(μL/L)
实际值	71.2	224.9	152.6	371.4	1.4
灰色预测值	80.45	337.90	194.56	539.94	2.23
改进灰色预测值	78.02	233.31	142.51	396	1.69
误差	9.58%	3.74%	-6.61%	6.62%	20.71%

从表 4-29 中可以看出，乙炔的预测误差较大，其余数据预测误差均在可接受范围内。乙炔误差较大的原因应该与其自身数值较小有关，较小的数值变动会造成较大的幅度变化。

故障置信度计算：根据表 4-20 的编码规则，计算氢气、甲烷、乙烷、乙烯和乙炔气体预测结果的体积百分数如表 4-30 所示。

表 4-30　数据处理

H_2/%	CH_4/%	C_2H_6/%	C_2H_4/%	C_2H_2/%	三比值编码
9.16	27.40	16.74	46.50	0.20	0 2 1

将处理后的数据输入 7 个粒子群优化的神经网络，输出结果如表 4-31 所示。

表 4-31　神经网络计算结果

Y	中低温过热神经网络	高温过热神经网络	局部放电神经网络	低能放电神经网络	高能放电神经网络	低能放电过热神经网络	高能放电过热神经网络
Y_1	0.894 2	0.532 9	0.184 3	0.247 2	0.227 0	0.134 1	0.193 4
Y_2	0.254 8	0.467 2	0.955 8	0.887 4	0.796 5	0.862 9	0.853 9

从表 4-31 可以看出，下一时间间隔内该牵引变压器可能发生中低温过热故障，故障置信度为 77.82%。在八月初的停电检修中发现有套管被烧黑，预测结果与检测结果一致。

4.4.3　牵引变电所健康评估方法

全面、准确地掌握高速铁路牵引变电所及其设备的健康状态是牵引供电系统主动维护策略制定的重要环节和基本依据。健康评估能清楚地反映变电设备的实际情况，体现变电设备的性能退化、故障发生和演变的内在规律，便于指导故障的查找、排除与维修维护工作[24-25]。

4.4.3.1 牵引变电所健康指标

对牵引变电所及其设备进行健康评估的首要前提是确定健康诊断指标体系。健康诊断指标体系由若干健康指标组成。健康指标是在设备状态指标的基础上经过一定的筛选得到的，因此，变电设备的健康指标必须科学合理、客观全面地反映影响牵引供电系统健康状态的因素[26]。根据牵引变电所检测监测指标确定健康指标时应遵循下列原则：

（1）层次性。牵引变电所健康指标体系要具有层次性，各层次之间要相互关联、相互一致，上下层之间要有切实具体的指标相互对应。

（2）相关性。牵引供电系统是由众多设备构成的一个有机整体，需要对设备相互之间的关联关系进行分析，合理地组织评价指标。

（3）整体性和综合性。不仅要注意变电设备的健康状态，还要注意整体健康的评估标准；不仅要有反映正常状况的指标，更重要的还要有反映隐患的指标。

（4）可行性与实用性。健康评估的标准要概念明确，定义清楚，要能方便地采集和收集，要考虑现行的技术条件和手段。

（5）定性和定量相结合。牵引变电所健康评估的指标体系应满足定性与定量相结合的原则，即在定性分析的基础上，还要进行量化处理。

为了更清楚地反映牵引变电所的实际情况，体现变电设备故障发生、演变的内在规律，便于现场实际操作，将牵引变电所及其设备的健康状态划分为5个等级，即{健康、亚健康、注意、异常、严重异常}。

根据4.2.5节的牵引供电系统PHM分层，在系统层面，"健康"和"亚健康"表示系统属于优良状态，"健康"表示各单体设备的各项指标参数处于最优值附近，整个系统运行状态正常，性能稳定，故障的可能性极低，可以长期安全运行；"亚健康"表示单体设备个别状态量参数略有下降，但能保证向负荷稳定供流，整个系统状态基本稳定，出故障的可能性低，可继续运行；"注意"表示单体设备的某些状态量下降较多，但仍能保证正常运行，出故障的可能性增加，需密切关注其状态发展，安排相关人员进行巡检；"异常"表示某些指标参数反映整个系统运行状态欠佳，较易发生供电故障，需安排人员对其进行维护；"严重异常"表示整个系统的全局状态欠佳，某些单体设备参数严重偏离设计值，易发生供电事故，需立即进行相关处理。

为了使健康状态的评估结果更为直观，可以用健康值来对设备和系统所处的各个健康状态进行描述。健康状态、健康值与服役性能退化规律和故障演变过程之间的对应关系如图 4-39 所示。

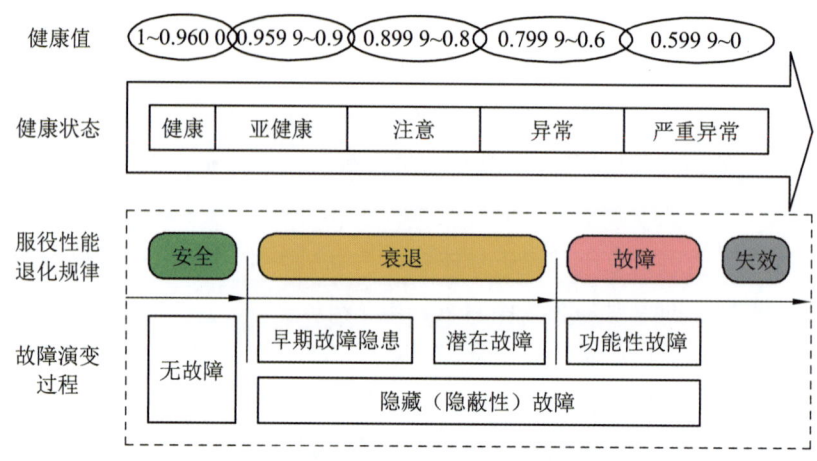

图 4-39　健康状态评估结果所对应的服役性能退化规律和故障演变过程

在对牵引变电所进行健康状态评估时，涉及的单体设备众多，评价指标复杂，评价结果应能对现场维修起到指导作用，因而需要全面考虑众多因素对其进行综合评价。

4.4.3.2　健康状态评估方法

牵引变电所是由多种变电设备组成、具有明显层次结构的电能传输与分配系统，各个变电设备通过电气连接形成了串联、并联、冗余、冷/热备用的拓扑结构，这样的拓扑结构适合用分层分析模型加以描述；牵引变电所健康评价指标来源广泛，度量单位不一，评判标准千差万别，数据的数量级从微观到宏观，性质从定性到定量，具有明显的多时空尺度性和多源异构特征，并存在一定的认知随机性，健康状态评估要求有清晰明确的评估结果，可采用模糊统计的方法消除多源异构数据的随机性和主观差异性的影响，使得评估结果更加准确、全面、客观。

免疫系统作为一种有效的防卫机制，能够在生物体遭到外来危害入侵或自身系统出现问题时，自动进行防御和修复，以保证生物体的健康。免疫的基本机理是当抗原输入生物体时，经过抗原模式识别器输出识别结果，该结果输送到免疫管理控制器后经过一系列复杂生化过程生成抗体，以完成免疫过程。生物体的免疫机理对复杂系统的健康监测及状态评估有着较高的研究价值和实际意义。根据免疫的机理，结合牵引变电所的结构和特点，可采用如图 4-40 所示的基于免疫机理的健康评估机制。

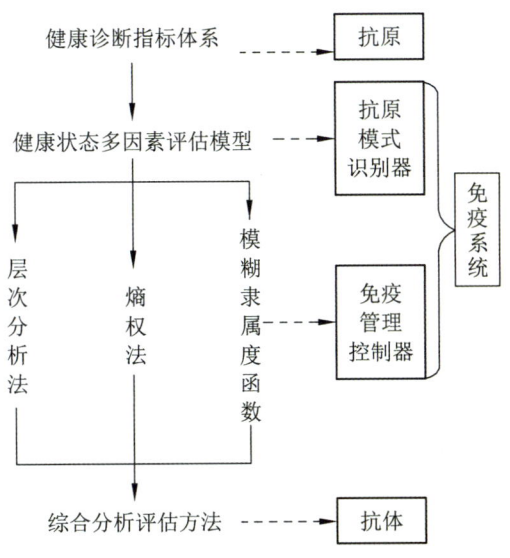

图 4-40　基于免疫机理的健康评估机制

基于免疫机理的健康评估机制中，将健康诊断指标体系类比于抗原，即健康指标相当于是激发整个评估机制运作的激励；将健康状态多因素评估模型类比于抗原模式识别器，健康指标（抗原）输入该评估模型（识别器）中进行匹配和建模；免疫控制管理器中包含层次分析法、熵权法、模糊隶属度等算法，利用评估模型将参数输出到识别器，来模拟管理控制器中一系列复杂生化过程，以组合并生成抗体（此处抗体即为综合分析评估方法），用以实现变电系统健康状态的综合评估。

1. 牵引变电所健康状态多因素评估模型

牵引变电所的设备众多，相关的评价因素复杂，其健康状态的评价实际是一个多因素决策模型。

对于多因素决策模型，设一个有限目标集合 $I=\{I_i|\ i=1,2,\cdots,p\}$ 和一个有限备择集合 $R=\{R_j|\ j=1,2,\cdots,n\}$。多指标评价问题可归结为确定最优备择集 R_x，使之在最大程度上贴近相关目标 G_i，如果用 R 的模糊子集来表示则为 $G_i=[\mu_{i,1}(R_1)|R_1,\mu_{i,2}(R_2)|R_2,\cdots,\mu_{i,n}(R_n)|R_n]$。对于牵引变电所健康状态的评价，实际上就是从评价集中为评价因素集寻找一个最优的评价结果。

评价因素集：因素是指评价对象的各种属性和性能，也称为参数指标或质量指标，它们综合地反映出评价对象的质量。所谓因素集，是指由影响评价对象的各因素组成的一个集合 $I = \{i_1, i_2, \cdots, i_n\}$。

牵引变电所健康状态评估的因素集包括各种指标、参数、性能、状态等。为便于评估，可按评价因素的属性将其分成适当的层次，这样就与牵引变电所的组成结构相对应，便于对设备、子系统和整个系统健康状态的认知。

评价集：设 r_i 为对第 i 个评价对象可能做出的评价结果，由 r_i 构成的集合 $R = \{r_1, r_2, \ldots, r_m\}$ 称为评价集。

为了更真实地反映整个系统健康状态发展变化的趋势，按前文所述，建立健康状态评价集 $R=\{$健康，亚健康，注意，异常，严重异常$\}$，其对应的健康值评价集 $R=\{[0.950\ 0,1]，[0.9,0.949\ 9]，[0.8,0.899\ 9]，[0.6,0.799\ 9]，[0,0.599\ 9]\}$。

权重集：不同的评价因素在评估过程中的重要性程度是不一样的，权重集 $W = \{w_1, w_2, \ldots, w_n\}$ 体现了各因素的重要程度。

权重应满足归一性的要求，即

$$\sum_{i=1}^{n} w_i = 1, (w_i \geq 0) \tag{4-80}$$

牵引变电所组成复杂，涉及的评价因素众多，各因素指标权重的大小对评估结果会产生相应的影响，合理、可行的权重确定方法需要具体分析。常用的分析方法有统计实验法、分析推理法、专家评分法、层次分析法、熵权法等。

2. 层次分析法

健康状态的评估过程是一个多属性决策过程，各种多属性决策方法在实践过程中都有不同程度的应用，每一类方法机理不同[27]。AHP 作为一种有用的决策工具，具有应用简单、易于理解、实用性高等特点，它强调人的思维判断在决策过程中的作用，通过一定的模式使决策过程规范化[28]。它适用于定性与定量相结合的评估问题[29]。

高速铁路牵引变电所具有明显的层级结构，适合对其进行分层处理以解决多属性决策问题。因此，通过 AHP 对牵引变电所建立分层分析模型，对于健康评估这样的决策过程是较为准确和全面的。

应用 AHP 对高速铁路牵引变电所建立的分层分析模型如图 4-15 所示。其中，第一层为系统层（S），用于评估 1 个或多个最小供电单元健康状态；第二层为子系统层

(U），划分为牵引变电所、分区所、AT 所等几大子系统，分别对其进行健康评估；第三层为元件层（E），对于组成各个子系统的元件，如牵引变电所内的牵引变压器、断路器、隔离开关、母线、电缆、互感器、GIS 高压柜等设备进行评估；第四层为指标层（I），根据每个元件的物理特性、运行状态、服役条件等建立健康评估指标。由指标层依次向上递进以评估元件层、子系统层、系统层的健康状态，最终实现 1 个或多个最小供电单元的健康评估。

根据最小供电单元 AHP 模型的层次划分，确定各层次内元素间的隶属关系，对同一层次的元素进行两两比较，得到一个对于同一层次的 n 个不同元素相对于上一层次相应元素重要程度的 n 阶判断矩阵，即构造成对比较矩阵

$$A = (a_{ij})_{n \times n} \tag{4-81}$$

式中，$a_{ij} > 0$，$a_{ij} = 1/a_{ji}$，$a_{ii} = 1$。采用 T. L. Sataty1-9 标度法[28]表示不同元素两两比较的结果，即 a_{ij} 的取值，如表 4-32 所示。

表 4-32　T. L. Sataty1-9 标度法取值及其含义

标度值	含义
1	表示相比较的两个指标重要性相同
3	表示相比较的两个指标中，一个比另一个稍微重要
5	表示相比较的两个指标中，一个比另一个明显重要
7	表示相比较的两个指标中，一个比另一个强烈重要
9	表示相比较的两个指标中，一个比另一个极端重要
2、4、6、8	取各相邻标度的中间值，折中采用

计算成对比较矩阵 A 的最大特征值及其对应的特征向量，将其归一化后得到向量

$$\boldsymbol{w} = (w_1, w_2, \cdots, w_n) \tag{4-82}$$

即为初始相对权重向量。

在建立成对比较矩阵的过程中，矩阵的阶数和主观思维的差异性会对所建立的矩阵产生一定的影响，因此，需要对初始相对权重值进行一致化校验。一致化校验公式为

$$CR = CI / RI \tag{4-83}$$

式中，CI 为成对比较矩阵 A 的一般一致性偏离程度指标，由 $CI = (\lambda_{\max} - n)/(n-1)$ 计算

得出,其中 λ_{max} 为 A 的最大特征值;RI 为成对比较矩阵 A 的平均随机一致性指标,用以消除矩阵阶数的影响,对 CI 值进行修正,其取值如表 4-33 所示;CR 为成对比较矩阵 A 的随机一致性比率。

表 4-33　1~11 阶成对比较矩阵的 RI 值

矩阵阶数 n	1	2	3	4	5	6	7	8	9	10	11
RI 取值	0.00	0.00	0.58	0.90	1.12	1.24	1.32	1.41	1.45	1.49	1.51

一般情况下,在 $n \geqslant 3$ 时,当 $0 < CR < 0.10$ 时,说明成对比较矩阵一致性偏离程度较小,各指标所分配的权重值合理;反之,需重新调整成对比较矩阵 A 的取值,直到一致性达到满意的程度为止。

3. 熵权法

信息论中采用熵来表示系统的紊乱程度,如果指标的信息熵越小,不确定性越小,该指标提供的信息量越大,在综合评价中所起作用理当越大,权重就应该越高;反之,不确定性越大,信息量越小,熵越大,在综合评价中所占的权重应该越低,这是熵权法的基本思想[30]。

熵的定义为

$$H_j = -\sum P_{ij} \ln P_{ij} \tag{4-84}$$

式中,$P_{ij} = h_{ij} / \sum_{i=1}^{m} h_{ij}$ 为待求指标变量的概率,h_{ij} 为第 j 个指标第 i 个测量值的归一值。

设有 n 个评价对象、m 个评价指标,熵权法确定指标权重的步骤如下:

Step1:计算第 j 项指标下第 i 个被评价对象指标值所占的比重

$$P_{ij} = h_{ij} / \sum_{i=1}^{m} h_{ij} \tag{4-85}$$

Step2:计算第 j 个指标的熵值

$$H_j = -\sum_{i=1}^{m} P_{ij} \ln P_{ij} \tag{4-86}$$

Step3:计算第 j 个指标的权重

$$w_H^j = (1 - H_j) / \sum_{j=1}^{n} (1 - H_j) \tag{4-87}$$

式中，$(1-H_j)$ 也称为差异系数。某项指标的熵值越小，其差异系数就越大，说明指标值的变异程度就越大，在评价中所占的比重就越大。

由此可得到基于熵权的评价指标权重向量 $\boldsymbol{W} = (w_H^1, w_H^2, \cdots, w_H^n)$。

4．模糊统计法

在建立了最小供电单元分层分析模型的基础上，如果只利用初始相对权重来进行健康评估，会使得权重的确定含有较大的主观性，矩阵阶数的改变和主观思维的差异会对评估结果产生较大的干扰，从而影响健康评估的准确性。模糊统计可以将一个多指标客体在一维空间内展开，实现客观的综合评估[31]。因此，采用模糊统计方法，通过引入模糊隶属度函数来修正初始相对权重，可以有效消除矩阵阶数和主观思维对权重结果计算的影响，以保证健康状态评估结果的客观性和准确性。

对在指标层采集到的各个指标 $I_1, I_2, \cdots, I_n$，建立因素集：

$$I = (I_1, I_2, \cdots, I_n) = \{\text{指标 1, 指标 2}, \cdots, \text{指标 } n\} \tag{4-88}$$

将牵引供电系统健康状态划分为 5 个等级，定义这 5 个等级对应的评语由高到低组成的评估集为

$$R = \{R_1, R_2, R_3, R_4, R_5\} = \{\text{健康}, \text{亚健康}, \text{注意}, \text{异常}, \text{严重异常}\} \tag{4-89}$$

采用模糊统计方法让参与评估的 m 位专家按照确定的评估集 R 给出各健康指标的所属等级，再依次统计因素集中各健康指标 I_i 隶属于每个评估等级 $R_s(s=1,2,\cdots,5)$ 的频数 δ_{is}，则健康评估指标 I_i 隶属于健康等级 R_s 的隶属度为

$$\lambda_i^{(s)} = \frac{\delta_{is}}{m} \tag{4-90}$$

由于模糊集合可表征为在不同程度上具有某种特定性质的所有元素的总和，隶属度函数可以反映这些元素隶属于该模糊集合的程度，其值介于 0~1 之间，隶属度函数的值越大，表示该指标隶属于这个模糊集合的程度越高。若在模糊分布的取值区间内采用等分法来确定隶属度值，这样便于计算机编程的自动处理，且该算法对评估精度影响不大。

根据健康指标自身的物理含义，结合对评估体系的分析，可考虑采用效益型（越大越好型）和成本型（越小越好型）两种模糊分布形式。根据牵引供电系统各个元件的设计标准、检测规范与运行特点，设定指标的取值范围为 (a,b)，在该区间内插入

c_2，c_3，c_4 三个等分点将其 4 等分，假设任意指标 I 的实际取值为 z，给出这两种模糊隶属度函数的表达式。

效益型模糊分布隶属度函数为

$$\lambda_i^{(1)} = \begin{cases} 1, & z \geqslant b \\ (z-c_4)/d, & c_4 \leqslant z < b \\ 0, & z < c_4 \end{cases}$$

$$\lambda_i^{(s)} = \begin{cases} 0, & z \geqslant c_{5-s+2} \\ (c_{5-s+2}-z)/d, & c_{5-s+1} \leqslant z < c_{5-s+2} \\ (z-c_{5-s})/d, & c_{5-s} \leqslant z < c_{5-s+1} \\ 0, & z \leqslant c_{5-s} \end{cases} \quad (4\text{-}91)$$

$$\lambda_i^{(5)} = \begin{cases} 0, & z \geqslant c_2 \\ (c_2-z)/d, & a \leqslant z < c_2 \\ 1, & z < a \end{cases}$$

式中，a 为最差临界值，b 为最优临界值；$d=(b-a)/4$；$s=2,3,4$；令 $a=c_1$，$b=c_5$。

成本型模糊分布隶属度函数为

$$\lambda_i^{(1)} = \begin{cases} 1, & z < a \\ (c_2-z)/d, & a \leqslant z < c_2 \\ 0, & z \geqslant c_2 \end{cases}$$

$$\lambda_i^{(s)} = \begin{cases} 0, & z < c_{s-1} \\ (z-c_{s-1})/d, & c_{s-1} \leqslant z < c_s \\ (c_{s+1}-z)/d, & c_s \leqslant z < c_{s+1} \\ 0, & z \geqslant c_{s+1} \end{cases} \quad (4\text{-}92)$$

$$\lambda_i^{(5)} = \begin{cases} 0, & z < c_4 \\ (c_5-z)/d, & c_4 \leqslant z < b \\ 1, & z \geqslant b \end{cases}$$

式中，a 为最优临界值，b 为最差临界值；$d=(b-a)/4$；$s=2,3,4$；令 $a=c_1$，$b=c_5$。

根据指标层各个健康指标隶属于 5 个健康等级的隶属度，构建指标评估矩阵：

$$\boldsymbol{D}_i = \left[\lambda_i^{(1)}, \lambda_i^{(2)}, \lambda_i^{(3)}, \lambda_i^{(4)}, \lambda_i^{(5)} \right] \quad (4\text{-}93)$$

并且可根据隶属度值输出健康指标状态监测信息。

令

$$e_i = \max\{\lambda_i^{(s)}\}, \quad s = 1, 2, \cdots, 5 \tag{4-94}$$

设置指标 I_j 隶属于"异常"或"严重异常"(即 $e_j = \lambda_j^{(4)}$ 或 $e_j = \lambda_j^{(5)}$)时输出报警信息 1；指标 I_j 隶属于"健康""亚健康"或"注意"(即 $e_j = \lambda_j^{(1)}$ 或 $e_j = \lambda_j^{(2)}$ 或 $e_j = \lambda_j^{(3)}$)时输出正常信息 0。

从而得到各个指标的客观修正系数：

$$\alpha_i = \frac{1/e_i}{\sum 1/e_i} \tag{4-95}$$

式中，$\sum 1/e_i$ 为一个元件所有健康指标对应的 e_i 值倒数的累加和。

最终求得指标层各个指标的综合权重为

$$\beta_i = \frac{\alpha_i w_i}{\sum \alpha_i w_i} \tag{4-96}$$

式中，$\sum \alpha_i w_i$ 为一个元件所有健康指标对应的 $\alpha_i w_i$ 值的累加和。

由于引入了客观修正系数对初始相对权重进行修正，有效地消除了主观因素在确定初始相对权重时的影响，得到的综合权重在健康评估中既吸取了主观性的方便、高效等优点，又注重客观性而不失准确、严谨，将两者的优点有机地结合了起来。

将指标层得到的状态监测信息进行汇总可得到一个状态序列向量：

$$\boldsymbol{K}_I = (K_1, K_2, \cdots, K_n) \tag{4-97}$$

式中，n 为用于健康状态评估的指标总数；$K_i (i=1,2,\cdots,n)$ 为每个指标量的状态监测信息，取值为 0 或 1。

一个元件下的所有指标构成了指标层的综合权重向量 $\boldsymbol{\beta}_I = (\beta_i)_{1 \times n} (i=1,2,\cdots,n)$，则指标层对元件层的影响因子为

$$\gamma_E = \boldsymbol{K}_I \boldsymbol{\beta}_I^{\mathrm{T}} \tag{4-98}$$

逐层向上递推，可得元件层对子系统层和子系统层对系统层的影响因子分别为

$$\gamma_U = \sum \gamma_E w_E \tag{4-99}$$

$$\gamma_S = \sum \gamma_U w_U \tag{4-100}$$

式中，w_E 与 w_U 为按式（4-87）计算出的元件层每个元件的相对权重与子系统层每个子系统的相对权重。

最终可以得到元件、子系统以及系统的健康值：

$$H_E = 1 - \gamma_E \qquad (4\text{-}101)$$

$$H_U = 1 - \gamma_U \qquad (4\text{-}102)$$

$$H_S = 1 - \gamma_S \qquad (4\text{-}103)$$

式中，健康值 $H \in [0,1]$，H 越大表明系统的健康状态越好。

通过求取健康值，实现了各设备、各子系统和整个系统的定量健康评估，再参照图 4-39 可以确定它们当前所处的健康状态、服役性能退化程度和故障演变阶段。

5. 模糊综合评估法

首先从单因素出发，建立各评价因素到评价集的隶属度，即建立从 I 到 R 的模糊映射：

$$\underset{\sim}{f}: I \to F(R), \forall I_i \in I, I_i \to \underset{\sim}{f}(I_i) = \frac{r_{i1}}{R_1} + \frac{r_{i2}}{R_2} + \ldots + \frac{r_{im}}{R_m} \qquad (4\text{-}104)$$

式中，r_{ij} 表示 I_i 属于 R_i 的隶属度。

由 $f(I_i)$ 得到单因素评价集 $R_i = \{r_{i1}, r_{i2}, \cdots, r_{im}\}$，以各因素的评价集为行向量组成一个矩阵，称为单因素评价矩阵：

$$\boldsymbol{R} = \begin{bmatrix} r_{11} & r_{12} & \cdots & r_{1m} \\ r_{21} & r_{22} & \cdots & r_{2m} \\ \vdots & \vdots & & \vdots \\ r_{n1} & r_{n2} & \cdots & r_{nm} \end{bmatrix} \qquad (4\text{-}105)$$

评价矩阵中的第 i 行反映了第 i 个评价因素对各评价结论的支持程度，第 j 列则反映了所有评价因素对第 j 个评价结论的支持程度。同时考虑所有因素的综合影响时，对各因素作用以相应的权重系数，即可得到考虑了众多因素的综合评估结果。

$$\boldsymbol{B} = \boldsymbol{W} \circ \boldsymbol{R} = (w_1, w_2, \cdots, w_n) \begin{bmatrix} r_{11} & r_{12} & \cdots & r_{1m} \\ r_{21} & r_{22} & \cdots & r_{2m} \\ \vdots & \vdots & & \vdots \\ r_{n1} & r_{n2} & \cdots & r_{nm} \end{bmatrix} = (b_1, b_2, \cdots, b_m) \qquad (4\text{-}106)$$

式中，b_j 表示在综合考虑所有因素影响时，对第 j 个评价结论的支持程度；$\circ$ 为模糊算子。

常见的模糊算子有主因素决定型、主因素突出型、不均衡平均型、加权平均型等。前面三种模糊算法都强调了主因素的主导作用，评价结果往往会丢掉一部分有用信息；加权平均算法对所有因素依权重大小均衡兼顾，对于需考虑众多评价因素的牵引变电所的健康状态评估较适宜。

模糊评价的结果是对各健康等级的隶属程度，它构成一个模糊向量。若对多个状态进行评估，要得到最终结果需对模糊综合评价结果向量做进一步处理。

根据牵引变电所健康状态评估的目的，可采用最大隶属度原则来确定牵引变电所的健康等级，利用加权评价方法来确定牵引变电所对应的健康值。

最大隶属度原则方法：若 $b_r = \max\limits_{1 \leq j \leq m} \{b_j\}$，则 b_r 所对应的评价集 v_r 即为健康状态评价的最终结果。这种方法简单、直观，是实际中较为常用的一种方法。但有时候该方法会损失较多的信息，其应用需满足一定的条件，阈值原则方法就是在此基础上的改进。

加权平均原则方法：该方法将各评价等级看作一种相对位置，并对其秩进行加权求和，得到被评价对象的相对位置。

$$C = \frac{\sum_{j=1}^{m} b_j^k * l}{\sum_{j=1}^{m} b_j^k} \quad (4-107)$$

式中，k 为待定系数，一般取 $k = 1$ 或 $k = 2$，当 $k \to \infty$ 时，加权平均原则就成为最大隶属度原则。

4.4.3.3 牵引变电所健康状态评估实例

在进行牵引变电系统 PHM 分析时，若把接触网看成连接牵引变电所、AT 所和分区所的导线，图 4-41 为一最小供电单元。以牵引变压器和 GIS 高压柜为例，说明元件层健康评估过程；以牵引变电所 SS 为例，说明子系统层健康评估过程；以图 4-41 为例，说明系统层健康评估过程。

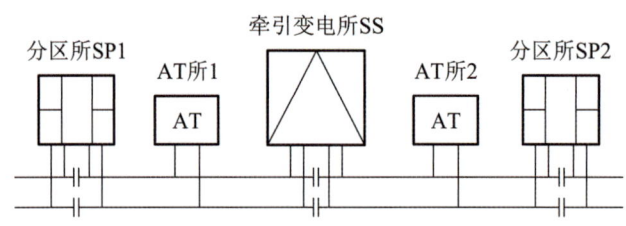

图 4-41 最小供电单元结构示意图

牵引变电所子系统由牵引变压器、断路器、隔离开关、母线、电缆、电压互感器、电流互感器、GIS 高压柜等设备组成。牵引变电所内装设 4 台单相变压器，其中 T_1 与 T_3 组成一台 Vx 接线的牵引变压器，另外两台 T_2 与 T_4 构成其 100% 备用。从主变压器的 220 kV 进线侧依次经过一台断路器 QF、3×4 个电流互感器 TA、牵引变压器 T_1 与 T_3、6 条馈线电缆 CA、4 条牵引侧母线 M、2 台 27.5 kV 馈线侧 GIS 高压柜和 2 个电压互感器 TV。

案例 13：牵引变压器的健康状态评估。

针对牵引变压器 T_1，分别监测油中溶解气体总烃含量 I_1、吸收比 I_2、介质损耗因数 I_3、局部放电 I_4、微水含量 I_5 与顶层油温升 I_6，根据相关技术标准确定 6 个指标的规定临界值，并按模糊分布形式分类，如表 4-34 所示。

表 4-34 牵引变压器 T_1 指标层参数

健康指标	总烃含量	吸收比	介质损耗因数	局部放电	微水含量	顶层油温升
临界值	<150 μL/L	≥1.3	≤0.8%	<500 pC	≤25 mg/L	<60 K
分布形式	成本型	效益型	成本型	成本型	成本型	成本型

在某一时刻牵引变压器 T_1 采集到的指标值为 {130，1.8，0.65%，190，10，23}，按照上述评估过程，得到牵引变压器 T_1 的健康值为 $H_{ET1} = 0.6566$。参照图 4-39，可知该牵引变压器当前处于异常状态，其服役性能的衰退程度较为严重，需要尽快对其制定维修策略以防止其故障的发生。

案例 14：GIS 高压柜的健康状态评估。

对于 27.5 kV 馈线侧 GIS 高压柜，分别监测 SF_6 气体湿度（折算到 20 ℃）I_1、相对漏气率 I_2、主回路电阻 I_3、低压回路绝缘电阻 I_4、局部放电 I_5 与触头温升 I_6，根据相关技术标准确定以上 6 个指标的规定临界值，并按模糊分布形式分类，如表 4-35 所示。

表 4-35　27.5 kV 馈线侧 GIS 高压柜指标层参数

健康指标	SF$_6$气体湿度	相对漏气率	主回路电阻	低压回路绝缘电阻	局部放电	触头温升
临界值	≤500 μL/L	≤0.5%	≤100 μΩ	≥1 MΩ	≤50 pC	≤65 K
分布形式	成本型	成本型	成本型	效益型	成本型	成本型

在某一时刻 GIS 高压柜采集到的指标值为 {150，0.08%，30，1.8，46，21}，按照上述评估过程，得到 GIS 高压柜的健康值为 H_{EGIS} = 0.803 5。参照图 4-39 可知，该 GIS 高压柜当前处于轻微病态，其服役性能已经产生了一定程度的衰退，其内部可能存在若干潜在故障或者隐藏故障，需要对其进行进一步检测以确定故障类型，并将其维修计划提上日程以防止其性能退化加重。

案例 15：牵引变电所的健康状态评估。

针对牵引变电所 SS，运用层次分析法对所内元件集 {QF，TA，T$_1$，T$_3$，CA，M，GIS，TV} 构造成对比较矩阵后，如果只考虑牵引变压器 T$_1$ 的健康状态 H_{ET1} = 0.656 6，元件集内其他设备健康值均为 1 时，计算得到牵引变电所 SS 的健康值为 H_{USS} = 0.953 8，处于健康状态。虽然牵引变压器 T$_1$ 的健康值较低、处于异常状态，但由于 T$_1$ 与 T$_3$ 互为 100% 备用，故对牵引变电所的健康状态影响不大。

如果只考虑 GIS 高压柜的健康状态 H_{EGIS} = 0.803 5，元件集内其他设备健康值均为 1 时，计算得到牵引变电所 SS 的健康值为 H_{USS} = 0.935 6，处于亚健康状态。与只考虑牵引变压器健康状态的情形对比可以看出，虽然 GIS 高压柜的健康值高于牵引变压器、健康状态优于牵引变压器，但此情形下牵引变电所却处于亚健康状态，健康值低于前一种情形，这是因为 27.5 kV 馈线侧的 GIS 高压柜没有备用，其轻微病态的状态对牵引变电所的健康状态影响较大。

如果同时考虑牵引变压器 T$_1$ 和 GIS 高压柜的健康状态，T$_1$ 和 GIS 高压柜的健康值 H_{ET1} = 0.656 6 和 H_{EGIS} = 0.803 5，元件集内其他设备健康值均为 1 时，计算得到牵引变电所 SS 的健康值为 H_{USS} = 0.889 4，处于注意状态。与前两种只考虑单一设备健康状态的情形对比可以看出，当牵引变电所中有两种/多种设备同时处于一定程度的注意或异常状态时，牵引变电所的健康值会明显降低、健康状态也会更为劣化。

案例 16：最小供电单元的健康状态评估。

针对图 4-41 所示的最小供电单元 S，以子系统集 {SS，SP$_1$，SP$_2$，AT$_1$，AT$_2$} 构造成对比较矩阵后，如果只考虑牵引变压器 T$_1$ 的健康状态 H_{ET1} = 0.656 6 和牵引变电所

SS 的健康状态 H_{USS} = 0.953 8，子系统集内 AT 所和开闭所健康状态均为 1 时，计算得到该最小供电单元 S 的健康值为 H_S = 0.992 7，处于健康状态。

如果只考虑 GIS 高压柜的健康状态 H_{EGIS} = 0.803 5 和牵引变电所 SS 的健康状态 H_{USS} = 0.935 6，子系统集内 AT 所和开闭所健康状态均为 1 时，计算得到该最小供电单元 S 的健康值为 H_S = 0.989 8，处于健康状态。

如果同时考虑牵引变压器和 GIS 高压柜健康状态，T_1 和 GIS 高压柜的健康值分别为 H_{ET1} = 0.656 6 和 H_{EGIS} = 0.803 5，牵引变电所 SS 的健康值 H_{USS} = 0.889 4，子系统集内 AT 所和开闭所健康状态均为 1 时，计算得到该最小供电单元 S 的健康值 H_S = 0.982 5，处于健康状态。

本章小结

随着我国高速铁路的大规模投入运行，牵引供电运行维修管理凸显重要。借助先进的检测监测技术、故障预测与健康管理技术，提高高铁牵引供电运行管理水平越来越受到重视。本章首先介绍了高速铁路供电管理流程，特别是接触网缺陷层级划分和维修分级。随后介绍了智能供电运行检修管理系统的架构和功能。随着高速铁路不断向智能化推进，故障预测与健康管理是高铁供电智能运维的核心，本章遵循全寿命周期管理、缺陷与维修分级管理，重点介绍了接触网和牵引变电所 PHM 的全寿命周期数据采集、故障预测与健康评估方法和工程实施案例。PHM 技术在牵引供电运行管理中的应用才刚刚开始，无论是技术研发还是工程应用都还有巨大的发展空间。

参考文献

[1] 刘再民,张韬,许红健,等. 高速铁路接触网运行维修规则：TG/GD 124—2015[S]. 北京：中国铁道出版社，2015.

[2] 中国铁路总公司供电部. 高速铁路牵引变电所运行检修规则：TG/GD 122—2015[S]. 北京：中国铁道出版社，2015.

[3] 刘再民. 高速铁路接触网维修规则框架与管理技术创新[J]. 中国铁路，2016（4）：13-16.

[4] 陈光强，王保国，刘再民，等. 智能牵引变电所及智能供电调度系统总体技术要求：Q/CR 721—2019[S]. 北京：中国铁道出版社，2019.

参考文献

[5] 彭宇，刘大同，彭喜元. 故障预测与健康管理技术综述[J]. 电子测量与仪器学报，2010，24（1）：1-9.

[6] 孙博，康锐，谢劲松. 故障预测与健康管理系统研究和应用现状综述[J]. 系统工程与电子技术，2007，29（10）：1762-1767.

[7] 西南交通大学. 高速铁路接触网故障预测与健康管理研究报告[R]. 成都：西南交通大学，2019.

[8] 钱恺逸. 高铁接触网故障数据关联规则挖掘与分析[D]. 成都：西南交通大学，2020.

[9] 王黎明，王连. 应用时间序列分析[M]. 上海：复旦大学出版社，2009.

[10] 向智莉. 基于时间组合的接触网故障强度预测方法研究[D]. 成都：西南交通大学，2020

[11] 周志华. 机器学习[M]. 北京：清华大学出版社，2016.

[12] 刘润恺，于龙，陈德明. 基于AHP-熵权法的高铁接触网可信性评价研究[J]. 铁道科学与工程学报，2019（8）：1-5.

[13] DONG M, HE D. Hidden semi-Markov model-based diagnostics and prognostics framework and methodology[J]. Mech. Syst. Signal Process, 2007, 21(5): 2248-2266.

[14] 彭道勇，刘春和，刘海敏，等. 以可靠性为中心的维修RCM综述[C]. //第二届电子信息系统质量与可靠性学术研讨会，2005.

[15] 关金发，吴积钦，王旭东. 接触网RCM维修策略研究[J].铁道标准设计通信，2013（7）：97-100.

[16] 陈绍宽，王秀丹，柏赟. 基于费用最小的铁路牵引接触网维修计划优化模型[J]. 铁道学报，2013，35（12）：37-42.

[17] 王庆锋，高金吉. 过程工业动态的以可靠性为中心的维修研究及应用[J]. 机械工程学报，2012，48（8）：135-143.

[18] FENG Ding, LIN Sheng, HE Zhengyou, et al. A technical framework of PHM and active maintenance for modern high-speed railway traction power supply systems[J]. International Journal of Rail Transportation, 2017, 5(3): 145-169.

[19] 何正友，冯玎，林圣，等. 高速铁路牵引供电系统安全风险评估研究综述[J]. 西南交通大学学报，2016，51（3）：418-429.

[20] 王玘，何正友，林圣，等. 高铁牵引供电系统 PHM 与主动维护研究[J]. 西南交通大学学报，2015，50（5）：942-952.

[21] 司马莉萍. 基于改进支持向量机的电力变压器故障诊断与预测方法的研究[D]. 武汉：武汉大学，2012.

[22] KURT H, MAXWELL S, HALBERT W. Multilayer feedforward networks are universal approximators[J]. Neural Networks, 1989, 2(5): 359-366.

[23] 杜晓亮. 人工神经网络在空气质量预测中的应用研究[D]. 济南：山东大学，2009.

[24] 程宏波. 计及不确定性的牵引供电系统健康诊断及风险评估方法研究[D]. 成都：西南交通大学，2014.

[25] 王玘. 基于健康状态的高速铁路牵引供电系统主动维护策略研究[D]. 成都：西南交通大学，2018.

[26] 王斌. 交通安全不确定测度理论研究[D]. 成都：西南交通大学，2012.

[27] 王莲芬，许树柏. 层次分析法引论[M]. 北京：中国人民大学出版社，1990.

[28] SAATY T. The Analytic Hierarchy Process[M]. New York: McGraw-Hill International, 1980.

[29] 肖峻，王成山，周敏. 基于区间层次分析法的城市电网规划综合评判决策[J]. 中国电机工程学报，2004，24（4）：50-57.

[30] XU Zeshui, XIA Meimei. Hesitant Fuzzy Entropy and Cross-Entropy and Their Use in Multiattribute Decision-Making[J]. International Journal of Intelligent System, 2012, 27(9): 799-822.

[31] 王忠玉，吴柏林. 模糊数据统计学[M]. 哈尔滨：哈尔滨工业大学出版社，2008.

第 5 章　智能供电调度系统

供电调度是高速铁路牵引供电系统安全可靠高效运行的指挥中枢。本章主要介绍了智能供电调度系统的特征、架构和功能。本质上，智能供电调度的调度中心是一个大型软件，本章重点介绍软件结构和设计思想。

5.1　智能供电调度特征与架构

5.1.1　定义与特征

智能供电调度系统是在高速铁路供电综合监控系统的调度端基础上，基于云计算的统一平台架构，结合大数据、BIM 和人工智能技术，以数据全景可视化、调度协同化、作业自动化、决策智能化为基本要求，实现对牵引供电系统的远程监视控制、调度运行管理、辅助监控等功能，支持与其他相关系统的协调联动，进而提升牵引供电系统安全可靠、经济高效运行的指挥中枢。

高速铁路供电调度系统的发展源自以下几方面因素的推动：一是随着基于 IEC61850 的智能牵引变电所的推广和应用，供电调度系统需要提升对智能牵引变电所的融合和适应能力，以充分发挥牵引变电所智能化后的综合价值；二是铁路未来发展的总体目标是"安全、高效、经济、绿色、智能"，这对铁路供电调度在标准化、自动化、智能化等方面提出了更高的要求；三是为了适应大规模电气化铁路路网的运行控制和运营维护，铁路供电专业的生产力布局和供电修程修制不断在进行优化调整，供电调度需要为集约化、无人化的专业发展需求提供技术支撑。

为了适应铁路行业与供电专业未来的发展需求，智能供电调度系统应具备如下特点：

1. 协同

（1）实现铁路各专业间的运输组织协同。
（2）实现专业内的"国铁集团-铁路局-供电段"级上下协同。
（3）实现供电调度系统内不同功能板块间的协同。

2. 高效

（1）通过系统整合、数据共享、"自动化-信息化"的两化融合等方式，实现对供电系统的高效控制和运行管理。

（2）实现调度作业的自动化、标准化和智能化，提高铁路供电调度的工作质量和工作效率。

3. 安全

构建技术安全、安全管理、安全应急一体化的网络安全防护体系。

4. 全景

（1）实现数据、视频、行车信息、应急资源等全景信息的综合展示。

（2）利用 GIS/三维/BIM 技术实现供电系统的可视化展示。

5. 一体化

（1）调度一体化：实现铁路局级的供电调度与供电段级的供电生产指挥调度一体化。

（2）功能一体化：实现运行控制、调度管理、生产指挥、辅助监控、在线监测等功能一体化。

（3）信息一体化：实现自动化系统、信息化系统的信息交互一体化。

（4）部署一体化：实现"国铁集团-铁路局-供电段"一体化的全局部署。

6. 高扩展

（1）采用虚拟化、资源池化的云计算硬件基础架构，提供高可用、高扩展的 IT 基础架构。

（2）采用大容量、高可用的统一平台软件，实现数据交换、人机支撑、数据支持、系统管理等通用服务，支持横向、纵向的业务扩展。

5.1.2 总体架构

智能供电调度系统划分为远动监控、辅助监控、调度运行三个应用分区，总体架构如图 5-1 所示，其主要功能在铁路局级及以下层级实现。

5.1 智能供电调度特征与架构

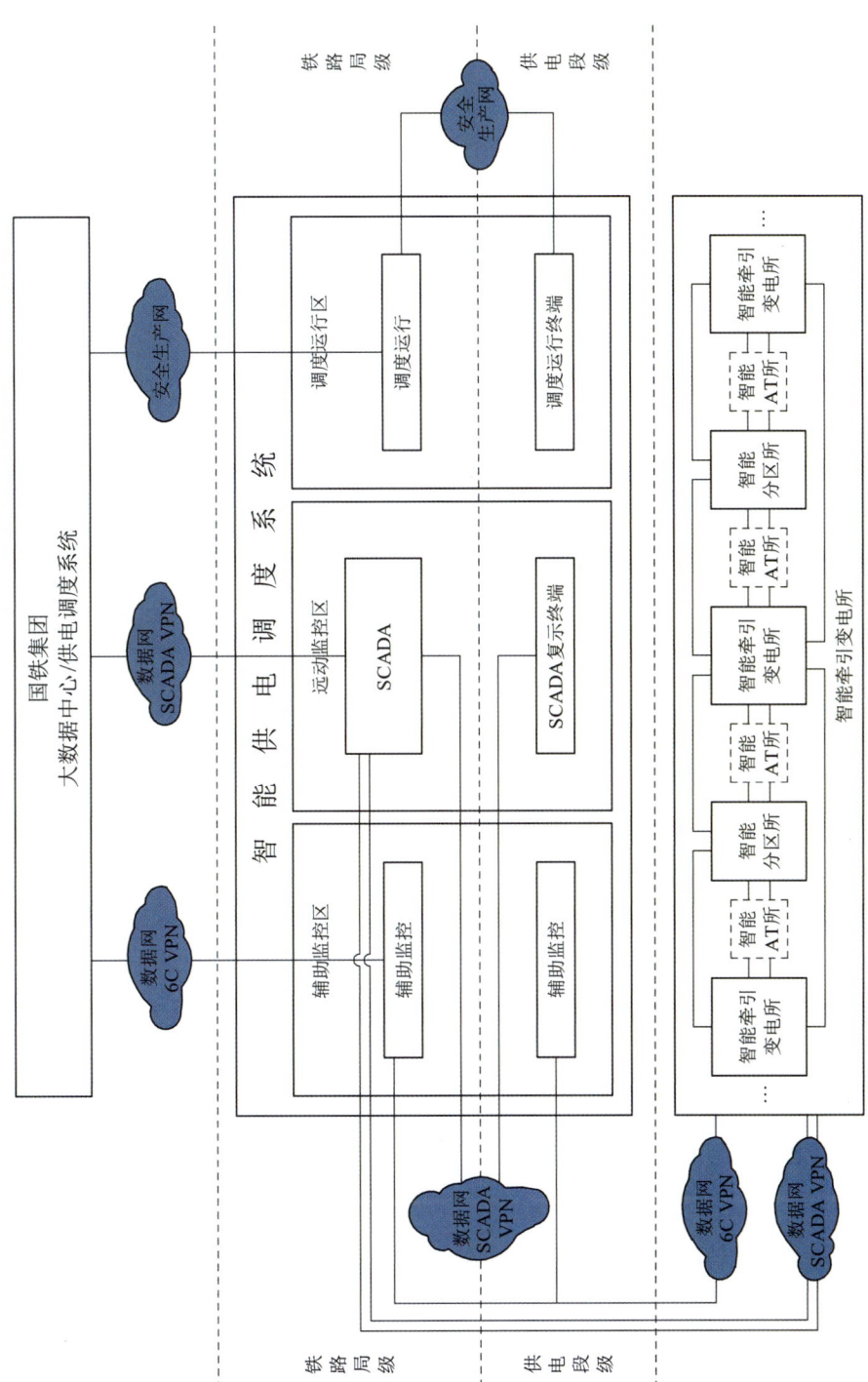

图 5-1 智能供电调度系统总体架构

远动监控区由铁路局级调度所的 SCADA 用户端和设置在供电段级的 SCADA 复示终端构成，通过数据网的 SCADA VPN 与智能牵引变电所进行信息交互，实现远动监控功能。

辅助监控区由设置在铁路局级调度所的辅助监控用户端和设置在供电段级的辅助监控用户端构成，通过数据网的 6C VPN 与智能牵引变电所辅助监控系统进行信息交互，实现辅助监控功能。

调度运行区由设置在铁路局级调度所内的调度运行用户端和设置在供电段级的调度运行终端构成，通过所在安全生产网实现"铁路局-供电段"间的信息交互，完成调度运行管理功能。

5.2 智能供电调度系统配置

5.2.1 系统组成

智能供电调度系统根据业务功能划分为三类应用分区，即：远动监控应用区（简称远动监控区）、辅助监控应用区（简称辅助监控区）和调度运行应用区（简称调度运行区），其系统组成和外部接口如图 5-2 所示。

远动监控区由设置在铁路局级调度所内的 SCADA 调度端、设置在供电段级的 SCADA 复示终端构成，实现远动监控功能，也可在车间设置 SCADA 复示终端。铁路局级 SCADA 调度端通过与远动通道连接实现与智能牵引变电所的数据交互；通过与复示通道连接，实现与 SCADA 复示终端的信息交互。

辅助监控区由设置在铁路局级调度所及供电段级的辅助监控主端构成，实现辅助监控功能，也可在车间设置辅助监控复示终端。辅助监控铁路局级主站通过与辅助监控通道连接，实现与智能牵引变电所辅助监控系统、辅助监控供电段级用户端的数据交互。辅助监控供电段级主站通过与辅助监控通道连接，实现与智能牵引变电所辅助监控系统、辅助监控铁路局级主站的数据交互；通过与复示通道连接，实现与车间级辅助监控复示终端的信息交互。

5.2 智能供电调度系统配置

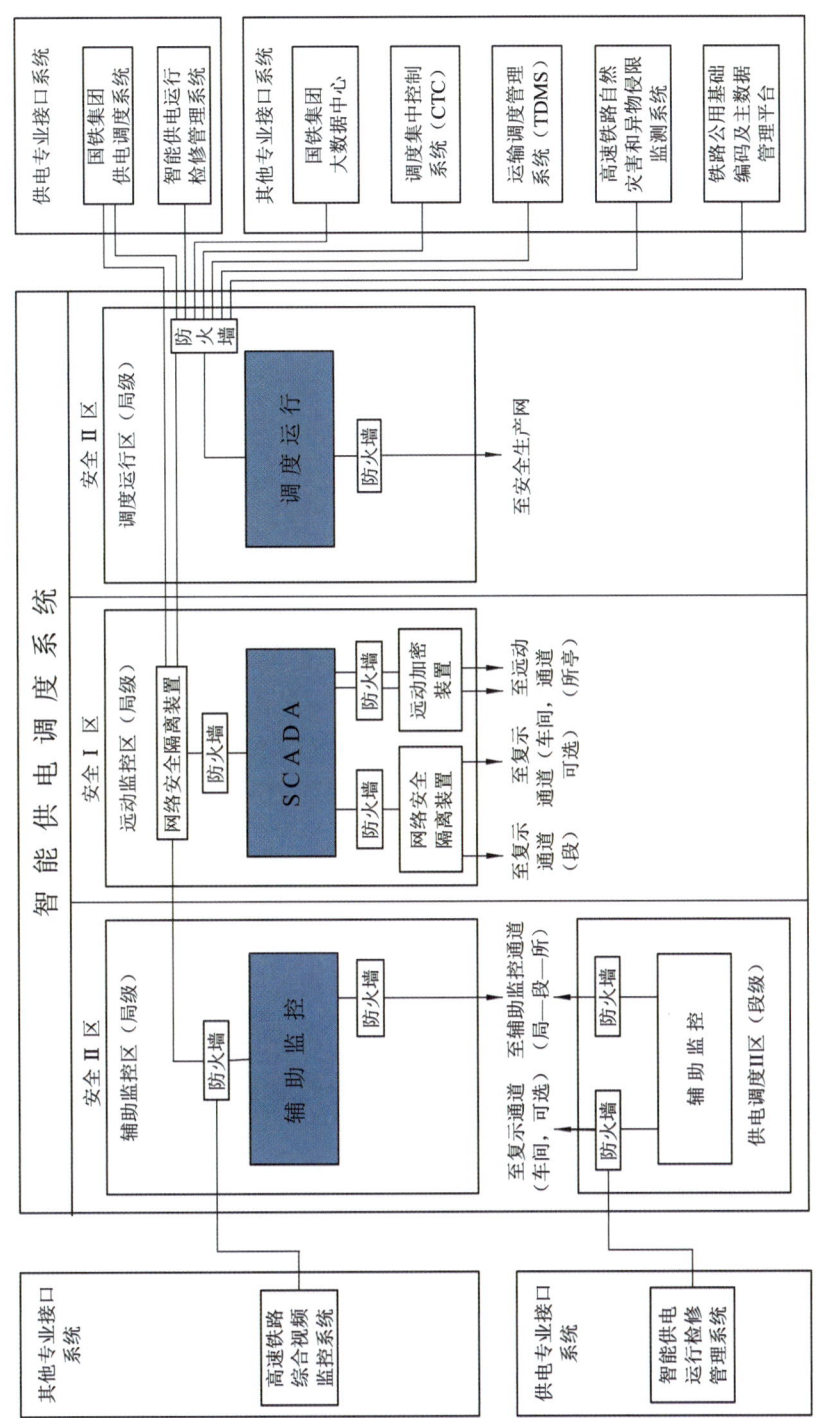

图 5-2 智能供电调度系统组成及外部接口

调度运行区由设置在铁路局级调度所内的调度运行主站和设置在供电段级的调度运行终端构成，实现调度运行管理功能。也可在车间、工区设置调度运行终端。调度运行铁路局级用户端通过安全生产网实现与各层级调度运行终端间的信息交互。

智能供电调度系统分别在铁路局级、供电段级实现与外部系统的接口。外部接口系统包括：供电专业内部的国铁集团供电调度系统、智能供电运行检修管理系统；供电专业外部的国铁集团大数据中心、CTC、TDMS、高速铁路自然灾害和异物侵限监测系统、高速铁路综合视频监控系统和铁路公用基础编码及主数据管理平台。

5.2.2 网络安全分区与防护

智能供电调度系统根据系统功能和业务数据安全等级划分为两个安全分区，即：安全Ⅰ区、安全Ⅱ区。其中，远动监控类应用位于安全Ⅰ区，辅助监控类、调度运行类应用位于安全Ⅱ区。

安全Ⅰ区（远动监控区）应满足 GB/T 22239—2019 规定的网络安全等级保护的第三级安全要求，并符合 GB/T 22239—2019 中 8.1 和 8.5 的规定，并应具备基于安全域内所有计算机节点及用户的统一安全管理功能。

安全Ⅱ区（辅助监控区、调度运行区）应满足 GB/T 22239—2019 规定的网络安全等级保护的第二级安全要求，并符合 GB/T 22239—2019 中 7.1 的规定。

智能供电调度系统与其他外部接口系统间的通信应通过网络安全隔离装置或防火墙进行隔离或防护；智能供电调度系统与复示通道的接口处应采用防火墙、网络安全隔离装置进行隔离防护；智能供电调度系统与远动通道的接口处应采用防火墙、远动加密装置进行网络防护和远程数据通信加密。

5.2.3 硬件配置

智能供电调度系统硬件配置如图 5-3 所示。

5.2 智能供电调度系统配置

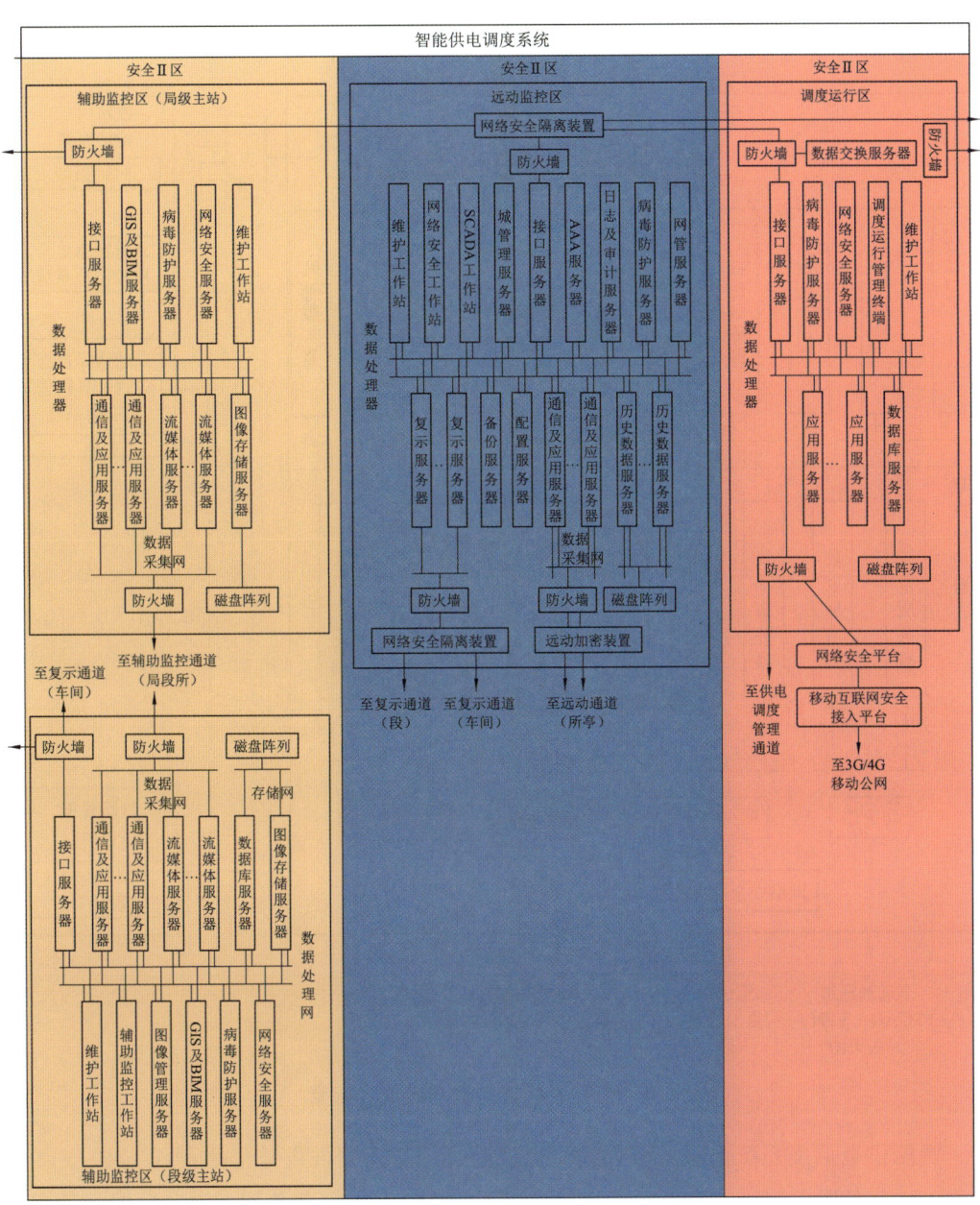

图 5-3 智能供电调度系统硬件配置

5.2.3.1 铁路局级远动监控区硬件配置

智能供电调度系统铁路局级远动监控区硬件配置如图 5-4 所示。

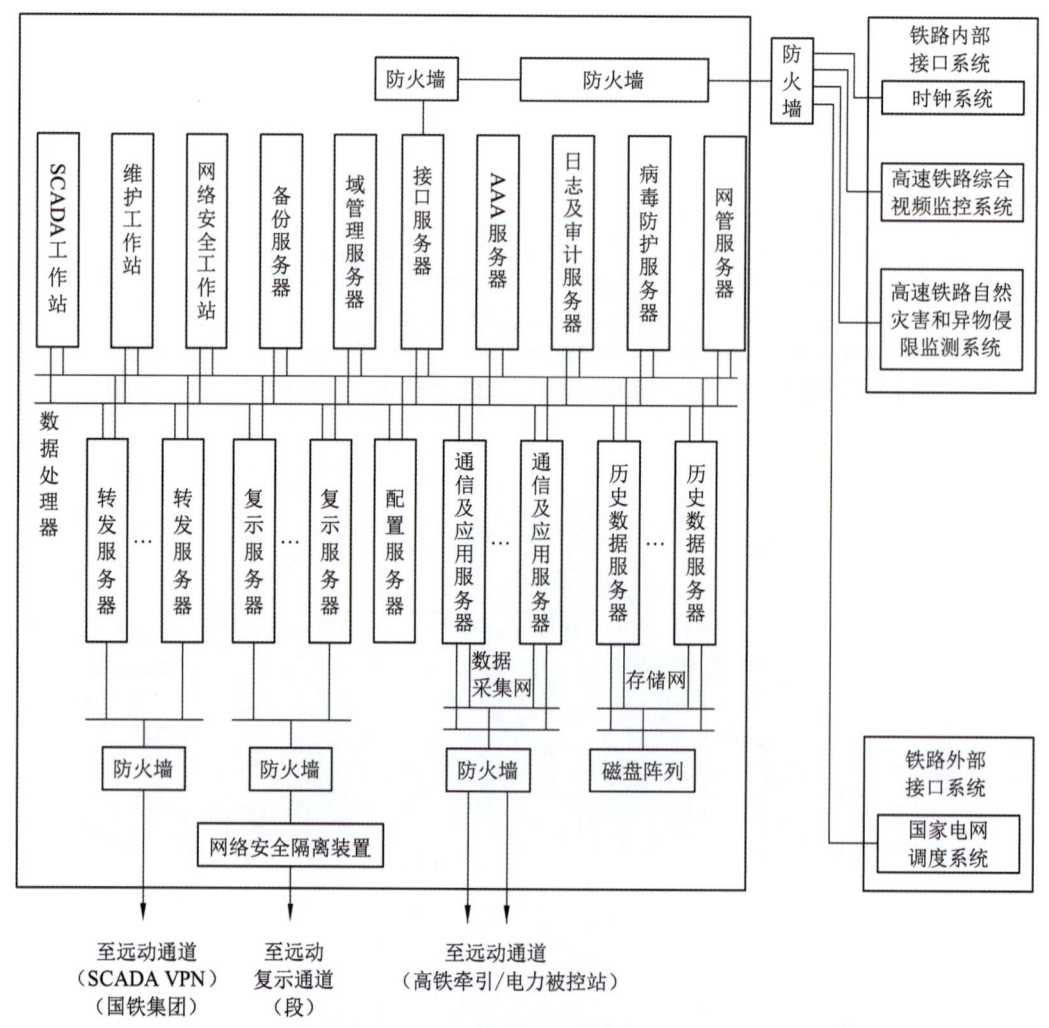

图 5-4 铁路局级远动监控区硬件配置

智能供电调度系统铁路局级远动监控区配置的主要硬件设备包括：

（1）业务服务器：应采用冗余配置，包括：通信及应用服务器、历史数据服务器、复示服务器、接口服务器、转发服务器和配置服务器，用于完成远动监控业务逻辑处理及与被控站的数据通信、数据处理、历史数据存储、复示信息发布、与外部系统接口和系统配置管理等功能。

（2）局域网络设备：数据处理网应采用带冗余电源的模块化核心交换机，冗余配置，端口速率不应低于 1 000 Mb/s；数据采集网宜为每条线路提供独立的通信接口设备，其中远动通信接口设备应冗余配置，其余通信接口设备采用单机配置；存储网应采用 SAN 光纤存储区域网络设备，宜冗余配置。

（3）磁盘阵列：应配置两套冗余的磁盘阵列，应采用 RAID5 或者 RAID10，硬盘需采用光纤硬盘，磁盘阵列的容量需满足铁路局 SCADA 应用对历史数据的存储要求。

（4）SCADA 工作站：应在每个供电调度台配置 2 台工作站级计算机，互为热备用，每台远动监控工作站应采用三屏显示器配置。

（5）维护工作站：应采用工作站级计算机、三屏显示器配置。

（6）网络安全设备：应配置域管理服务器、病毒防护服务器、AAA 认证服务器、日志和审计服务器、备份服务器、运维安全审计装置、网络安全隔离装置、防火墙等设备确保系统的网络安全。其中，域管理服务器应冗余配置以实现统一的用户权限管理和安全管理；其他类别的网络安全服务器可采用单机配置。

5.2.3.2 辅助监控区硬件配置

1. 铁路局级辅助监控区主站硬件配置

智能供电调度系统铁路局级辅助监控区主站的主要设备包括但不限于：

（1）业务服务器：应采用冗余配置，包括：辅助监控流媒体服务器、通信及应用服务器、图像存储服务器、接口服务器，用于实现对牵引变电所辅助监控系统的故障报警数据及故障/遥控图像的远程采集、数据存储、与 SCADA 接口等功能。

（2）局域网络设备：数据处理网应采用带冗余电源的模块化核心交换机，冗余配置，传输速率不应低于 1 000 Mb/s；数据采集网宜为每条线路提供独立的通信接口设备，采用单机配置；存储网应采用 SAN 光纤存储区域网络设备，采用单机配置。

（3）磁盘阵列：应配置一套磁盘阵列，采用 RAID5 或者 RAID10，硬盘需采用光纤硬盘，磁盘阵列的容量需满足辅助监控图像及数值数据的存储要求。

（4）维护工作站：宜采用单工作站级计算机、单屏显示配置。

（5）网络安全设备：应配置病毒防护服务器、网络安全服务器、防火墙等设备确保系统的网络安全。其中，所有网络安全服务器可采用单机配置。

2．供电段级辅助监控区主站设备配置

智能供电调度系统供电段级辅助监控区主站的主要设备包括但不限于：

（1）业务服务器：应采用冗余配置，包括：辅助监控流媒体服务器、图像管理服务器、通信及应用服务器、图像存储服务器、数据库服务器、接口服务器，用于实现对牵引变电所辅助监控系统远程数据及图像的采集、设备状态监视、控制及巡检，与外部系统接口和远程复示等功能。

（2）局域网络设备：数据处理网应采用带冗余电源的交换机，冗余配置，传输速率不应低于1 000 Mb/s；数据采集网宜为每条线路提供独立的通信接口设备，采用单机配置；存储网应采用SAN光纤存储区域网络设备，采用单机配置。

（3）磁盘阵列：应配置一套磁盘阵列，应采用RAID5或者RAID10，硬盘需采用光纤硬盘，磁盘阵列的容量需满足辅助监控图像及数值数据的存储要求。

（4）辅助监控工作站：应配置工作站级计算机、单屏显示配置，配置数量满足工程应用需要。

（5）维护工作站：宜采用单工作站级计算机、单屏显示配置。

（6）网络安全设备：应配置病毒防护服务器、网络安全服务器、防火墙等设备确保系统的网络安全；其中，所有网络安全服务器可采用单机配置。

（7）辅助监控复示终端设备：可在车间配置一台采用单屏显示配置的工作站级计算机及打印设备。

5.2.3.3 调度运行区硬件配置

智能供电调度系统调度运行区配置的主要设备应包括但不限于：

（1）业务服务器：应采用冗余配置，包括：应用服务器、数据库服务器、接口服务器和数据交换服务器，用于完成业务逻辑处理、数据库管理及历史数据存储、与外部系统接口、数据交换和系统配置管理等功能。

（2）局域网络设备：数据处理网应采用带冗余电源的模块化核心交换机，冗余配置，传输速率不应低于1 000 Mb/s；存储网应采用SAN光纤存储区域网络设备，宜冗余配置。

（3）磁盘阵列：应配置两套冗余的磁盘阵列，应采用RAID5或者RAID10，硬盘需采用光纤硬盘，磁盘阵列的容量需满足调度运行历史数据的存储要求。

（4）网络安全设备：应配置病毒防护服务器、网络安全服务器、防火墙等设备确保系统的网络安全。其中，各服务器应采用单机配置。

（5）调度运行终端：应配置铁路局调度所及供电段级终端设备，单机配置，采用工作站级计算机，数量满足工程应用需要。也可配置车间、工区级调度运行终端，其中工区级终端设备可采用工业级移动终端配置。

（6）维护工作站：宜采用单工作站级计算机、单屏显示配置。

（7）服务器、存储设备等硬件设备可在铁路局数据中心的计算平台上进行虚拟化分配，也可采用物理机配置。

（8）在铁路局调度所、供电段生产调度、车间、工区、牵引变电所等已配置铁路办公信息系统的场所，可复用既有终端设备。

5.3　智能供电调度系统功能

铁路局级智能高度调度系统均应具备下述通用功能：

（1）时钟同步：应具备时钟同步功能，并满足以下要求：

- 应在国铁集团、铁路局级分别设置独立的时钟源，时钟源包括但不限于 GPS 或 BDS 卫星定位系统等；
- 应具备通过 NTP 协议同步本级系统中本分区局域网内各计算机时钟的功能；
- 应具备对本分区所管辖的下级终端、被控站和复示终端进行时钟同步的功能。

（2）权限管理：应具备对系统用户、访问权限等进行分配与管理的功能。

（3）维护管理功能：应具备对铁路供电调度控制主站系统进行维护管理的功能，包括但不限于：

- 应具备对基础数据进行增加、查询、修改和删除的功能；
- 应具备对系统运行日志进行记录功能，且运行日志应具备过滤查找功能；
- 宜具备运维安全审计功能。

（4）网络安全防护：应具备网络安全防护功能，包括但不限于：

- 应具备对局域网设备、防火墙、网络安全隔离装置等网络安全设备配置访问控制策略功能，阻止非授权及越权访问，以实现内部分区间及外部系统接口间的网络隔离、源访问控制等功能；

- 应具备对接口服务器配置操作系统级的用户访问权限、资源获取、密码复杂度策略、按角色定义相应权限范围的功能；
- 应具备病毒扫描、病毒查杀、病毒防护等防范功能，并应手动定期进行病毒防护软件升级和病毒库更新；
- 应具备对复示终端、运行管理终端进行安全认证的功能，防范终端设备非法访问网络，终端认证宜采用 USB-Key 方式；
- 应具备基于安全域内所有计算机硬件及用户的统一安全管理、漏洞评估、日志审计、数据备份与恢复等功能。

5.3.1 远动监控区功能

5.3.1.1 铁路局级远动监控区功能

铁路局级智能供电调度系统的远动监控区应具备如下主要功能：

（1）数据采集功能：所采集的数据类型包括但不限于：模拟量、数字量、状态量、带时间标志的事件顺序记录量 SOE、故障报告、故障录波、参数定值等。

（2）遥控功能：遥控类型包括：单控、程控和复归。

（3）遥调功能：遥调命令可基于设定值或升降命令。

（4）遥信功能：应具备变化上送、定时自动召唤和手动召唤遥信信号的功能。

（5）遥测功能：遥测上送方式宜采用越阈值变化上送方式，同时应具备进行定时自动召唤、手动召唤功能。

（6）数据通信功能：具备与被控站、复示终端、国铁集团级调度端系统及外部接口系统间进行数据通信的功能。

（7）数据处理、运算和存储功能：包括实时数据处理和历史数据处理功能。

（8）实时报警功能：报警方式应包括：

- 实时文字报警记录；
- 实时报警窗口弹窗；
- 画面推图；
- 开关闪烁；
- 语音播报或音响提示等。

（9）实时事件功能：实时事件应包括报警类和操作类事件，报警类事件类型定义与报警类型一致，操作类事件包括但不限于遥控、遥调、参数整定、人工置位、挂牌和报警确认等操作。

（10）画面显示功能：具备画面分级显示及管理的功能，画面分级及画面类型包括：一级图、二级图、三级图、四级图。同时还应具备画面检索、画面导航及热键链接功能。

（11）报表功能：报表类型包括但不限于以下类别：
- 事件记录；
- 操作记录；
- 开关动作记录；
- 遥测越限记录；
- 报警记录；
- 挂牌记录；
- 参数整定记录；
- 非远动变位记录；
- 遥测极值记录；
- 电度量日报、月报和年报记录。

（12）趋势曲线显示功能：包括基于实时数据的趋势曲线和基于历史数据的趋势曲线显示。

（13）参数整定功能：远程整定的参数应包括但不限于：
- 综合自动化系统的继电保护定值区；
- 综合自动化系统的继电保护定值；
- 电力 RTU 整定值。

（14）故障报告功能：应支持被控站故障报告的主动上送或手动召唤上送两种方式。

（15）故障录波功能：应具备手动召唤综自系统保护装置或电力 RTU 故障录波的功能。

（16）打印功能。

（17）人工置位功能：应具备人工设置开关位置状态、人工设置遥测数值及人工挂/撤各种标志牌的功能。

（18）调度模式：同一调度台中互为备用的两台调度员工作站应支持以下调度模式：

双席互斥、双席并发、双席并发监督及双席互斥监督。

（19）通道监控功能：应具备对被控站主备远动管理机的通信及链路状态进行监视并对异常状态进行报警提示及双通道的自动切换功能。

（21）复示功能：应具备将调度台 HMI 中的各种画面、报警、报表、录波、遥测趋势等信息以复示的方式进行发布的功能。

（22）双因子认证功能：除采用口令认证外，还应再采用密码技术、指纹、USB-Key、射频卡或 IC 卡等认证方式中的任意一种。

（23）双机冗余功能：应具备远程通信、数据处理、历史存储的双机冗余热备功能。

（24）牵引供电与电力同屏调度功能：应具备牵引供电和电力在同一组显示屏上进行统一显示和集中操作的功能。

（25）外部接口功能：实现与外部接口系统的通信。

5.3.1.2　远动监控区高级功能

远动监控区除应具备上述常规功能外，还具备以下高级功能：

1. 遥视功能

① 遥视功能应与既有 SCADA 的四遥功能深度融合，同台展示。

② 应具备与辅助监控局级用户端接口的功能，并通过该接口实现以下功能：

- 与所亭（包括：牵引变电所、AT 所、分区所、开闭所、电力变配电所等）遥控操作和开关跳闸故障信息联动并自动推出相应的实时图像；
- 实现对所亭内供电设备实时图像的远程手动调阅；
- 转发线路接触网开关遥控操作、开关变位、手动调阅的视频联动信息；
- 以图文或动画方式动态展示牵引变电所辅助监控系统的重要报警信息；
- 对故障前后历史图像信息进行查询检索。

③ 宜具备基于所亭电子地图或 3D 模型进行展示的功能。

2. 源端维护功能

① 应实现导入及自动更新智能牵引变电所的遥控、遥调、遥信、遥测"四遥"点表、故障报告、故障录波及定值静态数据模型的功能。

② 应实现运行时对"四遥"动态数据模型变化的自动报警及同步功能。

③ 应实现运行时对智能牵引变电所动态主接线图变化的自动跟踪及展示功能。

5.3 智能供电调度系统功能

3．自愈重构功能

① 实现自愈重构执行模式（被控站自动执行模式或调度端人工确认模式）的远程整定功能。

② 应实现接收智能牵引变电所的自愈重构请求，并对重构后的供电方式以图形方式进行预览的功能。

③ 应实现对智能牵引变电所的自愈重构请求进行确认或撤销的功能。

4．与 CTC 协同功能

实现与 CTC 系统的信息共享。

5．自动巡检功能

① 应实现对预置开关遥信状态的自动巡检并对异常状态自动报警提示。

② 应实现预置开关遥控就绪状态的自动巡检并对异常状态自动报警提示。

③ 应实现对被控站主备远动管理机的通信及链路状态的自动巡检并对异常状态自动报警提示等。

6．智能告警

① 遥控操作自动关联供电回路电流与末端网压检测，智能判定遥控结果并自动进行异常告警提示。

② 对各类分散、孤立、差异化的故障信息建立统一的告警逻辑，过滤冗余故障信息并以供电臂为单元进行故障信息展示。

③ 对预告信息进行分级分类的实时在线甄别和推理，对潜在设备隐患进行告警提示。

7．全景化展示

该级监控应具备对牵引供电系统相关信息进行全景化展示的功能，包括但不限于：

① 列车实时位置信息。

② 供电系统运行方式。

③ 变电所运行方式。

④ 接触网作业状态。

⑤ 变电所实时图像信息。

⑥ 风、雨、雪、地震等自然灾害报警信息及异物侵限报警信息等。

8．扩展功能

该级监控宜具备如下扩展功能，包括并不限于：

① 牵引电量和再生制动能量监测及能耗分析；

② 供电能力分析预测；

③ 供电运行品质评价等。

5.3.1.3　远动监控区的监控对象

1．遥控对象

智能供电调度系统远动监控区的遥控对象主要包括：

① 牵引变电所、开闭所、分区所、AT 所内 27.5 kV 及以上电压等级的断路器、电动隔离开关及所用变负荷开关。

② 铁路电力（变）配电所、车站开关站、箱式变电站、0.4 kV 低压变电所高低压供电回路的断路器、负荷开关及电动隔离开关。

③ 接触网及供电线上的电动隔离开关。

④ 必要的启动和复归开关。

⑤ 自动装置、成组控制装置的投切开关。

⑥ 交直流系统进线开关及主要馈出开关。

⑦ 必要的发电机组启、停控制。

⑧ 继电保护软压板。

⑨ 遥控试验开关等。

2．遥信对象

智能供电调度系统远动监控区的遥信对象主要包括：

① 遥控对象的位置信号。

② 牵引变压器和动力变压器的各类故障信号。

③ 主要电力变压器的各类故障信号。

④ 自耦变压器的故障信号。

⑤ 变压器分接开关、调压器的档位信号。

⑥ 馈电线的各类故障信号。
⑦ 自动装置的运行位置和动作信号。
⑧ 无功补偿装置故障信号。
⑨ 开关操动机构的工作状态信号。
⑩ 控制回路和电压互感器二次回路断线信号。
⑪ 综合自动化设备故障信号。
⑫ 牵引变电所进线电压有压（失压）信号。
⑬ 控制方式状态信号。
⑭ 发电机组运行状态及故障信号。
⑮ GIS、AIS 开关柜（或环网柜）的失压信号。
⑯ 手车位置信号。
⑰ 交、直流系统故障信号。
⑱ 交、直流系统进线开关及主要馈出开关位置信号等。

3．遥测对象

智能供电调度系统远动监控区的遥测对象主要包括：

① 牵引供电系统遥测对象：
- 牵引变电所进线电压、进线电流；
- 牵引主变压器的电流、功率、电度、功率因素；
- 牵引所亭的 27.5 kV 电压；
- 牵引所亭的馈线电流、电度；
- 牵引所亭集中接地箱回流；
- 牵引变压器油温等。

② 电力变配电系统遥测对象：
- 电力（变）配电所进线电流、电压、有功电度、无功电度；
- 10 kV 及以上母线电压，自闭、贯通馈线电压；
- 电力（变）配电所馈线电流、电度；
- 母联电流；
- 电力开关站及箱式变电站的进线电流、母线电压；
- 低压回路的电流和电压等。

③ 交直流盘遥测对象：
- 交流系统及直流系统的进线电压、电流；
- 蓄电池电压；
- 控制母线、合闸母线的电压；
- 充电机的电压、电流等。

4．遥调对象

智能供电调度系统远动监控区的遥调对象为被控站内可调节元件（如：有载调压变压器分接开关）。

5.3.2 辅助监控区功能

1．铁路局级辅助监控区主站功能

铁路局级辅助监控区主站应具备但不限于以下功能：

（1）应具备与 SCADA 的接口功能，包括：

① 接收 SCADA 的遥控操作、开关变位或手动调阅图像的信息。

② 向 SCADA 转发智能牵引变电所辅助监控系统的重要报警信息。

③ 向 SCADA 转发遥控操作、开关变位或手动调阅的实时图像数据。

④ 向 SCADA 转发故障前后历史图像信息的查询结果。

（2）应具备与智能牵引变电所辅助监控系统进行远程数据和图像采集的功能，包括：

① 对智能牵引变电所辅助监控系统视频前端设备进行远程控制，控制优先级高于供电调度Ⅱ区（辅助监控）段级。

② 与遥控操作和开关跳闸、火灾报警等重大故障信息联动或响应手动召唤命令，远程获取智能牵引变电所辅助监控系统相应设备的实时图像。

③ 接收智能牵引变电所辅助监控系统的重要报警信息。

④ 对故障前后历史图像信息进行查询检索。

（3）应具备向高速铁路综合视频监控系统转发线路接触网开关遥控操作、开关变位、手动调阅的视频联动信息的功能。

（4）应具备对故障前后图像信息进行历史数据存储的功能。

（5）应具备与供电调度Ⅱ区（辅助监控）供电段级进行信息交互的功能，包括但不限于：

① 接收段级人工巡检发现的供电设备故障图像信息。

② 向供电段级发送遥控/故障联动信息等。

2. 供电段级辅助监控区主站功能

供电段级辅助监控区主站应具备但不限于以下功能：

（1）应具备实时监视同一变电所或多个变电所多路辅助监控图像信息的功能。

（2）应具备对牵引变电所辅助监控系统图像信息进行远程调阅的功能。

（3）应具备对牵引变电所内辅助监控系统图像前端设备、照明、风机、水泵、空调、门禁等辅助监控设备的远方控制，及所内辅助监控设备联动逻辑的编制与下载的功能。其中，对图像前端设备的控制优先级低于供电调度Ⅱ区（辅助监控）局级。

（4）应具备对牵引变电所内安防、环境监控、消防等辅助监控设备的设备状态、监测数据、告警信息、故障信息等数值型数据的远程采集和处理功能，并能以平面图、列表等方式实时展示。

（5）应具备对所管辖的所亭进行自动视频巡检的功能，并具备对巡检前端设备的预置位、巡检间隔时间、巡检顺序和巡检启动时间等参数进行增加、删除、修改和远程设定的功能。

（6）应具备视频巡检计划的编制、修改与远程下载的功能。

（7）应具备以文字、推图、闪烁、音响等方式对辅助监控报警信息进行分级分类提示的功能，并支持报警信息的过滤、确认、保存及报警方式在线配置等功能。

（8）应具备基于电子地图或3D模型的设备管理、报警展示功能，并支持对电子地图的增、删、改及图层编辑等功能。

（9）应具备对报警信息及报警前后的图像信息进行自动存储及查询的功能。

（10）应具备人工标注缺陷功能。

（11）应具备向牵引变电所进行语音广播、与变电所实现双向语音对讲的功能。

（12）应具备生成、打印和导出（excel、word、pdf等格式）辅助监控各类报表的功能，报表类型包括日报、月报、年报及自定义的报表。

（13）可具备对智能高压设备的在线监测数据或牵引变电所内在线监测装置数据的远程采集、处理、显示、存储、报警及转发等功能。在线监测数据能以主接线图、列表等方式实时展示。

（14）应具备上述（1）~（13）项功能延伸至车间级辅助监控复示终端的功能。

（15）应具备与供电调度Ⅱ区（辅助监控）铁路局级进行数据通信的功能，包括但不限于：

① 接收铁路局级的遥控操作及故障跳闸联动信息。

② 向铁路局级主动推送人工巡检发现的故障图像信息的功能。

（16）应具备与智能供电运行检修管理系统的接口功能。

5.3.3 调度运行区功能

调度运行区应具备值班管理、作业管理、应急处置及质量分析等功能。

1．值班管理功能

（1）应实现从 SCADA 系统自动接收和智能屏蔽数据的功能，包括：自动接收 SCADA 子系统推送的开关设备的遥信数据、故障跳闸相关数据；自动接收 SCADA 子系统推送的变电所电源系统电压、变电所 27.5 kV 母线电压、分区所末端电压、变电所 27.5 kV 母线最大负荷电流、变电所馈线最大负荷电流等遥测数据；自动屏蔽故障跳闸、试验时的电流电压数据，以及因作业、试验造成的开关设备的状态变化数据。

（2）应实现值班信息管理功能，包括：现场值待班信息管理、变电所运行记录管理、开关设备非正常运行状态管理、设备故障及安全信息管理、设备缺陷管理及重点事项管理等功能。

（3）应实现交接班信息管理功能，包括对交接班内容的逐项确认、交接班起止时间以及交接班时长的自动记录等功能。

2．作业管理功能

（1）应实现停电作业计划管理功能，包括：自动读取、自动导入（或手动导入）TDMS 的全部施工、维修作业计划，并智能识别与供电调度相关的计划；接收供电段接触网临时停电计划和所亭设备停电作业计划；具备智能审核并自动批量分发到相关电调台、网工区终端、变电所终端等功能。

（2）应实现作业计划实施过程管理功能，包括：对接触网或所亭设备停电作业计划流转、作业前的内容确认；对停送电命令内容和作业命令内容的确认、发布、接收、执行、签认、消除各环节进行智能审核、智能检索和智能安全卡控等功能。

接触网和所亭设备停电作业计划实施流程如图 5-5、图 5-6 所示。

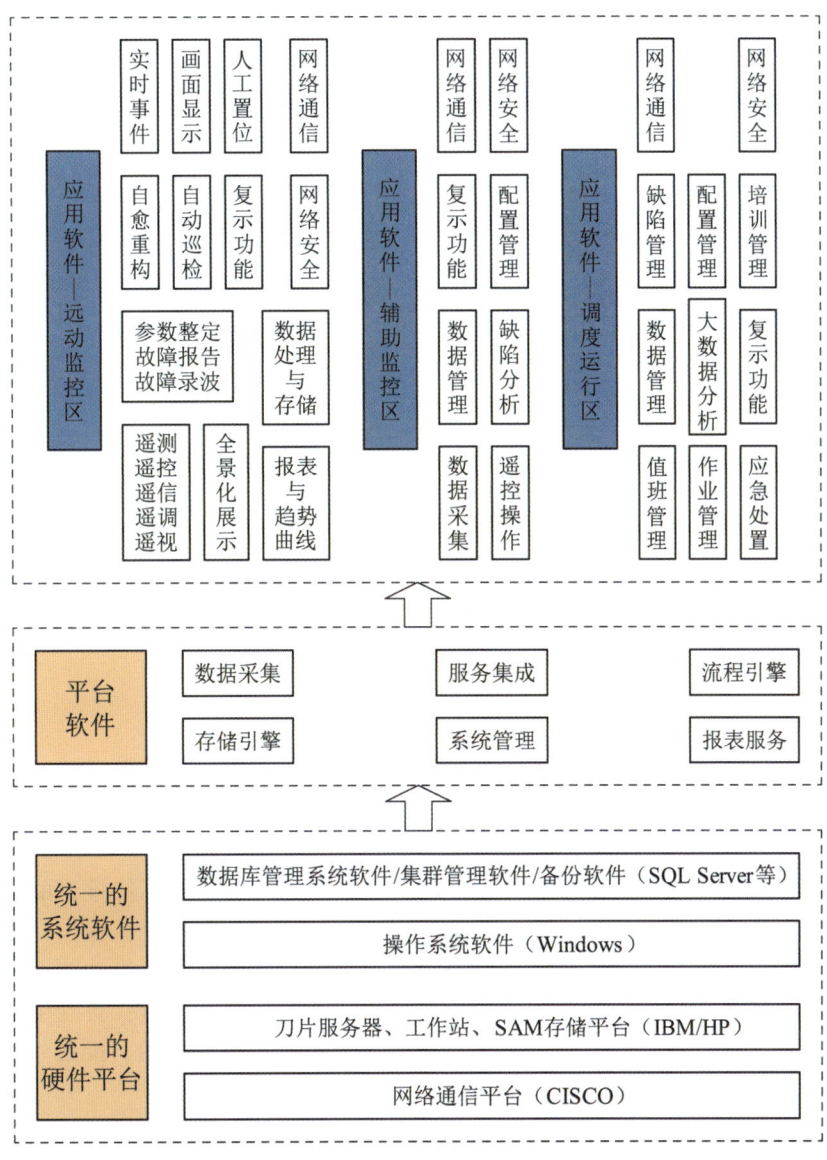

图 5-5　接触网停电作业计划实施流程

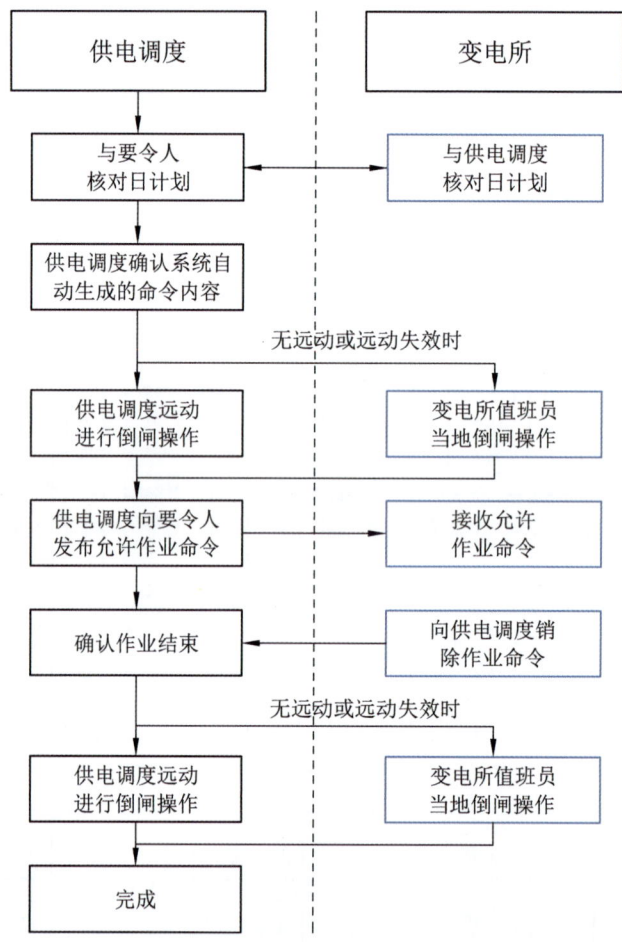

图 5-6　所亭设备停电作业计划实施流程

3. 应急处置功能

（1）应实现当牵引供电系统故障跳闸时自动接收 SCADA 子系统推送的故障报告数据、分析判断故障类型、自动标注故标位置、智能规划应急处置流程、自动推送应急处置决策建议、自动推送故障跳闸信息以及故障排查的辅助信息等功能。

（2）应实现自动生成故障跳闸应急处置流程记录的功能，包括：自动生成跳闸、试送电、切除 F 线、切除供电线、环供试送电、划小停电单元倒闸、推送列调信息、推送网工区信息、推送驻站值守人员信息等应急处置流程记录。

（3）应实现对应急处置各个环节、处置方法、处置效率进行自动统计分析，并自动生成"故障速报""接触网故障抢修过程统计表"的功能。

供电调度应急处置流程如图 5-7 所示。

5.3 智能供电调度系统功能

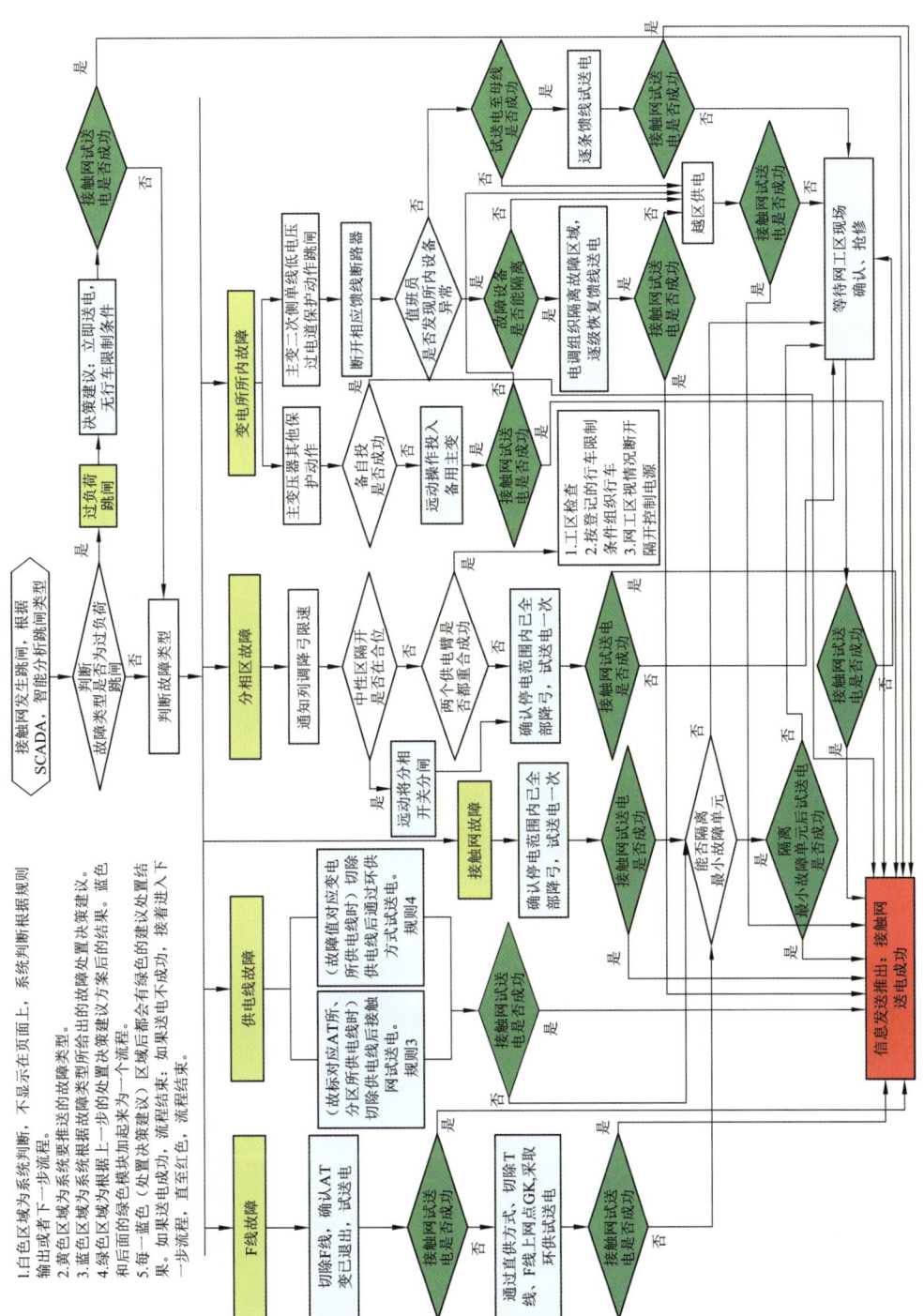

图 5-7 供电调度应急处置流程

4．质量分析功能

（1）应实现天窗兑现率、天窗计划提报正确率的自动统计分析功能。

（2）应实现天窗作业关键环节时长、应急处置关键环节时长的自动计算和统计分析功能。

（3）应实现备供电事故、供电设备故障、供电安全信息以及供电运行指标等方面的自动统计分析功能。

5．大数据分析功能

宜具备对智能供电调度系统的"五遥"、报警信息、故障信息和供电调度作业等历史数据进行多维度、可视化的大数据综合分析功能，辅助调度决策。

5.3.4 接口功能

智能供电调度应具备与牵引供电专业内、外部相关系统的接口功能。

1．与供电专业内部相关系统的接口

应具备与牵引供电专业相关系统的接口功能，并满足以下要求：

（1）应在铁路局级实现与国铁集团级 SCADA 系统及供电调度运行管理系统的接口功能，向其转发 SCADA 和调度运行区的相关信息。

（2）应在供（工）电段级实现与智能供电运行检修管理系统的接口功能，包括：自智能供电运行检修管理系统接收临时停电计划及所亭作业计划、获取与供电调度相关的一台一档基础数据和运行数据；向智能供电运行检修管理系统下达审核后的停电计划和作业计划、推送人工巡检的缺陷数据。

2．与其他专业相关系统的接口

应具备与其他专业相关系统的接口功能，并满足以下要求：

（1）应实现与 CTC 系统的接口功能，包括：自 CTC 系统接收列车位置信息；向 CTC 系统发送供电臂停送电区段信息、故标数据；实现与 CTC 系统间的停送电签认、行车限制卡签认。

（2）应实现与 TDMS 系统的接口功能，自 TDMS 系统获取施工计划和维修计划。

（3）应实现与高速铁路自然灾害和异物侵限监测系统的接口功能，接收来自高速铁路自然灾害和异物侵限监测系统推送的风、雨、雪、地震等灾害报警和异物侵限报警信息。

（4）应实现与高速铁路综合视频监控系统的接口功能，实现视频联动功能。

（5）应实现与铁路公用基础编码及主数据管理平台的接口功能，获取与智能供电调度系统相关的公用基础编码及数据。

（6）应实现与铁路大数据服务平台的接口，具备数据汇聚到铁路大数据服务平台并基于该平台开展大数据分析应用的功能。

5.4 智能供电调度系统软件

5.4.1 智能供电调度系统软件构成

智能供电调度系统软件基于安全可靠、可扩展、易维护的设计原则，采用如图 5-8 所示的层次架构，包括：系统软件、平台软件和应用软件。其中：

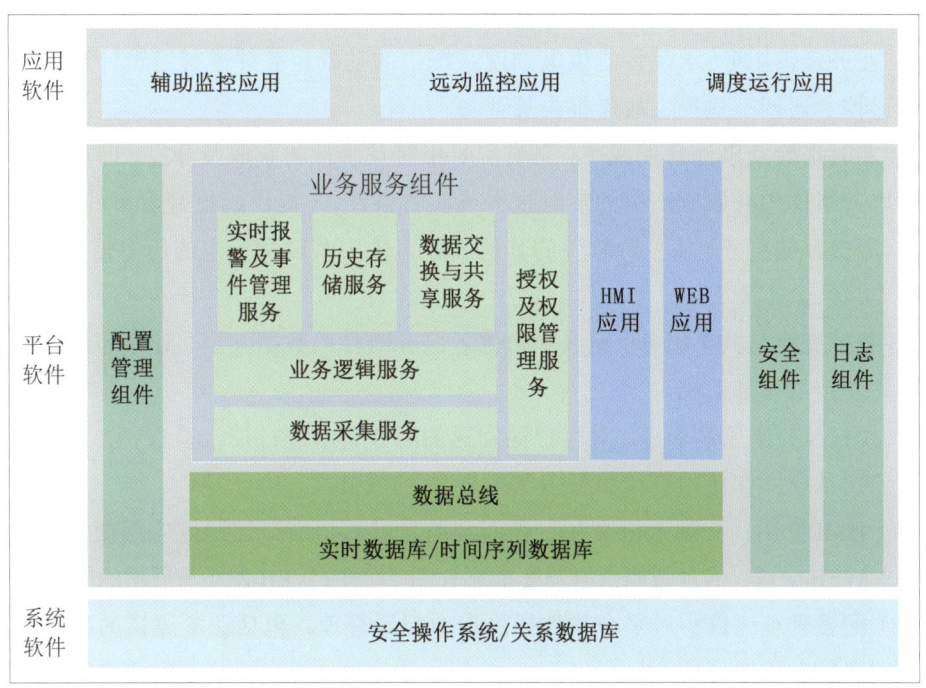

图 5-8 智能供电调度系统软件架构示意图

系统软件：承载平台软件、应用软件的基础，包括安全操作系统、关系数据库系统等。

平台软件：包括构建应用软件所需的实时数据库/时间序列数据库、数据总线、各类业务服务组件、HMI 应用、WEB 应用、配置管理组件、安全组件和日志组件。其中：

（1）实时数据库/时间序列数据库：实时数据库将实时采集的设备数据以结构化的方式缓存在高速存储器中，为其他应用提供高速数据交换能力。时间序列数据库主要用于海量高频采集的有时间序列顺序要求的监控数据的高效存储，能够在确保数据有效性的同时将存储数据进行大幅度压缩。

（2）数据总线：定义了一组标准的数据处理接口，支持各个服务组件或应用之间高效规范的数据交互，是平台软件的基础。

（3）业务服务组件：构建在数据总线之上，提供各类应用软件所需的基础服务，主要包括：

① 数据采集服务：实现从被控站系统采集数据并传递给平台内的其他相关服务的功能。

② 业务逻辑服务：承载智能供电调度系统中的基础业务并进行逻辑计算，如遥信、遥测、遥控、遥调、遥视、故障报告等业务。

③ 实时报警及事件管理服务：完成实时报警及事件的获取及分发，即从平台软件的其他服务组件中获取所产生的实时报警或实时事件，并提供给报警及事件的客户端。

④ 历史存储服务：从平台软件的其他服务组件中获取所产生的历史信息，并进行存储。

⑤ 数据交换与共享服务：完成平台内各服务组件的数据共享，对外部接口数据进行封装并发布给外部系统。

⑥ 授权及权限管理服务：对客户端发送的服务请求进行授权检查，防止未获得授权的用户登录或操作使用平台服务。

（4）HMI 应用：实现人机交互、画面及信息展示、窗口控制等应用功能。

（5）WEB 应用：实现智能供电调度系统 HMI 界面的 WEB 发布与展示的应用功能。

（6）配置管理组件：对平台软件提供集中配置管理，包括业务逻辑的配置、画面配置、部署模型配置等功能。

（7）安全组件：是确保智能供电调度系统可靠安全运行的基础，包括对数据交互终端的认证授权、对内部数据流的加密、关键数据的脱敏处理以及对外部接口数据合法性确认等。

（8）日志组件：各服务组件、应用软件均可通过平台的日志组件，记录其运行过程中的日志信息，如各种异常、警告及普通的调试信息等，便于系统问题的追踪与定位。

应用软件：基于分布式自动化监控平台技术标准，通过组合并集成平台提供的各种服务和共性应用来构建的面向终端用户的应用类软件。智能供电调度系统应用软件主要由远动监控、辅助监控和调度运行三类应用构成，共同实现智能供电调度系统的功能。

5.4.2 平台软件关键服务组件示例

智能供电调度系统平台软件采用面向服务的体系架构（Service-Oriented Architecture，SOA），其中服务是指智能供电调度系统平台软件中实现某项业务功能或平台支撑功能的程序，粒度介于"应用"和"进程""线程"之间。一个应用可以包括一个或多个服务，一个服务可以包括一个或多个"进程"或"线程"。本节介绍智能供电调度系统平台软件中的关键服务组件。

1. 数据采集服务

数据采集服务采用松耦合分层管理的设计理念，包括数据采集层、管理服务层和数据提供服务层，如图 5-9 所示。

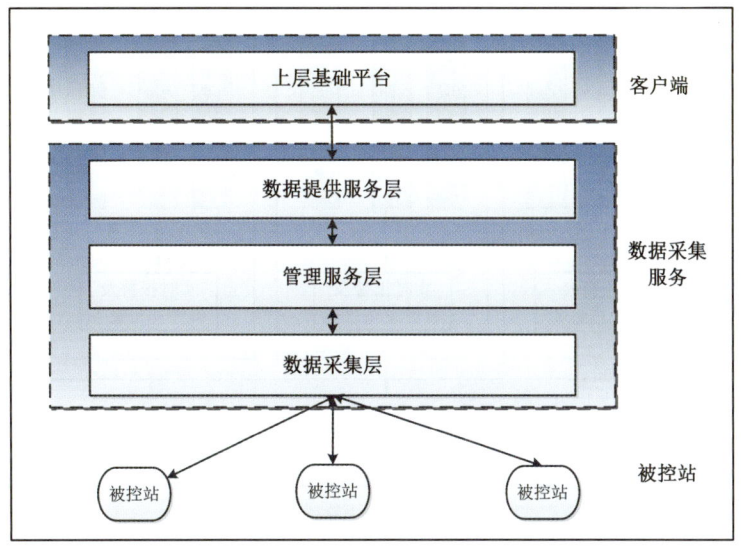

图 5-9 数据采集服务的层级架构示意图

数据采集层：按照通信协议的格式，实现被控站与上层平台间实时的数据通信，即：从被控站系统中遵循通信协议的格式进行数据的采集、解析并上传；同时把上层平台的命令遵循通信协议的格式转换后并下发给被控站系统。数据采集层采用 Plug-In 技术以满足不同通信协议的接入。

管理服务层：对各类通信协议的共性参数进行配置和管理，并提供实时通信报文监视、通信状态诊断等功能。

数据提供服务层：主要实现把解析后的被控站通信数据上送给上层基础平台，并接收上层基础平台的数据转发给数据采集层。

2．实时报警及事件管理服务

实时报警及事件发布管理服务包括：

（1）实时报警及事件发布服务：该服务收集被部署的各服务器节点上所有服务的实时报警及事件信息。

（2）实时报警及事件客户端管理器：从各服务器上所部署的报警发布服务中收集报警及事件，并提供给 HMI 节点的客户端进行显示。

实时报警及事件管理服务的部署及数据流如图 5-10 所示。

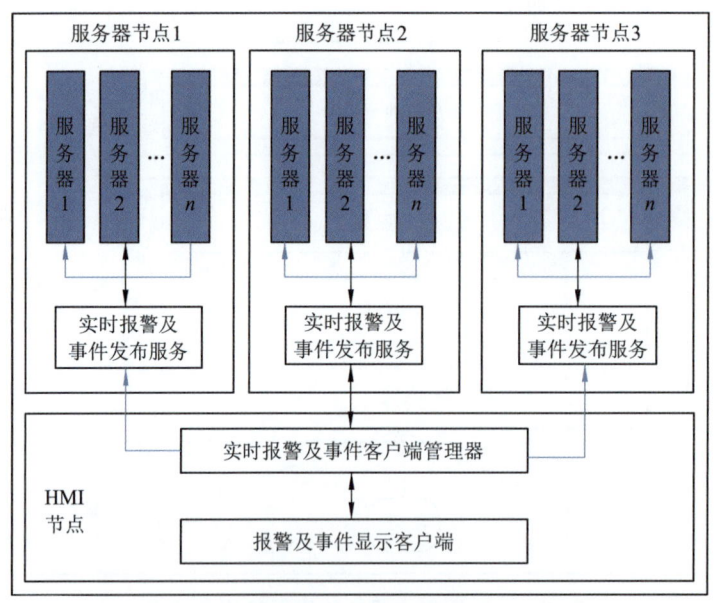

图 5-10　实时报警及事件管理服务的部署及数据流

实时报警及事件发布管理服务的逻辑视图如图 5-11 所示。

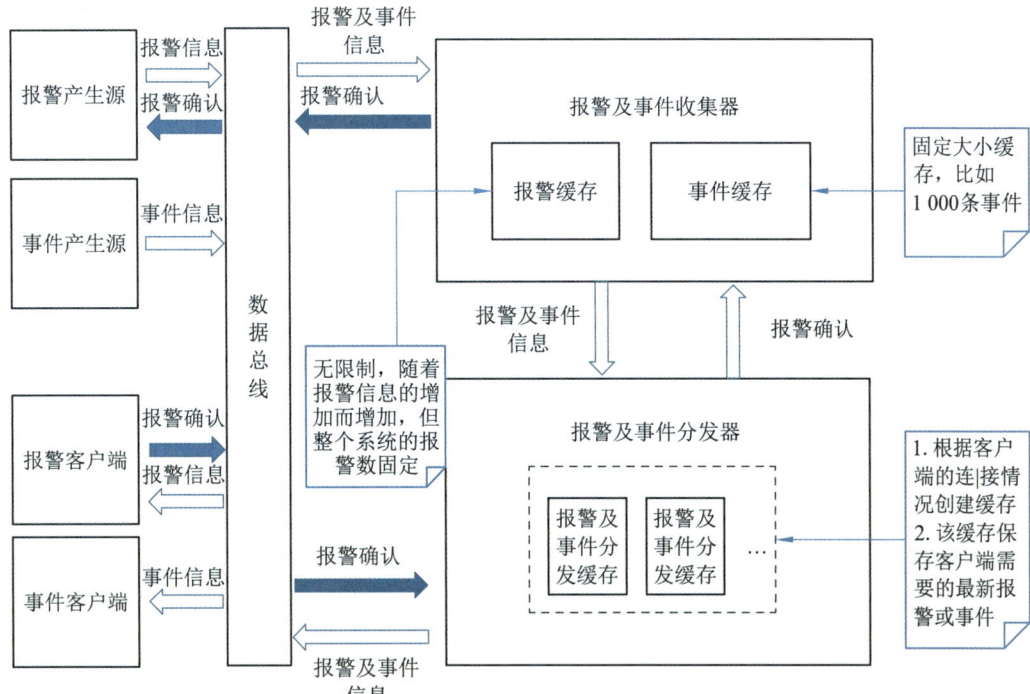

图 5-11 实时报警及事件发布管理服务的逻辑视图

实时报警及事件发布管理服务由报警及事件收集器、报警及事件分发器组成，其中：

报警及事件收集器：通过数据总线从报警及事件产生源收集报警和事件信息，并存储到报警缓存、事件缓存和客户缓存中，同时也负责把报警客户端的报警确认信息传递给报警产生源；

报警及事件分发器：负责从报警缓存、事件缓存和客户缓存中取出报警及事件信息，并通过数据总线传递给客户端；

报警缓存：该缓存无限制，随着报警信息的增加而增加，最大值为整个系统的所有报警数，用于存储报警信息；

事件缓存：固定大小，可以设置，用于存储事件信息；

客户分发缓存：有客户报警分发缓存和客户事件分发缓存两种。该缓存根据客户端的连接情况而创建，保存客户端需要的最新报警或事件。

3. 历史存储服务

历史存储服务从其他服务组件中获取所产生的历史信息，并提交给关系数据库或时序数据库进行存储。历史存储服务包括历史数据收集、历史数据管理和历史数据库访问接口，其逻辑视图如图 5-12 所示，其中：

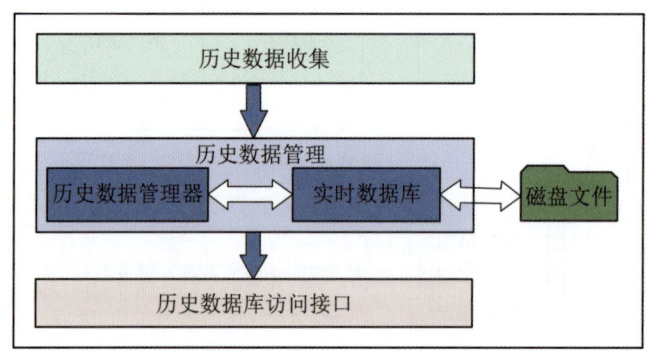

图 5-12　历史存储服务逻辑视图

历史数据收集：与产生历史数据的服务组件进行接口，获取该服务组件的历史数据并提交给历史数据管理器。

历史数据管理：配合实时数据库对历史数据进行缓存管理，具体为：

（1）当能够与历史数据库进行连接时，通过历史数据库访问接口把历史数据传递给历史数据库进行存储。

（2）当与历史数据库的连接断开时，历史数据管理器把历史数据传递给实时数据库，并进行持久化。一旦连接建立后，从实时数据库中取出历史数据再通过历史数据库访问接口进行存储。

（3）当历史数据库无法满足实时性要求时，历史数据管理器通过实时数据库进行暂时存储历史数据。

历史数据库访问接口：封装多种数据库的存储访问接口，包括常用的关系型数据库和专用的工业实时历史数据库，同时支持主备两条链路的连接。

历史存储服务部署视图如图 5-13 所示，其中：

（1）一个服务器节点只能部署一个历史存储服务，以管理该服务器节点上所有服务组件产生的历史数据。

5.4 智能供电调度系统软件

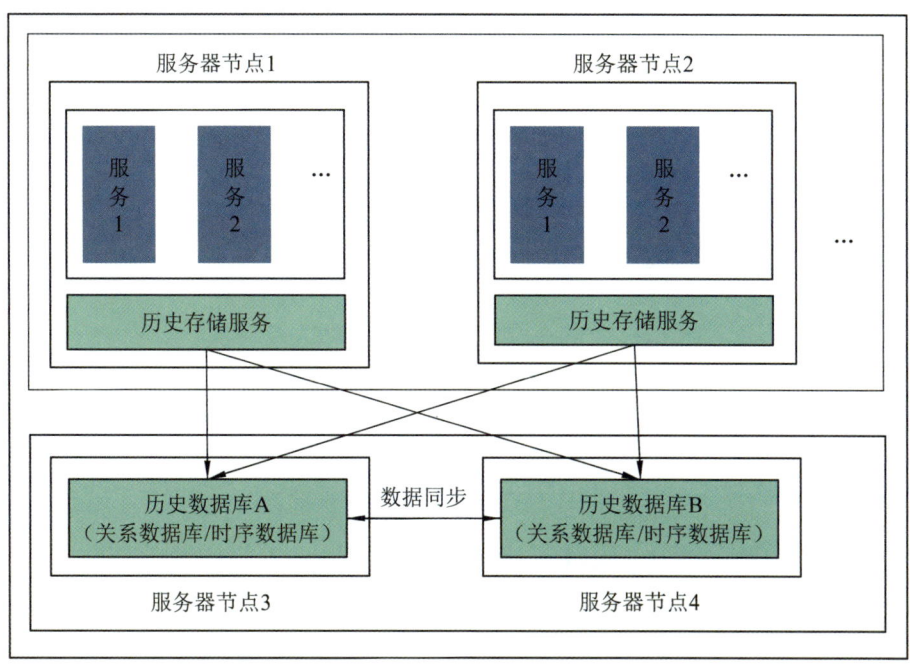

图 5-13 历史存储服务部署视图

（2）历史存储服务支持与两台物理的历史数据库服务器进行连接，其中一个连接为主，另一个连接为备用，当与主历史数据库服务器的连接不可用时，自动切换到备用连接。

（3）互为主备的两台历史数据库服务器之间进行数据同步，确保双机间历史数据的一致性。

（4）历史数据库包括关系数据库和时序数据库。

智能供电调度系统中的遥测数据因具有实时性高、数据量大、变化快等特点，从而导致历史数据的存储量很大，如果每个历史遥测数据都存储，对存储资源的需求很大。由于遥测数据具有时序化、数据临近度高的显著特点且变化都是连续的，如果能够对某些中间变化数据进行压缩处理而不存储，当需要查找该数据时，可以通过近线性或步进插值计算出来，就可以提高存储效率，同时大幅度节约磁盘空间和历史数据的查询检索时间。

智能供电调度系统的时序数据库采用旋转门有损压缩算法，其亦是工业实时监测时序数据存储的常用压缩算法，基本原理如图 5-14 所示。A 点为第一个存储的历史数据点，对于后续的历史数据点，首先以 A 点为旋转门的起点，以压缩分辨率 A_1A_2 为边长，分别依次绘制以 A 点和本历史数据点（B、C、D、E）为中点的旋转门（平行四边形①、②、③、④）并进行是否需要压缩或存储的判断：当上一历史数据点（B、C）位于本历史数据点（D）的旋转门区域内时，上一历史数据点（B、C）即可进行压缩而不必存储；当上一历史数据点（D）位于本历史数据点（E）的旋转门区域外时，则上一历史数据点（D）不可进行压缩而需要进行历史数据的存储；从该存储的历史数据项（D）开始重复前述的旋转门绘制与是否需要压缩的判断。

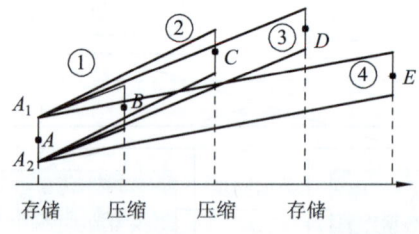

图 5-14 旋转门压缩算法示意图

5.5 智能牵引供电系统广域通信网络

按照智能牵引供电系统构架及其功能特点，通信网络应采用工作可靠、结构简单、易于维护的架构，采用铁路数据网的专用 VPN 通道，满足实时性和可靠性的要求，同时考虑智能供电系统与传统供电系统的结合，通道宜与现有通道相匹配。

5.5.1 广域网络结构

智能供电调度系统的广域网络结构如图 5-15 所示。广域网络类别包括远动监控类、辅助监控类和调度运行类。

远动监控类网络包括：国铁集团与铁路局调度所间的远动通道，各所亭到铁路局、各所亭到供电段的远动通道，各所亭间的故障测距通道，铁路局至供电段的/车间的远动复示通道。

辅助监控类网络包括：国铁集团至铁路局调度所、各所亭至铁路局、各所亭至供电段、铁路局至供电段的辅助监控通道，以及供电段至车间的辅助监控复示通道。

调度运行类网络包括：国铁集团-铁路局-供电段各层级间的有线网络通道，以及铁路局至现场间的无线网络通道。

5.5 智能牵引供电系统广域通信网络

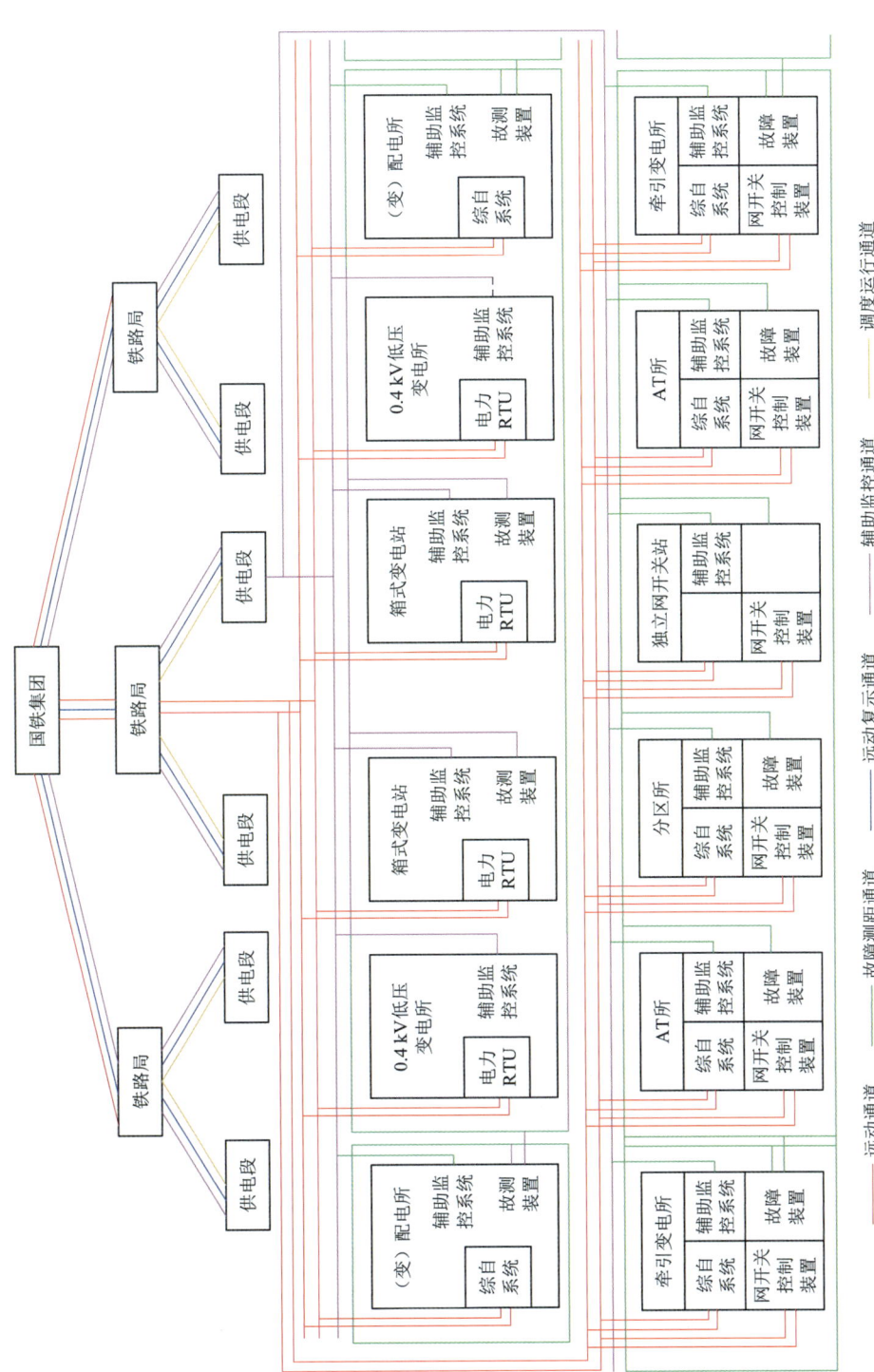

图 5-15 智能供电调度系统广域网络构成

5.5.2 广域网络配置

5.5.2.1 远动监控类网络通道配置

1．牵引远动通道

牵引远动通道应采用冗余配置，组网方案、网络技术指标与高铁供电综合监控系统相同，其中车站（或通信站）至铁路局之间的远动通道冗余接入数据网并利用 SCADA VPN 承载。

牵引所亭的远动数据通过所亭内光传送设备提供的远动通道传输至车站（或通信站）光传送设备。

设置在牵引所亭内的网开关控制装置，主备用通道应采用独立的以太网口直接接入牵引所亭的传输设备后传输至车站（或通信站）传输设备。

设置在"V停"站和车站的网开关控制装置，主用通道通过本车站传输设备接入，备用通道通过本车站传输设备提供的备用远动通道传输至相邻车站（或通信站）传输设备。

设置在隧道口、隧道内的网开关控制装置的远动数据通过邻近通信区间接入点传输设备传输至车站传输设备。

牵引被控站至车站（或通信站）的主、备远动通道均利用光传送系统以太网通道进行承载，同时分别经不同车站（或通信站）光传送设备与数据网设备互连，避免单点失效故障。车站（或通信站）至主控站之间的主备远动通道利用数据网的 VPN 通道进行承载。

光传送系统区间至车站（或通信站）的远动通道宜采用星型汇聚的专线方案组网，如图 5-16 所示。在通道资源相对较少的条件下，亦可采用以太网总线方案组网，如图 5-17 所示。

电力远动通道采用星形汇聚的专线方案组网，在通道资源相对较少的条件下，亦可采用以太总线方案组网，此处不再赘述。

5.5 智能牵引供电系统广域通信网络

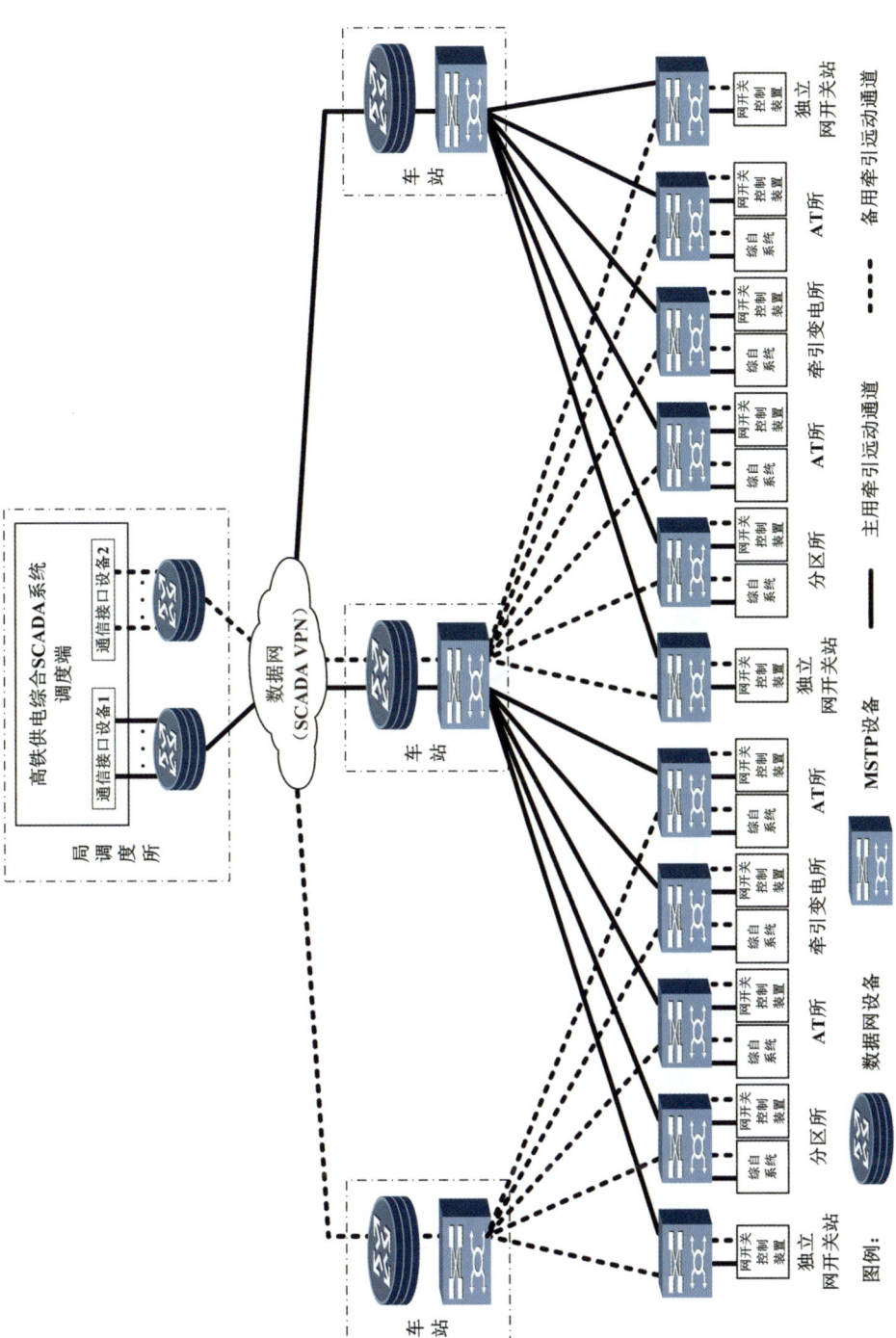

图 5-16 牵引远动通道星型汇聚方式组网

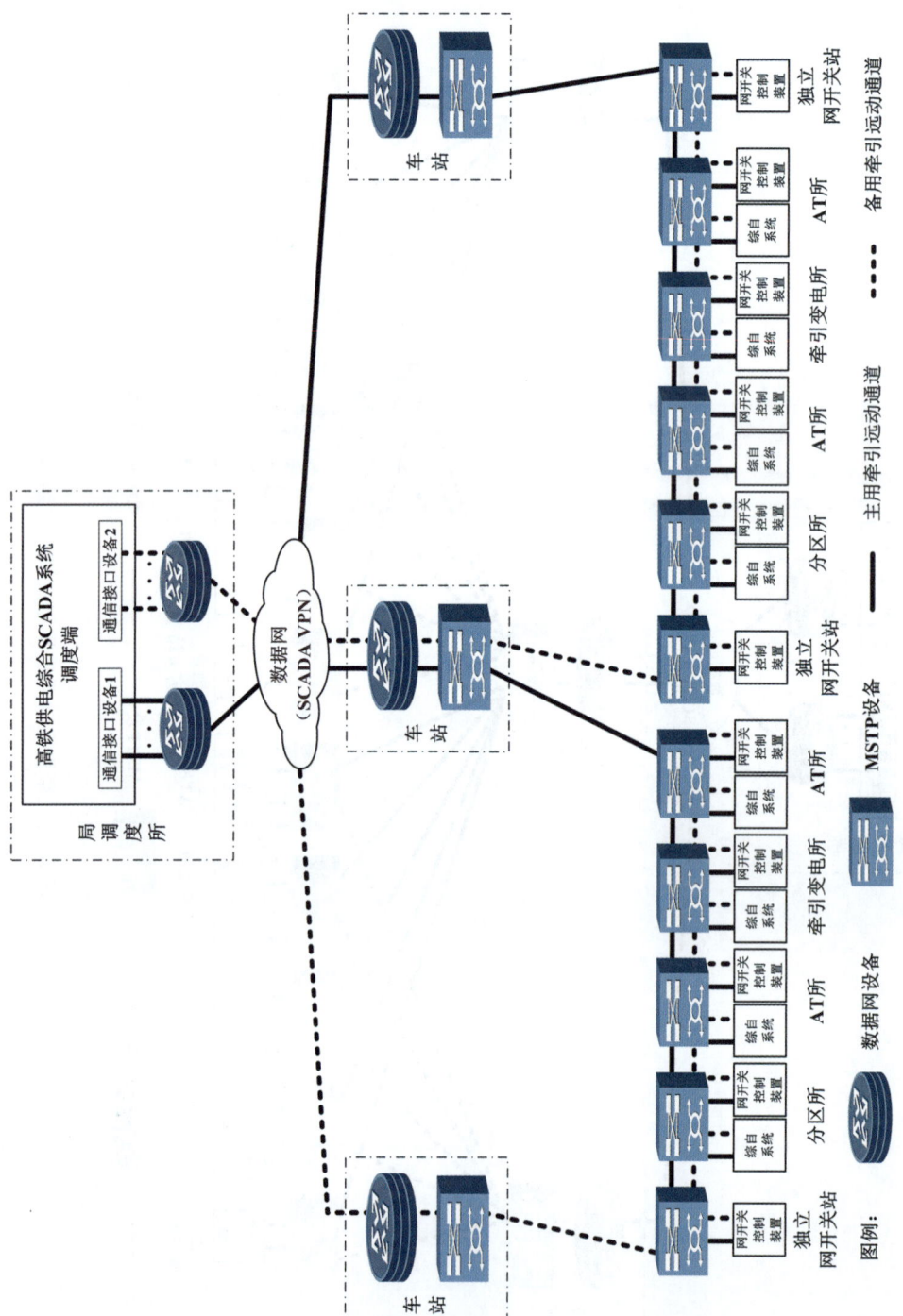

图 5-17 牵引远动通道以太网总线方式组网

2. 故障测距通道

故障测距通道的组网方案、网络技术指标也与高铁供电综合监控系统的通信组网相关技术要求相同。

故障测距通道承载牵引所亭间的故标数据，通道带宽不应低于 2 Mb/s。按照越区供电运行方式下最大牵引供电区间内的全部牵引所亭通过传输专线，采用以太共享环网方式接入临近的车站（或通信站），其组网示例如图 5-18 所示。

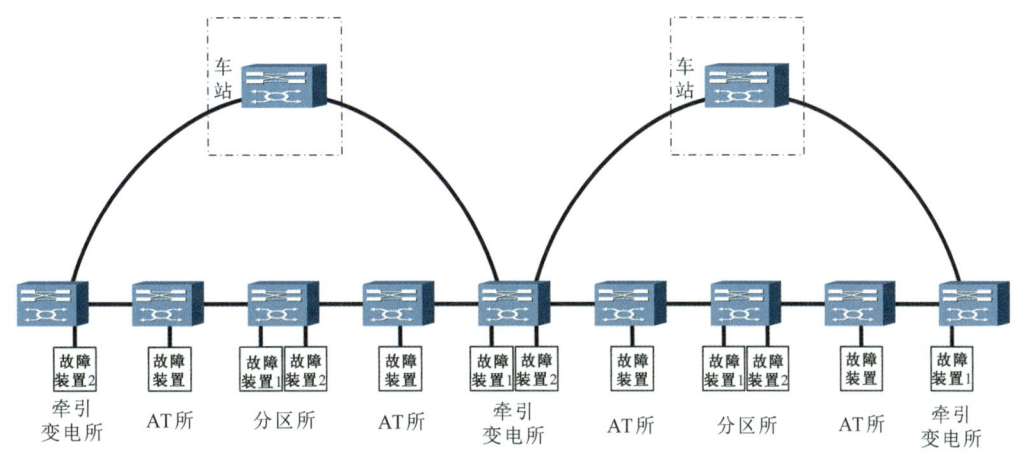

图 5-18　故障测距通道组网示例

3. 广域保护通道

广域保护通道是专门为广域保护增设的通道，应采用冗余配置，按照正常供电、越区供电等各种运行方式下最大供电区间内的全部所亭构成以太共享环网通道，通过传输专线或所亭间光纤直联，通道带宽不应低于 2 Mb/s。按照继电保护动作特性要求，在任何组网方式下，各所亭间传输的保护通信报文时延不应大于 10 ms。

故障测距通道和广域保护通道宜合并设置，也可分别独立设置。

4. 远动复示通道

铁路局调度所至供电段应设置远动复示通道，承载远动复示信息，接入带宽不应低于 10 Mb/s；铁路局调度所至车间可设置远动复示通道。远动复示通道利用数据网的 SCADA VPN 承载。

数据网的 SCADA VPN 名称为：SCADA，路由目标（RT）值为 AS:109（相邻铁路局分界车站的 PE 设备允许接收相应自治域数据），QoS 设置为 4 级。

5.5.2.2 辅助监控类网络通道配置

辅助监控通道承载各所亭至铁路局调度所间、各所亭至段间、各供电段至铁路局调度所间辅助监控信息的传输。其中，各所亭至铁路局调度所间传输的辅助监控信息为：遥控/故障联动及手动召唤的辅助监控图像信息、辅助监控报警数值型信息和应急音频信息；各所亭至供电段间传输的辅助监控信息为：辅助监控系统的巡检图像、音频、数值型数据和在线监测数据；各供电段至铁路局调度所间传输的辅助监控信息为：人工巡检发现的供电设备故障图像信息和遥控/故障联动信息。

辅助监控通道通过数据网承载并利用传输专线向区间所亭延伸。相邻两个牵引变电所之间的各所亭及接触网开关控制站（独立于所亭设置的）构成以太共享环网通道，通过传输专线接入邻近车站（或通信站），通道带宽不应低于 20 Mb/s。各车站（或通信站）、各供电段、铁路局间信息交互利用数据网的 6C VPN 承载，供电段和铁路局接入数据网的带宽不应低于 100 Mb/s。

供电段至车间可设置辅助监控复示通道，承载辅助监控复示信息，通道带宽不应低于 20 Mb/s。辅助监控复示通道利用数据网的 6C VPN 承载。

数据网的 6C VPN 名称为：6C，路由目标（RT）值为 122:122，QoS 设置为 3 级。

辅助监控类通道的组网示例如图 5-19 所示。

5.5.2.3 调度运行类网络通道配置

调度运行类网络利用数据网的 TMIS VPN 承载并通过接入所在安全生产网实现信息交互，铁路局与供电段（含车间、工区）级调度运行终端的接入带宽均应不低于 10 Mb/s。

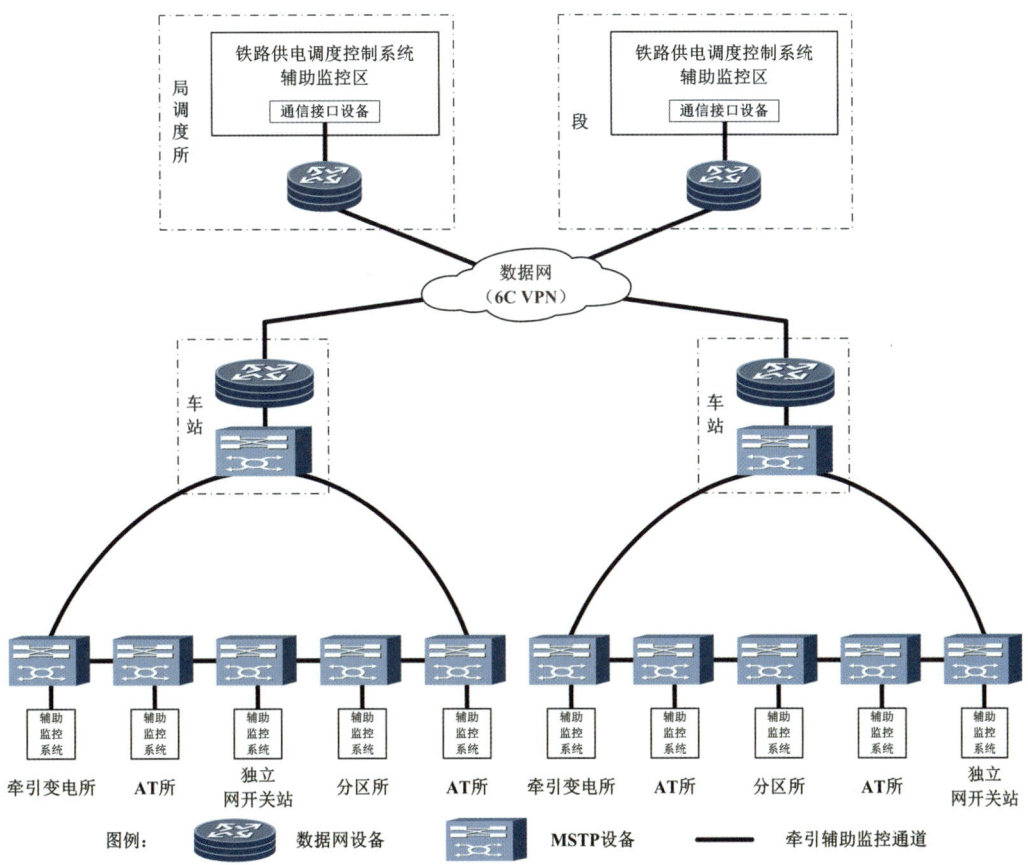

图 5-19 辅助监控通道组网示例

5.5.2.4 国铁集团与铁路局间网络配置

铁路局远动监控区与国铁集团大数据中心及供电调度系统间的信息交互利用数据网 SCADA VPN 承载，接入带宽不应低于 100 Mb/s。

铁路局辅助监控区与国铁集团大数据中心及供电调度系统间的信息交互利用数据网 6C VPN 承载，接入带宽不应低于 100 Mb/s。

铁路局调度运行区与国铁集团大数据中心及供电调度系统间的信息交互利用数据网的 TMIS VPN 承载并通过接入所在安全生产网实现，接入带宽不应低于 20 Mb/s。

5.5.2.5　通信协议要求

（1）远动监控类网络所采用的通信协议应满足以下要求：

国铁集团级与铁路局级远动监控区、铁路局远动监控区与被控站间的数据通信应采用 DL/T 634.5104 通信规约。

铁路局级远动监控区与复示终端间应采用基于 TCP/IP 的网络传输规约。

（2）辅助监控类网络所采用的通信协议应满足以下要求：

铁路局级、供电段级辅助监控区与变电所辅助监控系统间的数值型数据通信应采用 DL/T 634.5104 通信规约。

铁路局级、供电段级辅助监控区与变电所辅助监控系统间的图像信息传输应采用行业的标准传输规约。

国铁集团级与铁路局级辅助监控区的图像信息传输应采用行业的标准传输规约。

（3）调度运行类网络所采用的通信协议应采用基于 TCP/IP 的网络传输规约。

5.5.3　网络安全

智能牵引供电系统的网络安全防护应遵循"安全分区、横向隔离、纵向加密"的总体策略，并根据系统功能和业务数据的安全定级对不同分区采用不同等级的网络安全防护措施。

1. 智能牵引变电所网络安全

智能牵引变电所应具备按照不同安全分区进行相应等级的网络安全保护措施，满足如下要求：

（1）广域保护测控系统应具备 GB/T 22239—2019 规定的第三级安全保护能力并符合 GB/T 22239—2019 中 8.1 安全通用要求及 8.5 工业控制系统安全扩展要求的规定。

（2）辅助监控系统应具备 GB/T 22239—2019 规定的第二级安全保护能力并符合 GB/T 22239—2019 中 7.1 的规定。

（3）应具备网络风暴抑制功能，网络设备局部故障不应导致网络全局通信异常。

（4）宜具备对网络所有节点的工况监视与报警功能。

（5）广域保护测控系统和辅助监控系统应具备系统间接口的网络隔离与防护功能。

2. 智能供电调度系统网络安全

应具备按照不同安全分区进行相应等级的网络安全保护措施并满足如下要求：

（1）供电调度Ⅰ区应具备 GB/T 22239—2019 规定的第三级安全保护能力并符合 GB/T 22239—2019 中 8.1 安全通用要求及 8.5 工业控制系统安全扩展要求的规定，并应具备基于安全域内所有计算机节点及用户的统一安全管理功能。

（2）供电调度Ⅱ区应具备 GB/T 22239—2019 规定的第二级安全保护能力并符合 GB/T 22239—2019 中 7.1 的规定。

（3）供电调度Ⅲ区应具备 GB/T 22239—2019 规定的第二级安全保护能力并符合 GB/T 22239—2019 中 7.1 的规定。

（4）应具备对所有网络节点的工况监视与报警功能。

（5）应具备系统间接口的网络隔离与防护功能。

3. 智能供电运行检修管理系统网络安全

智能供电运行检修管理系统应具备 GB/T 22239—2019 规定的第二级安全保护能力。

本章小结

高速铁路智能供电调度系统是安全可靠高效供电的指挥中枢。本章提出了将供电调度划分为远运监控区、辅助监控区和调度运行区的系统架构，按照国铁集团、铁路局和供电段的调度业务需求和侧重，设计了智能供电调度系统硬件配置方案。以安全可靠、可扩展、易维护设计原则，设计了大型智能供电调度软件系统。基于供电调度功能的扩展，设计了智能供电调度系统的广域通信网络结构。上述设计思想在京沈客专、智能京张高铁得到实施。

参考文献

[1] 陈兴强，王保国，刘再民，等. 智能牵引变电所及智能供电调度系统总体技术要求：Q/CR 721—2019[S]. 北京：中国铁道出版社，2019.

[2] 高仕斌，陈维荣，陈小川. 客运专线牵引供电自动化[M]. 成都：西南交通大学出版社，2010.

第 6 章 智能牵引供电系统实施案例与发展

智能牵引供电系统已在京沈客专综合试验段全面实施，2018 年 2 月 9 日开始投入运行，随后又在智能京张高铁全线应用。本章简要介绍了京沈客专试验段智能牵引供电系统的实施情况。智能牵引供电系统是不断发展的，本章对智能牵引供电系统的技术发展做了简要介绍。

6.1 京沈高铁试验段实施案例

6.1.1 智能一次设备

京沈高铁阜新北至黑山北牵引变电所间长约 50 km，设有 2 座牵引变电所、1 座分区所、2 座 AT 所，设计速度为 350 km/h，牵引变电所、分区所、AT 所主接线设计按高铁典型设计，其中 220 kV 及变压器采用户外布置型式，27.5 kV 设备采用 GIS 开关柜型式。牵引变电所主接线及总平面图如图 6-1、图 6-2 所示。

按照京沈高铁主接线方案，各所亭需配置智能一次设备、广域保护测控系统及智能辅助系统等设备。阜新北至黑山北间具体设备配置见表 6-1。

工程应用中应考虑技术的成熟度及检测数据的必要性配置相应的设备，具体方案如下：

智能牵引变压器：采用卷铁心节能型牵引变压器，配置油中溶解气体监测、铁心接地电流监测、绕组与铁心温度监测等在线监测装置，设置智能组件柜（含各个在线监测 IED 及主 IED）。

智能 AT 变压器：采用卷铁心节能型自耦变压器，配置油中溶解气体监测、铁心接地电流监测、绕组与铁心温度监测等在线监测装置，设置智能组件柜（含各个在线监测 IED 及主 IED）。

智能 220 kV 断路器：配置操作机构特性监测、分合闸线圈电流监测、储能电机电流监测、SF_6 气体压力监测、SF_6 气体温度监测、SF_6 气体微水监测等在线监测装置，设置智能柜（含各个在线监测 IED、合并单元及主 IED）。

6.1 京沈高铁试验段实施案例

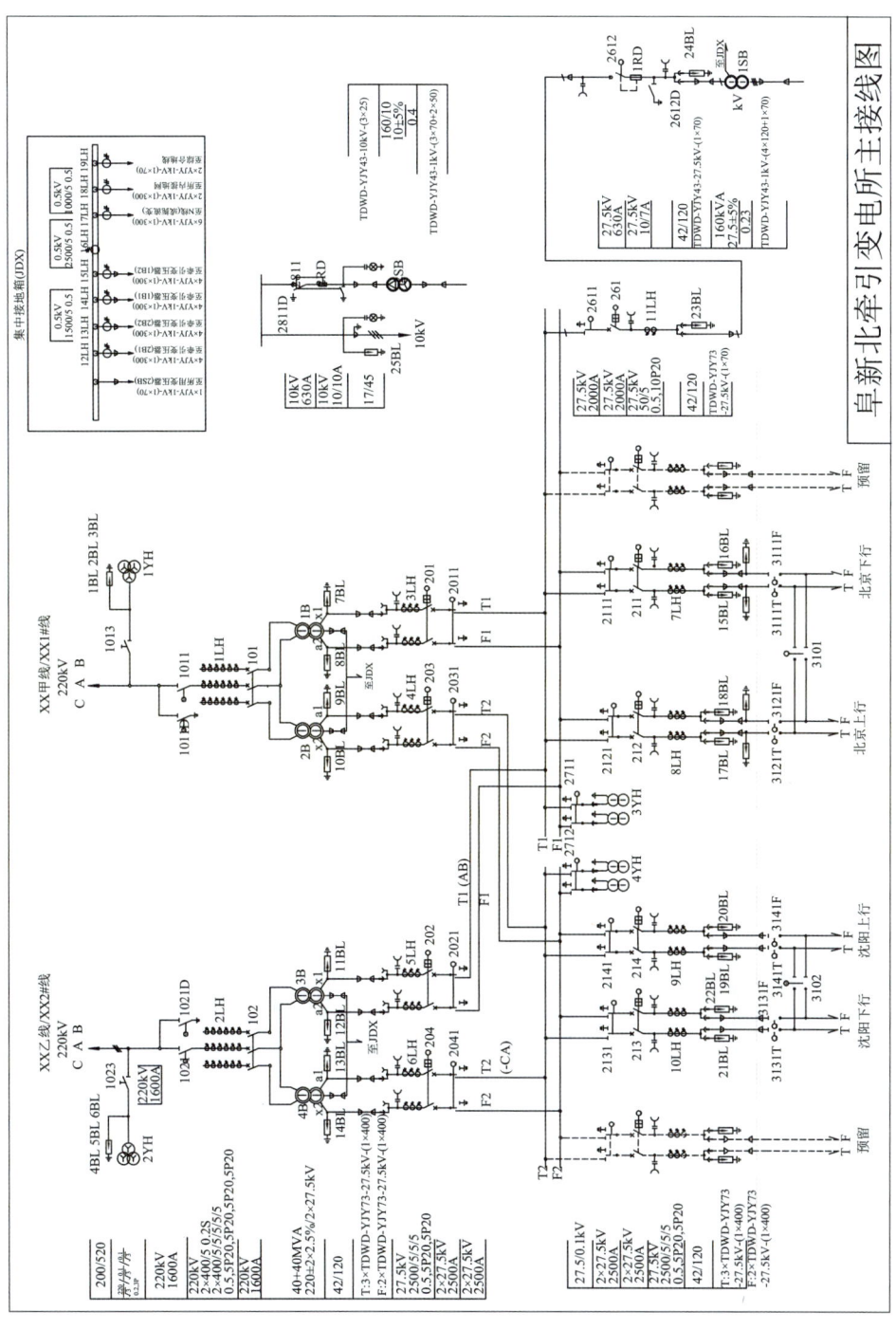

图 6-1 阜新北牵引变电所主接线图

第6章 智能牵引供电系统实施案例与发展

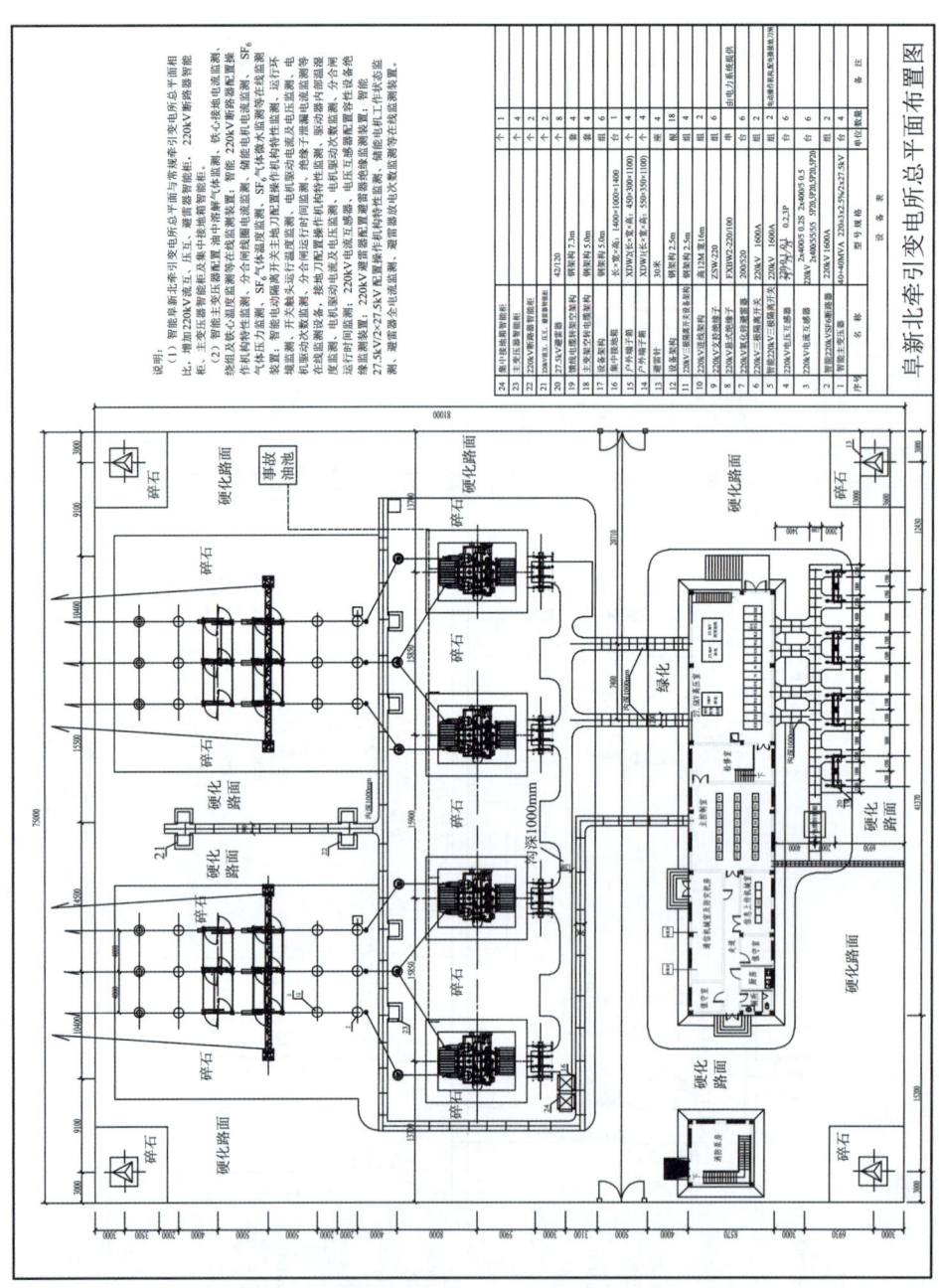

图 6-2 阜新北牵引变电所总平面布置图

表 6-1 阜新北至黑山北间设备配置表

序号	设备名称	单位	合计	阜新北 SS	阜新站	新邱 ATP	申德营子 SP	下石土 ATP	黑山北 SS
1	智能 Vx 接线牵引变压器 220 kV 40 MVA	台	8	4					4
2	智能 AT 变压器 25 MVA	台	4				4		
3	智能 AT 变压器 32 MVA	台	4			2		2	
4	智能 220 kV 断路器户外，SF$_6$ 型，三极，1 600 A	台	4	2					2
5	智能 220 kV 隔离开关三极（带接地刀）电动，1 600 A	台	4	2					2
6	220 kV 隔离开关三极手动，1 600 A	台	4	2					2
7	智能室内双极 GIS 开关柜 2×27.5 kV，2 500 A（断路器、三工位隔离开关、PT）	台	16	8					8
8	智能室内单极 GIS 开关柜 27.5 kV，2 000 A（断路器、三工位隔离开关）	台	5	1		1	1	1	1
9	智能室内双极 GIS 开关柜 55/2×27.5 kV，2 000 A（断路器、三工位隔离开关、PT）	台	16			4	8	4	
10	智能室内双极 GIS 开关柜 55/2×27.5 kV，2 000 A（三工位隔离开关）	台	6			1	4	1	
11	智能 220 kV 电流互感器	台	12	6					6
12	智能 220 kV 电压互感器	台	12	6					6
13	220 kV 避雷器智能单元	台	12	6					6
14	广域保护测控系统（牵引变电所型）	套	2	1					1
15	广域保护测控系统（分区所型）	套	1				1		
16	广域保护测控系统（AT 所型）	套	2			1		1	
17	智能辅助监控系统	套	5	1		1	1	1	1
18	PHM 系统平台	套	1	1					
19	网开关控制站（基于 IEC61850）	套	6	1	1	1	1	1	1

智能 220 kV 电动隔离开关：主地刀配置操作机构特性监测、运行环境监测、开关触头运行温度监测、电机驱动电流及电压监测、电机驱动次数监测、分合闸运行时间监测、绝缘子泄漏电流监测等在线监测设备，接地刀配置操作机构特性监测、驱动器内部温湿度监测、电机驱动电流与电压监测、电机驱动次数监测、分合闸运行时间监测等在线监测装置，操作机构箱内集成安装智能组件（含各个在线监测 IED、主 IED 等）。

智能 220 kV 电流互感器：配置容性设备绝缘监测装置，与 220 kV 电压互感器、220 kV 避雷器共用一套智能柜（含各个在线监测 IED、主 IED 及合并单元等）。

智能 220 kV 电压互感器：配置容性设备绝缘监测装置。

智能 220 kV 避雷器：配置避雷器绝缘监测装置。

智能 27.5 kV/2×27.5 kV GIS 设备：配置操作机构特性监测、储能电机工作状态监测、避雷器全电流监测、避雷器放电次数监测等在线监测装置。在各 GIS 开关柜二次隔间内设置馈线保护装置、电流合并单元或电压合并单元等设备。

牵引变电所、分区所和 AT 所设广域保护测控系统，以牵引变电所供电范围为单元，将各供电设施的二次设备（包括仪表、信号系统、继电保护、自动装置和远动装置）经过功能的组合和网络通信，实现对牵引供电设施主要设备的自动监视、测量、自动控制、广域保护以及与牵引供电调度系统通信等综合性的自动化功能。

牵引变电所、分区所和 AT 所设智能辅助监控系统，采用统一平台，以图像智能分析处理为核心，具备视频监控、环境监控、安全防范等功能，同时具备智能牵引供变电设施状态数据的接入、展示和上送功能。

6.1.2 广域保护测控系统

牵引变电所、分区所和 AT 所设广域保护测控系统，由牵引变电所、分区所、AT 所各设备间隔的就地保护、所内的站域保护、所间的广域保护构成。

1. 保护配置

就地保护、站域保护、广域保护由相应的就地保护装置、站域保护装置和广域保护装置实现。就地保护装置采用直采直跳，站域保护装置采用网采网跳，站域保护装置和就地保护装置中的保护控制功能相互冗余。广域保护装置采用广域阻抗保护原理，可与站域保护装置合并。

2．网络结构

• 智能牵引供电系统网络由牵引变电所、分区所、AT 所间的广域网络和所内站域网络构成。

• 智能牵引变电所、分区所、AT 所站域网络由三层两网构成：三层分别为站控层、间隔层、过程层；两网分别为间隔层网络、过程层网络。

3．功能配置

• 牵引变电所的通信网络和系统应符合 DL/T 860（IEC61850）标准，实现变电所设备的"互连、互换、互操作"。

• 保护功能应不依赖于时钟同步系统，保护装置采用直采直跳的方式与智能组件进行通信。

• 牵引变电所时钟同步系统应支持北斗系统和 GPS 系统单向标准授时信号，优先采用北斗系统，时钟同步精度和授时精度满足所内所有设备的对时精度要求。站控层设备宜采用 SNTP 网络对时方式；间隔层和过程层设备可采用 IRIG-B、1pps 对时方式，条件具备时也可采用 IEC61588 对时方式；过程层设备同步信号应通过光纤传输。

• 牵引变压器本体保护通过本体智能组件实现，上传本体各种非电量信号，本体保护采用电缆跳闸方式保证系统的可靠性。

• 牵引变压器高、低压侧合并单元和智能终端应双重化配置，并分别与双重化配置的保护装置相对应，本体保护单套配置。

• 故障测距系统应能够和传统变电所测距装置配合完成故障测距功能。

• 对不支持 DL/T860 通信标准设备，如交直流屏、所用变温控器等可采用网关设备进行规约转换接入。

6.1.3 智能牵引变电所布置方案

采用智能牵引供电系统后，各所亭平面布置原则不发生变化，与常规牵引变电所有区别的是将原有的端子箱替换为了智能柜，传统的控制保护电缆更换为光缆。以阜新北牵引变电所为例，全所配置 9 户外智能组件柜，其中包括：

2 面进线智能柜，每个柜内配置 2 台智能终端、2 台合并单元、1 台断路器在线监测装置；

4 面主变智能柜，每个柜内配置 1 台本体智能组件，1 台变压器在线监测装置；

1 面集中接地智能柜，柜内配置 1 台合并智能单元；

2 避雷器监测智能柜，每个柜内配置 1 台避雷器在线监测装置。

每路进线隔离开关，配置 1 台对应的在线监测装置，隔开在线监测装置就地安装于隔开端子箱内。

各智能柜设置在设备附近，以减少电缆数量。采用智能牵引供电系统后，减少大量控制保护电缆，代之以光缆。因此，常规的电缆沟设计可更为简化，采用电缆槽的型式。

在秦沈客运专线综合试验段和智能京张高铁还实施了智能供电调度系统和牵引变电所故障预测与健康管理系统，广州供电段和智能京张高铁实施了接触网故障预测与健康管理系统。相关内容本书第 4 和第 5 章有详细介绍，限于篇幅，不再赘述。

6.2 智能牵引供电系统技术发展

从前面几章的内容可以看出，目前实施的智能牵引供电系统是在既有高速铁路技术体系下的智能化过程。减少运营成本应该是智能牵引供电系统的一个显著特征，本节从技术和经济的角度，对智能牵引供电系统的发展进行简要阐述。

6.2.1 柔性牵引供电系统

在我国已经形成的高速铁路技术体系下，通过高过载节能型牵引变压器提高牵引供电系统的经济性，电力电子变压器解决负序、谐波等电能质量问题，柔性自动过分相技术解决电分相问题，由高过载节能型牵引变压器、电力电子变压器和柔性自动过分相技术共同构成柔性牵引供电系统。

6.2.1.1 高过载低损耗牵引变压器

高过载低损耗牵引变压器是通过改变铁心结构和改进绕组绝缘材料，达到降低空载损耗、提高过载能力和抗短路能力的一种电磁式变压器。

1. 低损耗卷铁心技术

传统的叠铁心变压器在封闭式铁心的四个拐角处难免存在接缝（见图 6-3）。这一方面造成磁通方向与铁心晶体取向不一致，引起损耗增加；另一方面，漏磁增大，造成磁致伸缩，引起噪声增加。

变压器采用卷铁心技术（见图6-4）并不是一个新概念，但是，对于高电压、大容量变压器来说，由于制造工艺难度大，国内外一直只能生产 35 kV/10 MVA 以下的变压器[1]。目前，国内已经攻克了高电压、大容量卷铁心节能型牵引变压器电磁设计技术，解决了大型卷铁心斜线开料、直线卷绕、恒温退火和多线圈一体化立式绕线等制造工艺并形成成套制造装备，研制出 220 kV/（31.5+20）MVA 牵引变压器[2]，已经在晋中南通道王家庄牵引变电所和秦沈客运专线综合试验段采用。随后，又相继推出了高铁自耦变压器、电力变压器和城市轨道交通整流变压器。

图 6-3　叠铁心变压器　　　　图 6-4　卷铁心变压器

2．高耐热电磁线技术

目前，牵引变压器一般采用绝缘纸和绝缘油组成变压器绝缘系统。在运行过程中，受温度、电场、水分、氧气等因素的影响，油纸绝缘会逐渐老化，电气及机械性能降低。大量研究结果表明，温度（热应力）对油纸绝缘老化起着关键性的作用。当绝缘纸的纤维素受高温、水分、氧气等作用后过热时容易分解 CO、CO_2 气体和 $C_5H_4O_2$（糠醛）等气体。对于常规的 A 级绝缘，如油纸绝缘，绝缘耐温 105 ℃；温度每超过 6 ℃，则绝缘寿命减半。如果采用 B 级无机绝缘材料，如聚氨酯，绝缘耐温 130 ℃；温度每超过 10 ℃，则绝缘寿命减半。如果采用 H 级甚至 C 级无机绝缘材料，如聚氨酯、聚酯亚胺、改性聚酯、芳基聚酰亚胺（C 级），绝缘耐温 180 ℃ 及以上；温度每超过 12 ℃，则绝缘寿命减半。绝缘材料温升与寿命曲线如图6-5所示。

聚酰亚胺是目前有机类漆包线中耐热等级最高的漆包线漆，其长期使用温度可达 220 ℃ 以上，具有高的耐热性、良好的耐溶剂和耐冷冻剂性能。但由于成本昂贵，储存稳定性差和具有毒性，影响了它的广泛使用。聚酰胺酰亚胺漆是目前漆包线漆中性能较全面，具有高的耐热性、机械性能、耐冷冻剂性能和耐化学性能，因此有漆包线漆之王的美称，广泛用作复合涂层漆包线的面漆，提高复合线的耐热性和降低成本。根据图 6-6 的变压器温升分布，如果将牵引变压器绕组热点温升较高的部分绕组（距绕组顶部 1/4 到 1/3 绕组）采用聚酰亚胺漆包线和聚酰胺酸亚胺漆包线，则可极大地提高牵引变压器的过载能力。

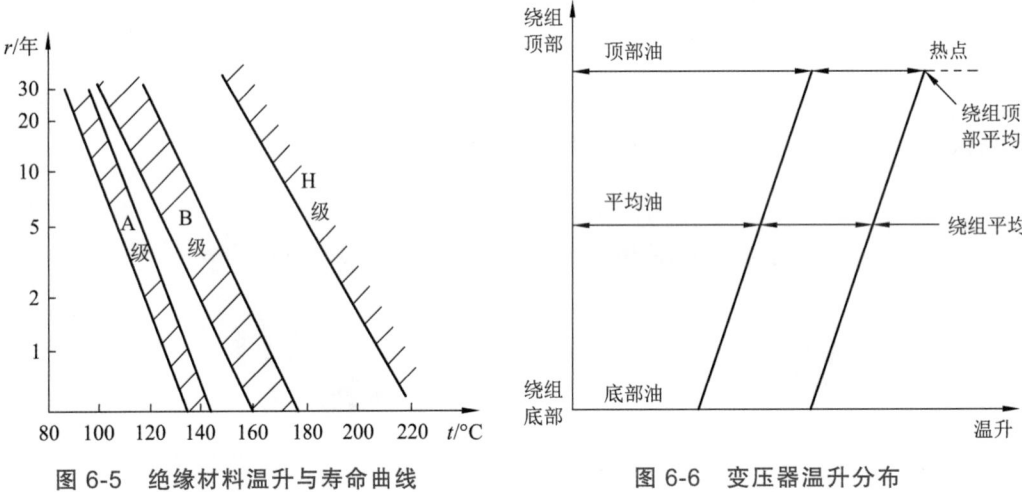

图 6-5 绝缘材料温升与寿命曲线　　　图 6-6 变压器温升分布

将低损耗的卷铁心技术与高耐热的电磁线技术相结合，研制高过载低损耗牵引变压器，可以大幅降低牵引变压器的容量使用费（降低 20%～25% 容量费）、降低变压器空载损耗 40%～45%、降低变压器噪声 15 dB 以上；同时，提高牵引变压器的抗突发短路冲击能力。

6.2.1.2　电力电子牵引变压器

电力电子变压器有多种实现手段，图 6-7 给出了一种由多个变换器模块级联的电力电子变压器示意图[3]。外部电网三相交流电经过多绕组降压变压器向若干个三相-单相变流器模块供电，三相-单相变流器单相侧串联输出向负荷供电；变流器模块数量根据供电容量需求可灵活配置。

电力电子牵引变压器的电压、电流可调可控，可以全面提升电能质量，实现无谐波、无负序；电力电子变压器的中间直流母线上可以方便地接入再生制动能量回馈装置和各种新能源；牵引变压器容量可以根据负载需要实时动态配置[4]。目前国内已经研制成功低电压小功率实验样机,在推动工程应用过程中,需要解决如下关键技术:电力电子器件的稳定性和可靠性、电力电子器件的过负荷和过电压耐受能力。当然,大功率电力电子器件价格问题也是制约工程应用的一个方面,这些问题必须结合工程实施逐步加以解决。

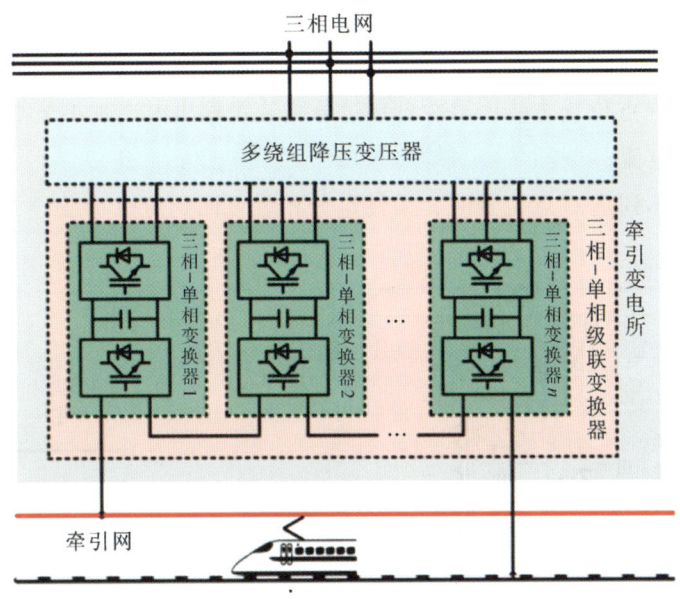

图 6-7　电力电子变压器

6.2.1.3　柔性自动过分相技术

图 6-8 给出了一种典型的柔性自动过分相技术方案。当无列车通过电分相时,电分相客观存在,不会造成电力系统合环运行;当有列车通过电分相时,柔性自动过分相装置通过调幅与移相,列车自动通过电分相。基本工作原理如下:

中性段电压由两部分构成,即通过变压器 T_1 二次侧绕组 W_1 输出至变流器(U_1、U_2)调幅、移相后经 T_2 输出的电压 U_r 和通过变压器 T_1 二次侧绕组 W_2 输出的电压 U_b^*,中性段电压为

$$\dot{U}_i = \dot{U}_r + \dot{U}_b^* \tag{6-1}$$

柔性自动过分相装置输出电压调幅移相的时序为:
- 检测到列车到达 A 点时,柔性自动过分相装置输出电压 $\dot{U}_i = \dot{U}_a$;

- 检测到列车到达 B 点位置，柔性自动过分相装置开始输出电流，列车电流逐步转移至由柔性自动过分相装置提供，电压相位保持不变；
- 列车到达 C 点位置之前，柔性自动过分相装置输出电流等于列车电流，列车电流全部由柔性自动过分相装置提供，电压相位保持不变；
- 列车到达 E 点位置之前，柔性过分相装置完成移相，中性段电压 $\dot{U}_i = \dot{U}_b$，同时，柔性自动过分相装置输出电流开始逐步减小；
- 列车到达 F 点位置之前，柔性自动过分相装置输出电流减小至零，列车全部由 B 相供电臂提供电流；
- 检测到列车到达 G 点位置时，柔性过分相装置回到待机状态。

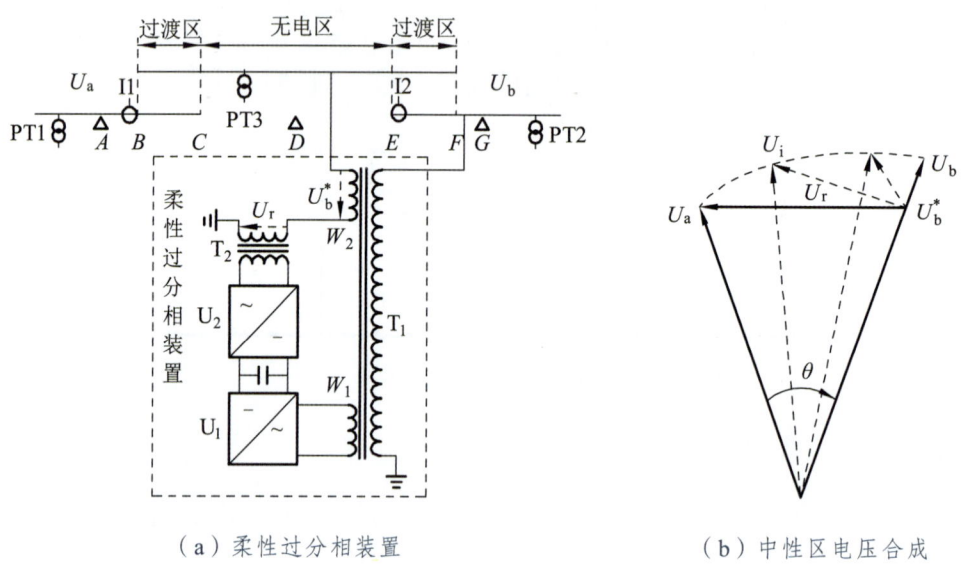

（a）柔性过分相装置　　　　（b）中性区电压合成

图 6-8　柔性自动过分相技术示意图

在先进轨道交通科技专项支持下，国内已经开展了柔性自动过分相装置研制，并在长株潭城际铁路试用。

6.2.1.4　柔性牵引供电系统

由高过载低损耗牵引变压器、电力电子变压器和柔性自动过分相装置共同实现柔性牵引供电系统，有如下三种运用模式。

运用模式 1：高过载低损耗牵引变压器+柔性自动过分相装置，应用于外部电网短路容量比较大的电气化铁路,通过高过载低损耗牵引变压器提高电气化铁路的经济效益,通过柔性自动过分相装置解决电分相问题。

运用模式 2:高过载低损耗牵引变压器+电力电子变压器+柔性自动过分相装置,如图 6-9 所示,应用于外部电网薄弱的电气化铁路(含高铁)或铁路枢纽供电,2 个电力电子变压器供电的牵引变电所和 1 个高过载低损耗牵引变压器供电的牵引变电所为一供电单元,3 个牵引变电所由同一外部电网供电,牵引网局部贯通,贯通供电范围达到 150 km 左右。

该供电模式利用高过载低损耗牵引变压器解决过负荷能力和供电经济性问题;利用电力电子变压器解决电能质量问题;3 个牵引变电所构成的贯通供电单元可以减少 5/6 的电分相;利用柔性自动过分相装置解决剩余的 1/6 电分相问题。由于电力电子变压器可以调控电压和电流,电力系统 220 kV 及以下电网允许采用电力电子变压器的变电所合环运行。

运用模式 3:全部由电力电子变压器构成的贯通式柔性牵引供电系统,如图 6-10 所示。

模式 1 是在既有高铁技术体系下最简便易行的模式;模式 2 是在外部电源薄弱且铁路存在长大坡道时或枢纽供电时采用的模式;模式 3 受电力电子器件的过负荷能力、可靠性与经济性制约,但其属于未来发展方向,宜加大研究力度。

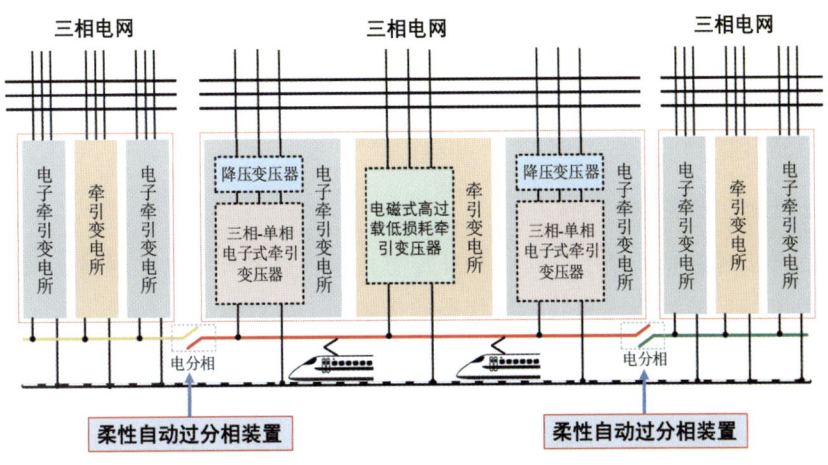

图 6-9 电磁-电子变压器混合柔性牵引供电系统

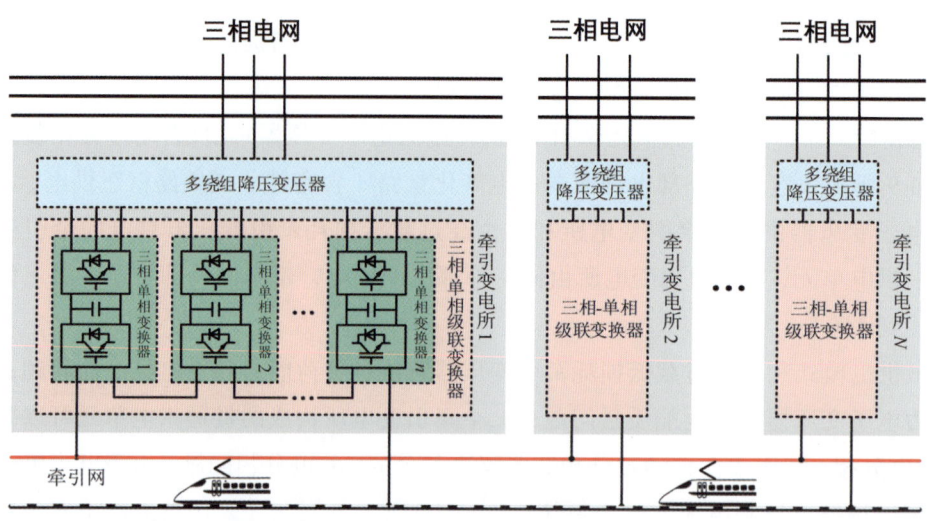

图 6-10 贯通式柔性牵引供电系统

6.2.2 智能节能接触网系统

在我国已经形成的高速铁路技术体系下，通过光纤复合接触网来实现接触网智能化，进而以此为基础构建高速铁路服役状态监测技术体系；通过纤维增强复合材料接触网全绝缘整体腕臂或简统化接触网腕臂来减少接触网支持装置的零部件数量，从而提高接触网系统可靠性；通过碳纳米管金属复合材料高强高导接触网导线或其他铜合金导线来提高接触网的导电率与强度，从而减少接触网的网损，提高接触网的动力学性能和经济性；通过高速刚性接触网的研制与应用，形成刚性接触网的谱系化，减少轨道交通隧道开挖量。

1. 光纤复合接触网

光纤复合接触网是指基于分布式光纤传感技术，以光纤复合接触线、承力索和附加导线为载流体且能智能感知其服役状态的接触网。光纤复合接触线（索）将分布式光纤传感器内置于接触线（索）之中，分布式光纤传感器可以准确地监测光纤沿线任一点的温度、压力、振动、电场、位移等参数的变化，如图 6-11（a）所示。分布式传感主要是后向散射传感，光纤散射主要包括由折射率起伏引起的瑞利散射、由光学声子引起的拉曼散射和由声学声子引起的布里渊散射，其散射光谱分布如图 6-11（b）所示。

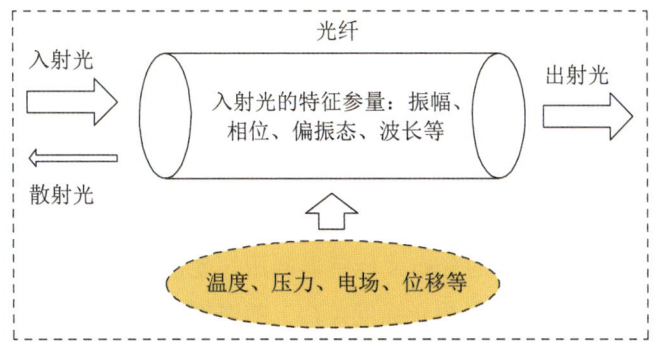

(a)分布式光纤传感器

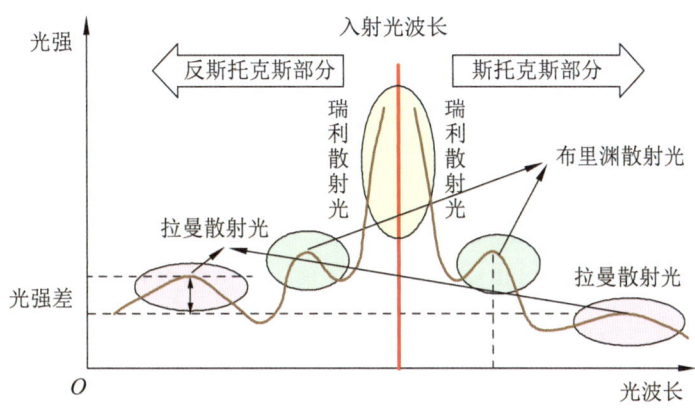

(b)散射光谱图

图 6-11 基于散射光谱的分布式光纤传感器

根据文献[5],散射类光纤传感器主要采用光时域反射(OTDR)技术,通过向光纤中注入光脉冲并接受光纤内的后向散射光实现传感,被监测参数的变化会对后向散射光的幅度、相位、波长(频率)和偏振态产生影响,利用入射信号与返回信号的时间差可以得出事件点与 OTDR 的距离:

$$d = \frac{c\tau}{2n} \tag{6-2}$$

式中,c 为真空光速;n 为折射率;τ 为时延。

基于 OTDR 技术的传感器要按式(6-3)计算空间分辨率,以保证被监测参数满足空间分辨率要求。

$$\Delta z = \frac{cT}{2n} \qquad (6\text{-}3)$$

式中，c 为真空光速；n 为折射率；T 为脉冲宽度。

例如，基于偏振光时域反射（POTDR）技术的分布式光纤传感可以通过检测光纤中瑞利后向散射信号里由振动引起的偏振态变化，从而检测振动的微小变化。

基于拉曼散射（ROTDR）的分布式传感器利用拉曼散射光中斯托克斯光的光强度（I_s）与温度无关、反斯托克斯光的光强度（I_{as}）随温度变化的特征进行温度检测，如式（6-4）所示，主要应用于大范围、长距离的温度检测。

$$T = \frac{hcv_0}{k} \cdot \frac{1}{\ln a - \ln\left(\dfrac{I_{as}}{I_s}\right)} \qquad (6\text{-}4)$$

式中，h 为普朗克常数；c 为真空光速；v_0 为入射光频率；k 为玻尔兹曼常数；a 为与温度相关的系数；T 为绝对温度。

基于布里渊散射（BOTDR）的分布式传感器，利用布里渊散射的频移分量由声波产生的移动光栅引起，光栅以声速在光纤中传播，且声速与光纤温度和应力有关，两个布里渊频移分量均携带光纤局部温度与应力信息。值得注意的是，布里渊信号比瑞利信号约小两个数量级，检测比较困难。

采用光纤复合接触网不仅能实现接触网智能化，而且能实现高速铁路相关领域的服役状态监测，如图 6-12 所示。

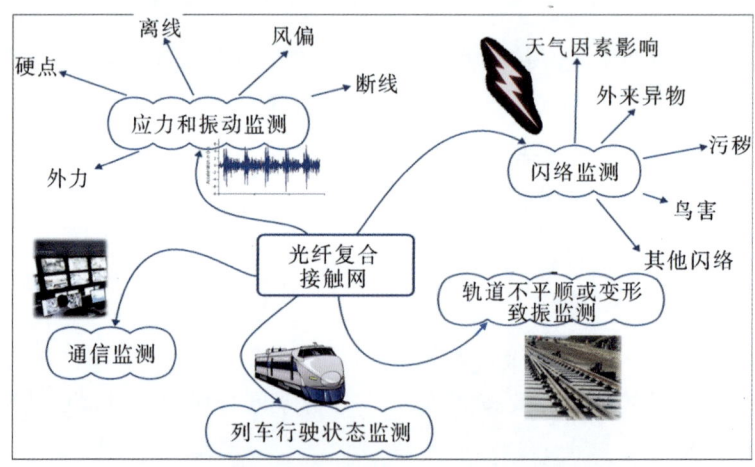

图 6-12　光纤复合接触网在高速铁路服役状态监测应用示例

光纤复合接触网现在还处于概念阶段,真正制备出光纤复合接触线(索)还有很长的路要走,需要攻克如下关键技术:分布式光纤与接触线复合的制备技术,分布式光纤与接触线寿命匹配技术,微弱光信号测试与处理技术,以光纤复合接触网为基础的高速铁路服役状态监测体系。

2. 接触网绝缘整体腕臂

图 6-13 所示的现有高铁接触网腕臂零部件多,易受疲劳与腐蚀影响,巡检与检修复杂,腕臂绝缘子易遭受雷击炸裂、鸟害等出现跳闸、污闪等故障。

采用基于复合材料整体成型的新型绝缘接触网支撑装置,如图 6-14 所示,可取消现有绝缘子、替代金属腕臂组成的悬挂支撑结构,减少结构零件、简化装配过程,有效降低因雷击、污秽闪络等造成的线路事故率,提高接触网可靠性,降低系统安装工作量和运维难度与成本。

图 6-13 常规高铁接触网

图 6-14 绝缘整体腕臂接触网

3. 高强高导接触线

接触网导线(接触线)的电阻会导致线损压降、导线温升(导线变软、强度下降)、耗能增加等。由于高速接触网的特性,接触线需要具有较高的抗拉强度和较高的导电率,目前使用铜合金作为接触线材料,主要有铜镁、铜锡和铜银合金材料,但铜基合金材料的抗拉强度与导电率成反比关系,如图 6-15 所示。为了提高抗拉强度,改善导电性能,"十二五""十三五"期间科技部持续支持国内相关单位开展了铜铬锆合金导线的研制。各种铜基合金材料的机械与电气性能如表 6-2 所示。

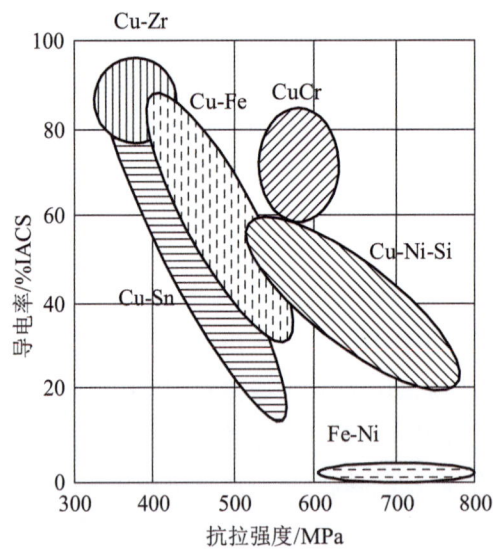

图 6-15 铜基合金导线的抗拉强度与导电率的反比特性

表 6-2 铜基合金材料的抗拉与导电率比较表

材　料	综合导电率/%IACS	抗拉强度/MPa
银铜合金	≥97	≥360
锡铜合金	≥70（80）	≥430
铜锡锆合金	≥80	≥450
镁铜合金	≥60（70）	≥500
铜铬锆合金	≥80	≥580

理论研究和实验结果表明，铜/碳纳米管复合材料强度与碳纳米管直径成反比关系，如图6-16所示。从图中可以看出，获得同样的抗拉强度，纳米碳管直径越小，所需加入量越少（成本越低）[6,7]；同样的纳米碳管加入量，纳米碳管直径越小，复合材料的强度越高。铜/碳纳米管复合材料的电阻率与碳纳米管含量的关系如图6-17所示[7]，导热性与碳纳米管含量的关系如图6-18所示[7,8]。

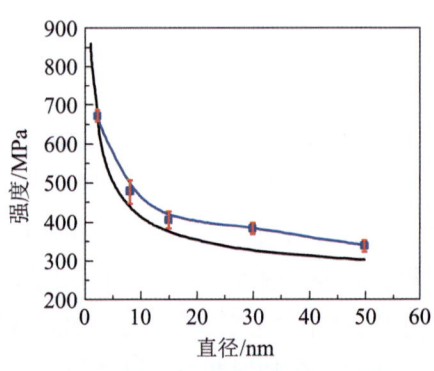

图 6-16 强度与碳纳米管直径关系

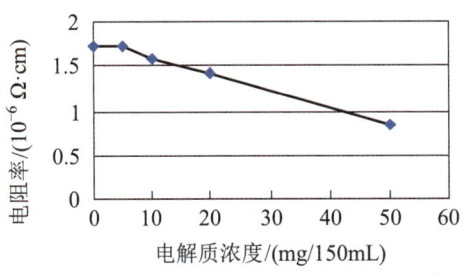
图6-17 电阻率与碳纳米管含量关系

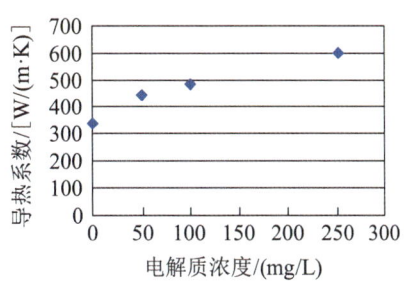
图6-18 导热性与碳纳米管含量关系

碳纳米导电材料具有高强度、高导热性和高导电性的特点，是理想的复合材料添加剂。根据现有研究，采用铜、碳纳米管复合材料，可使接触线电阻率比现有材料降低30%～50%，导热性提高80%，抗拉强度提升40%以上，因此，铜/碳纳米复合材料与铜合金相比，具有综合优势，可以更好地满足高铁对接触网的要求。

目前铜/碳纳米管复合接触线的研究尚处于实验室制备铜/纳米碳管复合材料样品阶段，在研究铜/碳纳米管复合接触线强度与碳纳米管直径的关系、铜/碳纳米管复合接触线导电和导热性能的基础上，研究制备工艺并研制出高强高导铜/碳纳米管复合材料接触线是关键。

4．高速刚性接触网

刚性接触网具有安全性、耐久性高，环境适应性好，适合长大坡道使用，施工简单，人工巡视和作业便捷，隧道建设成本低等优势。由于刚性接触网存在定位装置、锚段关节、刚柔过渡段等弹性分布不均结构，造成弓网接触波动明显，容易引起接触线严重磨耗、拉弧频繁等受流问题，现有刚性接触网无法满足200 km/h及以上设计需求。

刚性接触网由汇流排和接触线构成，汇流排一般采用铝合金材料，接触线一般采用铜导线，主要有π型、T型和Y型三种结构型式，如图6-19所示。

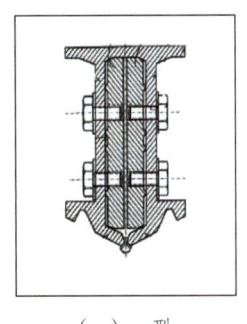
（a）π型

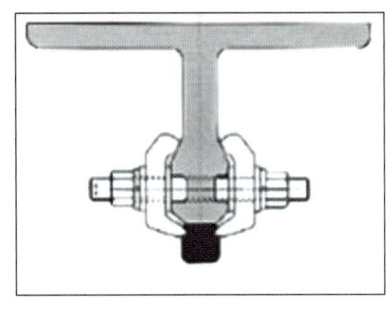
（b）T型

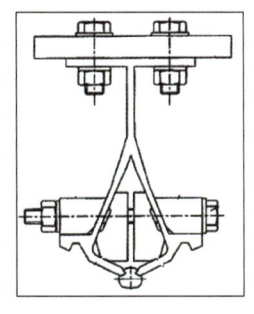
（c）Y型

图6-19 刚性接触网

对于刚性接触网，涉及如下关键技术：精确的弓网耦合动力学模型；刚性接触网结构参数与行车速度的匹配规律；刚性接触网关键结构与结构参数优化；高速运行受流质量提升技术；刚-柔与柔-刚过渡区段弓网关系（见图6-20）。

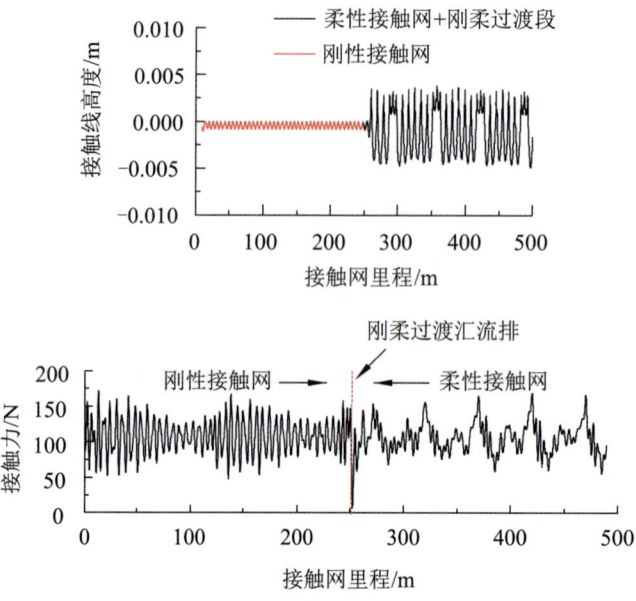

图 6-20 刚性接触网刚-柔过渡动态特性

国内刚性接触网已有 160 km/h 的运行经验，应着力于高速刚性接触网系统成套产品研制、施工关键技术及装备研制、系统设计与施工 BIM 研制以及高速刚性接触网系统示范工程及线路试验。

6.2.3 轨旁感应供电技术

轨旁感应供电技术是一种通过非接触的方式为轨道交通列车供电的新技术。目前，多个国家已针对该技术开展研究，且有多条示范线投入运营。1997年，新西兰奥克兰大学率先开发了世界首条感应供电的定轨观光车。随后，韩国铁路研究所（KRRI）、德国 IPT 技术公司和加拿大庞巴迪分别面向有轨电车、高速磁浮和高速铁路开发了感应供电装置[9]。

表 6-3 给出了几种无线电能传输的方式。对于轨道交通的轨旁感应供电技术是应用电场感应（电磁感应）原理实现的。

电磁感应（IPT）传输原理是在发射线圈通入交流电，在拾取线圈产生感应电动势，从而实现能量传输，如图 6-21 所示。在大功率轨道交通中应用的原理示意图如图 6-22 所示。

表 6-3 无线电能传输的几种方式

类型	超声波、微波、激光	电磁谐振	电磁感应
输出能量	十千瓦	十千兆瓦	兆瓦级
有效距离	千米范围	几米范围	几十米范围
优点	传输距离远	功率大，传输距离中等，转换效率较高	适合短距离充电，转换效率高
缺点	电磁辐射高，效率低	磁芯增加重量和成本	有电磁辐射，效率低

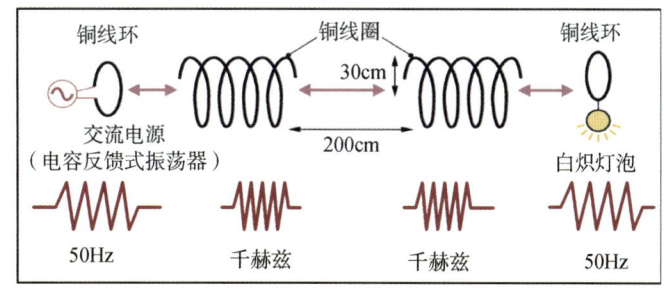

图 6-21 电磁感应式无线能量传输示意图

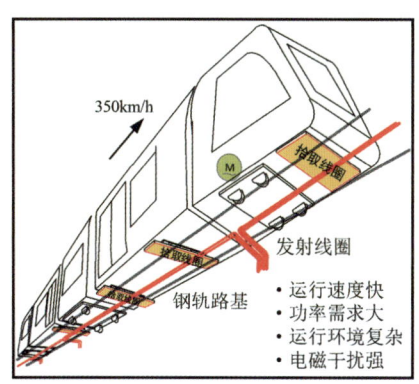

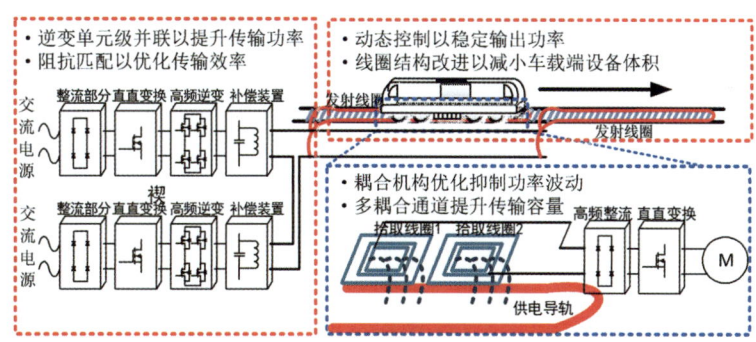

图 6-22 轨旁感应供电技术示意图

第 6 章　智能牵引供电系统实施案例与发展

相较于传统的接触式供电制式，轨旁感应供电系统取消了"弓网"或"第三轨"等装置，供电系统无磨损、美观，且受环境影响小、系统可靠性高、维护成本较低；感应供电装置可实现模块化封装与分段供电，具有较强的空间布置灵活性与可拓展性。

轨道交通感应供电是轨道交通大国、强国争夺的制高点。在国内，西南交通大学面向有轨电车研制了一套功率达 500 kW 的感应供电系统，效率达 90%，空气间隙 15 cm[10]。

轨旁感应供电技术存在诸多挑战，例如：系统功率需求大、运行工况复杂、运行速度快、电磁干扰强以及建设成本高等问题。面对上述挑战，需要攻克如下关键技术：电能传输功率及效率提升、电磁辐射评估与屏蔽、高健壮性先进控制技术、分段供电控制技术。

本章小结

我国高速铁路智能化推进速度很快，京沈客运专线综合试验段 2018 年刚刚完成试验，在中国人自主设计与建造的京张铁路通车 110 周年之际，2019 年 12 月 30 日投入运营的智能京张高铁具有里程碑意义。本章简要介绍了京沈客运专线综合试验段智能牵引供电系统的实施案例，京沈客运专线综合试验段低损耗卷铁心牵引变压器、广域测控保护、接触网故障预测与健康管理、智能辅助监控系统、智能供电调度系统的成功应用为智能牵引供电系统打下了坚实基础。智能牵引供电系统又是不断发展的，作者以"一孔之见"从柔性牵引供电系统、智能节能接触网和轨旁感应供电技术三个方面，对智能牵引供电系统的发展提出了建议，以期打造新一代智能、经济、安全的高速铁路智能牵引供电系统。

参考文献

[1]　高仕斌，江俊飞，周利军，等. 节能型卷铁心牵引变压器的研制与应用[J]. 铁道学报，2018，40（1）：44-49.

[2]　高仕斌，王保国，李强，等. 卷铁心牵引变压器[P]. 201410223674.8.

[3]　何晓琼. 基于多电平三相-单相变换器的贯通式同相牵引供电系统研究[D]. 成都：西南交通大学，2014.

[4]　HE X, SHU Z, PENG X, et al. Advanced Cophase Traction Power Supply System

Based on Three-Phase to Single-Phase Converter [J]. IEEE Trans. Power Electron., 2014, 29(10): 5323-5333.

[5] 饶云江. 长距离分布式光纤传感技术研究进展[J]. 物理学报, 2017, 66(7): 1-19.

[6] SUN Ying, CHEN Quanfang. Diameter Dependent Mechanical Strength of Carbon Nanotubes Reinforced Composite[J]. Applied Physics Letters, 2009（95）: 021901-021903.

[7] CHEN Quanfang. Carbon Nanotubes Reinforced Metal Composites [P]. US Patent, 7, 651, 766.

[8] CHAI Guangyu, CHEN Quanfang. Characterization of Thermal Conductivity of Carbon Nanotube Reinforced Copper Composite [J]. Journal of Composite Materials, 2010, 44 (24): 2863-2873.

[9] 麦瑞坤, 李勇, 何正友. 无线电能传输技术及其在轨道交通中研究进展[J]. 西南交通大学学报, 2016, 51（3）: 446-461.

[10] 李勇, 麦瑞坤, 马林森, 等. 一种双初级线圈并绕的感应电能传输系统及其功率分配方法[J]. 中国电机工程学报, 2015,（17）: 4454-4460.